王明传

戴茂林　曹仲彬／著

天地出版社　TIANDI PRESS

图书在版编目（CIP）数据

王明传 / 戴茂林，曹仲彬著. —成都：天地出版社，2020.3（2021年2月重印）
ISBN 978-7-5455-4365-0

Ⅰ.①王… Ⅱ.①戴… ②曹… Ⅲ.①王明（1904—1974）–传记 Ⅳ.①K827=6

中国版本图书馆CIP数据核字（2019）第052418号

WANG MING ZHUAN
王明传

出 品 人	杨　政
作　者	戴茂林　曹仲彬
责任编辑	杨永龙　李建波
封面设计	思想工社
内文排版	尚上文化
责任印制	葛红梅

出版发行	天地出版社
	（成都市槐树街2号 邮政编码：610014）
	（北京市方庄芳群园3区3号 邮政编码：100078）
网　址	http://www.tiandiph.com
电子邮箱	tianditg@163.com
经　销	新华文轩出版传媒股份有限公司

印　刷	北京文昌阁彩色印刷有限责任公司
版　次	2020年3月第1版
印　次	2021年2月第2次印刷
开　本	710mm×1000mm　1/16
印　张	29
字　数	442千字
定　价	68.00元
书　号	ISBN 978-7-5455-4365-0

版权所有◆违者必究

咨询电话：（028）87734639（总编室）
购书热线：（010）67693207（营销中心）

本版图书凡印刷、装订错误，可及时向我社营销中心调换

目 录

引　子

第一章　国内求学（1904—1925）
　　家　世 / 2
　　念私塾 / 10
　　入小学 / 14
　　上"三农" / 16
　　进"商大" / 24
　　参加中国共产党 / 30
　　组织"豫皖青年学会" / 34

第二章　留苏受宠（1925—1929.3）
　　执着赴苏 / 40
　　初露锋芒 / 46
　　米夫的翻译 / 51
　　王明教条宗派的形成 / 55
　　"江浙同乡会"事件 / 60
　　"第二条路线联盟" / 66
　　宣扬城市武装暴动 / 74
　　所谓"二十八个半布尔什维克"的由来 / 81

第三章　回国渐起（1929.3—1930.7）

　　下派基层 / 89

　　博得芳心 / 93

　　上调《红旗》报 / 96

　　力主"武装拥护苏联" / 98

　　批判"取消派" / 108

　　号召工人武装暴动 / 115

　　剖析新军阀混战 / 120

　　被捕违纪 / 125

　　在全国总工会 / 128

　　与李立三"左"倾异曲同工 / 135

第四章　上台掌权（1931.1—1931.10）

　　与李立三争锋 / 146

　　向中央发难 / 153

　　抛出《两条路线》意见书 / 161

　　倡办秋阳书店 / 174

　　米夫亲自来华扶植 / 176

　　六届四中全会上台 / 183

　　发起"反右倾"斗争 / 194

　　推行"左"倾教条主义 / 200

　　离沪赴苏 / 206

第五章　坐镇国外（1931.11—1937.11）

　　中共驻共产国际代表 / 210

　　清算旧账 / 211

　　再版《两条路线》/ 216

　　主张建立抗日民族统一战线 / 222

发出"王康指示信" / 230

起草《八一宣言》/ 234

出席共产国际七大 / 237

与国民党代表接触和谈判 / 239

转向右倾 / 241

第六章　抗战归来（1937.11—1938.9）

踏上延安的土地 / 250

十二月会议上提出"新方针" / 253

出任中共长江局书记 / 261

三月会议上再占"上风" / 266

出席首届国民参政会 / 269

片面强调"保卫大武汉" / 273

武汉全家大团圆 / 278

第七章　整风岁月（1938.9—1945.4）

六届六中全会上的转折 / 282

负责妇女工作 / 287

在整风运动中 / 292

所谓的"谋害事件" / 299

对《关于若干历史问题的决议》的两面态度 / 303

第八章　法制工作（1947.3—1950）

出任中央法律问题研究委员会主任 / 316

出席七届二中全会 / 321

负责制定新中国第一部婚姻法 / 324

《关于王明同志的决定》/ 330

孟公府2号轶事 / 335

第九章　去苏未归（1950.10—1974）
　　　　第一次赴苏就医 / 342
　　　　再次赴苏治病 / 345
　　　　"文化大革命"的冲击 / 350
　　　　《中共五十年》的出笼 / 356
　　　　《王明诗歌选集》的出版 / 365

附录1　王明年谱简编（1904—1974）/ 373
附录2　王明著述目录索引（1925—1980）/ 401
附录3　王明诗歌目录索引（1913—1974）/ 415
附录4　关于王明研究中几个问题的考证 / 429
附录5　六届四中全会前后有关王明研究的几则史实辨析 / 441
再版后记 / 453

引　子

公元1974年3月27日，本传记的主人公，曾经担任过中国共产党主要领导人的王明，病逝于苏联首都莫斯科，终年70岁。

几天后，在莫斯科麻雀山（原称列宁山）下，莫斯科河畔的新圣女公墓里，又增添了一座新墓室，墓室前的碑上只刻着一行用俄文书写的名字。

王明去世后的第二天，苏共中央机关报《真理报》就刊登了《追悼王明同志》的文章，称其为"国际共运的老战士，中国共产党的著名活动家""苏联的老朋友，苏中两国人民的友好和合作的积极捍卫者"。

然而，中国国内的报刊，对这位1925年加入中国共产党，从1931年1月六届四中全会到1935年1月遵义会议这长达四年间，在共产国际的指挥下一定程度上控制着中国共产党主要领导权力的王明的逝世，却没有任何报道。

为什么这位在中国共产党的发展史上曾经名噪一时的人物，却客逝他乡，葬于异国，而且墓碑上连中文名字都不留？

为什么中苏两国、两党，对他逝世的反应会有如此之大的反差？

历史的谜团是由历史铸就的，也只有历史的真相才能破解。

让我们沿着王明一生的足迹，看看这位虽有49年中共党龄却在苏联待了31年的所谓的"真正的布尔什维克"，是怎样在中苏两国两党的复杂背景下，在中国革命和建设的历史洪流中跳跃与沉沦的。

第一章
国内求学（1904—1925）

王明在少年求学时曾使用过"陈露清"这个名字，但这个鲜为人知的名字，在他到外地求学以后就再也没有用过。到苏联莫斯科中山大学以后，王明起了个俄文名字，叫"克劳白夫"。回国后发表文章时，曾使用过"绍禹""韶玉""慕石""石""兆雨""玉""慕"等诸多笔名。"王明"是他1931年到共产国际后使用的笔名，此后长期使用，广为流传，逐步代替了本名"陈绍禹"。"马马维奇"是他20世纪60年代在苏联发表文章的俄文化名。

王明传

家 世

1904年5月23日，王明出生于当时的安徽省六安县六区金家寨镇下码头。

按现在的行政区划归属，王明应是安徽省金寨县古碑镇双石乡码头村人。相传金家寨街区兴建于唐朝末年，古名"金钗镇"。据地方志记载，至明末清初之时，"金钗镇"被通称为"金家寨"。

金家寨位于安徽、河南交界之地，街西首墙上立有六安、商城、固始三县界碑，故有"鸡鸣听两省，狗吠闻三县"之称。这个皖西边陲的小镇，周围山高岭峻、依山傍水、关寨环列，历史上曾是兵家必争的战略要地。金寨县有六支主要山脉，两条主要河流。小有名气的史河、淠河即发源于此，贯穿全境。金家寨在史河上游张弓山下，以狮子岭头为界，分上下码头两个街区。金家寨盛产竹、杉等山货和铁、炭等，史河下游的商家经常带着粮、盐等日用品来收买山货。

1918年，14岁的王明曾作七律一首，描述金家寨当时的货运情景。诗曰：

> 金家寨立史河边，住户商家人数千。
> 悬剑张弓峰对峙，狮头猫洞岭相连。
> 毛牌月月来盐米，山货年年出竹杉。
> 鸡犬声闻三县乐，谁分皖省与河南。[1]

---

[1]《王明诗歌选集》，莫斯科进步出版社1979年版，第15页。本书中所引王明诗歌均见此集，后文不再详注。

第一章
国内求学（1904—1925）

金家寨一角

  金家寨历史尽管悠久，但正式设县，则是中华民国成立以后的事。1932年11月，国民党政府将安徽省的六安、霍山、霍邱三县和河南的固始、商城二县的边境地区之一部，划归一起，建立了以当时驻军将领卫立煌名字命名的"立煌县"。金家寨作为立煌县政府所在地，改称为"金寨镇"。抗日战争时期，"立煌县"一度成为安徽省临时省会所在地。1947年9月，中国共产党领导的刘邓大军千里跃进大别山时解放了金家寨。人民民主政权建立后，又以原县政府所在地金寨镇命名，将"立煌县"改为"金寨县"。

  中华人民共和国成立后，金寨县人民政府仍设在金寨镇。1954年3月，这里的人们在热情高涨完成第一个五年计划的运动中开始了一项重大工程——修建梅山水库。到1956年4月梅山水库建成时，有着悠久历史和动人传说的金寨镇已是汪洋一片，不复存在了。

  王明出生于金家寨，他的籍贯应是现在的安徽省金寨县。不过，王明真正的祖籍却是安徽省泾县云岭村。清朝的某一年，这里洪水泛滥，乡村受灾，王明高祖父陈世学和高祖母吕老太无法生存，遂拖家带口投奔到金家寨吕老太的哥哥家来。吕老太的哥哥当时开个小染房，生活还过得去。他们便在吕老太哥哥的帮助下，暂时在金家寨安顿下来。

王明传

陈世学在金家寨住了一年多，听说云岭村灾情过后生产恢复，便不顾病体，要领着家人返回故里。可是，长期的奔波使陈世学在返家途中一病不起。吕老太埋葬了陈世学后，只得又带着孩子们返回了金家寨。从此，王明家系就在金家寨繁衍生息起来。笔者在云岭村查到了"陈国世系图"和几个支谱，上面记载：春秋战国时，胡公满，封为陈国，遂姓陈，传了79世。

王明的曾祖父陈应义，生有两个儿子。小儿子陈亨锡，就是王明的祖父。

陈亨锡，号毓亭，是一位私塾先生。他擅长书法，精于裱糊，也算是一位乡村才子。但他没有田产，仅以教书为生，无法满足家人的生活需求。所以，陈亨锡曾与五家亲友合伙开过一个小香铺，以此来补贴生活。

王明祖母曾氏，是河坪丁家堡人。她生有五男三女，其中老大陈聘之，就是王明的父亲。

王明的父亲陈嘉渭，字炳森，号聘之，1877年农历八月十九日生。他小时读过三年私塾，但由于生活艰难，身为长子，只好在15岁时辍学，到离家25里地的胡家店子"陈庆号"当学徒。陈聘之在学满三年后，又回到金家寨下码头帮助父亲开香铺。陈聘之做生意倒算有了"学历"，但在与五家合伙开的小香铺中，仍然只能充当小店员的角色。

1897年，20岁的陈聘之娶喻幼华为妻。

喻幼华，号淑连，1880年生于金寨的张家畈村。她个子虽小，眼睛也有些近视，却是一位善良、能干、贤惠的乡村妇女。自己不太识字的喻幼华却积极培养子女读书识字。1924年，她还建议陈聘之办了个女子学校，专门招收那些无门读书的女子。喻幼华招收了几十名女学生，自任女子学校校长，陈聘之为副校长兼教员。黄启仁、张育才、陈觉民、陈绍炜等都曾在该校任教。

当时，女子读书是不被允许的，妇女出任校长更是大逆不道。喻幼华办学招来了众多非议。王明四叔陈云溪是位封建卫道士，他坚决反对哥嫂办女子学校，扬言要进行破坏。于是，喻幼华整日挂着拐棍在校门前守卫，使他们没敢来捣乱。

1958年，王明为纪念母亲喻幼华，写了名为《大娘校长》的诗文。诗曰：

第一章
国内求学（1904—1925）

> 陈氏祠开女学堂，大娘校长半文盲。
> 手持拐杖门前站，保护师生打痞氓。

鄂豫皖苏区建立后，喻幼华担任女子小学校长并从事其他妇女工作。她时常跋山涉水，到处动员妇女帮助苏区政府和红军，做了一些对革命有益的工作。

母亲喻幼华对王明影响很大，他不仅继承了母亲矮个子的血统，而且受母亲的教诲，一贯勤勉好学。母亲创办女子学校14个春秋后，1938年，王明也在延安兼任了中国女子大学校长。

陈聘之为人淳朴，喜欢主持公道，热心助人。土地革命战争时期，鄂豫皖地区燃起的革命烽火，也把陈聘之卷入到革命洪流之中。1929年5月，陈聘之参加了中国共产党领导的金寨地区立夏节起义，并被任命为六安六区赤色互经会主任。1932年，他先后被调到鄂豫皖革命根据地的霍山县任专用公司经理、霍邱县运输公司经理等职。红军离开鄂豫皖根据地后，他又回到家乡，开过一段时间糕饼店，后来又以教书为生，当了几年乡村教师，并且继续为革命事业做了一些有益的工作。

陈聘之和喻幼华生有二男三女，王明为长子，在兄弟姐妹中排行第二。

王明姐姐陈先民，比他大4岁，20岁时即因病早逝。大妹妹陈觉民、二妹妹陈映民，弟弟陈绍炜，先后在父亲及大哥的影响下参加了革命斗争，为革命事业做出了重要的贡献。

王明大妹陈觉民生于1905年，后入私塾读书。1924年陈聘之和喻幼华开办女子学校以后，她到女子学校当了教员。1929年中国革命呈燎原之势时，陈觉民也参加了鄂豫皖革命根据地的工作，并加入了中国共产党。她先在商城一区模范小学教书，后调到县妇委工作。据《金寨县革命历史大事记》记载："1931年3月底，商城县妇女委员会9人组成，书记汪泽荣，秘书陈觉民（脱产）。"陈觉民1933年与在鄂豫皖革命根据地列宁小学任校长的汪惠生结婚，育有一女叫汪向荣。

王明二妹陈映民又名王营，1908年生。在她出生仅七天时，由于家境贫寒，父母忍痛将她抱给了金家寨上吕家湾的贫农吕能江家，给吕家做了童养媳。陈映民从小在吕家长大，15岁时与吕家长子吕绍文完婚。鄂豫皖革命根据地开辟以后，一无所有的吕家兄弟成了革命的积极参与者，陈映民也参加了革命斗争。她于1930年加入共青团，任六安六区五乡团支部书记。1931年又参加了红军，并转为中共正式党员，在红四方面军第四军第十二师政治部做妇女工作。1932年，陈映民跟随红四方面军进入川陕革命根据地，担任了川陕省委妇女部副部长。在艰苦的红军长征途中，陈映民的丈夫吕绍文和丈夫的两个弟弟吕绍武、吕绍全先后在战斗中壮烈牺牲，只有陈映民坚持到了陕北。

1936年10月，陈映民随同红四方面军第五、九、三十军及总部机关和直属部队共两万多人，奉命组成西路军，渡过黄河，执行打通国际路线和在河西创建根据地的战略任务，陈映民任妇女团二营五连政治指导员。由于孤军深入，敌众我寡，西路军将士虽然浴血奋战，但损失惨重，陈映民也在战斗中被俘，被押解到敌人开办的被服厂做苦工。

虽然在敌人的魔窟中受尽苦难，但陈映民还是在一名汽车司机的帮助下逃离了虎口，于1938年4月来到了延安。由于此时正是张国焘叛逃至武汉并发表声明脱离中共之时，延安正在掀起声讨和揭批张国焘的高潮，陈映民为避免受到不必要的牵连，于是根据其已改名叫王明的大哥之姓，改名叫王营，继续为党工作。解放战争时期，陈映民一直在后方负责保管财产。1949年秋，她随军南下到重庆，后到重庆水产公司工作，1983年离休。

陈绍炜又名甘宁，是王明唯一的弟弟，也是兄弟姐妹中最小的一个。他生于1911年，小时读过私塾和小学，后又到六安县读完初中，毕业后回到金家寨教书。他也在土地革命战争时期参加了革命工作，先后在商城县一区一乡模范小学、七区列宁小学教学，后又调到六安县七区四乡苏维埃文化委员会任宣传员，以后也主要从事教书等文化教育工作。抗日战争时期去了延安。

王明一家大都参加了中国共产党领导的革命斗争，而母亲喻幼华的娘家也可以称为革命家庭。王明大舅喻幼堂，共产党员，曾任鄂豫皖革命根据地六安六区十三乡苏维埃政府主席。二舅喻百方，共产党员，是六安六区游击队副队长。兄弟二人于1930年五六月间分别被国民党反动派抓去，受尽酷刑，但英勇不屈，先后壮烈牺牲。

第一章
国内求学（1904—1925）

无论陈家还是王明外祖父喻家，参加革命最早的要算是王明。王明对其家庭成员及亲属参加革命起到了重要的影响作用。

金家寨县素以革命老区闻名全国。1924年，金寨地区就建立了中国共产党的组织，创建人就是王明的老师詹谷堂。1929年，这里举行了立夏节起义和六霍起义，创建了两支工农红军，使该区成为鄂豫皖革命根据地的重要地区。

1930年春，国民党部队进占金家寨，王明的父母和弟妹跟随红军退至牛食畈，喻幼华得了重病。后红军打退敌军，全家重返金家寨。喻幼华得知两个弟弟被敌军惨杀，病情加重，被人用担架抬回金家寨。半夜时分才回到家中，可惜家中被敌军破坏严重，喻幼华想喝点糖水而不可得，从而休克致死，时年50岁。

1930年夏，王明在上海闻母逝世后十分悲痛，特写了诗歌《闻母死》，以示悼念：

（一）

离母五年兮，谁知别千古？

万苦不苦兮，青年丧母苦。

全心革命兮，略以慰我母。

梦中母来兮，知儿地址否？

（二）

白军刚退红军回，两舅牺牲病体催。

无食无糖无水饮，死因休克水含悲。

喻幼华的逝世给年过半百的陈聘之造成了生活上的困难，不久王明多了一位继母。这位继母叫黄莲舫，比陈聘之小十多岁。王明这位贫家出身的继母劳动一生，为人老实，无文化，对王明没有产生什么大的影响。因为王明自1925年后再没有回过家乡，直到1938年在武汉才与继母黄莲舫见面。

长期以来，我们国家比较注重阶级成分，强调对一个人家庭出身的考察。"文化大革命"中，像王明这样的"机会主义的头子"，自然被划入地主家庭出身。因此，在《中国共产党十次路线斗争学习资料》等书刊中，都宣称"王明家庭出身地主"，有的甚至说"他出身大地主家庭"。

"文化大革命"以后，出版的有关书刊，其中包括台湾的一些书刊，有的称王明家庭出身是"破落小地主"[1]，有的称是"富裕的农民家庭"[2]，有的认为是"小商人家庭。"[3]

王明家庭是城镇居民，从未从事过农业生产，更无一寸土地，根本不会是什么"地主家庭"。王明家庭也谈不上是什么"富裕农民家庭"。王明说："我家贫无立锥土"。他们家无房无地无财产，凡知情者都异口同声说"他们家很穷"，甚至穷到揭不开锅，借米、借钱、靠别人接济而生活的程度。王明的同乡同学桂尊秋证实说："他们家有时穷得没米吃。我记得曾向我家借过米。陈绍禹在三农时曾没钱交学费。"[4]乡亲朱少轩也证实说："陈家穷得难以维持生活，就靠齐寡妇接济。"[5]王明家境贫寒，陈聘之常忙碌一年，到头来却负债累累，愁得过不了年，经常在年关前几天离家躲账，只得由王明与姐姐、弟妹替父亲"挡账"。

王明曾写诗回忆苦度年关的情景：

富户家家乐，穷人个个愁。
何时天下变，不再过年愁。

把王明家庭说成是"小商人家庭"，略近实际情况，但实际上也是不确切的。

王明祖父陈亨锡，曾和五家亲友合伙开过一个小香铺，是一个既制作又

---

[1] 盖军，于吉楠：《陈绍禹是怎样上台的》，《党史研究》1981年第2期。
[2] 刘俊民：《为什么王明能跃上中央领导地位》，《齐齐哈尔师范学院学报（哲学社会科学版）》1980年第2期；于俊道：《中国革命中的共产国际人物》，四川人民出版社1986年版，第25页。
[3] 盖军，于吉楠：《陈绍禹是怎样上台的》，《党史研究》1981年第2期。
[4] 《访问桂尊秋谈话记录》，访问者：曹仲彬，1980年12月30日。
[5] 《访问朱少轩谈话记录》，访问者：曹仲彬，1980年12月27日。齐寡妇是王明的二姊，有田地，无子女，常接济王明家。

出售的铺子。王明父亲陈聘之从胡家店子的"陈庆号"学徒期满后,就进入这个小香铺当了店员。陈亨锡死后不久,小香铺就关门了。小香铺是六家合伙办的,陈亨锡死后有五个儿子,能分到陈聘之名下的只不过是1/6中的1/5。何况小香铺经营无利,经营的时间也不长。陈聘之在小香铺中基本上是一位普通店员。

在20世纪20年代,陈聘之和其他三家在金家寨合伙开办过一个"陈隆昌"山货行。"陈隆昌"山货行属于小货栈性质。这个"陈隆昌"山货行不同于一般商店,它没有多少资本,自己也不出售什么货物,主要是靠佣金收入和拿手续费维持。合伙开办"陈隆昌"山货行的是陈国栋、陈家富、陈聘之、尹成桥四家。其中陈国栋和陈家富出房出钱出东西,但不参加劳动与经营活动,是股东性质。陈聘之和尹成桥出的是劳动力,既参加劳动又参加经营。陈聘之有文化,就负责记账和经营铺面,尹成桥年轻又无文化,就负责对外的业务联络。虽然"陈隆昌"山货行是四家合办,但实际上四家各自所处地位却不相同。陈聘之可以说是一位写写算算的脑力劳动者。

鄂豫皖革命根据地建立后,陈聘之先后任赤色互经会主任、专用公司经理、运输公司经理等职,成为革命干部。红军走后,他又回到金家寨,为维持生活,曾开过糕饼店,自做自卖,小本经营,以后又当了几年乡村教师。

陈聘之一生没有固定职业,当过革命干部和乡村教师,做过小生意,有时也失业在家。但他主要职业是当乡村教师,前后有一二十年以教书为生。他虽然做过几次小生意,但多是与人合伙开的,自己无多少资本,并且都是以劳动为主。因此,土地改革时,王明的家庭成分未定为"小商人",而是定为贫民。

由于王明家土改定成分的档案资料,县和村均没有保留下来,所以土改时担任王明家乡村长的刘世香的回忆,就成了确定王明家庭出身的重要材料。

刘世香回忆说:"金家寨只有一条街,分为上码头和下码头。陈绍禹家住下码头。土改时,我们是金寨一区城关老成街,还有一条新街。我是村长,他家定为贫民。"[1]

---

[1]《访问刘世香谈话记录》,访问者:曹仲彬,1980年12月28日。

把王明家定为贫民成分，符合王明家的实际情况，也反映了当时王明家乡乡亲们的看法。王明家乡的知情者桂仙武回忆说："他家那时不是农业人口，在街上做小生意，但没有资本，靠拿佣金生活，只能算一个贫民。"[1] 朱少轩也说，王明家是"贫民一类。"[2]

根据1950年8月4日中央人民政府政务院颁发的《关于划分农村阶级成分的决定》来看，王明家庭也应属于贫民成分。

该决定第七条"贫民"款中规定："工人农民外，一切依靠自己劳动为生活，或大部分依靠自己劳动为生活，或依靠少数生产资料自己经营以取得生活费，上面这些人凡没有固定职业而生活贫苦者，均叫作贫民。"该条的第二点"说明"又进一步具体规定："工人农民外，如独立生产者、自由职业者、小贩、不雇用店员的小本经商者及其他一切劳动分子，只要是不能有固定的职业而生活贫苦的，均属于贫民范围之内。"

由此可见，土改中将陈聘之划为贫民成分是合适的。

一个人的家庭出身固然会对一个人的生长发展起着重要的影响，但是不一定会起决定性作用，革命者的路是自己走的。我们之所以花费这么多的笔墨来辨析王明的家庭出身，是因为人们对此众说纷纭，认识不一，甚至"文化大革命"中出现不顾历史事实、硬说他家是地主成分的现象。为澄清事实，这里略作辨析，似乎也有必要。

念私塾

王明，原名陈绍禹，字露清，乳名禹子。

王明在少年求学时曾使用过"陈露清"这个名字，但这个鲜为人知的名字，在他到外地求学以后就再没有用过。到苏联莫斯科中山大学以后，王明起了个俄文名字，叫"克劳白夫"。回国后发表文章时，曾使用过"绍禹""韶

---

[1]《访问桂仙武谈话记录》，访问者：藏具林、费显清，1986年4月29日。
[2]《访问朱少轩谈话记录》，访问者：曹仲彬，1980年12月28日。

玉""慕石""石""兆雨""玉""慕"等诸多笔名。"王明"是他 1931 年到共产国际后使用的笔名,此后长期使用,广为流传,逐步代替了本名陈绍禹。"马马维奇"是他 20 世纪 60 年代在苏联发表文章的俄文化名。按理本书应在 1931 年前用"陈绍禹"的名字,1931 年后再称为"王明"。但为了读者习惯,本书一律称其为"王明"。

王明家境贫寒,小时长得又矮又瘦,但人却聪明、机灵。1909 年,5 岁的王明就由当过私塾先生的父亲启蒙,教习识字。按照古老的传统,王明首先由《百家姓》学起。严厉的父亲规定他每日学五个字,而且不仅要会读,还要用毛笔一笔一画地写清楚。到 7 岁时,他已经学完了《百家姓》和《三字经》。

王明在家跟随父亲学习两年后,陈聘之见其聪颖过人,便在他 7 岁时,克服家庭经济困难,咬紧牙关送他去念私塾。

王明先进了外叔祖父喻南森办的私塾馆。在上第一堂课时,喻老先生为测验王明认字的程度,就让他上台读书,结果他把《百家姓》读得一字不差,深得老先生的赞赏。

有一次喻先生讲《论语》,当讲到"宰予昼寝",被孔子批评为"朽木不可雕也"时,王明和几位同学听后颇不赞同。于是,时年 9 岁的王明便写了一首打油诗质问孔夫子:

先生非朽木,学生岂粪土?!
这大热天气,谁不打中午?!

"打中午"是金寨一带的土话,意思就是睡午觉。王明这首打油诗在同学中传看时被喻先生发现,他拿去看后大笑说:"写得好!这大热天气,不打中午还了得?!"

王明这首诗歌处女作,后来被夫人孟庆树收录为《王明诗歌选集》中的第一首。

王明也遇到过一位粗暴的私塾先生,此人姓杨,绰号"杨扒皮"。他动辄惩处学生,常常用竹板子打学生,甚至把讲台桌上的铜尺、刀子、剪子等扔向

王明传

学生。为发泄对他的不满，1914年，10岁的王明写了一首题为《杨扒皮》的讽刺诗：

先生是牢头，学生是罪囚。
这样蛮打骂，一定要复仇！

不巧，这首诗在同学间传看时恰好被这位好动武的杨先生发现，他立刻将王明痛打一顿，并按着王明在地上磕了三个响头，后来还把讲桌上铁压尺扔去打王明的头，结果打在他小腹上。这种严酷的师教使王明无法忍受，他大哭大闹后跑回家，20多天不去上学。"杨扒皮"的蛮横早有公愤，借王明罢课之机，学生和家长纷纷表示不满，大家声言，如果"杨扒皮"再如此对待学生，家长们将都不送孩子们来上学。杨扒皮也怕丢了饭碗，于是，到陈家认了错，算是结束了这场风波。

以后，王明又跟随毛树棠、漆陶庵等先生读私塾。

1919年漆陶庵出题，王明作了一首七律《霜寒初重雁横空》：

玉露生寒草木黄，横空列阵雁飞翔。
羽毛更益三分雪，骨骼初经九月霜。
秋去春来无定处，关南塞北有家乡。
临风一字成人字，望美人兮天一方。

其中"羽毛更益三分雪，骨骼初经九月霜"两句颇得漆老先生欣赏，并在这一诗句上批写了"聪明"二字。

旧时的私塾，主要是学习四书五经。这些儒家经典，必须能背、能写、能解。这对于勤奋好学、记忆力甚强的王明来说并不很困难。教私塾的喻南森、毛树棠、漆陶庵等先生旧学根底深厚，对于学生要求严格，也使王明获益不浅。王明读书用功，加之记忆力过人，把四书五经背得滚瓜烂熟，常常受到先生的表扬。这七八年的私塾，使其增加了历史知识，学会了写文章，练就了一笔好字，也为其古文知识打下深厚的基础。

不过，聪明伶俐的王明有时难免骄傲。知情的刘世香回忆王明少年时的生活情况时曾说："陈绍禹这个人，聪明有能力，但也很骄傲。"[1]

这个评价也比较符合王明的性格特征。

每年清明时节，父亲母亲都要领着王明和弟弟妹妹们去扫墓祭祖。据同乡人回忆，王明在七八岁时就能读由文言文写成、大量是引经据典的祭文，深得父母喜爱。在下码头一带，陈聘之的文化也算上等了，因此在过春节时，乡亲们纷纷请陈聘之写春联。王明先是跟随父亲研墨铺纸，后来就在父亲的指教下挥毫写对。到9岁那年，王明就可以独立帮助乡亲们写春联了。

据王明妹妹王营回忆："从九岁起，每逢过年前腊月二十三日左右，他就要忙着给别人写春联，一直写到大年卅日。请他写春联的人很多，我们住的那条街的人，几乎全部是找他写。因为他字写得又好又快，许多老夫子写的都不如他写的好看。那时他的个子比桌子高不了多少，写春联时只能跪在凳子上，另外一个人在旁边牵着纸张，磨着墨。他肯帮助别人，对求者从不拒绝，加上人小有才能，街坊邻居都很喜欢他，一到过年就要给绍禹买点小礼物或送几文压岁钱。"[2]

写对子容易作对子难，但少年时的王明即可以提笔作对。有一年除夕，理发工人徐从丙请他作对子。王明得知徐从丙的住房是地主肖殿香的碓房，便站在凳子上挥笔写道：

不羡他良田万顷，暂住我破屋两间。[3]

字里行间很有些少年豪气和阶级情意。

1919年，金家寨小名流李少山先生拟作一对联，但出了上联，对不了下

---

[1]《访问刘世香谈话记录》，访问者：曹仲彬，1980年12月28日。
[2] 王营：《回忆二哥陈绍禹》（未刊稿），第7页。曹仲彬1980年12月30日在安徽省金寨县访问时抄录有关内容。
[3] 金寨县人民政府办公室和地方志办公室编：《金寨概览》，1985年6月，第91页。

联。征对者十余人,均没对上。李少山自以为这将成为绝对,但15岁的王明却巧妙地对上了。

李少山出的上联为:

山海关虎啸龙吟,漫道风云难际会;

王明对的下联为:

子午谷乌飞兔走,须知日月易蹉跎。

山海关位于河北辽宁交界处,号称"天下第一关";子午谷在陕西省秦岭山中,三国时的魏延曾建议孔明由此地奇袭魏军,《三国演义》中对此有记载。据王明自己回忆,当时李少山见他能如此工整地对上此联,拍案大叫说:"小朋友,对得好。你这乌兔日月之类,当然在我意中。不知为什么我没有想到子午谷这个地名,所以未对成,真是'后生可畏,焉知来者之不如今也!'"遂叫上一席菜宴请王明,饭后还送冬瓜饯和天冬饯各一斤作谢。

王明在私塾学习了七八年之久,打下了较深厚的旧学基础。刻苦的学习为其著文写字积累了功底,使其后来以文思敏捷、书法过人见长。但是,儒家经典的熏陶,也使"唯圣""唯书""唯有读书高"的古训深深植根于王明的头脑之中。

入小学

1911年爆发的辛亥革命推翻了封建帝制的统治,在文化教育界也刮起了兴办新式学堂的新风。大约在1919年夏,王明离开私塾,来到当时属于河南省固始县远东南区的志诚小学学习。

据王明家乡的几位知情者回忆,王明能上小学学习,是一位叫作晁三的地主接济的。由于王明小时候聪明伶俐，小有才气，得到了这位晁三老爷的喜爱，便认王明为干儿子。当时上小学学习，需要一笔较大的费用，这对于生活艰辛的陈聘之家而言是一个不小的负担。富裕的晁三见陈家无力供王明入小学读书，便以干老子的身份资助王明上学。[1]

志诚小学位于现在的金寨县，当时是一所有300多名师生的规模较大的公立学校，在这一带比较著名。志诚小学校长李少樵是位开明人士，他聘请了一些比较知名的教师来校执教，詹谷堂就是其中著名的一个。

詹谷堂，学名生堡，1883年生于金寨县一个贫穷的私塾先生家庭，21岁中秀才，22岁便在家乡开乡馆执教。

詹谷堂学识渊博，思想激进，敢于冲破封建的禁锢。他破例吸收女生入学，免费让穷家子弟上学，教学内容也不受经典、八股的束缚。这些开明措施深得民众欢迎，四乡后生纷纷慕名而来，乡绅富户也对他极为推崇。

1914年秋，詹谷堂受聘来到志诚小学，担任国文教师，对在此就读的王明产生了一定影响。王明在私塾时打下了较深厚的古文功底，到志诚小学后跟随詹谷堂学习白话文，文化水平又有了进一步提高。王明后来白话文写得通畅，与此不无关系。

1921年秋，詹谷堂在志诚小学成立了进步的"马克思主义读书会"。1923年6月初，他加入了中国共产党，1924年2月又担任了金寨县第一个党支部的支部书记，成为金寨县党组织的主要创始人。虽然这时王明已离开了志诚小学，但在志诚小学的一年间，清新的校园环境和詹谷堂等进步教师的教育影响，对他后来走上革命道路有较大的影响。

王明的少年时代主要是在私塾和小学中度过的，基本上没有离开过家乡，外面的世界发生的翻天覆地的变化，对这位闭塞的乡村少年还没能够产生很大影响。

---

[1]《访问刘明之、桂仙武、金明泽谈话记录》，访问者：藏具林、费显清，1986年4月29日。

上"三农"

中国的政治舞台自 1911 年辛亥革命之后就没有平静下来。

清朝统治被推翻、南京临时政府成立、袁世凯篡权、军阀混战、段祺瑞执政……走马灯式的政权更迭及划地为界的军阀割据,显示着中国政局的动乱,也宣告了封建一统天下的动摇。剪掉了象征封建统治的辫子的中国人,虽然还拖着沉重的无形辫子,但人们终究从封建统治下获得了一定的自由,资产阶级倡导的民主、科学和无产阶级的革命运动,都开始在这个古老的社会激荡。以 1915 年 9 月陈独秀在上海创办《青年杂志》为起点掀起的新文化运动,对包括王明在内的一代青年产生了深远的影响。

1920 年夏,王明考入安徽省立第三甲种农业学校(简称"三农")。

"三农"是 1919 年 3 月由安徽省教育界进步人士朱蕴山[1]等人创办的一所新型学校。校址设在六安县,是当时安徽省著名的中等专业学校。在新校址落成庆祝大会上,音乐教师还作了一首《校庆歌》:

> 欢喜,欢喜,欢喜!吾校有根基。校舍幢幢起,望岳依城临沛水。农村实习所,宽阔天与比。冈陵上,田野中,亭台下,池沼里,开展天然利。……

"三农"是一所四年学制的中等专业学校,招收高小毕业生和同等学力的私塾生。第一年是预科,第二年开始分农、蚕、林等科。由于"三农"是省立学校,实行公费就读,所以,王明等家庭困难的学生都很愿意报考"三农"。

"三农"校长沈子修、学监桂月峰和文读朱蕴山都是老同盟会会员、激进的民主派、安徽省著名的教育人士。他们在新文化运动和五四运动的影响下,

---

[1] 朱蕴山(1887—1981),安徽省六安人,老同盟会会员,国民党左派,民革创建人之一。新中国成立后,曾任民革中央主席、全国政协副主席、五届全国人大常委会副委员长。

第一章
国内求学（1904—1925）

决心冲破封建思想的禁锢，按照科学与民主的精神办学，遂邀请了一大批有识之士出任教员，使"三农"开办后就在安徽省教育界刮起了一阵新风。当时，来校任教的名师有：国文教员钱杏邨[1]（阿英）、英文教员苏章之、数学教员晏荣伯、经济学教员李晴峰、体育教员沈硕亭、农林业管理教员江伯良、村政建设教员乐天宇，等等。由于学生踊跃投考，教师认真执教，短短几年，"三农"就成了安徽省的著名新型学校。

"三农"开学不久，学校就成立了教职工会和学生自治会，并分别加入了省教职工联合会和省学联。学校决定重大问题时，都要征求这两个组织的意见。学校提倡教师爱护学生、学生尊敬师长的新风。

五四运动后，传播马克思主义的浪潮也冲进了"三农"校园。在这股浪潮中，朱蕴山通过旅外同乡和芜湖科学图书社购进了不少进步书刊，如《新青年》《新潮》《独秀文存》《唯物论基础知识》《共产主义A、B、C》《赤都心史》《俄乡纪程》等。他还在校内组织了"读书会"，组织师生学习进步书刊，宣传马列主义，主张"以俄为师"。国文教员钱杏邨在课堂上公开宣传十月革命，介绍列宁、高尔基、陈独秀、李大钊、鲁迅等人的革命事迹和文章，在学生中引起了很大反响。

1920年下半年，王明考入"三农"学习，成为"三农"第二届学生。同班同学有王逸常、桂尊夏、桂尊秋等人。他们非常要好，还曾"调兰谱"。[2]

王明由高小步入"三农"，开始并不了解"三农"的培养目标和学习农业专业的意义，但进步的校园环境很快使王明受到熏陶。入学不久，王明写了几首白话诗，题为《进三农》：

（一）

樊迟请学稼，

---

[1] 钱杏邨（1900—1977），著名的左翼作家，1926年加入中国共产党，新中国成立后任天津市文化局局长、全国文联副秘书长等职。
[2]《访问王逸常谈话记录》，访问者：曹仲彬，1980年11月17日。"调兰谱"是结拜兄弟的一种别称。

王明传

子曰：吾不如老农。

请学为圃，

子曰：吾不如老圃。

樊迟走出去，

孔子骂他是个小糊涂。

（二）

我今进三农，学农又学圃，

可是我家贫无立锥土。

试问英雄何地可用武？

纵然学了圃和农，

也只像无米难炊之巧妇。

（三）

祖母娘家穷务农，

母亲娘家只有小块圃。

从小到今亲眼见，

两家生活何其苦！

吃不饱来穿不暖，

房子破了没钱补。

（四）

有人说：发展农业能救国，

有人说：发展商业才不落伍。

有人说：发展科学教育与实业，

我国再不受人侮。

倘真农业能救国，

我愿为农又为圃。

王明班级的国文教员就是钱杏邨。钱杏邨渊博的学识、进步的思想对王明的成长起了一定作用。有一次，钱杏邨以《我的家乡》为题，让学生们写

第一章
国内求学（1904—1925）

一篇作文。王明以及同班同学王逸常、桂尊夏、桂尊秋等人的作文得到了老师的好评。其中桂尊秋的作文，以深厚的感情写出了家乡农民由于受压迫而奋起反抗的情景。钱杏邨看后大加赞扬，他在评语中写道："是血泪的文章，是呼吁的作品，是战斗的檄文，思想和艺术都有立为吴山第一峰之慨。"并将此作文和批语抄在墙报上供同学们阅读。

五四运动以后，"三农"也成立了各种进步社团，传播新文化和新思想。在朱蕴山、桂月峰等指导下，"三农"成立了

钱杏邨（阿英）

学生自治会、读书会，办起了平民夜校，还深入社会，组织了六安农会，号召农民争取实现"永佃权"和"耕者有其田"。1920年秋天，学校组织了爱国剧社，在六安县公演了话剧（当地群众称之为文明戏）《朝鲜亡国惨史》《不平鸣》《新家庭》等。这些剧目都由"三农"师生们自导自演，在六安县开创了上演现代戏之先例，引起了群众的极大兴趣，纷纷前来观看。

王明看过这些话剧后，写了一首题为《前覆后戒》的五言律诗：

　　印度遭英灭，朝鲜被日吞。
　　人民作犬马，财富任牺牲。
　　祖国睡狮弱，帝强饿虎狰。
　　同胞快觉醒，奋战以图存！

王明在"三农"时专心读书，成绩优异。"三农"的国文课不同于私塾中的旧式八股文，这里既要求学生会写文言文，又要求学生能作白话文。钱杏邨老师在国文课教学中，反对尊孔读经，积极倡导白话文。王明由于在志诚小学期间在詹谷堂教育下学过写白话文，所以在"三农"期间的国文课成绩很

优异。

据同班同学王逸常回忆："我与陈绍禹都是班上学习较好的同学。当时老师批改的作文本，每次都按写作的好坏次序发放，最好的放第一本。每次发放的第一本不是我的，就是陈绍禹的。凡写文言文时，往往我是第一本，凡写白话文时，陈绍禹往往是第一本。他的白话文写得很生动。"[1]

"三农"作为新式学校，开设了英文课和理科、农科等私塾中没有的学科。这对王明而言虽然学起来有些吃力，但他以极大的兴趣去攻读这些学科，特别是英文。王明学外语的先天条件并不算好，但他肯读、肯背，所以进步很快。

王逸常回忆说："陈绍禹舌头突突的，学习外语自然条件不好，可是他肯读，常常反复地练，所以，英文也学得不错。"[2]

王明后来到苏联后，俄语学习得快，这与他在"三农"的英语基础及其学外语肯花力气是分不开的。

两千多年前的孟子曾经总结过一条人才成长的规律："天之将降大任于斯人也，必先苦其心志，劳其筋骨，饿其体肤，空乏其身，行拂乱其所为，所以动心忍性，曾益其所不能。"王明作为对历史发展产生过重要影响的人物，学习是刻苦用功的。假期是学生的天堂，但寒暑假对于王明，倒像是改换学习地点的学期延长。在"三农"期间，王明的假期也主要是在学习中度过的。

据他的妹妹王营回忆："上中学及大学后，由于科目多，学习就更忙了。每年放寒暑假后，他要带一些同学到家里来，父母就专门为他准备一间房子，让他和同学一起学习。他们经常十几人一起，上午看书，下午讨论学习中的疑难问题。由于学习努力，绍禹的成绩一直是很好的。即使有时某门功课差些，他也会认真去找原因，花更多时间去学习，直到学好。他还注意劳逸结合，在学习之余，总爱约几个同学一起到城外去钓鱼，轻松一下。"[3] "三农"的新潮思想

---

[1]《访问王逸常谈话记录》，访问者：曹仲彬，1980年11月17日。
[2] 同上。
[3] 王营：《回忆二哥陈绍禹》（未刊稿），第8页。曹仲彬1980年12月30日在安徽省金寨县访问时抄录有关内容。

和民主空气,对王明的思想发展也产生了影响。在校园内王明还只是一个认真学习的普通学生,回到家中,王明也可以算是一位激进的反封建斗士了。

"当时受封建礼教的约束,妇女都要缠脚。绍禹在六安读书回家时,就不准我们缠脚。他每天起得早,只要看见谁缠了脚布,不管脏不脏,一概要扯掉。开始大家有点想不通,所以扯掉又包上。绍禹就多次给妈妈及姐妹做工作,说明缠脚的害处,大家觉得对。以后姑姑和我们姐妹几个就没有再缠脚了。绍禹还反对我们扎耳朵、吊耳环,总是把姐妹耳环的线剪断。"[1]

不过,在"三农"学习时的王明虽然也参加了一系列进步学生运动,但他基本上以学习为主,只是学生运动中的普通一员,而且有时还落到了学生运动的后面。

下列三件事,可见王明当时的思想和活动状况:

一是参加抵制日货运动。

"三农"是皖西新文化运动的火种。1919年五四运动的消息传到刚刚成立两个多月的"三农","三农"就沸腾了。在校长沈子修、学监桂月峰、文读朱蕴山的支持与指导下,"三农"学生联合六安县内其他学校学生,于5月8日在县里举行了游行示威,声讨曹、陆、章三个卖国贼,积极支持北京学生的爱国运动。

在五四运动后,"三农"学生开展了抵制日货运动。他们组织了日货纠察队,首先把自己日常用的洋皂、洋毛巾、洋布、洋瓷器、洋伞等日货集中到县里的老衙门台上,浇上汽油,当众烧毁。然后同学们在校长沈子修发表演说之后,举行了游行示威。同学们边走边唱:"黑奴红种相促进,唯我黄人梦未醒……"同学们的爱国热情也感染了县里的工人和市民们,他们也纷纷自动参加到游行队伍中来,开展抵制日货运动。

王明虽然只是这场运动的参加者之一,但大家砸了洋瓷盆,换上土制的陶瓷盆,上街宣讲抵制日货的意义,对于激励王明在内的青年学生们的爱国热情,是会产生一定影响的。

---

[1] 王营:《回忆二哥陈绍禹》(未刊稿),第8页。曹仲彬1980年12月30日在安徽省金寨县访问时抄录有关内容。

二是参加声援"六二学潮"。

1921年，安徽省政府在编制预算时，将前两年节存的教育经费拨给"公益维持会"，作为省议会三届选举之用。这件事引起了安徽省教育界人士的极大愤慨。6月2日，省议会设宴欢送倪道朗、马联甲等议员去蚌埠参加6月7日安徽省军阀倪嗣冲生祠落成典礼。他们走后，议会讨论教育经费一事就将没有着落。于是，省教职工联合会和学生联合会一面推选代表到省议会请愿，一面集合师生到码头把守，不准他们上船。当师生请愿代表到达省议会门口要求议长接见时，马联甲下令军警开枪，当场打死打伤学生50余人，其中以六安、英山、霍山三县死伤学生最多。被打死的学生中有英山县的姜高畸和合肥的周肇基等人。姜高畸等人惨遭杀害，引起"三农"学生和全省人民的愤慨。

"三农"学生们在6月3日接到"六二惨案"通电后，立即整队上街游行示威，发动全县实行罢课、罢工、罢市，并成立了"六二惨案"后援会。"三农"选派桂尊秋、张月潭、李元儒、万重远、戴汝成等人，星夜赶赴省会安庆，与全省各地代表一起，向省长聂宪藩提出抗议，在军阀马联甲公署门前示威。学生们散发传单，声讨马联甲罪行，搜索省议长和"公益维持会"分子，痛打了怀宁地方检察长刘以带及反动议员马仲武，同时向死难家属表示慰问。当时，省学联以许继慎（六安人）、舒传贤（霍山人）为核心，使斗争迅速发展，并得到京、沪和长江中下游各省学联的驰电声援。

北京的教育部见众怒难犯，电示安徽省教育厅出面调停。省政府被迫答应：维持增加教育经费案；惩办凶手；承认死者姜高畸、周肇基为烈士，拨6000元为抚恤金，4000元为安葬费，在安庆菱湖公园修建祠墓和血衣亭，给受伤学生每人每年补助调养费31元。至此，"六二学潮"才基本平息下来。

王明也参加了这次运动，为悼念姜高畸等死难同学，他还写了题为《高琦不死》[1]的诗予以纪念：

---

[1] 王明把姜高畸的"畸"误写为"琦"。

死于军阀手,活在青年心。

英雄倒一个,继起千万人。

据王明"三农"同学王逸常和桂尊秋等人回忆,王明在"三农"期间参加了一系列进步学生运动。不过,在运动中王明态度不激进,较温和。"当时,学校分成两派,保守派与激进派。陈绍禹既不站在激进派一边,也不站在保守派一边,而是站在中间立场,采取温和态度。"[1]

三是反对刘先黎继任校长。

"三农"在沈子修、桂月峰等人的领导下,在安徽境内已是以民主激进闻名,这也引起了安徽省军阀政府的仇视。1924年初,安徽省教育厅下令撤换沈子修的校长职务,任命刘先黎为校长。

学监桂月峰、进步教师钱杏邨等为此愤然离开了学校。

沈子修是安徽省著名的教育家、激进的民主人士。他主持"三农"期间,以民主科学为旗帜,使"三农"成了安徽省传播新文化的重要阵地。省教育厅任命的刘先黎则是一个思想顽固保守的封建卫道士。他来到"三农"后,拉拢社会上的士绅官吏,压制学校的进步势力,在"三农"刮起了一股复古守旧风,引起了广大师生的不满,他们掀起了反对刘先黎继任校长的斗争。

刘先黎先是用小恩小惠来分化瓦解学生:宣布王明等家境贫寒的学生可以免交伙食费和其他费用,以此换取一部分学生支持他;然后又对一些坚决反对他倒行逆施的进步学生施以强力。有一天晚上,刘

沈子修

---

[1]《访问王逸常谈话记录》,访问者:曹仲彬,1980年11月17日。

先黎召集全校人员大会，事先请来的军警布满了会场。大会开始后，刘先黎首先登台讲了一套封建教育的规则，然后就当众宣布逮捕刘焕西等进步学生。会场顿时大乱，学生们冲上台去，与军警发生了冲突。

在这场反对刘先黎继任校长的斗争中，全校400名学生被开除了180名，其中包括一大批即将毕业的学生。然而，此时仍以"唯有读书高"为宗旨的王明，却站到了支持刘先黎的一边。

据反对刘先黎继任校长的当事人桂尊秋回忆说："全校百分之八十的学生反对刘先黎，只有陈绍禹等少数人支持他。陈绍禹甚至支持刘先黎用武力镇压学生。我当时就跑到六安附近的农村，后来回了家，也顾不得毕业不毕业之事。后来，听说刘先黎把所谓'闹事者'都开除了。我也被开除了。陈绍禹是毕业离校的。"[1]

在反对刘先黎继任校长的这场斗争中，王明站到了广大同学的对立面，拥护武力镇压学生的反动校长刘先黎。这固然与王明家境贫困、需要校方给予照顾有关，但也反映出在新旧思想冲突的年代，王明虽然接受了一些进步思想和现代文化知识，可是古老的封建礼教仍然束缚着他，贪虚荣、求名利仍然主导着他的思想。就是在接受马克思主义、加入中国共产党之后，王明也没有能够彻底摆脱"唯书""唯上"的束缚。这在几年以后的莫斯科中山大学中王明的身上，有着更为充分的表现。

进"商大"

1924年夏，王明由安徽省立第三甲种农业学校毕业后，考入国立武昌商科大学（简称"商大"）。

"商大"创办于1920年，位于武昌三道街，是在原武昌商业专门学校的基础上建立起来的。它是武汉大学的前身。后来的武汉大学就是由商科大学、中

---

[1]《访问桂尊秋谈话记录》，访问者：曹仲彬，1980年12月30日。

华大学和武昌高师等校联合而成立的。"商大"是国立大学,实行公费制,设有财经系、商业系、会计系、经济学系等专业。它除开设许多财经方面的专业课外,还开设英、日、法等外语课。学校学制五年,其中预科一年,本科四年。

王明考入"商大"后,先进预科学习,住在"商大"学生宿舍一栋寝室。和他同班的有远房弟弟陈一新(陈绍燧)、老乡程兆溟,以及梁仲民、詹禹生、陈楫生、胡佩禹等人。

王明之所以报考"商大",由"农"转"商",也可能受其父亲做过小生意的影响。不过,"商大"是国立学校,实行公费就读,这恐怕是吸引家境贫穷的王明前来就读的主要原因。

入学前,虽然父母亲都支持王明到武汉上大学,但怎奈家境贫寒,无力为其凑足路费和上学的经费,只得向别人借钱。王明不仅在金家寨向亲朋好友借,还跑到15里外的袁家岭向友人借。他东借西凑,仍是不足,最后还是母亲喻幼华把半生零星积攒的七块大洋全部拿出来,才勉强凑够。

王明为此曾挥泪写下了题为《七块大洋》的诗篇,抒发了对慈母的感激之情:

枕边摸索七元洋,慈母交儿泪两行;
知道此钱升学少,半生辛苦积私房。

据王明妹妹王营回忆说:"在六安县高中快毕业时,父母问他毕业后的打算,他说他还要去考大学。当时读大学非常困难,对穷家孩子尤其如此。后来考大学时,绍禹的成绩在六安县又居第一,被武汉大学录取。上大学后,家里的负担减轻些,因为他考得好,学校给了奖学金,享受公费待遇,家里就不用寄伙食费了。"[1]

武汉市是湖北省的省会,全国著名的大城市。它工业发达、商店林立、学

---

[1] 王营:《回忆二哥陈绍禹》(未刊稿),第6页。曹仲彬1980年12月30日在安徽省金寨县访问时抄录有关内容。

校众多、交通方便，是我国中部水陆交通枢纽，素有"九省通衢"之称。

从闭塞的皖西山区小镇走出来的王明，来到繁华的武汉，一切都感到陌生和新奇。闻名华夏的黄鹤楼吸引着他，到武汉后不久，他就急不可待地前往参观，并赋七绝诗一首，题为《风雨登黄鹤楼》：

乘鹤去乎余鹤楼？今人疑也昔人愁。
三城暗而两山隐，风雨歌兮江汉流。

王明在学习之余，在武汉籍同学带领下，还游览了武汉三镇。1924年11月，他去参观了大智门火车站，这是他第一次见到火车，兴奋之余，写了一首题为《偕友访大智门车站述同感》的七律诗：

工人开动火车头，地动天惊震九州。
南北东西成一体，农工商学尽同仇。
推翻军阀为民主，打倒帝强好自由。
我辈青年无量勇，献生革命变全球。

"商大"成立时的校长是湖北省议会议长屈培兰。这位说话结结巴巴的校长是军阀政府的代言人，但由于"商大"在湖北省的名望，一批进步教师如李汉俊、危浩生等还是来到"商大"任教。他们在传播现代科学知识的同时也宣传马列主义理论，对学生们产生了很大影响。

王明虽然在"商大"只学习了一年左右，但这一年却是他思想转变的重要阶段，使他由一位专心读书的年轻学生成长为一名中国共产党党员。

王明的思想转变，可以从他在"商大"期间发表的文章中窥见。

1925年5月，王明在"商大"撰写和发表了四篇文章。这四篇文章在王明一生发表的二百多篇文章中，除了《皖光》上的三篇外，可以称得上是他最早公开发表政治见解的处女作。

1925年4月29日晚10时，王明在"商大"学生宿舍里抱病写完了《革新运动中所得之经验》一文，接着又写出了《三种不同的面目》与《革新运动后之最近简单希望》两文。这三篇文章均于1925年5月10日刊登在《商大周刊》第3卷第5期上。同年5月27日，王明又在寝室里写完了《社会、社会学、社会科学、社会问题、社会主义底浅释》一文，并于同年12月发表在"商大"的《社会科学研究》第一集上。

这四篇文章中的前三篇，主要谈"商大"革新运动问题，后一篇讲社会科学研究中的几个界限，反映了王明对"商大"革新运动的基本态度和他对社会主义的初步认识。

所谓"商大"革新运动，主要是指驱逐军阀政府代言人屈培兰事件。

1924年1月，中国国民党在共产国际和中国共产党的支持与帮助下，在广州召开了第一次全国代表大会。这次大会通过了有共产党员参加起草、以反帝反封建为主要内容的宣言，确立了"联俄、联共、扶助农工"的三大政策，建立了国共合作的革命统一战线。有共产党员参加的这次国民党一大成了反帝反封建的大革命高潮的起点。接着，广东革命政府和黄埔军校成立，工人运动和学生运动蓬勃发展。革命形势的发展也使一些军阀集团的政治态度发生转变。1924年10月，冯玉祥发动了北京政变，推翻了曹锟、吴佩孚的直系军阀政府，并邀请孙中山北上，全国也掀起了一场声势浩大的促进国民会议运动。

当时革命势力的大本营是广州，武汉仍在军阀吴佩孚的控制之下。"商大"校长屈培兰位居湖北省议会议长，自然成为军阀在"商大"的代言人。他在"商大"实行一系列倒行逆施的政策，也必然遭到广大师生的反对。"商大"掀起了一场以驱逐屈培兰为主要内容的革新运动。

王明的三篇文章，谈的就是这个事件。

王明首先明确表示支持革新运动，称赞驱屈之举。他说："屈氏长校，学校非之……惟往昔同学多迷信议长万能，以为一动摇屈氏位置，校款将随之无着，以致屈氏尸位数年。年来虽屡发见屈氏不但无增加校款之能力，且有吞没校款之黑幕。"所以，全校"驱屈之心，为之益熟"，革新运动由是而起。

革新运动爆发后，全校召开大会，会上"宣布屈氏罪状"，决定"驱屈出校"。屈培兰不甘心失败，以议长声势加金钱引诱，在校收买一部分人，"到处造谣，函厅电部"在省署则运动停发补助费"，进行破坏。但"商大"师生坚决斗争，并派出北上代表赴京。坚持斗争两个月后，"北京解决电来，开全体大会"，屈氏被驱，革新运动取得成功。

王明庆祝革新运动的成功，并描述了革新运动爆发、停顿、成功时的三种不同面目。他高兴地说："现在在校里只看见一幅喜笑可爱的面目，是多么好的现象。"

王明在"商大"革新运动结束后，总结出革新运动成功的三条经验：

（1）勿畏难；（2）勿中止；（3）有公理。

他说："吾辈青年能于做事时，认清公理为立足点；以不畏难勿中止之精神进行之，则无往而不自得矣。"

王明在文章中还提出了对革新运动的具体希望，他说："革新运动自'校款''校长'两问题解决后，目前可算告一结束，但吾辈革新运动之目的，决非仅解决此两项问题即满足。""故先提出个人对于本校革新运动后之最近简单希望"，这就是：（1）扩充校址；（2）严定校规；（3）去留职教员；（4）添置图书；（5）早购课书；（6）注意卫生；（7）扩充刊物；（8）实地调查；（9）经济公开；（10）监督承校。

从王明关于"商大"革新运动的论述中可以看出，"三农"时的那个对于学生运动表现温和甚至有时站在当局一边反对进步学生运动的王明，已经发生了重大转变，此时的他已经成了学生运动的激进分子。他在驱逐校长屈培兰时态度坚决，言辞激烈，对于"商大"的革新运动充满了希望和信心。当然，这时的全国革命形势不断高涨，武汉"商大"也不同于六安"三农"，这是促使王明转变的重要条件。王明在"商大"革新运动中的积极表现，也说明他的政治态度已经有了很大进步，他开始追求"公理"，欢迎革新。从王明关于"商大"革新运动的论述中，可以看出他此时还不能够运用马克思主义的观点来分析问题，他关于革新运动三条经验的总结，还停留在政治斗争的表面。但王明在《社会、社会学、社会科学、社会问题、社会主义底浅释》这篇文章中，理论水平和思想觉悟较之前三篇文章又有了进一步的提高。

王明于1925年5月27日在"商大"写的《社会、社会学、社会科学、社会问题、社会主义底浅释》一文，是在他已经离开"商大"、赴莫斯科中山大学以后，于1925年12月发表在"商大"《社会科学研究》第一集中的。

在这篇理论阐释文章中，王明首先说明了这篇文章的写作"旨趣"。他说：虽然人类毕生生活在"社会"中，可是一般人并不了解"社会""社会学""社会科学""社会问题""社会主义"的区别。"最可笑的是，一般人多以为社会主义是'共妻''共产'的勾当，听见它便要发生恐惧。因为他们根本不明白社会主义是什么，所以更发生出许多可笑的误点来"。凡是"粘到'社会'两个字，他们便当作是他们最怕的社会主义"。"因此，我不惜麻烦，把社会的意义、本质、起源、变迁，以及一切以社会为研究对象的纵、横、广、狭的科学，简单明了地把它们各个真正的面目揭露出来，使我们不要捕风捉影地把社会主义当作洪水猛兽"。

在阐明写作的目的在于批驳把社会主义视为"洪水猛兽"的错误认识之后，王明对社会、社会学、社会科学、社会问题、社会主义作了初步区分。

王明认为："社会是生存和幸福上必需的团体，是求食和御敌的机关。因求食、御敌、生殖三者的必需而发生，起源于家庭；变迁于人类生产力；随人类生存上必需资料的供给需要的范围而扩大；由家庭而递变为部落，由部落而都市而国家；今日世界即社会。"

关于社会学，王明认为："社会学是以研究社会的起源、发达、组织、活动及理想为目的的科学"。

社会学代替不了社会科学。王明又说：社会科学是"研究组织社会这些团体的人类在各方面的活动及其原则的科学"，"社会科学内包裹包括的人为科学的科目"，"如伦理学、政治学、历史学、法学、人类学、比较宗教学……"。

王明关于社会、社会学、社会科学的论述，还只是解释一般概念。他在文中说："社会问题就是社会病理学"，"是以研究病态社会为主要目的的科学"。

在解释完社会、社会学、社会科学、社会问题这些基本概念之后，王明开始谈论他对于社会主义的理解。

他认为："社会主义是病态社会的根本救济法。"由于"现在社会的病态"，"生产方法有两大缺点：（一）是资本私有，（二）是生产过剩"。"社会主义采用的生产方法：资本归公，人人都有工作生产的机会，生产机关共有，谁也不能藉私有生产机关收取利益，可以救济现代生产方法的第一大缺点；一切生产品的产额及交换，都是公共机关统计调节；私人不得投机营业，避免形成生产过剩的恐慌，可以救济现代生产方法的第二大缺点。"

最后，王明又对这几者的关系作了总结："社会是社会学、社会科学、社会问题、社会主义等共同研究底对象，不过各研究底范围有纵、横、广、狭的不同罢了。"

通过《社会、社会学、社会科学、社会问题、社会主义底浅释》这篇文章，可以看出王明开始学习和宣传马克思主义理论。虽然在这篇文章中也暴露出王明对马克思主义的理解还很肤浅，对马克思主义的学习还刚刚开始，还只是把社会主义作为一种"救济方法"，还没有把科学社会主义与无政府主义、国家社会主义、工团主义、基尔特社会主义等区别开来，只是认为科学社会主义是这五派社会主义之一种，但他对于把社会主义视为"洪水猛兽"的批驳，认为现代社会"病根，实为经济"，"主张将现在社会组成根本破坏"，"社会主义是改造社会的唯一方法"等观点，还是符合马克思主义的。因此，也可以把这篇文章看成王明向马克思主义者开始转变的标志。

正是由于信仰马克思主义，愿意为共产主义奋斗，1925年夏，在武汉积极投身于声援五卅运动的王明，加入了中国共产党。

参加中国共产党

王明到"商大"学习时，中国共产党已经诞生三年多了。年轻的中国共产党一成立就显现出强大的生命力，以1924年1月国民党第一次全国代表大会的召开为标志，国共合作揭开了第一次大革命的新篇章。

武汉是中国工人阶级比较集中的地区之一。1920年，湖北的工业无产阶级已达30万人，多数集中在武汉。武汉也是五四爱国运动以后全国提倡新文化、宣传马克思主义较有影响的地区之一。

第一章
国内求学（1904—1925）

武汉共产党支部能够较早成立，绝不是偶然的。1920年秋，董必武、张国恩、陈潭秋、刘伯承、包惠僧、郑凯卿、赵子健七人，在武昌抚院街董必武、张国恩律师事务所举行会议，讨论了从上海带来的中国共产党纲领，选举包惠僧为支部书记，正式成立了武汉共产党支部。不久，又吸收赵子俊、刘子通、黄负生参加。武汉共产党支部是全国党的早期组织中成立较早并有一定影响的地方共产党组织。1921年7月，中国共产党召开第一次代表大会时，武汉共产党支部派董必武、陈潭秋出席，加上湖北籍的包惠僧、李汉俊、刘仁静，共计五人出席了大会，为中国共产党的创建做出了重要贡献。1921年冬，遵照党的中央局的决议，正式成立了中共武汉区执行委员会，董必武、陈潭秋、黄负生为委员，包惠僧任书记。从1921年冬至1924年初，又吸收林育南、李求实、许白昊、李书渠、林育英、廖乾五、项英、施洋、林祥谦、李之龙、秦怡君（女）、钱亦石、吴德峰、夏之栩（女）等人为党员，党员人数达50多名。1924年初，党中央决定撤销中共武昌区委，成立中共汉口和武昌两个地方执行委员会，分别由包惠僧与董必武任委员长。这个时期，武汉党组织大力宣传马克思主义，领导开展工人运动，建立社会主义青年团，发展党的组织，使武汉的革命力量迅速发展壮大。

"商大"是学生运动的主要阵地。共产党员李汉俊、危浩生等人曾在这里任教，党、团组织也先后在学校建立。"商大"的学生许鸿（许凌青）是"商大"学生运动领导人、武汉学生联合会主席。他说："1922年秋，我由董必武、陈潭秋介绍加入共产党。1924年，我同董必武、项英、许白昊、陈农、刘炎等成立中共湖北区委员会"[1]，"我被选为委员兼青年部

包惠僧

---

[1] 许鸿所说的"中共湖北区委员会"应为"中共武昌地方执行委员会"。

长。"[1]

王明在"商大"也结识了一些党、团员，如党员许鸿、团员梁仲民等。许鸿回忆说："我到'商大'不久，认识了陈绍禹。"梁仲民是青年团员、王明的同班同学，以后又同王明一起坐船到苏联，成为王明在莫斯科中山大学的同学。许鸿、梁仲民同王明相识后，向他介绍了一些马列书籍，给他讲述了俄国十月革命、中国共产党和青年团的情况。

王明后来回忆说，他们的介绍"使我闻所未闻，见所未见，耳目为之一新，思想为之大变"。为感谢他们的帮助，1924年10月，王明写了一首题为《喜闻道》的诗，表述他的新感受：

> 塾窗十载又中学，舍我韶华逝水过。
> 聆教一朝开眼界，得书百读喜心窝。
> 儒知世事仁风少，佛识人生苦味多。
> 惟有马恩新意境，列宁实现首苏俄。

这首诗说明，王明自从得到马列书籍后是"百读喜心窝"，他批判儒学、佛学，认为"惟有马恩新意境""列宁实现首苏俄"是榜样。这表明了王明对马克思主义的信仰，思想上开始产生重大飞跃。

王明由于思想上有了重大变化，从而改变了只专心读书的态度，积极投身学校的革新运动和社会上的支援五卅运动中。

1925年5月15日，上海内外棉七厂日本大班（厂长）率领打手枪杀了中国工人顾正红（共产党员），并打伤多人。5月28日，中共中央决定以反对帝国主义屠杀中国工人为口号，发动上海群众在租界举行反帝示威。5月30日，上海学生和群众2000多人举行反帝游行、讲演，租界英国巡捕开枪镇压，打死十余人，打伤多人，酿成五卅惨案。当晚，中共中央决定实行"三罢"，反击帝国主义屠杀。接着，全国掀起声援五卅运动、反对帝国主义的浪潮。

---

[1]《访问许凌青谈话记录》，访问者：曹仲彬，1983年7月23日。

第一章
国内求学（1904—1925）

五卅惨案的消息很快传到武汉三镇。5月31日，中共武昌地方执行委员会和共青团，由蔡以忱以中国国民党湖北省党部和湖北青年团体联合会等名义，决定6月1日召开武昌各大中学校学生代表大会，每个学校选出两名代表，研究决定实行罢课。

6月1日，商科大学学生开会，研究罢课和选举代表等事项。许鸿和王明都出席了这次会议。当会上王明听到有个别老师与同学不同意罢工时，马上进行批驳。在推选参加学生代表大会的代表时，许鸿是武汉市学联主席自然当选，王明由于表现积极也被大家选中。

当天，许鸿、王明出席了在"商大"召开的武昌各校学生代表大会。大会开会时，师大来的8名学生代表全是国家主义派分子。他们宣称反对罢课罢市，故意扰乱会场。王明和几个代表发言驳斥了他们的谬论。"商大"同学与各校代表齐呼"打倒汉奸分子""打倒国家主义派"等口号，使得师大代表狼狈逃离会场。最后，大会决定全市学生立即罢课，并举行游行示威，同时号召工人罢工、商人罢市，全市实行"三罢"，声援五卅运动。

6月2日，武汉学生开始罢课，并举行大规模的游行示威。王明曾写诗一首，记述这次运动经过：

> 五卅惨案动青年，集会游行斥帝奸。
> 胸对刀枪忘生死，面临兵警勇宣传。
> 工人响应流鲜血，军阀恐慌暴厚颜。
> 放假提前何用耶？回乡同样闹翻天！

在武汉三镇青年学生掀起的反帝热浪中，王明由于表现积极，被选为武昌学生联合会干事和湖北青年团联合会执行委员。他往来于青年学生中间，热心从事学生运动的宣传组织和联络工作。也就在这个期间，他先加入了共青团，后于1925年夏又加入中国共产党。随后，他又以共产党员身份参加了中国国民党并担任了国民党湖北省党部宣传干事。

党史学界曾流行一种说法，认为王明是1926年在苏联莫斯科中山大学入党的，事实并非如此。

王明曾明确说："1924年在武昌商科大学求学，由于同共青团员和共产党员往还，使我更自觉地参加革命活动和成为共青团员与共产党员。"[1]

王明入党介绍人许鸿曾向笔者讲述了他介绍王明入党的经过："我在'商大'不久认识陈绍禹。我是1920年8月考入'商大'，他是后几班，可能是1923年入学。陈是安徽人，表现还不错，1924年夏（暑假期间），我才介绍他入党。我一个人介绍的。还有一个安徽人，'商大'同学张浩然和王明一起入党。他当时叫陈绍禹。"[2]

王明是1924年夏入"商大"的。许鸿说他1924年夏介绍王明入党，应该是1925年夏。实际上，王明是1925年夏经许鸿介绍加入中国共产党的。

组织"豫皖青年学会"

"商大"的新天地开阔了王明的眼界，国共合作的大革命浪潮也使王明成长起来。面对激荡的革命形势，王明不再随波逐流跟在别人后头。

1924年9月，王明和同班同学詹禹生在"商大"发起成立了"豫皖青年学会"，吸收该校安徽籍和河南籍的同学参加，探讨和研究救国之途和学习之路。王明被推选为该会事务部主任。

同年10月，他仿《苏武牧羊》调，谱写了《豫皖青年学会会歌》。歌词是：

> 哀我中华大国民，内乱苦纷争，外患迭相乘；
> 危国计，害民生，贫弱震寰瀛。
> 守门无锁钥，卫国少干城；
> 主权丧失尽，贻笑东西邻。
> 五千余年，文明古国，实亡剩虚名。

---

[1]《王明诗歌选集》，第437页。
[2]《访问许凌青谈话记录》，访问者：曹仲彬，1983年7月23日。

志士具热忱，青年学会成；

　　结团体，聚精神，唤醒四万万人。

　　喑鸣摧山岳，咤叱变风云，军阀要除尽，帝强要除根；

　　创建新华，改造社会，大责共担承。

"商大"安徽籍的学生还组织了"安徽同学会"，出版会刊《皖光》，王明任会刊编辑。1925年5月1日，《皖光》第一卷第一期正式出版。王明以"陈绍禹"的署名在这一期发表了三篇文章：《安徽的学生》《反对和免除贵族专利的现代学校教育》《恋爱真谛》。这些文章是王明最早发表的作品，虽然谈的是学生问题和教育问题，却表露出他反对旧教育制度和反对帝国主义、军阀统治的认识。

1924年冬，王明乘"商大"放寒假之机，回到家乡，在金家寨一带又组织成立了另一个"豫皖青年学会"。

这个"豫皖青年学会"以金家寨为中心，吸收豫皖两省在外地读书的学生和本地学生为会员。学会的主要活动是通过讨论学术问题，宣传反帝反封建革命思想，组织学生运动。学会一般利用寒暑假期活动，一年召开两次会员会议。在金寨县笔架山农校、六安"三农"、志诚小学等学校读书的学生，大多数都参加了这个"豫皖青年学会"。

当年曾参加过"豫皖青年学会"的袁大明回忆说："1924年夏天，陈绍禹在金家寨组织了豫皖青年学会。金家寨地区在外地学校的学生，绝大部分都参加了青年学会。入会手续，同学之间相互介绍，后发给会员证。到1925年已发展会员一百余人。青年学会活动，利用寒暑假学生回家的机会，一年召开两次会员会议。在外表上讲学术问题，实际上宣传马列主义，组织学生运动。1926年，我和很多同学参加了青年学会组织，进行初期革命活动。"[1]

王明的弟弟甘宁也回忆说："1924年我们成立了革命组织，叫豫皖青年学会。我、王明及其同学，共有几百人，都参加了这个组织。五卅运动时，我们

---

[1] 袁大明口述，袁仁川整理（1960年6月28日上午），见金寨县党史办资料"古碑卷1号"。

到街上募捐，演文明戏，提出反帝反封建主张。"[1]

王明经常从武汉捎回学习材料交给会员阅读。

"豫皖青年学会"是进步的群众组织，它主要是把假期返乡的同学们组织起来开展一些进步活动。参加学会的会员一方面通过学习、讨论、交流，使自身得到提高，另一方面还组织起来，到群众当中特别是到农民中进行一些宣传活动。

1924年寒假回家期间，王明就率先到农民中访问，并写了一首《访农家》诗：

> 茅屋三间聊御寒，布衣百补赛僧衫。
> 年年送稻愁无稻，代代耕田盼有田。
> 雨水下多愁地涝，阳光晒久怕天干。
> 穷人总有出头日，家家户户盼变天。

在"穷人总有出头日，家家户户盼变天"的革命思想指导下，"豫皖青年学会"做了一些进步工作，金寨地区农民运动也逐步开展起来，后来成立了农民协会，在大革命的浪潮中发挥了重要作用。

1925年6月2日，武汉青年学生为支援五卅运动，实行了罢课，举行了声势浩大的游行示威。这一革命行动吓坏了湖北督军肖耀南，他下令要逮捕武汉和"商大"学生运动领导人许鸿。许鸿得知消息后，逃回江西老家。反动军阀肖耀南借口"防止事态扩大"，下令武汉各校提前放暑假。

就是在这种情况下，王明回到家乡金家寨。他利用回家的机会，在大王庙召开"豫皖青年学会"第二次会员大会，发动大家支援上海的五卅运动。会议期间还举行了募捐、游行示威、开追悼会等活动。在追悼五卅惨案和沪、汉、青（岛）、沙（面）死难同胞的大会上，来了许多农民代表。到会的60多名会员都献上了挽联。王明送的挽联写着"四百兆同胞放声大哭，五千年历史特写

---

[1]《访问甘宁谈话记录》，访问者：曹仲彬，1980年12月28日。

奇冤"，对帝国主义屠杀同胞表示了极大的愤怒。

王明这次回家的主要目的就是发动"豫皖青年学会"募捐，支援上海的五卅运动。会员们四出活动，募捐了一批款子寄往上海。当时有人散布说，陈绍禹募捐是为自己念书缺钱来骗钱的，引起一些不知情人的误解。后来，王明把《申报》刊登的上海方面收到的各地募款的数目如实给大家看，把事实真相告诉大家，才驳斥了谣言，解除了大家的误会。

王明为募捐支援五卅运动，组织豫皖青年学会的会员在大王庙内演文明戏（话剧）。当时，农村常演的是黄梅戏，话剧很不普及，金寨人很多都是第一次看到这种文明戏。平生第一次看到话剧的刘世香，在50多年后还清晰地记得当年的热闹场面。他很肯定地证实说："我们开始演文明戏的那天，陈绍禹走的，自从这次走后，他再也没有回来过。"[1]

王明自1925年夏离开家乡后，再也没有回过金家寨。这次他回到武汉"商大"后，听到莫斯科中山大学招生的消息，就抓住这个机遇踏上了留苏的征途。

---

[1]《访问刘世香谈话记录》，访问者：曹仲彬，1980年12月28日。

第二章

留苏受宠（1925—1929.3）

苏联支持下的第一次国共合作促成了莫斯科中山大学的诞生，使其成为中国革命史上的特殊一页。莫斯科中山大学培养了一大批对中国革命有重要影响的人物，王明就是其中特殊的一员。在苏联的四年学习和工作，是王明成长过程中最为重要的时期。系统的马列主义教育使王明的理论水平提高很快；"唯圣""唯书"的思想和学究与背诵式的学习方式，使王明学会了一套把马克思列宁主义教条化的本领；共产国际为使中国共产党领导永远支持他们的行动，所以将王明作为"未来的中共领导人才"加以特殊培养；对中国共产党的发展造成重大影响的王明教条宗派从这里孕育。

如果说每个人一生的成长都有一个"关键期"的话，那么，王明一生的"关键期"，就在这个时期。

执着赴苏

王明能去苏联留学，是其一生中富有传奇色彩的一幕。一种说法是王明由湖北党组织选派而去；[1]也有人说，王明是由上海党组织选派的；[2]还有人在回忆中宣称，王明并不是组织批准后去的苏联，而是"爬船去的中山大学"或者是"挤上火车去的"。[3]

要想在众说纷纭的王明去苏经过中找出可靠的依据，还得从莫斯科中山大学的创办与招生说起。

莫斯科中山大学是一所20世纪20年代创办于苏联、招收中国学生、为当时国共合作的中国大革命培养政治理论骨干的特殊学校。

以1924年1月国民党一大召开为标志的第一次国共合作实现以后，革命的首要任务是推翻帝国主义支持下盘踞着中国绝大部分地区的北洋军阀统治。可是，面对帝国主义支持下的庞大军阀势力，革命的军事力量和政治骨干都显得十分缺乏，必须进行充分准备才有革命胜利的保障。因此，苏联继1924年5月帮助孙中山创办了黄埔军校之后，又于1925年9月在莫斯科成立了以孙中山名字命名的"中国劳动者孙逸仙大学"，习惯上称为"莫斯科中山大学"，简称为"中山大学"，也有人称其为"劳动大学"。

---

[1] 盖军，于吉楠：《陈绍禹是怎样上台的》，《党史研究》1981年第2期。
[2]《吴亮平谈俞秀松和王明、康生斗争的情况》，《青运史资料研究》第三集；陈玉堂：《中共党史人物别名录》，红旗出版社1985年版。
[3]《访问李元杰谈话记录》，访问者：曹仲彬，1990年10月31日；《访问程宗矩谈话记录》，访问者：曹仲彬，1986年4月29日。

第二章
留苏受宠（1925—1929.3）

莫斯科中山大学

第一次国共合作破裂以后，1927年7月26日，国民党中央执行委员会声明"取缔"中山大学并与之断绝一切关系，但中山大学并没有立即更改校名。直到1928年，"中国劳动者孙逸仙大学"才改名为"中国劳动者共产主义大学"，但习惯上仍称为"莫斯科中山大学"或"中山大学"，"中国劳动者共产主义大学"的校名一直使用到1930年秋学校停办。

1925年10月7日，苏联派驻广州国民政府代表鲍罗廷，在国民党中央政治会议第26次会议上，正式宣布中山大学成立。随后，国民党中央执行委员会立即成立了以鲍罗廷为顾问，由汪精卫、谭延闿、古应芬组成的选拔委员会，决定在广州、上海、北京、天津、武汉等地通过考试选拔学生。但军阀割据的时势，使公开招考的方法只能在当时中国革命的中心——广州——进行。中山大学第一次在广州招收的147名学生，就是国民党政治委员会从1030名考生中选拔的。广州以外的省份只能由组织上秘密推荐选派，这

鲍罗廷

项工作主要是由中国共产党人来完成的。

中山大学自1925年10月成立到1930年秋停办，五年时间里共招收了四期学生。这些学生绝大多数来自中国国内，也有一少部分来自国外的华工和在法国等西欧国家勤工俭学的中国学生。来自中国国内的学生，在国共合作的大革命时期招收了两期，这两期学生名义上由国民党选派，实际上是由国民党和共产党分别选派的。在共产党选派的学生中，大多数是共产党员或共青团员，而国民党在广州录取的学生中则有很大一部分是国民党员。

中山大学第一期和第二期招收的学生中，在社会出身方面没有具体规定，而实际招收的学生中知识分子出身的占了大多数。以第一期在广州招收的147名学生为例：学界55人、教育界7人、报界2人、农界1人、其他7人、未详10人。[1]

国内的招生从第三期起发生重大变化。1927年国共合作破裂后，国民党中央执行委员会正式声明"取缔"中山大学，并命令各级组织严禁再向莫斯科派遣学生。所以，大革命失败以后去中山大学的学生，都由共产党在各地秘密选送。中山大学的办学宗旨，也由为国共合作的大革命培养人才，转变为为中国共产党独立领导的革命战争培养政治骨干。这样，中山大学在大革命失败以后，在办学宗旨、招生条件以及课程设置等方面都有了重大转变，而且明确提出要把中山大学改变成为共产主义高等学府，使其实际上成了一所为中国革命培养马克思主义理论干部的高级党校。

因此，从第三期开始，学校就提出，学生的组成，最好是从事过革命工作的共产党员不少于一半，非党群众占少数，共青团员占三分之一左右。但由于招生是在蒋介石集团的白色恐怖下秘密进行的，所以实际招收的学生几乎都是共产党员或共青团员。学校在学生的社会出身方面也提出了要求：产业工人不得少于一半，其余是农民、城市贫民和知识分子。从侨居海外的中国人中招生的条件也作出了规定：只招收有工龄的，而且主要是来自有文化的工人中间的党员和团员。此外，还定出一个重要候补条件：离开中国不得超过五年。

---

[1] 子任：《中国国民党选派学生赴莫斯科孙文大学》，《共产国际与中国革命资料选辑》（1925—1927），人民出版社1985年版。

第二章
留苏受宠（1925—1929.3）

王明能够进入中山大学，确实颇费周折。他既不是在广州考试录取的，也不是由湖北党组织或上海党组织选派的，而是由于他执着的去苏愿望和反复不懈的努力，被特批去苏的。

中山大学招生的消息传出后，去苏留学立即成为一种时尚，一些国民党要人也纷纷把自己的子女送往苏俄。如蒋介石的儿子蒋经国、冯玉祥的儿子冯洪国、邵力子的儿子邵志刚、叶楚伧的儿子叶楠、于右任的女儿于秀芝、汪精卫的内侄陈春圃、李宗仁的弟弟李宗义，还有后来成为蒋介石"十三太保"的康泽、贺衷寒、郑介民等，都纷纷进入中山大学学习。

由于第一期学生只获准招收300余人，而且蒋经国等这批要人子弟又是"保送"的，所以，分配给湖北省的名额就只有10名。王明虽然在"商大"很活跃，可是，湖北省选送的10人中并没有王明。

据由湖北党组织派往中山大学的伍修权回忆说："我们由汉口出发，共十一个人，由胡彦彬（又名胡伊然）带队。男生有贝云峰、熊效远、梁仲民、潘文育、濮世铎、高衡和我共八名。还有三名女生，他们是黄励、杜琳和宋伟。"[1]

胡彦彬的爱人宋伟也回忆说："1925年，苏联政府为了纪念孙中山，创办了中山大学，招收中国学生进行培养。当时，各省都以国民党的名义选派了一些青年，送到苏联学习。我们湖北省分得10个名额。有我、胡彦彬、伍修权等人。我们湖北10人中没有王明。王明是武汉商业专科学校的学生，湖北选派的学生中没他，在上海上船时有他。具体他怎样来的不了解。"[2]

虽然伍修权和宋伟在回忆中说的人数略有出入，但都一致肯定没有王明。

的确，王明没有被湖北党组织选中去苏联留学，这对渴望打开一片新天地的王明而言是无法接受的。争强好胜的王明也绝不会放过这次出国深造的绝好机会。于是，这个小个子青年独身一人开始了争取去苏留学的奔波。

湖北省没有名额，王明就跑到南昌，找到了他在"商大"时的入党介绍人许鸿，希望许鸿能让他占用江西的名额去苏留学。不巧得很，江西分配的名额也已满。王明只好来到学生去苏联的出发地上海，并找到已经来到上海的

---

[1] 伍修权：《我的历程》，解放军出版社1984年版，第20页。
[2] 《访问宋伟谈话记录》，访问者：曹仲彬，1981年2月3日。

湖北省党部负责人,以及专门负责办理去苏留学的江苏省国民党党部秘书长姜长林。

湖北省的负责人见王明去意坚定,便不辞奔波,来找姜长林替王明通融。但姜长林坚持分配的名额不能突破,并向中共江浙区委做了通报,中共江浙区委也同意不能突破名额让王明去苏留学。

王明从5岁启蒙,经过私塾、小学、中专、大学的学习,虽然已经成为一名中共党员,但"万般皆下品,唯有读书高"的传统意识仍然深深植根于他的头脑之中。王明没有直接参加过生产劳动和社会实践,长期的学习生涯使他视读书为最高贵、最荣耀的行为。虽然王明还只是刚刚正式跨入大学校门,但在中国的读书道路似乎已经走到了尽头,能够漂洋过海去异国就读,而且是到飘扬着红旗的社会主义国家留学,这对王明的吸引力太大了。

可是,没有名额,不被批准,怎么办呢?

王明并没有气馁,"软磨硬泡皆为功",强求不准就恳求,吵闹不行就哭泣。王明三番五次来到国民党江苏省党部,向姜长林反复陈述自己的愿望,恳求批准他去苏留学。

1986年5月19日,姜长林在病榻上向笔者生动地回忆了这段往事:"1925年,苏联为纪念孙中山先生,创办了中山大学,招收中国学生。当时以国民党名义,分配给每省10个名额。我当时任江苏省国民党党部秘书长,侯绍裘任宣传部部长,在房志路(现兴业路)办公。侯绍裘在苏州教书,每周来上海三天。招生的事情,由我俩承办。他不在上海时,就由我承办。陈绍禹是安徽人,可是在湖北读书。湖北去中山大学的名额是10名,可是来了11人。他们的负责人对我说,如果能通融,11人都去,如果不行,就不让陈绍禹去。我说,11人不行,不能让陈绍禹去。湖北负责人回去告诉陈绍禹,说人家不同意你去。于是,陈绍禹到省党部和我吵,甚至说:'你们不要我去,我就报告巡捕房,大家都去不成。'我回答说:'你报告去好啦,这样帝国主义对你会更严厉!'他说:'这是为什么?'我说:'我不去苏联,不害怕。你要去苏,帝国主义就会抓你。'他不吱声了。当时,正是国共合作。我就把这事向中共江浙区委报告了。区委也说,不能让他去。陈绍禹三番五次来省党部,开始是吵闹,然后是哭泣,最后是恳切要求。我们又把这种情况反映给中共江浙区委。区委和我商量说,如果别的省有空缺名额,是否可以考虑让他去。我们回去查了查各省名额,正好有空缺,于是批准让陈绍禹去苏学习。这样,湖北就去了11人,有陈绍禹、伍修权等。"[1]

至于王明是否威胁要报告巡捕房,目前还没有其他的证明材料,但王明费尽周折终被批准的欣喜之情则是一定的。

1925年10月,踌躇满志的王明在赴苏前夕赋诗一首,赠豫皖青年学会和湖北青年团体联合会的青年朋友:

我们是革命青年

(一)

我们是革命青年,我们要覆地翻天。

学习马克思主义,学习共产党宣言。

学习列宁主义,学习革命的苏联。

(二)

我们是革命青年,我们要裕后光前。

打倒帝国主义,打倒军阀汉奸。

实行马列主义的光辉理想,

创建富强幸福的中华乐园。

(三)

我们是革命青年,我们是党员团员。

接受党和团的任务,走上革命的各个战线。

我们要勇敢、勇敢、再勇敢!

我们要向前、向前、再向前!

此时的王明年仅21岁,确实是一位勇敢向前的革命青年。

---

[1]《访问姜长林谈话记录》,访问者:曹仲彬,1986年5月19日。

热血青年也有友情。1925年10月25日，王明在离开武昌去上海赴苏前夕，与同学詹禹生"倾谈竟日夜"，并写了一首双五律赠送，表达"滚滚长江水，依依战友情"。当他把诗交给詹禹生时，二人"相顾对视，旋复共勉，同歌不息"。

11月2日，王明由武汉乘船去上海。临行前，同学朋友来到码头送行。大家依依不舍，相互勉励，握手告别。

上船后，心潮澎湃的王明写了一首五律，表达了自己不远万里赴苏取经的豪情：

> 鸣笛诸友别，船驶大江孤。
> 天地载歌舞，城乡泛有无。
> 一心赴圣境，万里取长途。
> 东亚病夫久，惟凭马列苏。

到上海后，王明等赴苏青年被安排到法租界平安大旅馆等待去苏联的轮船。11月下旬，王明与俞秀松、董亦湘、张闻天、乌兰夫、王稼祥、吴亮平、伍修权、孙冶方、沈泽民、张琴秋、李培之等60余人一道，先乘船来到海参崴，然后转乘火车，于1925年11月末，在大雪纷飞中来到了莫斯科。[1]

初露锋芒

中山大学的校址，位于莫斯科近郊的沃尔洪卡大街16号。这原是一个旧贵族的别墅，是一幢四层的楼房，里面有教室、办公室、图书馆和餐厅。楼前是一个大花园，间有排球场地。楼后有一个较大运动场，夏天时可以打篮球，

---

[1] 笔者曾写《王明去莫斯科中山大学及回国时间考》一文，考证王明等去苏联留学的时间，发表在《党史研究资料》1987年第3期上。但新的材料证明，王明等去苏联留学的时间仍需进一步考证。

冬天时可以滑冰。楼的对面是著名的莫斯科大教堂。

王明等第一期的学生来到中山大学后,就学习、生活在这幢装饰豪华的大楼里。

中山大学学生生活条件比较优越。在苏联人民的生活仍很困难的时期,苏联政府不仅承担了学校的全部费用,而且对中国学生给予特殊照顾与优待。当时普通的苏联人一般都吃黑面包,学校却给中国学生吃白面包,而且还不断地为中国学生提供肉、菜,按时发放衣物,每月还给些零花钱。

1926年底来到中山大学的杨尚昆回忆说:"学员的生活待遇很好,衣食住行都由学校供给,每周还有两次晚餐改善伙食。星期六有蛋炒饭、火腿肠、鸡蛋,每月津贴25卢布,一般用于买烟酒和吃中餐。来莫斯科的途中,我发现车站上很少能买到白面包,红军战士有的用皮条缠在脚上代替靴子,而对我们如此优待,使我们很为苏联当局的国际主义精神感动。"[1]

中山大学第一任校长是卡尔·拉狄克,副校长是巴维尔·米夫。学校党组织称为支部局,相当于校党委。支部局书记由俄国人担任,而委员则大多数由中国同志担任。

中山大学学制两年,开设课程分为七类,包括:经济、历史、现代世界观问题、俄国革命的理论与实践、民族和殖民地问题、中国社会发展问题、语言学。校方还经常组织学生到莫斯科等地参观游览,对学生进行革命传统教育。

王明就曾在1927年底谒列宁陵后,作七律一首:

> 红场庄严发圣光,列宁含笑卧中央。
> 苏联屹立巍山岳,中国沸腾哨海洋。
> 万国人民昂斗志,千年历史划新章。
> 精诚革命先师谒,心献青年一瓣香。

1970年,王明的妻子孟庆树还为此诗配上了曲子。但谁来吟唱,可能只有

---

[1] 杨尚昆:《杨尚昆回忆录》,中央文献出版社2001年版,第24页。

王明传

身在异国的王明夫妻了。

中山大学的教员几乎都是苏联人，学生都是中国人，而且大多又不懂俄语，当时翻译又很少，所以学生们入学后遇到的第一个困难就是语言不通。学校就先把第一期学生安排到俄国居民家里，实行一段时间的"三同"（同吃、同住、同学习），然后又把俄语学得好的十几个人编成一个俄文班，由教员直接用俄语授课，培养为速成翻译。

能记能背是学好外语的首要条件，这恰好也是王明的特长。加之他有一些英文基础，又肯钻研，所以俄语水平提高很快。俄文班成立时，王明和俞秀松、董亦湘、刘少文、西门宗华、庄东晓、李培之、傅胜之等十几个人一起，进入俄文班学习。

这时，王明给自己起了个俄国名字：克劳白夫（"鸟"的意思）。

也就是在这里，王明遇到了米夫，而米夫也逐步看中了王明，并对他加以精心关照和特殊培养。

巴维尔·亚历山大罗维奇·米夫，1901年8月3日出生于俄国赫尔松省阿列克谢夫卡村的一个小官吏家庭。1917年5月，刚刚毕业于赫尔松中学的米夫便投身革命，加入了俄国社会民主工党（布）。1919年春，米夫进入莫斯科社会主义学院学习。但俄国当时正处于外国武装干涉和国内革命战争时期，学院工作无法正常开展，于是，米夫又被派到地方工作。1920年末，米夫进入斯维尔德洛夫共产主义大学学习。1921年毕业后，留在该校搞科研工作。与此同时，他还兼任东方共产主义劳动大学的研究员，专门研究远东革命运动问题。1923年至1924年末，米夫在乌克兰做党和苏维埃的工作，1925年又被调回莫斯科，在东方共产主义劳动大学工作。莫斯科中山大学成立后，米夫被任命为副校长，同时还为学生讲授列宁

米夫

主义课程。

担任中山大学副校长以后，年轻气盛的米夫有了用武之地。由于他资历较浅，对欧洲各国党并没有什么研究，因此，他决心利用中山大学这块阵地，通过对中国问题的研究来扩大自己的影响。中国大革命失败以后，维经斯基、罗易、鲍罗廷等都离开了共产国际的职能机构，这使米夫得以逐步成为中国问题的权威。在1927年12月召开的联共（布）第十五次代表大会上，米夫就中国问题与罗明纳兹发生了争论。罗明纳兹是在1927年7月15日汪精卫叛变革命之后，被共产国际派到中国接替鲍罗廷、罗易的工作的。在这场争论中，米夫的观点得到了共产国际政治书记处第一书记布哈林的支持。1928年2月共产国际执委第九次全会通过的关于中国问题的决议案中，正式谴责了罗明纳兹。从此以后，米夫便以共产国际东方部负责人和莫斯科中山大学副校长的身份，成为共产国际指导中国革命事务的重要领导者之一。

虽然王明刚到苏联时米夫的地位还没有如此显赫，但后者中山大学副校长的身份和雄辩的理论才华对王明还是有着极大的吸引力，米夫讲授的列宁主义课程也成了王明最感兴趣的课程。

与王明同在俄文班而且还同桌学习的庄东晓，叙述了王明当时的表现："每逢上列宁主义课，他总是争着第一个发言。看他紧张的面颊青筋暴出，口水四溅。为了避免王明的口水溅到我的脸上，他发言时我只得把脸扭转一边，侧背而座。因为我的座位是固定同王明坐在一张桌子上的，他的每次发言成了我的灾难。好在上其他课，他就不出声了。为什么呢？因为列宁主义的主讲人是该校校长——米夫。"[1]

王明在列宁主义课的积极表现博得了米夫的好感，但在当时也仅此而已。王明真正引起米夫的重视，是从王明参加关于"旅莫支部"的大辩论以后开始的。

中山大学开办以后，学生中的中共党员成立了"中国共产党中山大学莫斯科支部"，简称"旅莫支部"。"旅莫支部"的负责人是从法国"旅欧支部"转

---

[1] 庄东晓：《记忆中的瞿秋白同志》，《广东文史资料》第29辑，广东人民出版社1980年版。

来的任卓宣（叶青）。

任卓宣，这位后来成了三青团中央委员和国民党中央宣传部副部长的反共"斗士"，台湾的《政治评论》杂志在为其九十大寿而发表的《任卓宣先生的学术思想与风范》一文中认为："其著述之勤，写作之多，读者之广，影响之大，在现代中国学术界，可说无人能出其右。""以有关阐述三民主义与批判马列主义两项而言，无论量与质方面，也没有人能超越于他。"任卓宣著有《三民主义概论》《毛泽东思想批判》《马克思主义批判》《道统新论》等书，被台湾称为"学术界尖兵，思想战线的斗士"。[1]

任卓宣是1926年回国后被捕叛变的。可在当时，他以参加了1922年6月召开的"旅欧中国少年共产党"成立大会的老资格而担任了"旅莫支部"的负责人。

"旅莫支部"成立之后，担负起了领导中山大学广大党团员的任务。可是，支部负责人任卓宣实行官僚主义、家长制的领导方法，忽视中山大学不同于法国勤工俭学的特点，照搬"旅欧支部"工作的经验，认为同学们到中山大学来的主要任务不是读书，不是系统地学习马列主义理论和科学文化知识，而是来改造思想、触及灵魂的。因此，他主张要开展"战斗生活"，党员之间要互相揭发，互相批判，生活中的点滴小事也不能放过。

"旅莫支部"这种轻视以至反对党员理论学习和文化学习、把支部工作局限于生活琐事、开展无原则党内斗争的错误做法，违背了党内正常的民主生活制度，脱离了中山大学的实际情况，干扰了正常的学习生活，必然遭到广大党团员的反对，普遍的不满情绪在广大党团员中间持续高涨。终于在1926年春天的一次党员大会上，绝大多数党员都对"旅莫支部"脱离实际的工作指导方针和官僚主义作风进行了猛烈批评，与支部负责人任卓宣展开了辩论。

积极学习俄语和理论的王明，自然对"旅莫支部"的错误做法表示不满。在讨论会上，王明一马当先，与任卓宣展开了辩论。能言善辩的王明"紧紧抓住大家要读书和反对开检讨会的共同心理，开始同任卓宣辩论。他讲得有条有

---

[1]《台湾政治研究》第1辑，书目文献出版社1986年版。

理，富有煽动性。当年在火车上是个木头，如今成了能说会道的雄辩家。他露出了锋芒，显出了才华，得到了大家的拥护，后来就选他当了学生公社的主席（就是现在的学生会主席）"。[1]

在关于"旅莫支部"问题的讨论会上，最后由参加会议的校长拉狄克作了长篇讲话。拉狄克在讲话中对"旅莫支部"的错误进行了严厉的批评，并在讲话结束时，宣布解散"旅莫支部"。

"旅莫支部"的做法失去了大多数党团员的支持，存在了半年左右就被解散了，王明却在这场辩论中初露锋芒，也引起了米夫的重视。在1926年9月初举行的中山大学学生组织学生公社改选大会上，王明一跃成为学生公社的主席，1927年回国担任中共北京市委书记的马骏，当时当选为学生公社的秘书。

中山大学的学生公社相当于今天的校学生会，是学生自己管理自己的组织。在中山大学第一期的三百多名学生中，有俞秀松、马骏这样的中共早期党员；也有张闻天、沈泽民等在国内时就有一定名望的学者；还有邓小平、傅钟这些曾到欧洲勤工俭学的学生。王明能够在入学一年后就成为学生公社的主席，也确实表明他得到了米夫的重视和有一定的才能。

如果说王明在反对"旅莫支部"的错误中只是初露锋芒，那么，担任学生公社主席，则为王明的崛起提供了可能。虽然这个群众组织的首领并不是党内职务，但它却为王明扩大在校内的影响特别是与校方的接近提供了便利条件。

当不久后王明成了米夫的翻译时，这位当时在国内还默默无闻的党员，便开始踏上了进军中共最高领导权力的征程。

米夫的翻译

1927年1月，中山大学副校长米夫以联共（布）宣传家代表团团长身份来华。代表团成员有库秋莫夫、卡列尼扬、辩更、拉斯诺夫以及米夫的妻子，随

---

[1] 西门宗华：《忆莫斯科中山大学的政治风云》，《中共党史资料》第68辑，中共党史出版社1998年版。

王明传

团翻译是潘家辰、刘少文、严家骏和王明。其中王明的主要任务是为米夫做翻译。

王明跟随米夫和代表团先乘火车到达海参崴，然后又由海参崴乘船，于3月到达广州。

在即将到达广东时，王明在船上作了七律一首，表达回到祖国的心情：

> 革命心雄藐险危，海洋绕道一船飞。
> 不因风浪迷趋向，又有磁针辨旨归。
> 封帝勾连狼狈恶，中苏联合海山摧。
> 烟波浩渺无涯际，遥见广东笼翠微。

当时，北伐战争第一阶段已取得胜利，国民革命军已经占领了武汉三镇，全国工农运动迅猛发展，中国近代史上的第一次大革命风暴正处于巅峰。这一切使离开祖国一年多的王明感到兴奋。不过，王明已不是一年前那个哭着吵着要求去苏联留学的青年，已经是"克劳白夫"——苏联共产党一方代表团团长的翻译了。

王明到达广州后，遇到了"三农"时的老同学王逸常。王逸常由黄埔军校第一期毕业，时任国民革命军第二十师政治部秘书。王明问他："你以前想学军事，现在达到目的了吧！"王逸常也很知趣地回答："你以前想搞革命，现在也达到目的了吧！"[1]（当时称留苏学习为搞革命）

王明去苏留学的目的达到了，而且成了中山大学的骨干分子。但在王明的理想中，去苏留学只是手段，在政治上的更大成功才是奋斗的目的。现在的成就对他来说才仅仅是开端。

王明陪同米夫和代表团到达广州时，国民政府已迁都武汉。他们一行先来到上海，后又转到了武汉。

到武汉后，王明跟着米夫工作和活动了较长一段时间。米夫夫妇住在一位

---

[1]《访问王逸常谈话记录》，访问者：曹仲彬，1980年11月17日。

第二章 留苏受宠（1925—1929.3）

德国人罗德太太在汉口开的一家公寓里。米夫在武汉的主要任务，一是帮助中共中央宣传部工作，二是筹办中共中央党校。王明既当翻译又帮助米夫做其他工作。

1927年三四月间，老同学桂尊秋曾在武汉市国民党党部门口巧遇王明，他们多年不见，畅谈了一番。

1927年4月12日，风云突变，蒋介石发动了反革命政变。在革命的紧急关头，中国共产党于4月27日在武昌召开了第五次全国代表大会。这次大会没有解决当时面临的迫切问题，仍选举陈独秀为党的总书记。

王明随同米夫参加了党的五大，这也是王明第一次以工作人员身份参加党的代表大会。五大闭幕后，王明又来到中共中央宣传部，当了两个月的秘书长。

据宋侃夫回忆说："我和王明在一起工作过，时间大约是1927年上半年，即6月份前后。我和王明都在中央宣传部工作。当时王明的职务是中共中央宣传部秘书长，我是宣传部干事。王明是跟米夫从苏联回来的，实际上他在给米夫当翻译。当时宣传部部长由蔡和森兼任，没有副部长。宣传部当时在汉口和春马路，后来搬到中山大街，在友谊街附近。王明这时活动多，到处讲话，作报告。"[1]

同时，王明还兼任《向导》的编辑（主编是瞿秋白）。

据王明自己说，1927年6月16日，他和米夫曾同陈独秀在武汉中共中央驻地进行过一次谈话，"当时的话题是，为什么不让共产党员当县长"，而在这次谈话中陈独秀对其"二次革命论"作了最具体、最清楚的论述。[2]

在宣传部工作期间，王明开始按照在苏联了解的共产国际有关政策对中国革命进行评论。

1927年6月8日，他以"绍禹"的笔名在《向导》第5集第197期发表了回国以来的第一篇文章：《英俄断绝国交问题》。如果把共产国际当时的政策和这篇文章论述的内容联系起来考察就不难看出，王明在开始公开阐述他的政治

---

[1]《访问宋侃夫谈话记录》，访问者：曹仲彬、费显清，1986年5月26日。
[2] 王明：《中共五十年》，现代史料编刊社1980年版，第133—134页。本书提及的《中共五十年》，均为此版本。

见解时，就毫无保留地把共产国际的决议奉为了绝对准则。

共产国际第六次代表大会通过的《共产国际纲领》提出："世界政治中一切事变都围绕着一个中心点。这个中心点就是世界资产阶级反对俄罗斯苏维埃共和国的斗争。"[1]当时共产国际之所以把保卫苏联当作各国党的中心任务，在于共产国际领导人认为，帝国主义发动的侵苏战争即将开始。1927年5月召开的共产国际执委第八次全会通过的《共产国际在反对战争危险中的任务（提纲）》中提出："新的帝国主义战争的条件正在酝酿成熟。世界各地都是剑拔弩张，大有一触即发之势。"[2]作出这种判断的因素之一，就是英国保守党政府宣布与苏联断绝外交和商务关系。

莫斯科中山大学的特殊环境，使王明对于苏联的政策和共产国际的决议有着比在国内工作的同志更为详细的了解。他在《英俄断绝国交问题》一文中提出："全世界黑暗势力的首领——英国资产阶级——正式宣布与全世界无产阶级和被压迫民族的救星——苏维埃社会主义联邦共和国——断绝商业和外交关系，这一问题值得全世界人们的注意——尤其是值得革命的中国民众注意；因为它直接关联着世界革命的命运。"文章还认为，英俄绝交必然带来世界大战的危险，这是"武装进攻苏联第一个信号"。

虽然王明此时的论述与他后来反复阐述的共产国际"第三时期"理论时的认识相比还不够"深刻"，但在中国大革命尚未失败、土地革命战争还未兴起时就能如此地论述保卫苏联的意义，在当时还是很"出色"的。

1927年6月15日，王明以"绍禹"的名字，在《向导》第5集第198期发表了《中国革命前途与革命领导权问题》。此文认为，蒋介石集团的叛变说明了资产阶级的反动，"南京国民党右派政府和武汉国民党左派政府，从它们的政府成分、一切政纲和一切行动看来，显然是两个不同阶级性的东西"，武汉政府是工农小资产阶级政权。王明的这种观点也正是当时共产国际对于南京政府和武汉政府的基本认识。时隔一个月后的七一五反革命政变，证明了这种认识的幼稚和危害。武汉七一五反革命政变之前，王明随同米夫和代表团由武

---

[1] 贝拉·库恩编：《共产国际文件汇编》第1册，三联书店1965年版，第59页。
[2] 同上，第419页。

汉返回苏联，于 8 月初到达莫斯科。

王明教条宗派的形成

　　1925 年至 1927 年，中国的大革命曾在共产国际指导和国共合作的推动下，得到迅猛发展。但是，由于当时的同盟军国民党内蒋介石和汪精卫集团先后叛变了革命，由于帝国主义和国民党反动集团的联合力量过于强大，由于陈独秀右倾错误主张在中国共产党内占据了统治地位，结果导致轰轰烈烈的大革命最终失败。

　　王明同米夫及其代表团，正是在大革命失败前夕离开中国返回苏联的。

　　大革命失败后，共产国际不去认真总结指导中国革命的经验教训，而是把罪责全都推到陈独秀身上，认为大革命失败是由于中国共产党领导人理论水平低、领导能力不强且又不能坚决服从共产国际指挥的结果。因此，他们认为，迫切需要培养出一批懂得马克思列宁主义理论、忠于共产国际路线、完全听从共产国际指挥的"真正的布尔什维克"。

　　其实，他们所要求的这种人，并不是真正善于运用马克思主义的立场、观点、方法解决中国革命问题的人，也不是善于把马克思列宁主义普遍原理同中国革命具体实践相结合的人，而是只能背诵马克思主义词句、硬搬俄国模式、俯首听命共产国际指挥的教条主义者。

　　斯大林和共产国际之所以重视莫斯科中山大学，就是因为它是一所为中国革命培养政治理论骨干的学校，而且在中国大革命失败后，它实际上成了一所"高级党校"。斯大林和共产国际力图通过这所"高级党校"，培养出一批服从共产国际指挥的"真正的布尔什维克"，来担任中国共产党的领导人。这个任务是由升任了中山大学校长的米夫来承担的。

　　而米夫能够升任中山大学校长，王明也尽了一臂之力。

　　1927 年夏，中山大学校长拉狄克因参加托洛茨基反对派被解除了校长职务，由教务长阿古尔接替拉狄克任代理校长职务。

王明传

当时中山大学支部局书记是谢德尼可夫。阿古尔和谢德尼可夫之间由于在学校工作等问题上各执己见，对一些问题的认识有严重分歧，又各有一批支持者，从而形成了以阿古尔为首的"教务派"和以谢德尼可夫为首的"党务派"，两派经常发生争论。

中山大学第一期学生中，俞秀松、周达文、董亦湘等在学生中素有声望，学习成绩也很优异，曾经参加了教务处的一些工作；而第一期学生中的张闻天、沈泽民等在同学中也较有影响，他们曾经参加了支部局的一些工作。所以，一些中国学生也被卷入了这场"党务派"和"教务派"之争。

"党务派"和"教务派"在1927年6月底的学期总结会议上，就教务和党务工作等问题相互指责，展开了激烈的争论。会议一连开了七天，争论双方也互不妥协。放暑假后，学生们都去莫斯科近郊的塔拉索夫卡休养地休假，在这里，卷入"党务派"和"教务派"之争的学生们仍然争论不休。

恰在此时，米夫和王明回到了中山大学。了解到"党务派"和"教务派"难解难分的争论，王明认识到这是控制中山大学权力的天赐良机。于是，王明向米夫献上了一箭双雕的妙计：首先应把没有卷入两派之争的"第三势力"争取过来作为自己的力量，然后联合"党务派"反对"教务派"，这样既可以掌握"党务派"，又可以打垮"教务派"，从而全面夺取中山大学的权力。

米夫采纳了王明的建议并取得了成功，搞垮了阿古尔为首的教务派。米夫由此正式升任中山大学校长，王明也因"献计有功"，"成了米夫言听计从的座上客，在米夫的家里也挂起了王明的相片来"。[1]

杨尚昆也回忆说："王明随米夫回校后，在群众面前夸夸其谈。周达文、俞秀松等瞧不起他，认为王明没有什么实际工作经验，就是乱吹。王明向米夫献策：掌握'第三势力'，联合支部局派，打击教务派。结果，支部局派取得胜利，米夫升为中山大学校长，不久，又任共产国际东方部副部长。从此，王明成为米夫的心腹，他拉住张闻天、沈泽民等一起，受到共产国际的赏识。博古和我是同班同学，当时还没有机会和他们接近，算不上核心人物。"[2]

---

[1] 庄东晓：《记忆中的瞿秋白同志》，《广东文史资料》第29辑，广东人民出版社1980年版。
[2] 杨尚昆：《杨尚昆回忆录》，中央文献出版社2001年版，第28页。

第二章
留苏受宠（1925—1929.3）

　　王明协助米夫控制了中山大学的权力，使中山大学里的斗争出现了一个转折点。从1927年下半年起，王明在米夫的支持下，控制了中山大学支部局，逐步形成了以米夫为靠山、以王明为代表的教条宗派。他们在米夫的支持下进行了一系列的宗派活动。中山大学的纷争，从此也主要转入了广大党团员反对王明教条宗派的斗争。

　　1927年9月，中山大学首期学生毕业。伍修权和朱瑞等一批同学毕业后分别进入了莫斯科步兵学校和莫斯科克拉尔炮兵军官学校学习；俞秀松、周达文等一部分同学于11月进入列宁学院学习；王明、张闻天、王稼祥、沈泽民等一部分同学留校任教和做翻译工作，并参加了学校支部局的一些工作。

　　中山大学支部局相当于学校的党委，领导全校的党团工作。1927年大革命失败以后，大部分国民党学生都返回了国内，留在学校的一部分也加入了中共党团或联共党团，所以，中山大学后期的学生几乎都是党团员，从而使中山大学党的支部局在学生中有了重大影响。当时支部局书记由俄国人担任，但支部局的许多委员由中国同志担任。由于中共党员入中山大学后都转为联共候补党员，必须有两年的候补期才能转为联共正式党员，所以按照正常手续转为联共正式党员的只能是那些有两年候补期、毕业后留校任教和做翻译工作的同志，也只有这些同志能够以联共正式党员的身份参加支部局的领导工作。

　　关于王明在支部局的任职情况，党史学界一种说法是他担任了"支部局宣传干事"[1]。原中山大学学生的回忆则众说纷纭，有的人认为他"在校总支委员会中做组织工作"[2]，有的说他是"支部局成员"[3]。大多数的回忆材料则没有讲王明在支部局里担任的职务，只公认王明是米夫的秘书，控制着支部局的工作。

　　为搞清此事，我们特意向一些当事人请教。陈修良在《莫斯科中山大学里的斗争》一文中曾说："王明在米夫的支持下，一跃而为'中大'的秘书，实际上成了'中大''无冠之王'，支配全校同学的命运。"我们在访问她时她

---

[1] 盖军，于吉楠：《陈绍禹是怎样上台的》，《党史研究》1981年第2期；刘建皋：《王明其人》，《闽西文丛》1983年第1期。
[2] 《吴亮平谈俞秀松和王明、康生斗争的情况》，《青运史资料与研究》第三集。
[3] 张仲实：《二十年代赴莫斯科留学的回忆》，《党史研究资料》1981年第10期。

又肯定地说:"王明实际上不担任支部局的工作,他到共产国际去当翻译,相当于米夫的秘书,倚仗米夫的势力发号施令。"原中山大学学生张崇文和李一凡在回信答复我们提出的问题时也写道:"王明从未在支部局里担任过任何职务。"

从中山大学当时的情况来看,由于米夫升任中山大学校长不久后又担任了共产国际东方部副部长,成为中山大学权力的绝对支配者。给米夫做翻译的王明,在中山大学也自然具有举足轻重的地位。由于王明要跟随米夫处理中山大学的事务和参与共产国际东方部的工作,所以在支部局中不担任具体职务是可信的。但是,由于联共中央和共产国际要通过米夫培养一批"真正的布尔什维克"来担任中国共产党的领导人,而"天才"的王明被认为是最合适的人选,得到了米夫的赏识和信任。因此,王明以米夫翻译的身份参加支部局的工作,并且在实际上控制了支部局的权力也是必然的。

王明实际上控制了中山大学支部局的领导权力之后,为了巩固自己的势力,扩大自己在中国共产党中的影响,扫除搞宗派活动的障碍,在米夫的支持下,开始罗织罪名,制造了"江浙同乡会"事件等一系列事件,并在中共六大以后,逐渐把斗争的主要矛头指向了以瞿秋白为首的中共代表团,为夺取中国共产党的领导权力实际上进行了组织准备和舆论准备。

由于王明以"真正的布尔什维克"自居,有米夫的直接指挥及共产国际、联共中央的信任,俨然成为中山大学"正确路线的代表",骗取了一些中国同志的信任,使一部分同志也参与了王明教条宗派的一些活动。这时期,盛岳、李竹声、王云程、孙际明(孙济民)、汪盛荻(此五人后来都投靠了国民党)等投机分子也陆续参加了支部局的工作。他们借助王明势力来捞取个人资本,紧紧跟随王明大搞宗派活动,也成为王明教条宗派的骨干。至此,王明教条宗派在中山大学逐步形成。

曾经参加过王明教条宗派活动的袁孟超(袁家镛),叙述了王明教条宗派的一次派别活动:"我参加过王明宗派活动的一次人事调整。有一次,在李竹声家里开会,我作为年级支部书记参加了会。会是王明召集的。会上说'中大'经过风波之后,要配合米夫,在领导层中把中国同志结合进去。决定李竹声任

第二章
留苏受宠（1925—1929.3）

'中大'教务处处长，派王宝礼作'中大'总务处副处长。……'中大'调整班子时王明在这个秘密会上推荐了两个人，从这点看，王明有小宗派。"[1]

毛齐华则指出了王明教条宗派的一些特点："王明等人的宗派小集团取得了联共和第三国际领导的信任，在学校里起了很坏的作用。他们这些人，对马列主义的书本是啃得多一些，一讲起话来就引经据典，张口就是马克思、列宁在哪月哪本书第几页上怎么说的，不用翻书，滔滔不绝，出口成章。仗着能说会道搬教条，骗取了第三国际领导的信任；然后又利用第三国际的威望来压制、打击不同意见的人。特别是王明，作风很不正派，善于在领导面前吹吹拍拍，因而取得了第三国际东方部副部长米夫的完全信任。因为他得到了第三国际领导的信任，便以此为资本，去骗得张闻天、沈泽民、王稼祥等人对他的信任，以为他就是'国际路线'的代表，跟着他没有错。到后来就形成这样的局势：第三国际的领导就是看人不看事，盲目地表示对王明的信任和支持，认为他们就是'百分之百正确'的'布尔什维克'。"[2]

应当指出，王明教条宗派，是在联共中央和共产国际的支持下，由米夫扶植起来的。王明教条宗派的一系列活动，都是在米夫的支持下进行的。王明教条宗派打击中共驻共产国际代表团时，米夫不但背后策划，而且公开站在王明教条宗派一边。因此，在莫斯科中山大学时形成的王明教条宗派，实际上是米夫、王明教条宗派。

王明于1929年3月回国以后，米夫也于1929年夏辞去了中山大学校长职务。但这个教条宗派的主要成员仍然与米夫和王明保持密切联系，而且继续进行了一些宗派活动。杨尚昆同志就认为："王明走后，张闻天和博古也不在支部局了，但是这条线还在，张闻天和博古同米夫主持的东方部有直接联系。延安整风时，博古说：我虽然不在支部局，但不在其位，必谋其政，主要是通过写文章、当翻译。张闻天主要是在思想理论方面支持米夫和瞿秋白等论战。"[3]

---

[1]《袁孟超谈在莫斯科中山大学前后的一些情况》（记录稿），记录整理者：戴茂林等，1986年1月4日。
[2] 毛齐华：《我所知道的莫斯科中山大学——中国共产主义劳动大学内部斗争的情况》（未刊稿），1982年6月。
[3] 杨尚昆：《杨尚昆回忆录》，中央文献出版社2001年版，第37页。

因此，在王明离开中山大学以后仍把中山大学内的教条宗派称为"王明教条宗派"，是必要和恰当的。

"江浙同乡会"事件

王明"左"倾教条主义统治全党期间，以其"残酷斗争、无情打击"的宗派主义政策而留下了深刻教训。他们用对敌斗争的方式来解决党内矛盾，任人唯亲，唯我独尊，对不同意见者一律排斥、无情打击，造成了极其恶劣的影响。

王明"左"倾教条主义者在组织上的这种宗派主义政策，在中山大学期间就有着一系列的表现。"江浙同乡会"事件，就是一例。

王明在米夫的支持下控制了中山大学党的支部局以后，虽然取得了米夫的绝对信任，但在广大同学中间仍很孤立。"多数同学称陈绍禹等是'米夫的走狗'，只知当翻译，拿高薪，借着米夫的势力，专门做小报告，打击同学"。[1]一直受到王明等人排挤的俞秀松、董亦湘等人于1927年11月进入列宁学院以后，仍然时常来中山大学，而且深得广大同学的拥护。他们反对王明等人宗派活动的行为，在学生中有较大影响，成为王明等人进行宗派活动的障碍。因此，为了进一步打击异己，巩固在中山大学的权势，扩大在党内的影响，1927年秋，王明等人制造了"江浙同乡会"事件。

"江浙同乡会"当时被说成是"反党小组织"，"江浙同乡会"事件被认为是"反革命事件"。这一事件是怎样出现的呢？还是先看看原中山大学学生的回忆。

杨放之叙述了"江浙同乡会"出现的背景："'中大'反对教务派的斗争中，俞秀松、周达文、董亦湘这些资格比较老的同志，是参加中山大学教务处帮助工作的。当时，俞秀松等虽是学生，但他们是比较有经验的老党员，苏共

---

[1] 张国焘：《我的回忆》第2册，东方出版社1998年版，第394页。

第二章
留苏受宠（1925—1929.3）

人员创办中山大学，也要依靠中国同志，吸收中国学生帮助工作。俞秀松等在教务处工作中，帮助制定教学方针、实施教学方案、购置中文图书等，得到教务处主任阿古尔的信任。但阿古尔与'中大'副校长米夫有矛盾，米夫极力排斥阿古尔，这就势必形成王明与俞秀松同志的对立。王明也看不起这些老一辈的同志。王明的俄语学得快，深得副校长米夫的欣赏。为了打击教务派，王明等人捏造罪名，于是出现了'江浙同乡会'。"[1]

被打成"'江浙同乡会'骨干分子"的孙冶方，详细叙述了"江浙同乡会"的由来："在我们同期毕业的同学中，除了回国工作的以外，大部分升到别的学校学习，极少数的人留校工作，我和云泽（乌兰夫）同志以及一个后来成为托派分子的秦树功被派到东方大学当翻译。继续学习的学生只发给津贴，有些到军校学习的，按红军士兵待遇，津贴特别少。我们做翻译工作的拿工资，每个月有近百卢布，生活较好。因此在暑假开学前，有几个去初级军校的同学提出，在星期天敲我的竹杠，叫我买肉买菜做中国饭吃。这天，除约好的几位军校的同学外，董亦湘也来了，军事学院的陈启礼、左权同志也来了，挤了一屋子的人，把同房间的乌兰夫同志都挤了出去。正当我们热热闹闹地做饭时，中山大学学生公社主任王长熙从窗外经过，听到里面说话的都是江浙人，因此回校后同别人讲起，某些人聚集在某人房间呱啦呱啦讲得很热闹，像开'江浙同乡会'似的（其实，其中陈启礼、左权两同志是湖南人）。这话传到'中大'支部局中国同志那里，便添油加醋，说成是董亦湘等在我房里成立了'江浙同乡会'。"[2]

俞秀松

把流言"添油加醋"当成证据，这是

---
[1]《杨放之谈莫斯科中山大学的一些情况》，《青运史资料与研究》第三集。
[2] 孙冶方：《关于中共旅莫支部》，《中共党史资料》第1辑，中共中央党校出版社1982年版。

古今中外搞诬陷的惯用伎俩。盛岳这个王明教条宗派的"干将"对此并不忌讳:"教务派被打败了,阿古尔受到了撤职离校的纪律处分。然而俞秀松、董亦湘等形成这一派系的中国学生核心人物还在中山大学。……流言说,他俩组织了一个江浙同乡会。这个说得煞有介事的同乡会,为陈绍禹及其战友提供了用来反对俞秀松、董亦湘及其追随者的有力武器。因为组织这种团体违背了党的组织原则,而无论如何这种据说是有的组织可以被扣上封建性团体的帽子,因而陈绍禹等人要求对它进行彻底调查。……而我当时并不相信它曾正式存在过。不过,在权力斗争中,夸大其词的手法可谓屡见不鲜。"[1]

"江浙同乡会"被炮制出笼后,应王明等人的要求,"中大"支部局开始调查"江浙同乡会",而且请来苏联格伯乌(苏联国家安全委员会)人员参加调查工作。他们轻信了王明等人的汇报,并不进行认真的调查研究,在第一次调查后就认定,"江浙同乡会"在中国学生中确实存在,并决定要严加惩办。

王明等人制造了"江浙同乡会"事件后,虽然得到了苏联方面的支持,但他们并不满足,还要借此事件提高他们在中国党内的地位。于是,他们又找到当时在苏联参加中共六大筹备工作的向忠发汇报说,有人在中山大学组织了"反革命"的"江浙同乡会",应当引起中国共产党的高度注意。

听了王明等人的汇报后,向忠发不做调查,就来到中山大学就所谓的"江浙同乡会"发表了讲话。

向忠发认为:"江浙同乡会"是"反党小组织","他们的组织在党内秘密,有中央的组织,亦有各地支部的组织","他们与蒋介石有勾结,受蒋介石的经济帮助,还听说与日本领事馆有勾结","他们以后的出路不外:1.公开的反革命,投向蒋介石来屠杀工农;2.走到小资产阶级反动政党(如第三党)里去,反对CP;3.留在党内捣乱破坏"。因此,必须"消灭其组织","对组织中领袖和中心人物予以严厉的制裁",对积极分子应"开除党籍或留党察看"。[2]

向忠发来中山大学讲话后,不但引起了学生中的极大混乱,人人自危,也使学校的处理手段更加严厉。在有格伯乌参加的第二次会议上,决定开除12

---

[1] 盛岳:《莫斯科中山大学和中国革命》,现代史料编刊社1980年版,第230—231页。
[2] 向忠发:《中国工农代表团来苏联经过的报告》,1928年9月14日。

第二章
留苏受宠（1925—1929.3）

名中国学生的党籍、团籍，并有四人被逮捕，一批学生遭到株连。

王明等人制造"江浙同乡会"事件，是在米夫的支持下进行的。米夫和王明一方面要利用"江浙同乡会"事件打击中山大学内的反对派，巩固王明教条宗派在中山大学的地位，另一方面要通过"江浙同乡会"事件，扩大王明在中国共产党内的影响。

1928年6月，中共六大在莫斯科召开。

六大是中国共产党历史上唯一在共产国际直接指导下在国外召开的代表大会。共产国际政治书记处第一书记布哈林和共产国际东方部副部长、中山大学校长米夫参加了大会的组织工作。由于六大在莫斯科举行，大会文件的起草、翻译及服务工作需要一批人员，所以组织上决定从中山大学抽调一部分人参加大会工作，这为米夫扩大王明在中国党内的影响创造了条件。在米夫的安排下，王明担任了六大秘书处翻译科主任。

参加中共六大是王明第二次参加党的代表大会。虽然他这次也不是大会正式代表，仍以工作人员的身份参加大会的工作，但王明利用大会第二天（6月19日）通过的"中央指定的中山大学和东方大学参加大会的学生全部给以发言

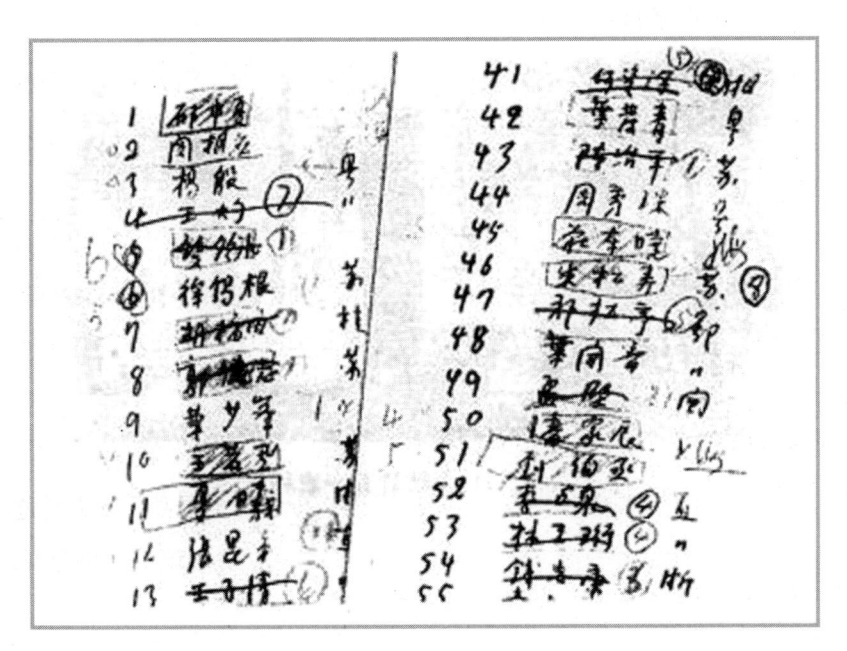

保存在中央档案馆的中共六大代表名单

权"的机会，开始在会上进行脱离中国革命实际的夸夸其谈。

可是，王明的表演并没有收到预期的效果，相反引起了广大代表的抵制和反感。在6月23日大会主席团召开的第四次会议上，主席团讨论后决定："鉴于中山大学和东方大学被指定参加大会的学生发言不切实际，主席团经过讨论决定：仍允许他们发言，但须告诉他们不要只重复理论，分配他们去各省代表团工作。"6月26日的主席团会议又作出决定："中山大学和东方大学学生发言有时间就讲，没有时间就不再发言。"给洋洋自得的王明等人泼了一瓢冷水。

不过，有米夫这个靠山，王明就敢于表演。王明又抓住所谓的"江浙同乡会"在六大做起了文章。

据参加中共六大的张国焘回忆："中共六次大会开会的时候，向忠发陈绍禹等，逢人便说：'中山大学，问题大得很，里面有一个国民党的江浙同乡会的小组织，参加的达一百五十多人。'"[1]

周恩来也指出：米夫在中共六大期间，"对向忠发极力地捧，利用他放炮，要他反'江浙同乡会'等。在'六大'会后，有的代表没有走，还召集了几个报告会，王明还报告了反'江浙同乡会'的斗争"。[2]

王明把反"江浙同乡会"作为自己的功绩到处宣扬，产生了十分恶劣的影响。中山大学的广大同学对这种欲加之罪、何患无辞的行径义愤填膺，纷纷向中共代表团和联共中央反映申述，要求澄清事情真相。

中共驻共产国际代表团，是在1928年7月11日中共六大闭幕后，在19日召开的六届一中全会上，由参加会议的布哈林提议设立的。之后，由中共驻共产国际代表瞿秋白、张国焘和中共驻赤色职工国际代表、驻赤色农民国际代表邓中夏、余茂怀（余飞）、王若飞等五人，组成中共驻共产国际代表团，负责人是瞿秋白。

中共驻共产国际代表团组成后，负责协调共产国际对中国党的领导，也参

---

[1] 张国焘：《我的回忆》第2册，东方出版社1998年版，第393页。
[2] 周恩来：《关于党的"六大"的研究》，《周恩来选集》（上卷），人民出版社1980年版，第184页。

与对中山大学的管理。接到中山大学同学的申述之后，中共代表团负责人瞿秋白广泛听取了同学们的意见，又派中共代表团成员邓中夏、余茂怀前往中山大学调查真相。

可是，米夫、王明控制的支部局竟然不予合作，邓中夏和余茂怀与他们发生了争执。中共代表团又经共产国际秘书长柏金斯的同意，前往苏联格伯乌机关去查阅有关"江浙同乡会"的材料。但是，格伯乌机关只让中共代表团看了一次材料，便又以被开除的中国学生陈启礼、左权、尤赤、胡士杰、郭景惇等不服上诉为理由，拒绝中共代表团再次前往查阅材料，使中共代表团的调查工作无法深入进行。

在这种情况下，中共代表团于1928年8月15日写信给联共中央政治局，表示了中共代表团对苏联当局处理"江浙同乡会"的不同意见，同时写信给中共中央，指出：在一些江浙籍同学中，对某些问题意见一致，并不能说就是有组织的派别活动。

在广大同学的愤怒反对和中共代表团据理力争之下，共产国际监察委员会、联共监察委员会和中共驻共产国际代表团，组成了三方联合审查委员会来处理"江浙同乡会"事件，并于1928年秋作出了并不存在"江浙同乡会"反动组织的结论。

后来在延安整风时，博古曾把这场因"江浙同乡会"引起的调查和抵制调查的斗争，称为王明宗派"反对中国党的第一战"。[1]

"江浙同乡会"事件从出笼到利用向忠发以及米夫、王明亲自散播，又依靠苏联格伯乌的参与和镇压，使这场事件远远超出了中山大学内部中国学生的纠纷范围，不但在莫斯科的东方大学、列宁学院以及军事院校学习的一些中国学生被卷入了这场风波，而且在中国共产党内也造成了不良影响，联共中央和共产国际也参与了这一事件的处理。虽然最后的审理作出了并不存在"江浙同乡会"的结论，但是，"江浙同乡会"事件不仅影响了中国学生的正常学习生活，破坏了同学之间的团结，使一部分同学因此遭受打击和迫害，而且对以后

---

[1] 杨尚昆：《杨尚昆回忆录》，中央文献出版社2001年版，第34页。

仍然留下了消极的影响。

俞秀松后来被打成"托派"的证据之一，就是他"组织'江浙同乡会'"。在三方联合审查委员会已经作出了不存在"江浙同乡会"的结论之后，王明教条宗派在反对"第二条路线联盟"斗争中，仍然给一些反对他们宗派活动的同学扣上"江浙同乡会残余"的帽子。甚至在今天，一些苏联的历史学家仍然认为中山大学的中国学生"存在着按省籍关系结合而成的不同派别"。[1]

实际上，被诬为"江浙同乡会"主要成员的周达文是贵州人，陈启礼、左权是湖南人，而张闻天、沈泽民和博古等虽然是江浙人，却和"江浙同乡会"的人观点不同。可见，并不存在什么"按省籍关系结合而成的"派别。

王明对于自己策划了"江浙同乡会"事件并不隐瞒。在《中共五十年》一书中，他承认自己"积极反对托陈分子组织的所谓'江浙同乡会'，并在党的第六次代表大会上按照大会主席的决议作了《关于'江浙同乡会'的问题》的报告"。

"第二条路线联盟"

王明教条宗派虽然有米夫为其撑腰，又得到了联共中央和共产国际的支持，但在中山大学广大学生中间仍很孤立。在会议上、墙报中、饭堂里，同学们激烈批评米夫、王明的派别活动，王明等人也制造出一顶顶的帽子扣在广大同学头上。

他们认为，中山大学存在着"江浙同乡会""江浙同乡会残余""工人反对派""先锋主义派""托洛茨基派"等各种各样的"反动派别"，这些"反动派别"在中共代表团的支持下，联合起来反对以支部局为首的"布尔什维克路线"，形成了反动的"第二条路线联盟"，必须对"第二条路线联盟"进行残酷斗争和无情打击，从而使中山大学里的一批党团员遭受打击迫害，以瞿秋白

---

[1] 叶菲莫夫：《莫斯科中国劳动者中山大学史料》，《党史通讯》1985年第6期。

为首的中共代表团主要成员也横遭诬陷。广大党团员为了维护党的独立自主，同王明教条宗派进行了不懈的斗争。

（一）"工人反对派"

中国大革命运动失败以后，由于中山大学的第一期学生已经毕业，在中山大学学习的国民党学生也纷纷离校回国，在校学生急剧减少。虽然环境险恶，但是按照原定计划招收的第三期学生还必须照常入学。

这时中山大学的办学宗旨已经发生了转变，强调招生时产业工人不得少于一半，而且中共中央为了在"白色恐怖"下保存革命力量，也有计划地把一批大革命时期的工人骨干送往中山大学学习。所以，第三期学生中有很大一批是出身于工人的同志。例如，后来被王明教条宗派称为"工人反对派"代表的李剑如，是上海三次工人起义的骨干；余笃三是武汉工人运动积极分子；吴福海也参加了上海工人第三次武装起义。在法国的一批华工也在这个时期进入了中山大学学习。

这批工人出身的学生进入中山大学学习，使中山大学内反对王明教条宗派的斗争发生了很大变化。由于他们有丰富的实践斗争经验，对王明教条宗派自以为是、脱离中国革命实际的夸夸其谈最为反感，所以他们逐渐成了中山大学反对王明教条宗派的公开代表。他们"经常到大会上发言，公开批判支部局的错误行为。而且他们因为是工人出身，成分好，米夫一派不敢过分打击他们，所以胆子特别大，拥护他们的人很多"[1]。

这批工人出身的学生进入中山大学，确实给王明等人的宗派活动带来了一定的困难，成为他们宗派活动的一个障碍。因为共产国际此时特别强调产业工人在中国革命中的领导意义，在中国共产党第六次全国代表大会上，共产国际就把工人出身的向忠发推选为中共中央政治局主席、政治局常委会主席。在关于中国革命的一系列指示中，共产国际都反复强调中国共产党无产阶级化的意义。因此，如何对待这批工人出身的学生，王明等人也颇费脑筋。

"他们披着天衣无缝的中国工人阶级的外衣，就足以使党支部局和学校当

---

[1] 陈修良：《莫斯科中山大学里的斗争》，《革命回忆录》增刊（1），人民出版社1983年版。

局陷于极大的窘境。"[1]

王明教条宗派在这批工人出身的同学进入中山大学之初，也力图把他们拉过来控制为自己的势力。可是，由于学校官僚主义的领导方法引起了广大同学的普遍不满，王明教条宗派依仗米夫的撑腰，利用中山大学支部局的权力发号施令、颐指气使的行为也引起了这些同学的反感。"王明经常以'领导人'自居来参加'中大'的大会、师生员工大会等，发表长篇大论，手捧经典著作，言必称马列主义，引经据典，以未来的'中国列宁'的姿态出现在'中大'同学的眼前，使人厌恶"[2]。特别是王明教条宗派对待中共驻共产国际代表团的轻蔑态度，更使这些工人出身的学生不满。他们对为中国革命做出了重要贡献的瞿秋白、邓中夏等代表团成员有着特殊的敬重和爱戴，经常向瞿秋白等代表团成员反映情况和请教问题，使他们对于王明教条宗派的派别活动也逐渐有所了解。

被称为"工人反对派骨干"之一的吴福海回忆说："我们提出要反对校方的官僚主义，实际上就是反对校长米夫的领导。那时，墙报上出现过一幅漫画，把米夫画成脱离群众的官僚主义者，手中夹着一个大皮包，神气活现的样子。有些文章还揭露了官僚主义的种种表现。支部局的一些人明确表示拥护米夫，不同意反对校方官僚主义的提法，但是他们的人数较少，我们多数人则主张反官僚主义……也有少数同学赞成支部局的观点。""由于两派的对立和斗争，有的同学到中共代表团去反映情况。中共代表团负责人瞿秋白、张国焘为此到劳动大学讲过话，他们表示支持多数派的意见，要求大家听中共代表团的话，反对无原则的斗争，等等。我们还找过当时在莫斯科的邓中夏，他是工人运动的领袖，和我们工人学生比较接近，他对我们比较支持。但是，支部局王明等人，以米夫为靠山，根本不把中共代表团放在眼里，对代表团的意见不加理睬。我们一些工人学生看到王明等人对待中共代表团的轻蔑态度，非常反感。"[3]

---

[1] 盛岳：《莫斯科中山大学和中国革命》，现代史料编刊社1980年版，第235页。
[2] 陈修良：《莫斯科中山大学里的斗争》，《革命回忆录》增刊（1），人民出版社1983年版。
[3] 胡福海：《莫斯科中国共产主义劳动大学斗争生活回忆》，《党史资料丛刊》1980年第1辑，上海人民出版社1980年版。

第二章
留苏受宠（1925—1929.3）

虽然这批工人出身的学生不为王明教条宗派的拉拢所动，而且公开抵制他们的宗派活动，但一些法国华工出身的同学，由于对国内的情况不了解，认为王明等人是支部局党的代表，是"真正的布尔什维克"，所以轻信了王明等人的指使，充当了王明教条宗派的帮手。"他们在开会时充当啦啦队，或者打手，上台去揪斗发言者，或者在台下鼓噪"[1]，起了不好的作用。

由于来自国内的这批工人出身的学生成为王明教条宗派的新障碍，也自然成为他们打击的新目标，而且王明等人要通过打击这批工人出身的学生来打击以瞿秋白为首的中共代表团。于是，他们先给这些工人出身的学生扣上"工人反对派"的帽子，说他们搞分裂党的"派别活动"，"破坏学校的教学秩序"，进而又指责中共代表团是"工人反对派"以及"第二条路线联盟"的后台，并把攻击的矛头集中在代表团的负责人瞿秋白身上，给瞿秋白扣上了"调和路线""布哈林分子""右倾机会主义"等帽子，进行诽谤和攻击。

"我们经常听王明、博古等人在背后说他（指瞿秋白）也是'调和路线'。"[2]

"王明一伙最恨的是瞿秋白同志，因为他在共产国际和中共内部威信较高，不用说是他们夺权的主要对象，必欲打倒之而后快。'中大'内部经常有人散布流言蜚语攻击代表团同志，对瞿秋白与邓中夏同志，甚至在墙报上公开画漫画丑化他们的形象，进行人身攻击。""王明等人在劳动大学搞宗派活动，他们所攻击的主要对象是瞿秋白。瞿秋白在党的'六大'以后是我党驻共产国际的代表团团长，他常到劳动大学来了解情况，同大家交谈。他支

瞿秋白

---

[1] 陈修良：《莫斯科中山大学里的斗争》，《革命回忆录》增刊（1），人民出版社1983年版。
[2] 毛齐华：《我所知道的莫斯科中山大学——中国共产主义劳动大学内部斗争的情况》（未刊稿），1982年6月。

持同学们的合理意见，对王明等人的错误言行进行了批评斗争。王明等人因此对瞿秋白恨之入骨。大约在1929年，苏共开展清党运动，清除托洛茨基分子、布哈林分子和季诺维也夫分子。王明等人趁此机会，对瞿秋白造谣中伤，恶毒攻击。他们诬蔑瞿秋白是什么'布哈林分子''右倾机会主义'，是'反对中共中央'的，并造谣瞿秋白参加了劳动大学里一个叫作'江浙同乡会'的党内小组织派别（事实上，关于'江浙同乡会'问题，早在1928年已澄清），如此等等。"[1]

瞿秋白是我党早期领导人之一。大革命失败以后，在中国革命的危急关头，他主持召开了党的八七会议，确定了土地革命和武装反抗国民党反动派的总方针，成为当时中国共产党的主要领导人，为实现中国革命的伟大转折做出了突出的贡献。当然，瞿秋白在担任党的主要领导工作期间也曾犯有"左"倾错误，但他一旦发现错了就勇于承认错误。在党的六大作的政治报告中，他公开进行了自我批评，并深刻论述了"左"倾盲动主义的危害。担任中国共产党驻共产国际代表团的负责人之后，他抱着病体，为中国革命事业而辛勤工作。随着王明教条宗派为夺取中国共产党的领导权力抓紧进行宗派活动，瞿秋白为了维护中国党的独立自主和团结统一，与他们进行了公开的斗争。他批评王明等人的宗派活动，支持广大同学反对宗派活动的斗争，但又告诫同学们要以党的利益为重，不搞无原则的斗争。对于米夫支持王明教条宗派夺取中国共产党权力的行为他极为反感。1928年9月，他曾向共产国际东方部部长库西宁提出撤换米夫中山大学校长职务的建议。虽然当时米夫被联共中央和共产国际称为中国问题的"专家"，身兼中山大学校长和共产国际东方部副部长，官居显位，但瞿秋白以中国革命事业为重，与米夫、王明教条宗派进行了不妥协的斗争，在一定程度上使更多的同志免遭其害。

瞿秋白对王明等人企图夺取中国共产党权力的野心也深为忧虑。有一次他曾对人说："在无产阶级的先锋队里，作为一个共产主义战士，一切要从大局出发，小我服从大我，党的利益高于一切，千万不要闹起派系。闹起派别成见

---

[1] 陈一诚：《关于莫斯科中国共产主义劳动大学》，《党史资料丛刊》1980年第1辑，上海人民出版社1980年版。

第二章
留苏受宠（1925—1929.3）

来，必然意气用事、混淆是非，后果不堪设想，小则敌我不分、认友为敌、认敌为友、破坏团结，大则流血，人头落地，要流很多血、死很多人啊！"[1]

可是在当时王明等人不但不听劝阻，置党的利益于不顾，大搞派别活动，而且在夺取了中国共产党的领导权力之后，进一步坚持"左"倾错误，大搞派别斗争，使中国共产党领导的民主革命遭受了惨痛的损失，留下了血的教训。

王明教条宗派在米夫支持下制造的"工人反对派"事件，虽然遭到了中山大学广大党团员和以瞿秋白为首的中共代表团的反对，但却得到了共产国际的支持。1930年春，共产国际政治委员会作出了《共产国际政治委员会因"中大"派别斗争关于中共代表团行动问题决议案》。决议案认为：

> 中共代表团须担负李剑如、余笃三派别行动的部分责任……这一派在"中大"内进行无原则的斗争，走到实际上与托派联盟的道路。中共代表团的多数（瞿秋白、邓中夏、余飞）领导了李剑如、余笃三的活动。其中少数（张国焘）不是在当初而是在后来，才对"中大"派别的斗争，表示与其他代表立异，甚至在这个时候也没有在共产国际机关的面前采取相当的步骤，来阻止代表团多数解体的行动……共产国际执委政治委员会有鉴于此，以坚决的态度谴责中共代表团的代表对于"中大"派别斗争的行动，并请中共中央以必要的限度刷新代表团的成分，并与国际执委政治秘书处商定新的成分。

这个错误的决议虽然宣告了米夫、王明教条宗派在莫斯科中山大学的这场斗争中成为"胜利者"，瞿秋白由此被解除了中国共产党驻共产国际代表团负责人的职务。但从这个决议中，我们也可以看出瞿秋白等中共代表团的多数同志，坚持中国党独立自主原则，与米夫、王明等人的宗派活动进行了坚决的斗争。而张国焘在这场斗争中采取了两面派的手法，最后倒向了米夫、王明教条宗派一边。

---

[1] 庄东晓：《记忆中的瞿秋白同志》，《广东文史资料》第29辑，广东人民出版社1980年版。

（二）"先锋主义派"

"先锋主义派"，是王明等人为了打击中山大学团组织中的一部分对支部局工作表示不满的人所捡起的又一顶帽子。

"先锋主义"本来是团的工作中脱离党的领导的一种错误倾向。"在国际工人运动中，当青年团觉得自己是工人阶级里唯一革命的组织，是工人阶级的先锋，这便叫作'先锋主义'"[1]。

在1927年时，中国共产主义青年团曾经发起过反对"先锋主义"的斗争。1927年11月，中国共产主义青年团中央扩大会议通过的政治决议案中，提出要反对"先锋主义"，指出，先锋主义"没有认清共产主义青年运动只是整个无产阶级运动的一部分，共产青年团只是青年无产阶级的先锋组织，共产党才是无产阶级的唯一先锋"。

中山大学内出现的"先锋主义派"并非如上所言，而是王明等人给反对者扣上的一顶帽子。这顶帽子的具体制造者盛岳，回忆起自己的"功绩"时总是沾沾自喜："反第二条路线斗争刚一开始，中大有许多共青团员就表示支持第二条路线。中大共青团支部办公室的某些负责人，甚至公开鼓吹同党支部办公室对着干。在这些共青团领导人中，数西门宗华调子最高，但高承烈、林其涛等人都毫不掩饰。他们使用和第二条路线其他追随者使用的同样中伤语言来批评支部局。""在一九二八年举行的党员大会上，我作了主要的发言，批判了西门—高林小集团。我把它的路线定性为'先锋主义'，因为它坚持要党支部局改变路线，公开无视党的领导。在那以后，他们就以'先锋主义者'闻名，而且变成第二条路线联盟的重要组成部分。"[2]

被称为"先锋主义派"主要代表人物的西门宗华，叙述了被打成"先锋主义"的经过："先锋主义，发源于当年共青团中有过与党对立、不听党指挥的一种错误行为。我当时被王明指控为'先锋主义'的代表人物。事情的经过是这样的：我于1927年担任中山大学团的宣传部部长。团的工作是根据党的中心

---

[1] 中国新民主主义青年团中央委员会办公厅编：《中国青年运动历史资料》（3），1957年，第563、529页。
[2] 盛岳：《莫斯科中山大学和中国革命》，现代史料编刊社1980年版，第234页。

第二章
留苏受宠（1925—1929.3）

工作而自己安排活动日程的。有一次，我召开团的宣传会议，决定请外面的苏联人来校演讲，演讲之后搞娱乐活动。当时报告人已请好，娱乐活动也准备好了。这时王明突然来通知，说有党的活动，叫我们改变计划。按理，团的活动应该服从党的决定的，但是由于我当时年轻气盛，心想我们一切工作都做好了为什么要改变呢？我们团的总书记是苏联人，名叫华根，这个人很老实率直。我就对他说，你去开党的会议的时候，讲王明破坏我们团的活动。我是一句气语，哪知道华根真的在会议上率直地讲了，这一下恼了王明，说我不遵守党的决定，是先锋主义。……这样我就被王明以'先锋主义'这个罪名之一开除团籍。"[1]

一些原中山大学学生，在回忆中也认为所谓的"先锋主义派"，只是团支部一些人对王明及支部局的工作表示不满，当时在学校内影响并不大。但是，宗派主义者是容不得任何不同意见的。"为了削弱这个第二条路线联盟，学校当局根据党支部局的建议，从一九二八年十月开始，把最调皮捣蛋的第二条路线联盟成员送到西伯利亚去做苦工。高承烈和林其涛等都被送到了西伯利亚。其他人如西门宗华则在第二年送回中国。"[2]

被王明教条宗派认为参加了"第二条路线联盟"的人，在后来的"清党"中几乎都受到了不同程度的惩罚。但实际上，中山大学并不存在什么"第二条路线联盟"。王明教条宗派的一系列宗派活动确实遭到了广大党员的反对，但这并不是与"支部局的布尔什维克路线"相对立的"第二条路线"，而是坚持中国共产党的独立自主、维护党内正常的民主生活、反对分裂党的正确行动。

王明等人制造"工人反对派"等事件得到了共产国际的支持和肯定，这是共产国际在指导中国革命中犯的错误之一，对中国共产党的发展和中国革命事业造成了不好的影响。

---

[1]《西门宗华回忆莫斯科中山大学的情况》（未刊稿），1979年1月。
[2] 盛岳：《莫斯科中山大学和中国革命》，现代史料编刊社1980年版，第234—235页。

宣扬城市武装暴动

1927年11月，中共临时中央政治局扩大会议在瞿秋白主持下，通过了《中国现状与共产党的任务决议案》，认为实际上正处于低潮的革命形势是"不断高涨"，确定了党的总策略是组织全国总暴动，致使以"左"倾盲动主义为特征的第一次"左"倾错误路线开始在党内蔓延。

1927年12月，在共产国际派来的"暴动专家"纽曼的指挥下，震动世界的广州起义爆发后仅维持三天就失败了。12月15日，共产国际执行委员会为广州起义向全世界发布了《告全体工人、一切被压迫者、资本主义军队的全体士兵书》，指出："在广州这个革命战斗的光荣城市，工人和农民已经取得了政权。苏维埃旗帜，这面革命红旗飘扬在华南都城的上空。广州工人史无前例的英雄业绩是极其伟大而真正是具有世界意义的行动。"[1]

正在举行的联共第十五次代表大会也密切注视广州起义的发展进程，大会通过的决议专门谈到了广州起义："中国革命尽管遭到暂时的失败，特别是广州苏维埃起义遭到镇压，但它仍然存在着，并在积蓄力量，以便重新展开全线进攻。中国革命运动必将在新的基础上重新高涨起来。"[2]

不过，中国革命在广州起义失败之后，并没有"重新展开全线进攻"，革命形势也没有"重新高涨起来"，国民党反动派的白色恐怖却更加严酷。这不得不使共产国际的领袖们被广州起义的火焰烧得发热的头脑暂时冷静下来。在1928年2月9日至25日召开的共产国际执委第九次扩大会议上，通过了《共产国际关于中国问题的决议案》。

该决议案注明道："1928年2月25日通过，苏联及中国共产党代表团，斯大林、布哈林等所提出之草案。"

---

[1]《共产国际有关中国革命的文献资料（1919—1928）》第1辑，中国社会科学出版社1981年版，第348页。
[2] 同上，第349页。

第二章
留苏受宠（1925—1929.3）

这个决议案很典型地反映了斯大林和共产国际当时对中国革命形势的认识：革命高潮还没有到来，但正在走向高潮。"现在还没有全国范围的新的群众革命运动之强有力的高潮。但是，许多征兆，都指示工农革命正走向这种新的高潮"。因此，党的工作就是既要准备武装暴动，又要反对盲动主义。"党应当准备革命之新的高潮之高潮"，"必须坚决地反对工人阶级某种成分之中的盲动主义，反对无准备无组织的城市与乡村中的发动暴动，反对玩弄暴动"。

广州起义失败后被捕的苏联驻广州领事馆副领事哈拉西

这种"辩证法"的运用，实际上反映了当时斯大林和共产国际对中国革命道路的矛盾认识：既看到了城市武装起义没有立即胜利的可能，又绝不放弃以"城市中心论"夺取革命胜利的模式。所以，即使城市武装起义没有立即实现的可能，党的任务也还是要准备暴动。而且，"必须反对对于游击战争的溺爱，反对沉溺于散乱的、不相关联的、必致失败的游击战争（这些危险在两湖等处曾经有过）"，仍然不是把党的主要工作放到农村去开展土地革命。

斯大林、共产国际对中国革命的这种认识自然也成为王明的观点，这反映在王明于1928年发表的两篇著作中。

进入1928年，王明不但成了中山大学的"无冠之王"，在理论上也开始崛起。1928年5月16日，王明为《武装暴动》这本小册子写了一篇长达万字的序言，表达了他后来一贯坚持的以城市工人武装暴动夺取政权的"城市中心论"思想。这篇序言发表在1929年4月1日出版的《布尔塞维克》（中共中央机关刊物）第2卷第6期上。

王明在序言中首先说明："序言的内容是想向读者说明下列两点的：（一）小册子中未曾充分说明的与暴动问题有关联的问题；（二）与中国革命现在阶段的暴力问题有联系的问题。"

在第一点中，王明首先讲了巴黎公社失败的教训，然后讲述了总罢工和武装暴动的关系。他说："总罢工的爆发，只有在工人阶级战斗情绪最高之时才有可能，所以总罢工是革命潮流高涨的具体表现；总罢工是动员工人群众到街上去的最灵活的动力，所以，总罢工是调动群众作战的动员命令；总罢工是工人阶级和平斗争的最高形式，所以总罢工是武装暴动的直接前提。总罢工能破坏敌人，恐吓敌人，沮丧敌人的意志，妨害敌人的力量，所以总罢工是武装暴动的序幕，是武装暴动胜利的保障。"

关于第二点王明讲了五个问题：（1）关于武装暴动本身的问题；（2）关于游击战争问题；（3）论土匪；（4）在军队中的工作；（5）关于党员军事化、武装工农建设红军的问题。这一部分是序言的重点，但表述的是共产国际执委第九次扩大会议通过的《关于中国问题的决议案》中的观点。看过王明文章的读者都清楚，先引用共产国际决议或马、恩、列、斯的言论然后再阐释这些经典，是王明文章的一大特点。如果要追究中国文坛至今仍盛行的"引文风"，王明倒是可以占先。

在这篇序言中，王明主要阐述了以下两个问题：

（一）党的主要任务是组织和实现群众的武装暴动

王明是这样叙述党在当时的主要任务的："'党应准备应付新的广大的革命浪潮的高涨；党对这新高涨的革命浪潮必须的任务，便是组织、实现群众的武装暴动……'这是1928年共产国际执委第九次扩大会议对于中国问题的决议案上特别指明的。由此，可见中国共产党目前的主要任务是组织和实现群众的武装暴动。'因为革命的任务，只有用武装暴动和推翻现存政权的方法才能解决'（同上决议）。"

为了实现这一主要任务，王明提出必须纠正下列三种"错误倾向"：

1."原则上反对暴动的倾向"。"在目前状况之下，不仅资产阶级的改良派（如'民主社会党'或所谓'中华革命党'等）的领袖们的头脑里充满了这种倾向，也不仅一部分落后的农民和不觉悟的工人的心房里荡漾着这种思想，就是在我们共产党员的队伍中有很少数的分子也不免沾染了这种毒素。""坚决地反对这种倾向是暴动的指导者，真正同情暴动者及每一个革命战士的基本任务！"

2."儿戏暴动的倾向"。"一部分在农民区做指导工作的同志，迷恋着零碎的必遭失败的游击战争，而不注意把运动准备扩大到广大的范围（共产国际第九次扩大会议对中国问题的决议）。这种儿戏暴动倾向的来源有两方面：一方面由于一部分同志毫无忍耐的革命情绪，另一方面由于他们对于客观环境的估计不正确，他们以为可以继续暴动到很久的岁月。"

3."过于重视军事行动和不相信群众力量的倾向"。

（二）游击战争要服从于城市武装暴动

共产国际执委第九次扩大会议对中国问题决议上有一条说："党在指导各地农民自发的游击斗争时，应注意到：只有使这些斗争与无产阶级中心之新的革命高潮联结的条件之下，才能使这些单独的暴动变为总暴动的出发点。此处党应明了自身主要的任务，在准备使城市与乡村或邻近各省共同联络出动，并在一广大范围中组织与准备这种动作。因此，便须与过于重视散漫不相联络的必致失败之游击争斗的倾向奋斗（这种危险已见于湖北、湖南及其他等地）。""我们应当把这种斗争与阶级斗争的最高形式——工人阶级的武装暴动——联贯起来。"

对于王明在序言中表述的观点已经不必再加评论，因为序言中无论正确的观点还是错误的认识，都是共产国际执委第九次扩大会议通过的《关于中国问题的决议案》中已经表述的意见。读者们倒是可以从王明的论述中看出，这位"百分之百的布尔什维克"，确实是在"百分之百"地宣传共产国际的决议，确实是把共产国际决议作为绝对准则，这是我们这位传主无论在理论上还是行动上一贯表现出的特点。

1928年，王明理论上的兴趣似乎主要集中在武装暴动问题上。继为《武装暴动》写了长篇序言后，11月17日下午5时，王明又完稿了一本四万多字的小册子：《广州暴动纪实》。

这本小册子分"引言""暴动前的中国和广州""暴动经过""暴动后的白色恐怖与革命影响""结论"五个部分。

在引言部分，王明开篇就用一段优美的文字极富鼓动性地对广州起义进行了赞扬："在《共产党宣言》公布的七十九年后，在巴黎公社斗争的五十六年末，在全世界无产阶级和被压迫民族同声庆祝十月革命十周年纪念的欢欣鼓舞中，在以老大落后著名的中国的领土内，在帝国主义、买办、地主、资产阶级的老巢，同时又是民族革命及工农运动的策源地的广州城里，于1927年12月11日上午3时30分爆发了由中国共产党直接领导、为创造苏维埃政权的工农兵联合大暴动！这一暴动公开地告诉全世界人们：共产主义这个'怪物'已经不仅是在欧洲徘徊着，他已吞噬了落后的远东大陆；夺取政权这种'艺术'，已经不仅是巴黎工人具有决心去进行的事业，他已成为了'文化落后''还不够管理国家的程度的民族'的'伙计''苦力'们的直接行动；苏维埃这面旗帜已经不仅飘扬在占地球六分之一的面积的旧俄领土上，它已变成了几千万中国劳苦群众解放斗争的红色目标！"

这本《广州暴动纪实》，主要的篇幅用来阐述广州暴动的过程及暴动前后的情况。王明在小册子最后的"附注"中写道："本文的材料，虽是在半个多月之内，经过好几个朋友的帮助收集来的，但还总感觉到不充分，以后得到更多的和更精确的材料时，当再行将本文修改和补充。"但今天看来，在当时的情况下，小册子收集的材料还是比较多的，尽管某些材料不够确切，但仍可以看出王明对广州暴动倾注了极大的热情。

王明对广州暴动的基本认识，体现在小册子的最后一部分结论之中。

王明提出如下的结论：

1.广州暴动是整个中国阶级斗争发展到一定阶段的产物，特别是广东阶级斗争发展到一定阶段不可免的而且必要的产物。

2. 广州暴动在客观上虽然是中国革命失败过程中之退兵一时的战斗，但它是中国工农群众为保持革命胜利的必要的英勇的尝试，同时使革命深入到直接为创造苏维埃政权而斗争的阶段。

3. 广州暴动参加的社会基础虽比较不广阔，但暴发源于群众英勇斗争，群众为拥护它的胜利而争斗到最后一滴血，它毫无疑义的是群众夺取政权的武装斗争，既不是什么"军事投机"，更不是什么"盲动"。

4. 广州暴动在落后的殖民地国家中建立起苏维埃政权，使整个世界革命发展的过程，向前推进了一步。

王明对广州暴动的四条结论，与中共中央和共产国际在广州暴动之后发表的决议和声明中阐明的原则是一致的。可是，王明在结论中关于广州暴动失败原因的阐述，也是当时中共中央和共产国际对广州暴动失败原因的总结观点，但这些总结中都一致地没有提到起义部队占领广州后，应当果断地撤出广州，到广大的乡村去建立革命根据地。因为无论是当时的中共中央、共产国际还是王明，都坚信中国革命胜利的道路是城市武装暴动夺取政权。

结论中最后宣称："广州暴动是失败了！然而，它是中国苏维埃革命的第一幕：在最近将来新的革命高潮当中，中国工农一定能够体会巴黎公社、广州暴动等失败的教训，和用十月革命胜利的经验，按照《共产党宣言》指示出的斗争方法——武装暴动以夺取政权，推翻中国的一切反动力量的统治而代之以工农兵代表会议的苏维埃政权！没有1927年12月广州苏维埃革命的大演习，便不会有最近将来全中国苏维埃革命的总胜利！失败的广州暴动，只是最近将来胜利的全中国大暴动的预演！""中国革命不胜利则已，胜利一定是'中国十月'的胜利！"

结论认为"革命高潮即将到来"，"全中国大暴动"和"全中国苏维埃革命的总胜利"即将实现。这些"左"倾盲动的论调，发明权还不是王明。

1928年8月召开的共产国际第六次代表大会，按照斯大林对国际形势的分析，正式提出了从1925年起就开始酝酿的"第三时期"理论，并把这个"左"倾盲动的理论写入了《共产国际纲领》之中，作为共产国际指挥世界革命的理论依据。

王明传

"第三时期"理论把第一次世界大战后的世界革命划分为三个特定的时期:第一时期从1918年至1923年,是资本主义制度陷于严重危机、无产阶级采取直接行动的时期;第二个时期从1923年至1928年,是资本主义局部稳定、资本主义经济恢复、无产阶级继续斗争的时期;第三个时期从1928年开始,是各资本主义国家内部矛盾日益加剧、殖民地人民的革命斗争日益发展、资本主义总危机不断尖锐化、无产阶级开始进行直接革命的时期。"这个时期是资本主义总危机增长,帝国主义的内部和外部基本矛盾迅速加剧,从而必然导致帝国主义战争,导致大规模的阶级冲突,导致各主要资本主义国家新的革命高潮发展,导致殖民地伟大的反帝国主义革命的时期。"[1]

"第三时期"理论虽然在当时对于动员各国无产阶级和被压迫民族起来革命起过一定的作用,但这一理论的根本错误,在于夸大了世界资本主义体系的总危机及其矛盾尖锐化的程度,从而要求世界无产阶级和广大人民群众向帝国主义及其各国反动统治阶级实行全面进攻。这样,共产国际在"第三时期"理论的基础上,形成了一条"左"倾的"进攻路线",并要求各国党不顾本国实际情况一律贯彻执行。

在这条"进攻路线"指挥下,共产国际关于中国革命的一系列政策都犯有严重的"左"倾错误。在革命形势上,夸大革命高潮的到来;在革命任务上,混淆不同阶段的界限;在革命道路上,提出"城市中心论";在斗争策略上,实行"阶级反对阶级",打击中间力量,搞"下层统一战线"的策略;在组织上,大搞错误的肃反运动,大搞"反右倾",在党内实行残酷斗争、无情打击的政策。

王明是共产国际决议的坚决宣传鼓动者,而且在中国革命问题上,他对于共产国际的"左"倾错误还有所发展。王明的这本小册子完稿于他回国前的三个多月。从中国革命的胜利"一定是'中国十月'的胜利"这种语言都照搬苏联的论述中,人们可以预料,一个奉苏联模式为革命样板的中共未来领导人,已经在苏联共产党和共产国际的扶植下出现了。

---

[1] 贝拉·库恩:《共产国际文件汇编》第3册,三联书店1965年版,第145页。

第二章
留苏受宠（1925—1929.3）

所谓"二十八个半布尔什维克"的由来

为王明作传，不能不论及所谓的"二十八个半布尔什维克"。因为"二十八个半布尔什维克"的称谓出自于中山大学，而王明又被认为是"二十八个半布尔什维克"的首领。

但搞清"二十八个半布尔什维克"的缘由又是一项艰难的课题。虽然关于"二十八个半布尔什维克"的问题长期以来在党内外、国内外流传甚广，议论颇多，但多有歧义，莫衷一是。诸如，这一称呼是如何出现的？为什么要称谓"二十八个半布尔什维克"？有无必要继续使用这一称谓？这些问题不但在国内外的研究著述中众说纷纭，就是原中山大学的当事人也说法各异，需要认真地进行辨析和考证。

"二十八个半布尔什维克"的称谓是如何出现的呢？

"二十八个半布尔什维克"的称谓是如何出现的，原中山大学的当事人主要有以下两种说法：

第一种："二十八个半布尔什维克"是在"十天大会"中出现的。

持此种说法的人最多。但是，这个称谓在"十天大会"中是怎样出现的，说法又可分为四类：

第一类：在表决支部局的工作报告时，只有28个人拥护，所以，这些拥护者就被称为"二十八个半布尔什维克"。

1927年入中山大学的陈修良回忆说："大会争论的主要问题是讨论支部局的路线对不对，揭发支部局的官僚主义、学校当局的贪污问题。后来没有办法，只好付诸表决，看谁拥护支部局的报告。五百多人投反对票的是压倒多数，赞成支部局的只有二十八个人。因此人们称为'二十八个半布尔什维克'，以表示轻侮之意。那天这二十八个人都立在大会台的左面，所以大家很容易计算举手的人数和是什么人。'文化大革命'时，有许多人称为'二十八个半布尔什维克'。其实并无'半'个，这不知道根据谁的说法。"[1]

与陈修良同期入中山大学的张崇文在接受我们的访问时回忆说："'二十八个半布尔什维克'是'十天大会'时发生的。大会表决时拥护支部局的就只有二十八个人，大多数都反对。"[2]

第二类：表决是否改组支部局时，拥护支部局领导的只有二十八个人，这些人就被称为"二十八个半布尔什维克"。

也是1927年入中山大学的吴福海回忆说："同学们就是否要改组支部问题展开辩论，最后大会对此付诸表决，结果拥护支部领导的人不过二十八个。后来我们就送给他们'二十八个半布尔什维克'这个称号。"[3]

第三类：在表决支部局提出的解散团支部的要求时，只有二十八个人赞成，这些人就被称为"二十八个半布尔什维克"。

1928年入中山大学的李一凡回忆说："在支部局提出的解散团支部的表决中，只有二十八人举手赞成。主席团的余笃三一走出大会会场就哈哈大笑，说百分之百的布尔什维克就只有二十八个？从此以后就传开了。"[4]

第四类：有人在大会上提出了二十八个人的名字，后来就把这些人称为"二十八个半布尔什维克"。

1927年入中山大学的毛齐华回忆说："有一天下午继续开会。余笃三在发言中拿出一张纸条，说：所谓正确的布尔什维克究竟有多少人呢？接着就念了纸条上所列的二十八个人的名字。"

第二种："二十八个半布尔什维克"是反对支部局的人对以支部局为核心的王明等人的讽刺性称谓。

1926年入中山大学的盛岳说："只是到后来，中山大学的一群学生，我是其中一员，才慢慢被人叫成二十八个布尔什维克。""因为这二十八个人成了中山大学所有'反党'派别的敌人，结果，大家给他们起了个外号叫作二十八个

---

[1] 陈修良：《莫斯科中山大学里的斗争》，《革命回忆录》增刊（1），人民出版社1983年版。
[2] 《访问张崇文谈话记录》，访问者：戴茂林、刘喜发、叶健君，1986年4月27日。
[3] 胡福海：《莫斯科中国共产主义劳动大学斗争生活回忆》，《党史资料丛刊》1980年第1辑，上海人民出版社1980年版。
[4] 《访问李一凡谈话记录》，访问者：戴茂林、刘喜发、叶健君，1986年3月30日。

布尔什维克，意思是说他们不过是俄国布尔什维克的尾巴而已。"[1]

1927年入中山大学的袁孟超（袁家镛）回忆说："我们是拥护斯大林的，当时我们也搞教条主义。与托派斗争时都认为自己是百分之百的布尔什维克，拿着马列书本，引经据典，与他们论战。托派就给我们这些人起了'二十八个半布尔什维克'。因为天上有二十八宿，加个'半'是讽刺，类似于中国的四大金刚等。"[2]

1926年入中山大学的李元杰回忆说："当时反对党的路线的人说这些人是'二十八个布尔什维克'，我也是一个。我们这些人坚决拥护党的路线，但我们并没有组织，而且也不是一直的。"[3]

王明在《中共五十年》中说："关于'二十八个半布尔什维克'和'陈绍禹集团'的说法，也是托派和陈独秀分子于1929年秋在中国共产主义劳动大学搞清党时捏造出来的。"[4]

在上述这两种说法中，第一种说法的四类观点虽然在细节上有些区别，但基本上都肯定"二十八个半布尔什维克"的出现，源于"十天大会"表决支部局提出的提案时，只有二十八个人拥护，后来就把这些拥护者称为"二十八个半布尔什维克"。

第二种说法的四位当事人，都是被称为"二十八个半布尔什维克"的成员。他们一致否认"二十八个半布尔什维克"的称谓源于"十天大会"表决支部局的提案时只有二十八个人拥护的说法，而是认为"二十八个半布尔什维克"是反对支部局的人对他们的讽刺，是逐渐出现的。

据我们考证，第一种说法虽然有较多的当事人在回忆中坚持，但由于年代久远，记忆难以十分准确，而且有些回忆材料又是相互参考引证，所以，仅靠人们的回忆是难以作出正确结论的。从"十天大会"的实际情况来看，认为"在表决中只有二十八个人拥护支部局的决议"的说法不能成立。

---

[1] 盛岳：《莫斯科中山大学和中国革命》，现代史料编刊社1980年版，第219、237页。
[2]《袁孟超谈在莫斯科中山大学前后的一些情况》（记录稿），记录整理者：戴茂林等，1986年1月4日。
[3]《访问李元杰谈话记录》，访问者：戴茂林、藏具林，1986年3月31日。
[4] 王明：《中共五十年》，现代史料编刊社1980年版，第137页。

所谓的"十天大会",是中山大学支部局于1929年6月暑假前夕组织召开的一次工作总结会议。盛岳在《莫斯科中山大学和中国革命》一书中曾经叙述了这次会议召开的背景:"二十八个布尔什维克,是在莫斯科中山大学的政治斗争中产生和成长起来的。虽然他们及其支持者同第二条路线联盟进行了激烈搏斗,但联盟分子人数大大超过他们。尽管如此,他们在一九二九年夏初还是要求同第二条路线联盟摊牌。按照他们的'争取速胜'战略,他们向党支部局提出了一系列建议并全部得到采纳。他们建议召开中山大学党员大会,来对有关问题进行深入辩论。他们还提议请中山大学所在地的苏共区委书记芬可夫斯基给大会讲话。他们并进一步提议共产国际的中共代表出席大会,从而把他们置于公开批判之下,以此来制止他们的幕后活动。这就是'把他们拉出来打'的策略。"[1]

按照苏联当时的管理体制,高等学校的党组织也要接受所在地党组织的领导。所以,大会召开后,首先由区委书记芬可夫斯基讲话,博古和杨尚昆现场翻译。芬可夫斯基在讲话中公开表示支持支部局的路线,对反对支部局的同志进行了严厉的批评和指责。

由于芬可夫斯基的讲话不符合中山大学的实际情况,明显袒护教条宗派一方,自然遭到了多数学生的反对,甚至有学生跳到台上,打断了芬可夫斯基的讲话,会场一度出现了混乱。

不过,虽然在"十天大会"上拥护支部局的是少数,王明教条宗派在同学中间也比较孤立,但是由于他们有学校领导的支持,有联共中央和共产国际为靠山,参加大会的又有几百人(一说近500人),因此,支部局提出的决议"只有二十八个人举手拥护"的说法难以成立。

而且,所有当事人的回忆都说王明是"二十八个半布尔什维克"的首领,我们所见到的各种不同版本的"二十八个半布尔什维克"的名单也都把陈绍禹的名字排在前面。如果"二十八个半布尔什维克"的称谓果真来自于"十天大会"表决支部局的提案时有二十八个人举手拥护,那么,王明当然是举手拥护

---

[1] 盛岳:《莫斯科中山大学和中国革命》,现代史料编刊社1980年版,第239—240页。

第二章
留苏受宠（1925—1929.3）

的二十八个人中的一员。可是，"十天大会"是 1929 年 6 月召开的，而王明于 1929 年 3 月就已经由苏联回国，他根本就没有参加"十天大会"。

第二种说法中，认为是"托派"或者是"当时反对党的路线的人"给起了"二十八个半布尔什维克"的称号，显然是对托派分子分裂党的错误行为与中山大学的多数学生反对王明教条宗派的正义行为的混淆。但是，这种说法中认为"二十八个半布尔什维克"称谓的出现，不是在"十天大会"的某次表决时有二十八个人拥护支部局的决议，就把这些人称为"二十八个半布尔什维克"，而是当时反对支部局的人对他们这些人的讽刺称谓，是逐渐出现的，这一说法则是比较可信的。

1928 年来到中山大学的吴玉章，曾在 1943 年写了《吴玉章略传》。他在这篇自传中比较详细地记述了"十天大会"的情况，并提出："二十八个半布尔什维克"是反对支部局的人在墙报上提出来的，是对支部局一些人的讽刺。[1]

《吴玉章略传》中关于"十天大会"的叙述时间较早，内容丰富，其中关于"十天大会"召开的时间等史实描述已被证明准确。大量的回忆材料也可证明，"二十八个半布尔什维克"的称谓在"十天大会"之前并未流传，确实是在这次会议期间出现的。因此，我们认为，吴玉章的观点是可信的。

为什么将王明教条宗派称为"二十八个半布尔什维克"？

如前所述，虽然王明于 1929 年 3 月回国，但正如杨尚昆所言，"这条线还在"，因此，在王明离开中山大学以后仍把中山大学内的教条宗派称为"王明教条宗派"，是必要和恰当的。但是，在"十天大会"上，为什么反对王明教条宗派的同学要用"二十八个半布尔什维克"的称呼而不是其他的名称来称谓这个教条宗派呢？

我们认为，袁孟超所说的"天上有二十八宿，加个'半'是讽刺，类似于中国的四大金刚等"，还是可以说得通的。张国焘在《我的回忆》中，也把"二十八个半布尔什维克"称为"二十八宿"，与袁孟超的说法不谋而合。当时参加了王明教条宗派活动的人，多数都在支部局、团组织、学生公社或者学校

---

[1] 吴玉章：《吴玉章略传》，《中共党史资料》第 11 辑，中共党史资料出版社 1984 年版。

中担任一定的职务，有一定的影响，这些人当时又多以"百分之百的布尔什维克"自居，所以，用中国传说中象征着具有一定权势和地位的"二十八宿"来称谓，还是有一定道理的。

有无必要继续使用"二十八个半布尔什维克"这个称谓？

"二十八个半布尔什维克"这个专有名词，虽然并非是后人的虚构，而是在中山大学1929年6月召开的"十天大会"上出现的一个特定称谓。但是，笔者同意杨尚昆同志的意见："所谓'二十八个半布尔什维克'问题，这是一个实事问题，不是理论问题。""当时确有以王明为核心的教条宗派，主要是指一部分靠近'中大'支部局的党员，在政治立场和思想情绪上比较一致，但是，并没有什么固定的成员。""'二十八个半布尔什维克'的说法，不能准确反映王明教条宗派的形成、发展和分化的实际情况，也不能说明它的性质和危害，建议今后不要再使用'二十八个半布尔什维克'这个专有名词。"[1]

---

[1] 杨尚昆：《杨尚昆回忆录》，中央文献出版社2001年版，第44页。

第三章
回国渐起（1929.3—1930.7）

王明从 1929 年 3 月由苏联回国，到 1930 年 7 月被李立三撤销中宣部秘书职务这不到一年半的时间，是他人生的一个重要转折期。

回国的前半年，王明仅仅是基层区委的一名宣传干事，是白色恐怖下从事党的地下工作的普通一兵。

但王明又不仅仅是一名普通的战士，他熟知马克思主义理论，精通共产国际指挥中国革命的思路与策略，谈起马克思主义的经典论述和共产国际决议有关中国革命的相关精神，在国内工作的同志，包括一些中央的领导，未必是王明的对手。

因此，从1929年10月到1930年7月，无论在中宣部工作还是到总工会工作，王明都充分发挥了自己的理论特长，撰写了大量的政论文章，在党内产生了较大的影响，也为其日后掌握中国共产党的主要领导权力打下了一定的基础。

在这一时期，特别是到中宣部之后，王明是异常勤奋、努力工作的。他在《红旗》报[1]编辑部工作不到半年，竟然发表了37篇文章，这在当时的党内无人能出其右。

不过，仅有在上海区委的半年工作经验，是不可能把握中国革命的复杂特点的。王明的那些长篇大论中阐述的观点，无论是正确的还是错误的，都可以在共产国际的决议或者是中国共产党中央的决定中找到出处。

王明从苏联回国之际，正值李立三"左"倾冒险错误开始之时。王明在留苏四年中，既读过马（克思）列（宁）的书，又学到了一些"左"倾理论。李立三"左"倾冒险错误的产生自然地为王明"左"倾思想的发展提供了土壤。这期间

---

[1]《红旗》报1930年8月15日改名为《红旗日报》，1931年3月9日又改名为《红旗周报》。

王明共发表了56篇文章，除了一部分宣传反对帝国主义和国民党反动统治，支持社会主义苏联、国际工人阶级和国内工农革命运动之外，多数是鼓吹"左"倾思想，为李立三"左"倾冒险错误推波助澜。

"立三路线"的形成有一个发展过程，由"立三路线"转换到"王明路线"也有一个过程。王明先是追随李立三"左"倾冒险错误，当"立三路线"正式形成而遭到共产国际批评之后，他又摇身一变，成为反"立三路线"的"英雄"，最后形成了比"立三路线"更"左"的"王明路线"。

李立三

在这个可以称得上是中国共产党民主革命历史上的"左"倾思潮严重泛滥时期，王明高高跃起在这次"左"倾思潮高峰的浪尖上。

下派基层

1929年3月，王明由莫斯科回国。

作为莫斯科中山大学的"无冠之王"，王明是带着米夫改造中国共产党领导的厚望，被米夫以共产国际东方部的名义派回国的。米夫对王明回国作了周到安排。在王明回国之前，米夫就以共产国际东方部的名义打电报给中共中央，指示中共中央对王明的工作给予妥善安排。

据王明在莫斯科中山大学的同学黄理文回忆，米夫对王明回国特意作了安排："上火车坐的是头等车厢，两人一个小包间，窗帘拉着，谁也看不见。这在苏联只有中央委员才能享受这种待遇，而中国同志只有瞿秋白等少数政治局委员可以享受这种待遇。""到海参崴换轮船时，王明坐的是二等舱，而留学生回国大家都坐三等舱。"[1]

王明先由莫斯科乘火车到海参崴，然后又由海参崴乘船到达上海。3月上旬到达上海后，这位有着特殊背景的年轻人赋诗一首，表达了他回国后的"冲霄壮心"。

抵上海

方酣春意独还乡，别意离怀万里长。
西问天鹰歌织女，东听河鼓笑牛郎。
城中乡市争红白，沪上风云搏暗光。
到此一心为战斗，冲霄壮心正昂扬；

正昂扬。

不过，王明这位毫无国内斗争经验的留苏学生，并没有像米夫和他本人想象的那样得到中共中央的器重。接到关于王明等回国的电报后，中共中央专门召开会议，研究安排王明等人的工作问题。中共中央决定，王明的工作按照中央历来对回国留学生的安排规定，由中共中央组织部具体负责安排。

中共中央在当时曾经有过规定，凡从苏联回国的留学生，由于他们缺乏实际工作经验，一般不直接安排到中共中央机关工作，而是先安排他们到基层工作，锻炼一个时期后，再根据他们在基层工作中表现出的能力，考虑调到中央或地方领导机关工作。

在艰苦复杂的革命战争年代，缺乏实际革命斗争经验的学生出身的干部确实需要到基层锻炼，逐步了解和掌握革命斗争的特点与规律。当时中央的这一规定是正确的。按照中共中央的决定，当时兼任中共中央组织部部长的周恩来、秘书长恽代英，秘书余鸿泽又专门研究了王明的工作安排，决定按照中央的规定，安排他到基层工作。

于是，王明被派到上海沪西区委做宣传工作。

---

[1]《访问黄理文谈话记录》，访问者：曹仲彬，1981年1月10日。

第三章 回国渐起（1929.3—1930.7）

当时党的基层地下宣传工作的任务之一，就是秘密散发传单标语。1929年7月27日，在离开沪西区委之前，王明写了一首七绝，描述当时的工作情景：

从头学起有得

见空就投飞似箭，背人即贴快如风。
莫言此道学无用，手足机灵耳目聪。

7月底，王明又被调到中共沪东区委任宣传干事，兼任《红旗》报通讯员。

当时上海是我国最大的工业中心城市，集中了产业工人80多万人。此时，党在上海没有专门设立市委，而是由江苏省委兼管上海市委工作，下辖沪东、沪西、沪中、法南、闸北、浦东、吴淞等7个区委，140多个基层党支部，1200多名党员。

沪东是上海的工业区，从提篮桥以东到杨树浦一带工厂林立，其中有老怡和纱厂、恒丰纱厂、永安纱厂、三新纱厂等工厂，还有英商电车公司和海港码头，是上海产业工

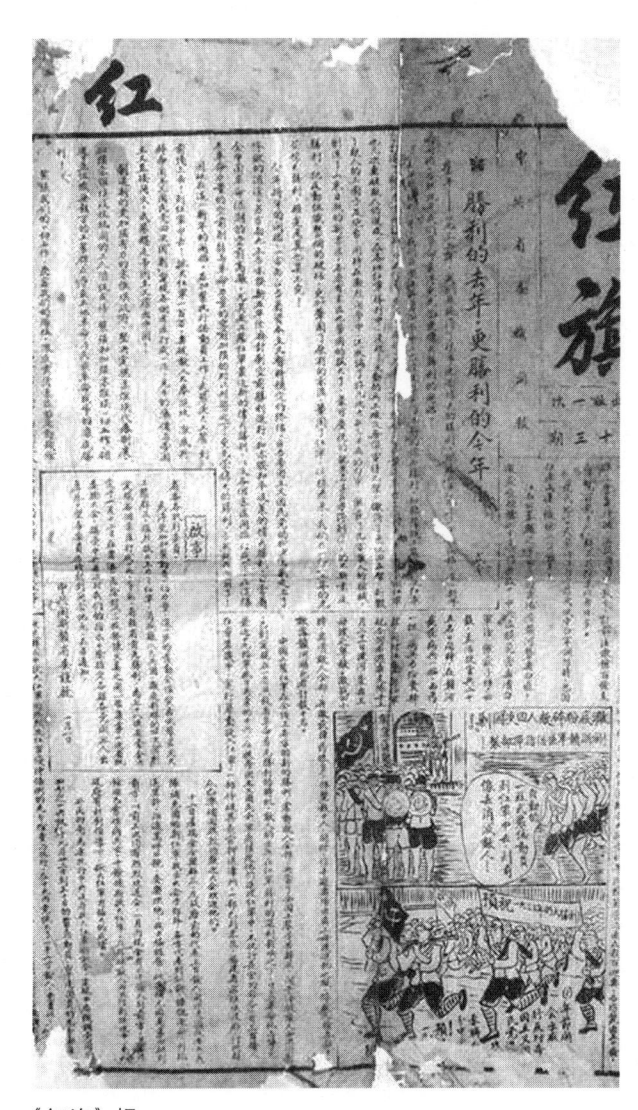

《红旗》报

人的集中地。

这时，担任中共沪东区委书记的是长期从事工人运动和农民运动、具有丰富实践经验和理论修养的老共产党员何孟雄。

何孟雄是北京共产主义小组的早期成员，曾经是京绥铁路工人运动的组织者和领导者。北伐战争开始后，他从北京调到当时的革命中心武汉工作。大革命失败以后，他又随同中共中央由武汉迁往上海，到江苏省委工作。何孟雄在1929年4月由沪西区委书记的任上调到沪东来，把沪东区委的工作重点放到从事工人运动方面。他经常深入工厂进行调查，和工人广交朋友，巩固与发展工会组织。他组织沪东区委出版了《沪东工人》杂志，积极对工人进行宣传鼓动工作。他领导沪东工人同帝国主义、国民党反动派进行各种形式的斗争，而且他在斗争中注意防止一些"左"的做法，深受沪东工人爱戴，在工人当中威信很高。

中共中央对于王明的工作很重视。周恩来为安排王明到沪东区委工作一事，特意向何孟雄交代，要他对王明给予帮助和培养。

何孟雄热情欢迎王明来沪东区委工作，殷切希望他能把在莫斯科中山大学学到的理论和沪东工人斗争实践结合起来，在斗争中发挥作用。工人出身的区委组织部部长金伯棠也欢迎王明的到来。

区委宣传干事的首要工作是深入基层，到工厂群众当中了解情况和进行革命宣传鼓动。王明曾到过沪东韬朋路码头工人中了解情况和参加会议。但是，在书斋中成长起来的王明热衷的是理论，擅长的是笔杆子。本来中共中央鉴于他没有基层工作经验，才让他深入基层学习锻炼。但是，王明却借口没有基层工作经验而不愿到基层接近群众。在沪东区委工作期间，他很少深入工厂和群众当中去了解情况，对于自己担任沪东区委宣传干事的职位深感不称心。在王明看来，中央这样安排他的工作，简直是把共产国际极端器重的人才给冷落了，是有才不用，是浪费人才。

因此，王明对区委分配的工作采取了消极的态度。开会时他可以侃侃而谈，而深入基层时却拖延不动。

第三章
回国渐起（1929.3—1930.7）

博得芳心

回国后，王明对被下放到基层工作有些灰心，但情感上却正处于与孟庆树的热恋期。

孟庆树1911年12月2日生于安徽省寿县田家集孟家围子一个地主家庭，与王明可谓安徽老乡。她是莫斯科中山大学第三期学生，与王明又可谓校友。她于1927年11月来到莫斯科，与后来成为张闻天爱人的刘英、陆定一爱人的唐仪贞等同期在莫斯科中山大学学习。

离开祖国，来到莫斯科中山大学的这批青年，当时大多数正值妙龄，加之开明舒适的异国环境，使中山大学的恋爱风盛行。孟庆树虽然算不上校园里的美女皇后，但青春的优势和落落大方的风度自然也使她成了一些男学生的追求对象。时年23岁的王明也把追逐的目光投到了时年16岁的孟庆树身上。可是，孟庆树入学时虽然王明已经赫赫有名，但无奈王明的身高并没有同他的地位一样显赫，孟庆树并没有把王明放在心上，而是先于王明结交了一位男朋友。

不过，在来中山大学时就已经表现出不达目的誓不罢休的王明，并没有因为孟庆树已经有了男朋友而退缩不前，仍然顽强地向孟庆树发起爱情攻势。1928年6月中共六大召开时，王明利用米夫要他挑选几名中山大学学生作为大会工作人员之机，指名要当时只是团

王明与孟庆树

员的孟庆树参加大会工作。王明此举虽然引起了很多党员同学的不满，但却赢得了孟庆树的好感。孟庆树看到王明得到米夫和共产国际的信任，前途不可限量，便与原来的男朋友脱离了关系，转而与王明交往。可是，王明的身高实在是引不起孟庆树的兴趣，一直到1929年年初回国时，王明的热烈追求也没有得到孟庆树的肯定答复。

王明回国后，"暮暮朝朝顾盼"着仍留在莫斯科的孟庆树，把他们之间比作牛郎织女。1930年，孟庆树也由莫斯科回国。回国后，她也被分配到上海沪东区委，在沪东区委妇委会工作，这为王明的追求创造了条件。此后一个时期，请孟庆树去小馆吃饭、逛马路、看电影，成了王明热衷的活动。

但是，由于王明对于本职工作消极，不能很好地完成区委交给的任务，在区委会上经常受到同志们的批评。当年中山大学的"白马王子"倒成了经常挨批评的对象，这使得孟庆树的爱情天平发生了倾斜，开始有意疏远王明。

上海沪东区委妇委书记是女工出身的朱秀英，孟庆树在朱秀英的领导下负责保管文件和到工厂去调查情况。沪东区纱厂、纺织厂较多，孟庆树常深入到老伯和、恒丰、永安、三新等纱厂劳动。由于王明不断来找孟庆树，孟庆树干脆把自己的住房退掉，搬到朱秀英处与朱秀英同住，故意躲开王明。

开始时王明并不知道孟庆树已经搬家，当他来到孟庆树旧居室时，只剩下一所空荡荡的房子。人去楼空，但在空荡荡的房子里踱来踱去的王明意外地捡到了孟庆树用过的几支发卡子，他小心收藏起来要作为心爱的纪念品。这倒可窥见王明当时的一片痴情。

1930年7月30日，孟庆树不幸被捕入狱，被关押在上海龙华看守所。恋人身陷囹圄，使王明万分焦急。他在孟庆树被捕后曾写了一首《三度七夕》的七绝：

天上当然织女好，星间难怪牛郎痴。
真情岂受银河隔？有限长空无限思。

在孟庆树被关押期间，王明冒着生命危险，于10月19日、10月26日、11月2日，三次与孟庆树的二叔孟涵之去龙华看守所看望。

1958年6月,王明曾赋诗一首回忆当时的情形:

化装三探龙华监,亲织背心递我穿。
高话家常低话党,铁窗加紧两心牵。

孟庆树入狱倒真成了两人恋爱史上的转折点。孟庆树于11月22日出狱后,终于答应了王明的求婚。在孟庆树出狱的第二天,即1930年11月23日,两人即喜结良缘。

为了纪念这个终生难忘的日子,王明写了一首《结永伴》的七绝:

出狱两天便结婚,双心结合胜千军。
三年多少悲欢剧,银汉女郎不可分。

据目前掌握的资料,王明与孟庆树是初恋,而且孟庆树也是他一生中唯一的一位爱人。

王明并不是一个留恋于花前月下的花花公子。他在上海沪东区委的消极表现,主要源于对分配他来区委做一名宣传干事的不满。王明虽然对沪东区委的批评帮助觉得不悦,但他并没有忘记回国的目的和自己的特长。要想在党内扩大影响,还得摇动手里的笔杆。于是,王明向他的中山大学同学、当时任中宣部秘书的潘文郁求救,请求潘文郁设法将其调到《红旗》报编辑部工作。

潘文郁,又名潘东周,是王明在中山大学第一期的同学,回国后曾用"问友""文玉""冬舟"等笔名发表了一系列宣传李立三"左"倾冒险错误的文章,是中宣部内李立三的得力助手。他后来在武汉情报机关工作时,不幸被捕,后被敌人杀害。

得到王明的请求后,潘文郁为王明的工作调动进行了活动。党组织也考虑到王明有一定的理论才干,经过讨论同意,1929年10月,王明调到中共中央宣传部,在《红旗》报工作。

上调《红旗》报

《红旗》报创刊于 1928 年 11 月 20 日，是中共中央的机关报，归中共中央宣传部直接领导。当时中共中央宣传部部长由李立三兼任，副部长是罗绮园，秘书长是恽代英，秘书先后有李求实、潘文郁。《红旗》报编辑有谢觉哉、李求实。王明调到《红旗》报后，担任编辑和采访员（记者）。

在白区工作的条件很艰险，当时中共中央的组织机构并不多。组织部、宣传部、工人部（中央职工运动委员会）、农民部（中央农民运动委员会）、军事部（中央军事委员会）等是中共中央的主要机构。其中组织部和宣传部（负责人分别由中央政治局常委周恩来和李立三兼任）尤其重要。

由江苏省委下辖的一个区委的宣传干事调到中央宣传部工作，直接来到中共中央的喉舌——《红旗》报——工作，确实激发了王明的工作热情。来到《红旗》报后，王明又采访又编辑，施展起文笔的功力，写出了大量的理论、评论文章。

中共中央宣传部为了了解国内外形势，掌握时事动态，决定下设一个资料科，收集当时国民党区域出版发行的图书、期刊、报纸，供中共中央、中央宣

1930年8月26日，中共中央机关报《红旗日报》对武义红军的报道

第三章
回国渐起（1929.3—1930.7）

传部的同志及《红旗》报、《布尔塞维克》杂志等部门的人员阅读、参考。

资料科设在上海威海路永吉里，共有王铁江、罗晓红、邵珍三人在这里工作，由王铁江负责。这个秘密机关分前客堂和后客堂，由两个大门把两处房子连成一个院落。在严酷的白色恐怖下工作的人们必须把革命利益放到首位。在资料科工作的这三位同志装扮成一个家庭，王铁江和罗晓红扮作夫妻住在前客堂，邵珍装成娘姨住在后客堂。凡有公开的事情就由前大门进入前客堂由王铁江、罗晓红接待，凡是秘密的事情都由后门进入后客堂，由邵珍接待。联络暗号都做了明确的规定。

这个资料科的材料在当时党内机关中算是比较全的了。恽代英、王明等都经常到这里来查阅资料和写作，后来王明干脆搬到这里，直接在这里居住和写作。

1981年，已经是满头银丝的邵珍回忆起当时的情况说："我们机关住四人，王铁江、罗晓红、陈绍禹和我。""当时，陈绍禹和我们住在一块儿，他一个人住在机关的亭子间里。……每天陈绍禹都在亭子间里看书报，看材料，看得很用心，很少出来，吃饭时还看书。有时我把饭菜送他桌子上，他也不看看好坏，还是专心看书，一边看书，一边吃饭。我们故意给他拿些不好的菜，他也不看就咽肚里去了。"[1]

罗晓红也回忆说："王明经常来写文章，主编《红旗》报。他写文章特点是长，一写就到半夜。我与邵大姐住前后客堂，王明太晚就住后楼。"[2]

写文章对于王明来说是如鱼得水，根据在苏联时对于共产国际决议的掌握和书本上学到的马列主义理论，王明整天闭起门来废寝忘食地伏案写作。从1929年9月到他离开《红旗》报的1930年1月，不到半年的时间，王明就发表了长短文章37篇。在这37篇文章中，发表在《布尔塞维克》上的有3篇：《论撒翁同志对中东路问题的意见》（1929年9月1日）、《广州暴动二周年纪念》（1929年12月5日）、《社会主义建设的伟大工作——苏联的五年经济计划的研究》（1929年12月22日）。其他34篇全都在《红旗》报上发表，其中

---

[1]《访问邵珍谈话记录》，访问者：曹仲彬，1980年11月12日。
[2]《访问罗晓红谈话记录》，访问者：曹仲彬，1981年3月4日。

1929年发表29篇，1930年发表5篇。在这37篇文章中，除有2篇用"韶玉"、一篇用"石"的笔名外，其余皆用笔名"慕石"。

王明发表的这些文章，大多数是根据国际国内的政治斗争需要而写的，绝大多数是针对性很强的时事评论和政论性文章，也有一些论述专门问题的理论文章。在这些文章中，王明根据共产国际和中共中央决议的精神，反对帝国主义和国民党反动派统治，反对军阀混战，支持工人阶级的斗争，批评"取消派"散布的"取消主义"言论，这些都对当时的革命斗争起到了积极的作用。但是，王明在这些文章中又大肆鼓吹"武装保卫苏联"，宣扬"城市中心论"与不切实际的工人武装暴动，混淆民主革命与社会主义革命的界限，急于实现革命转变，鼓吹加紧反对民族资产阶级和中间势力，强调右倾是党内的主要危险。这些对于李立三"左"倾冒险错误的发展又起着推波助澜的作用。王明撰写的这些文章，是他这个时期活动的记录和思想观点的反映。本书将在后文中结合当时的史实，对于王明在这些文章中提出的观点分别给予评述。

力主"武装拥护苏联"

蒋家王朝，是在北伐战争胜利发展的形势下，在屠杀了大批共产党人和革命人民的血泊中建立起来的。1927年4月18日，蒋介石在帝国主义、豪绅地主、买办资产阶级的支持下，在南京成立了"国民政府"。从此，南京国民政府代替了北洋军阀统治，对广大人民群众继续实行地主买办资产阶级的残酷统治。

南京国民政府把亲帝反苏作为外交政策的基本路线，不断制造反苏事件。1927年12月，南京国民政府借口广州起义受到了苏联领事馆的煽动，悍然派兵围攻苏联驻广州领事馆，无辜杀害副领事等十余人。与此同时，他们通令撤销苏联在华的各地领事馆，限定他们短期离境。所有苏联在华银行、商业以及轮船公司，一律被勒令停止营业。苏联侨民也随时被任意拘禁或驱逐出境。

在这种反苏形势下，苏联政府撤回了驻广州、上海、武汉、长沙等地的领

第三章
回国渐起（1929.3—1930.7）

事馆和商业机构。由于东北地区当时在奉系军阀控制下，属南京政府统辖范围之外，所以苏联在东北的领事馆得以暂时保存。但不久又爆发了中东路事件，尚存一线的中苏邦交完全断绝。

中东路是以东北地区的哈尔滨为中心，西至满洲里、东至绥芬河、南至大连的铁路线，1897年至1903年间为沙俄在我国东北筑成。1905年日俄战争后，铁路线长春以南段为日本占据，称为南满铁路。俄国十月革命后，长春北段由苏中合营，仍称中东路。

根据1924年中苏协定，中东铁路纯系商业性质，其业务由中苏共管。该路日后允许中国赎回。但是在未赎回前，由中苏共同组成理事会，理事10人，中苏各出5人，中方理事任理事长兼督办，苏方理事任副理事长兼会办。所有一切议案得6人以上同意方可执行，各项文书需督办与会办共同签署方为有效。

1929年5月27日，在南京国民党政府指使下，东北军张学良部派军警非法搜查苏联驻哈尔滨领事馆，监禁苏联驻哈尔滨总领事及馆员，没收领事馆来往文件，逮捕来馆苏联公民39人，劫掠领事馆财物。为此，苏联政府向南京国民党政府提出严重抗议，斥责其违反国际公法。这时蒋介石亲赴北平，指使张学良调遣东北军到苏联国境布防，作出备战姿态。

7月10日，中东路理事长兼全路铁路督办吕荣复，以非法手段下令解除苏联铁路局局长、副局长，以中国副局长代理局长职务，并撤销苏联各处处长。

苏联政府于7月14日以最后通牒形式向国民政府提出三项解决办法：(1)从速召集会议，解决中东路一切问题；(2)中国当局应立即取消对于中东路之一切非法行为；(3)一切被捕苏联人员应立即释放。

国民党政府对此不予理会，命令东北军集结军队向苏联边境进逼。蒋介石宣称："我们须先取中东路，然后谈判一切问题。"苏联政府于7月17日宣布与国民党政府断交，撤回驻华外交、商务以及铁路人员，停止中苏全部铁路交通，命令驻华外交人员离境，并声明保留1924年中苏协定的一切权利。

中东路事件发生后，帝国主义乘机进行了干涉。美国国务卿史汀生于7月25日致英、日、法、意、德五国，提议组织联合委员会，实行对中东路的调查

中东路管理局大楼

与干涉，主张在中苏冲突解决前，中东路暂由国际共管。英、日等国表示支持此项提议，但是，由于遭到苏联坚决反对，帝国主义共管图谋未能得逞。

美国干涉失败后，国民政府发动了进攻苏联的战争。1929年10月，蒋介石命令东北军8万人开赴绥芬河，向苏联发起进攻。苏联则迅速调动海、陆、空军，先后在绥芬河、满洲里、黑河、扎赉诺尔、同江等地给东北军以猛烈回击，使其遭受惨败。

军事失利后，东北地方政府才派员与苏联在伯力谈判。12月30日，双方签订了《伯力协定》，规定仍按照1924年所签订的中苏协定，恢复冲突以前状态，包括恢复苏方人员一切职务，恢复东三省苏联领事馆。

至于中东路争议问题和中苏恢复外交问题，1930年10月中苏会议又加以讨论。经过一年20多次会议未取得一致意见，后因九一八事变而停会。

中东路事件引起了中共中央和共产国际的极大关注。1929年7月12日和17日，中共中央发表了宣言和中央通告四十一号、四十二号，反对帝国主义支持下的国民党军队进攻苏联。宣言和通告中根据共产国际精神提出：

1. 苏联是社会主义国家，是世界反帝国主义的大本营，尤其是苏联社会主义经济的建设与巩固，更加吸引全世界工人阶级与殖民地的劳苦群众日益倾向革命，所以苏联与帝国主义为生死之敌，特别是帝国主义互相冲突不可终日的时候，更加紧对于苏联的敌视，企图首先消灭苏联。

2. 帝国主义指使中国国民党进攻苏联的阴谋，已进行两年了……收回中东路便是具体表现。

3. 中东路事件，就是进攻苏联战争的开始，这是一个极端严重事件。

4. 现在世界大战的危机日益迫切，而中国在帝国主义战争与帝国主义进攻苏联的战争，都是最严重的地方。

5. 反对帝国主义进攻苏联，反对国民党做帝国主义的工具进攻苏联，应是最主要口号。

1929年7月18日，共产国际也发布了《共产国际关于中东铁路争端的声明》。

中共中央和共产国际关于中东路事件表明态度之后，从1929年9月至12月间，王明根据共产国际与中共中央的指示精神，从维护苏联利益出发，就国际形势与中东路事件，在《红旗》报及《布尔塞维克》杂志上，发表了《论撒翁同志对中东路问题的意见》（1929年9月1日）、《英美联合和平宣言与第二次世界大战》（1929年10月12日）、《最近政局与拥护苏联》（1929年10月17日）、《准备着应战》（1929年11月7日）、《太平洋会议的内幕——赛狗会》（1929年11月7日）、《进攻苏联与瓜分中国》（1929年11月13日）、《太平洋会议的总结》（1929年11月16日）、《以革命联合回答反革命联合》（1929年11月30日）、《哈尔滨群众反日拥俄大示威的意义》（1929年12月4日）、《"中俄和平交涉"与进攻苏联的战争》（1929年12月11日）、《"中俄和平交涉"的现状与前途》（1929年12月18日）、《社会主义建设的伟大工作——苏联的五年经济计划的研究》（1929年12月22日）等12篇文章。

在这些文章中，王明也正确地阐述了一些观点，但主要的还是大肆宣扬共产国际和中共中央在中东路事件爆发后提出的"拥护苏联""武装拥护苏联"等极端口号，并散布了一系列脱离中国国情的"左"倾理论。如：

(一)夸大帝国主义和国民党发动全面反苏战争的危险性

中东路事件仅仅是中苏两国的纠纷,还构不成帝国主义和国民党政府发动全面反苏战争的开始,更不能看成是第二次世界大战的序幕。王明则机械地理解帝国主义制度下战争的不可避免性,夸大帝国主义和国民党政府发动全面反苏战争的危险性,认为反对社会主义苏联的战争已经不可避免,而中东路事件正是世界资本主义反苏战争的爆发,是第二次世界大战的序幕。

他说:"中东路问题是进攻苏联战争的直接导火线。因此,第一,中东路问题迟早都有爆发整个帝国主义进攻苏联战争的可能;第二,即中东路问题本身暂时因各种关系而不会立时爆发巨大战争,甚至于得到某种方式的和平解决,但这绝不是进攻苏联的这一战争的危险成为过去或根本消灭。"[1]

他还认为:"进攻苏联的战争,毫无疑义的是世界战争。""世界大战问题是现在历史阶段的中心;反苏战争问题已成为目前政局的枢纽。"[2]

王明不认为帝国主义之间的矛盾尖锐化,会缓和与社会主义国家的矛盾,反而认为这会加剧帝国主义与社会主义的矛盾,使反苏战争更加紧迫与危险。

他说:"无论帝国主义国家间的矛盾复杂到什么程度,尖锐到何种田地,绝不会混淆或减轻整个资本主义世界与唯一社会主义国家苏联的两个不同的社会制度的基本矛盾。所以,每当帝国主义国家相互间的矛盾加深一层或扩大一步时,它们共同进攻苏联的阴谋诡计不仅不曾有丝毫的放松或缩小,而且更加急进和周密。""帝国主义国家间的战争愈益紧迫,则国际帝国主义共同反苏联的战争危险也愈加紧张。"[3]

国民党政府当时正忙于国内军阀混战,难以集中兵力发动大规模的战争。可是,王明却认为:"中国军阀战争本身上论,中国军阀也不能不更积极地实行进攻苏联。""无论各军阀间的冲突达到如何程度,无论战争的结果是谁胜谁负,绝不会变更与缓和受国际帝国主义指使和中国反动阶级决意干的武装进

---

[1]《最近政局与拥护苏联》,《红旗》报第49期,1929年10月17日。
[2]《论撒翁同志对中东路问题的意见》,《布尔塞维克》第2卷第10期,1929年9月1日。
[3]《最近政局与拥护苏联》,《红旗》报第49期,1929年10月17日。

第三章
回国渐起（1929.3—1930.7）

攻苏联的政策。"[1] "在国际帝国主义国家相互间战争愈加紧迫的时候，在国民党军阀混战加紧的时候，进攻苏联的战争，不仅不会停止或和缓，而且更加紧迫。"[2]

1929年11月，第三届太平洋会议在日本召开，各有关国家参加，国民党政府派余田章等25人参加了会议。国民党政府在会议上提出请求国际联盟出面解决中东路事件，但会议并未接受此项提案。王明在这期间，先后发表《太平洋会议的内幕——赛狗会》《太平洋会议的总结》等文，大骂会议是"赛狗会"，不顾会议表现出的各帝国主义国家间的种种矛盾，主观武断地认定，这次会议"一定议决了不少进攻苏联的阴谋诡计""把反苏战争加紧了一步"。

应当指出，王明把中东路事件夸大为"帝国主义和国民党政府发动的全面反苏战争""预示着世界大战的开始"，这种错误认识也是当时共产国际和中共中央对中东路事件的基本看法。这种错误看法的产生，源于1928年共产国际第六次代表大会。这次会议明确把"保卫苏联"作为各国共产党和国际无产阶级的基本任务。因此，各国无产阶级应"有义务促进苏联社会主义建设的胜利，并用一切方法保卫苏联不受资本列强的侵犯"。[3]

斯大林更尖锐地提出："有一个问题可以作为各种各样的集团、派别和政党之间的分水岭，可以检验出它的革命性或反革命性。目前这个问题就是保卫苏联问题，即无条件地、绝对地保卫苏联免受帝国主义侵犯的问题。"他还说，"谁决心……绝对地、无条件地、公开地和忠诚地捍卫苏联、保卫苏联，谁就是革命者。""谁决心绝对地、毫不动摇地、无条件地捍卫苏联，谁就是国际主义者。"[4]

大概中国共产党内，也没有别人能像王明那样完全"吃透"共产国际决议和斯大林的指示，因此，"武装拥护苏联"，就成了王明在这些文章中大肆宣传的主要内容。

---

[1]《最近政局与拥护苏联》，《红旗》报第49期，1929年10月17日。
[2]《准备着应战》，《红旗》报第51期，1929年11月7日。
[3] 贝拉·库恩：《共产国际文件汇编》第3册，三联书店1965年版，第18页。
[4]《斯大林全集》第10卷，人民出版社1954年版，第47—48页。

（二）大肆宣扬"武装拥护苏联"的口号

中东路事件后，中共中央发表了相关宣言与通告，揭露国民党反苏阴谋。但是，提出"武装拥护苏联"的口号，既不符合中国具体情况，又很没有策略性。

当时，党内对"武装拥护苏联"的口号也有不同意见，王明则是大肆宣传这个口号的急先锋。

他说："中央所提出的'拥护苏联'，尤其是'武装拥护苏联'的口号，以及第四十二号通告的指示，是非常正确的！""在中国反动政府公开的进攻苏联的情况下，'武装拥护苏联'这一口号，不是一般的宣传口号，而是要随着事变发展的过程而转变成现实行动的口号，只有'变反苏战争为拥护苏联的战争'，中国无产阶级才能尽其国际的阶级的和历史的作用与任务。""国际帝国主义借中东路问题去进攻苏联，同时就是瓜分中国。为的要瓜分中国，不能不进攻苏联；同时，为的要进攻苏联，便不能不瓜分中国；所以中国的广大工农兵劳动群众反对进攻苏联，同时，就是保护中国革命，要保护中国革命，必须拥护苏联！"

在中东路事件发生后，王明就认为全世界反革命已经形成进攻苏联的大联合。他发表了《以革命联合回答反革命联合》一文，指出："中国买办地主资本家当了进攻苏联反革命大联合中的先锋队，中国工农兵贫民群众也应该形成拥护苏联的革命大联合中的前卫军。"更加"需要一个全世界革命力量的大联合"，这才是"武装拥护苏联"的实际行动。

"武装拥护苏联"，实际上是把国际主义与爱国主义对立起来的口号。它脱离了当时中国广大群众的实际要求，也不会得到人民群众的拥护。仍然在"三座大山"的压迫下呻吟的中国百姓，怎么会为了东北边境上的一场短期战争而放下争取自身解放的斗争，去"武装拥护苏联"呢？

（三）批判陈独秀关于中东路问题的某些合理主张

中东路事件发生后，中共中央根据共产国际精神，发表了宣言与通告，提出了"反对帝国主义国民党进攻苏联""武装拥护苏联"的中心口号。

陈独秀这位已经离开中共中央领导岗位的前总书记，不同意中共中央在

第三章
回国渐起（1929.3—1930.7）

中东路事件上的态度，他于1929年7月28日，以"撒翁"为笔名写信给中共中央，提出：

1. "现在关于时局之当面的危机，无过于中东路问题，这一问题不是简单的中俄两国间的纠纷，而是国际纠纷问题之导火线……这种纠纷发展到爆发战争……都要在中国做战场……在战争中最受直接蹂躏的自然是中国人民。"

2. "帝国主义的走狗国民党政府，对于收回中东路的宣传，是戴着拥护民族利益的假面具来欺骗民众，并且收了效果。"

3. "我觉得我们宣传，太说教式了，太超群众了，也太单调了……只是拿世界革命做出发点，拿'反对进攻''拥护苏联'做动员群众的中心口号"，这样"只有最觉悟的无产阶级分子才能够接受，而不能够动员广大的群众，反而使群众误会我们只是卢布作用，而不顾及民族利益，并且使国民党很便当地简单明了地把他们'拥护中国'的口号和我们'拥护苏俄'的口号对立起来"。

4. 第四十二号中央通告说，"帝国主义对苏联战争……可促成全国革命高潮更快地到来"，陈独秀表示异议。他说："决不应该向同志这样宣传，使同志们会很自然地作出奇怪的结论：'原来帝国主义进攻苏联还有这些好处，我们让他们赶快向苏联进攻吧！'"

接到陈独秀的信后，中共中央在《红旗》报第37期上发表了8月4日对"撒翁"的复信，并附上"撒翁"7月28日给中共中央的信。中央复信明确表示不能同意陈独秀的意见，认为中央同他的分歧，不只是策略问题讨论，而且包含了很严重的原则问题。

陈独秀看到中央复信后，又于8月11日再次写信给中共中央，指出："你们所提出的口号，在原则上自然不错，可是在策略上即宣传方法上，便大大的成问题。"对于他所提出用"反对国民党政府卖国误国政策"来代替"拥护苏联"的口号问题，陈独秀解释说，这绝不是"资产阶级左派"的口号，而是更有策略性的无产阶级口号。

王明看了陈独秀7月28日给中共中央的信以及8月4日中共中央给陈独秀的复信之后，马上写了《论撒翁同志对中东路问题的意见》一文，于1929年9月1日发表在《布尔塞维克》第2卷第10期上。这是最早一篇批判陈独秀在中东路问题上的观点的文章，但却存在严重的"左"倾形而上学的论述。

王明在文章中，按照中共中央复信的"左"倾调子，矢口否定陈独秀在中东路问题上的某些合理主张，认为这不是策略分歧，"实际上是极大原则上不同"。

王明列举了陈独秀的八大错误：

1. 不了解战争的阶级本质；
2. 不懂得以列宁主义方法去研究战争；
3. 不从阶级观点去了解反苏战争的意义；
4. 把反苏战争与帝国主义间战争并列看待而且还认为同时有爆发的可能；
5. 把帝国主义互相战争与反苏战争都看成"直接踩蹦中国人民"；
6. 以和平主义的宣传来代替武装拥护苏联口号；
7. 把"中国具体的民族利益"与"世界革命利益"对立起来；
8. 不相信进攻苏联战争会引起世界革命高潮。

最后，王明把陈独秀的这些"错误"上纲为："撒翁同志意见的错误实质——从共产主义观点堕落到社会民主主义者的观点。"

不仅如此，王明还深挖陈独秀在此问题上的思想根源，提出"撒翁同志错误的思想根源——中国共产党内机会主义五大特点"对之加以证实。

陈独秀关于中东路事件给中共中央的信，不同意中央当时提出的"武装拥护苏联"的口号，建议改为"反对国民党政府卖国误国政策"的口号，后来证明是合理的。但当时的李立三中央拒绝了他的合理主张，并对其进行了批判。王明追随中央批判陈独秀的某些合理主张，主要责任应在中共中央。但王明如此积极并加以发挥，成为批陈先锋，还在于自己头脑中的"左"倾思想作怪。

（四）否定中东路事件和平解决的可能

王明认为，只要帝国主义存在，战争就不可避免。由于社会主义与资本主义的矛盾是世界最主要、最基本的矛盾，所以资本主义反对社会主义的战争

第三章
回国渐起（1929.3—1930.7）

不可避免。中东路事件的爆发，正是帝国主义和国民党政府进攻苏联战争的开始，消灭社会主义苏联的世界大战即将爆发，中东路事件并无和平解决的可能。所以，王明一味强调"准备着应战""以革命联合反对反革命联合""武装拥护苏联"等。

事实上，中东路事件仅是中苏两国冲突，帝国主义国家虽想插手，但最终并没有卷入。国民党政府处于军阀混战中，根本没有能力发动大规模反苏战争，当其被苏联红军打败后，只能走上和平解决之路。因此，1929年12月，中苏两国开始了伯力谈判。

1929年12月11日，正当伯力谈判进行中，王明在《红旗》报第61期上，发表了《"中俄和平交涉"与进攻苏联的战争》。他说："近几天来中俄和平交涉的空气，甚嚣尘上。中俄代表会晤及共同签订和约的消息，都从中外报纸上纷至沓来。表面上看去，好像震动全世界的所谓'中东路问题'，便如此可以暂告一个和平解决的阶段似的。"但是，"事实的内容绝不会如此简单，所谓'中俄问题'绝不会这样容易解决"，"奉天政府的和平交涉，不过是战败后的缓兵之计"。他武断地认定："最近所谓'中俄和平交涉'，绝不是进攻苏联的战争危险已经避免或和缓，而恰是进攻苏联与瓜分中国战争的更趋紧张。"他批评说："谁幻想'进攻苏联'的战争会在'中俄交涉'下避免或和缓"，"谁便是中了敌人'和平外交'的毒计"。

12月18日，王明在《红旗》报第62期上，再次发表《"中俄和平交涉"的现状与前途》一文，认为最近演出的所谓"中俄和平交涉"是一幕外交剧。他坚持认为："'中俄问题'绝不会即如此简单解决，进攻苏联的战争危险更加紧迫！"文章列举了一些报刊报道的消息，断言："这一切事实都铁一般地证明：国际帝国主义与国民党各派（自汪精卫至张学良）都不愿使'中东路问题'和平解决，要借此问题举行进攻苏联的世界大战。""中东路问题本身，只有一个唯一的条件才能得到真正的解决，就是中国工农兵以武装暴动驱逐在华的一切帝国主义势力，推翻中国国民党各派的统治，建设工农兵代表会议（苏维埃）的新中国，与苏维埃社会主义共和国联邦携起手来，共同走向社会主义的建设。只有如此，中东路才不致有被反动力量抢夺过来作为进攻苏联的军事根据地的危险。"

就在王明此文发表后几天，即1929年12月30日，苏联政府与国民党东北地方政府达成和平协议，签订了《伯力协定》。《伯力协定》仍按照1924年签订的中苏协定，恢复冲突以前的状态，包括恢复苏方人员的一切职务，恢复东三省苏联领事馆。这样，中东路恢复了原状，中苏之间的这场局部冲突得到了和平解决。

不知王明见到《伯力协定》以后作何感想。

当然，作为中共中央机关报的编辑，王明在党报党刊上发表这些文章，一定程度上也代表了当时中央的认识，说明了我们党当时还不能独立自主地解决中国内部事务，对于瞬息万变的国际国内形势还难以把握。

批判"取消派"

1929年7月中东路事件发生后，陈独秀曾经于7月28日、8月5日和8月11日连续给中共中央写了三封信。7月28日和8月11日的两封信主要是谈中东路问题，8月5日的信不是谈中东路问题，而是谈他对中国革命一系列重大问题的见解。1929年10月10日和10月26日，陈独秀又就中国革命的重大问题给中共中央写信。

在这一系列信件中，陈独秀提出了他对中国革命一些主要问题的见解。他认为：

1. 过去大革命时代的机会主义错误，乃是"对于国民党的阶级性的错误的观察"。加入国民党，乃是"国际对于中国革命根本政策之错误"。

2. 现在中国革命失败了，"主要的是资产阶级得了胜利，在政治上对各阶级取得了优越地位，取得了帝国主义的让步与帮助"。

3. "封建残余在这转变时期中，受到最后打击"，"失去和资产阶级对立的地位"，"变成残余势力的残余"，"资产阶级与封建势力矛盾也没有了"。

4. "现在统治阶级不是走向崩溃，革命斗争不是开始复兴而是更加衰落"。

5."在国际直接领导下的中国党的六次大会,不仅对于将来的革命性质仍旧犯了机会主义错误,并且对于目前的革命形势也估量不正确"。

6."过去的革命已经过去,将来的革命还未到来",因此,"工农苏维埃在目前只是宣传口号",而没有实际意义。应当以"召集国民会议"为目前"总的政治口号",代替"打倒国民党政府"和"建立苏维埃"的口号。

显然,陈独秀这些关于中国革命的见解,同中共中央坚持的革命路线有原则分歧,是"取消主义"理论,必然遭到党中央的拒绝与斥责。

同时,陈独秀开始与托派结合。当时,从莫斯科回国的托派分子,曾把托洛茨基关于中国革命问题的一些文章,由刘仁静通过尹宽、郑超麟、彭述之等转给陈独秀。陈独秀在关于中国大革命失败的原因与责任、中国革命的性质、任务和方针策略等重大问题上,接受了很多托洛茨基的观点和思想。1929年9月,陈独秀等人又暗中进行托派小组织活动,开始与党中央分道扬镳。

在陈独秀的小组织活动愈演愈烈的形势下,1929年10月15日,中共中央政治局作出了《关于反对党内机会主义与托洛斯基主义反对派的决议》。

该决议特别提到"最近陈独秀同志致中央的信",并指出:"他这信的观点,完全推翻共产国际指导中国革命的一贯的列宁主义的路线;完全推翻六次大会与中央对于目前革命的根本策略,而走到了极可耻的'取消主义'!"

中共中央在组织上同时作出了三条决定:

1.各级党部如果发现了这样的小组织必须马上解散,对于参加的同志须以组织上的制裁;

2.经过讨论以后,仍然固执他的"取消主义"的思想,不执行党的策略,不服从决议的,应毫不犹豫地开除出党;

3.独秀同志必须立即服从中央的决议接受中央的警告,在党的路线之下工作,停止一切反党的宣传活动。

对于中央的决定与警告,陈独秀并不接受,并拒绝中央分配的工作。10月26日,他和彭述之一起再次给中央写信,公开打出了反对国际、反对党的六大、反对中央路线的旗帜,公开称呼托洛茨基为"同志"。

陈独秀的这些言行当然为党所不容。1929年11月15日,中央政治局作出了《关于开除陈独秀党籍并批准江苏省委开除彭述之、汪泽楷、马玉夫、蔡振德四人决议案》。接着,党中央在全党开展了一场反对"取消派"的斗争。

王明自调到《红旗》报以来,工作是积极的。早在莫斯科中山大学时,他就积极参加过反对托派分子的斗争。党中央发起反对"取消派"的斗争后,王明利用在《红旗》报工作的条件,连续在《红旗》报上发表了《反对派还是反动派?》(1929年11月20日)、《两个策略与两个政纲》(1929年11月23日)、《党的主要实际政治危险,究竟是什么?》(1929年11月23日)、《论陈独秀》(1929年11月27日)、《调和倾向与调和派》(1929年11月30日)、《广州暴动与中国革命性质问题》(1929年12月11日)、《军阀战争与取消派》(1929年12月18日)、《反对两个严重错误的倾向》(1930年1月8日)、《为什么反对派自称"列宁主义布尔塞维克"?》(1930年1月11日)等9篇反对取消派和克服党内错误思想的文章。

细心的读者不难看出,王明这9篇文章是在不到一个半月时间里发表的,平均5天左右就发表一篇,难怪邵珍在回忆中说王明这期间废寝忘食了。

王明在这些文章中,根据中共中央的精神,比较正确地对取消派作了一些批判。

(一)批判了"取消派"的政纲

王明在《两个策略与两个政纲》一文中指出:"在现在中国革命阶段中有两种原则不同的政纲",一个是党的六大提出的"十大要求"(即十大纲领);另一个是"取消派"陈独秀、彭述之最近提出的"四大要求":(1)在反帝任务问题上,以"废除不平等条约"代替"推翻帝

陈独秀(左)与彭述之在上海

国主义统治和没收外国资本";（2）在土地革命问题上,以"没收土地"代替"没收一切地主土地";（3）在国家政权问题上,以"召集国民会议"代替"推翻军阀国民党政府建立工农兵代表会议（苏维埃）政府";（4）在工人运动问题上,抄袭了十大纲领中的实行八小时工作制、增加工资、失业救济与社会保险等三项。而他们却把十大纲领中的"统一中国、承认民族自治权""取消一切军阀政府地方的税捐,实行统一的累进税""联合全世界无产阶级和苏联"的三大要求完全抛弃了。

王明又指出,这两个政纲的根本策略、路线的差别,就在于一个是以"建立苏维埃政权"为策略中心口号,另一个是以"召集国民会议"为策略中心口号。"前一个政纲的根本路线是：中国革命中的一切根本矛盾,只有以工农兵武装暴动的方法,推翻现存政权而代以苏维埃政权才能解决；后一个的根本路线是：在国民会议的政权方式之下,以资产阶级改良主义的办法来解决中国革命的矛盾问题"。

王明对两个政纲进行比较后作出结论：党的六大提出的"中国革命十大要求,是中国资产阶级民主革命的现在阶段中的革命的无产阶级政纲,'取消派'的'四大要求'是目前中国状况下的资产阶级改良主义政纲"。

（二）驳斥"取消派""召集国民会议"的主张

王明在几乎所有论及"取消派"的文章中,都谈到"取消派"提出的"召集国民会议"问题。

王明说："'国民会议'是什么东西？它是一切资产阶级革命中用'全民政府'的名义来产生资产阶级专政政权的工具。这是过去一切历史的事实充分证明了的。"[1]

他认为："在中国现状之下,就连普及一般资产阶级式国民会议也召集不成。"[2]"在不推翻军阀国民党政府的条件下,在国民党统治日趋崩溃的条件下,来'召集国民会议',更其是荒天下之大唐。"[3]

---

[1]《反对派还是反动派？》,《红旗》报第55期,1929年11月20日。
[2] 同上。
[3]《两个策略与两个政纲》,《红旗》报第56期,1929年11月23日。

他认为，"取消派"之所以"提出了'召集国民会议'的口号，他们唯一的目的，就是想转移和蒙蔽工农劳苦群众为苏维埃政权而战的斗争"[1]。

（三）驳斥"取消派"对中国革命性质的错误认识

在纪念广州起义两周年的时候，"取消派"提出，现在阶段的中国革命，已经不是资产阶级民主革命的性质，而是无产阶级革命，因为广州暴动已经不是资产阶级民主性的革命。

针对"取消派"的这种论调，王明发表了《广州暴动与中国革命性质问题》一文，予以驳斥。

1. "取消派"以广州暴动的革命动力没有资产阶级来否定中国革命的资产阶级民主革命性质。王明则首先引用了列宁关于"资产阶级解放运动是按其社会经济内容决定的，并非是按其动力"的论述，然后指出："革命动力与革命性质有密切的联系，但革命性质并不直接由革命动力来决定，而是由革命客观任务来决定，即是由革命直接所希望达到并且用自己力量所能直接达到的目的的各种社会经济内容来决定。"因此，广州暴动仍是资产阶级民主革命。

2. "取消派"认为广州暴动政纲已经不是资产阶级民主革命性的。王明对广州暴动的政纲分析后认为，这些政纲并没有超出民主革命与土地革命的内容。

3. "取消派"借口考茨基、列宁说过1905年的俄国"也是资产阶级性的，也是无产阶级性的"，从而认为中国革命是无产阶级性的。王明引用了考茨基和列宁的原话，然后指出："考茨基仅仅是以俄国革命动力这一点比较来说"，"列宁只是从革命领导力量及斗争方法这两点上，指出俄国革命含有无产阶级性的特点，但是，列宁无论何时何地，绝对未说过俄国1905年革命是社会主义性的。"

王明在反对"取消派"的斗争中。按照中共中央精神发表的上述看法，对于反对"取消派"是有积极作用的。但是，王明在这些文章中宣传的另一些观点，则是按照中共中央的"左"倾调子积极加以发挥，散布了严重的"左"倾错误观点。

---

[1]《反对派还是反动派？》，《红旗》报第55期，1929年11月20日。

第三章
回国渐起（1929.3—1930.7）

一是全面否定陈独秀。

陈独秀是中国共产党的主要创始人之一，从中共一大到五大一直担任党内最高职务。他是中国新文化运动的发起人，又是"五四运动的总司令"。他影响了一代人的发展方向，这其中也包括王明。他也给中国革命造成了重大的损失，在大革命后期犯了严重的右倾错误。土地革命战争兴起之后，他也对中国革命的发展提出了某些值得考虑的主张。比如，在中东路问题上曾给中央提出过某些合理主张，但因与中央意见不一致发展到成立反对派，与党中央公开分裂。

对于这样一位复杂人物的评价，必须采取实事求是的态度。可是，王明1929年11月27日在《红旗》报第98期上发表的《论陈独秀》一文，却全面否定了陈独秀，把陈独秀说成是"无产阶级叛徒""中国革命的变节者""反动的""反革命作用的工具""反革命"，等等。

王明完全否定陈独秀曾为党和革命作出的成绩，从根本上否定了陈独秀，认为"陈独秀自始至终是个自由资产阶级改良主义者"。他说，陈独秀"所表现出来的成绩，只是把共产国际对于中国革命指导的列宁主义路线变成孟什维克的机会主义路线，把无产阶级争夺革命领导的斗争变成资产阶级尾巴主义的服役"。

王明全面否定陈独秀，采取一棍子打死人的做法，违背了实事求是原则，不符合历史唯物主义对历史人物的评价。

二是把"取消派"看成主要敌人。

"取消派"与党的分歧主要在于他们与党的路线不同，政纲不同。他们从党的队伍中分裂出去，走上与党对抗的道路，这是历史事实。但是，他们毕竟和国民党反动派不同，他们仍然主张反对帝国主义和国民党新军阀统治，这也是历史事实。

当中共中央开除陈独秀党籍之后的第五天，王明就发表了《反对派还是反动派？》一文，明确提出："中国反对派……变成公开的反动派。"

当时，党内有的同志认为，中国反对派有以下特征：（1）历史较短；（2）有一部分误入歧途的可挽救分子；（3）刚开除的机会主义者。王明批评这些看法时说：有人认为中国的反对派，还不能算作公开的反动派，以为反对派或者还不致就有反动的作用。事实告诉我们说，这些人的观察不正确；反对派所以成为反动派，因为他们"现在已经公开的走向与帝国主义、国民党、改组派、第三党联合以进攻共产党的道路"！因此，反对派就是反动派，就是反革命，就是中国革命的主要敌人。

从此以后，王明在发表的文章中，差不多每篇都要批"取消派"，说他们是"反动派""敌人""反革命""国民党忠实走狗""反革命有力工具"。王明甚至大骂他们"向第三党、改组派、国家主义、新中国国民党等等吊膀子"，是"跟着改组派尾巴后面闻香的一条小狗"。

无产阶级政党对公开反对党的路线的反对派进行斗争是必要的，而开除党籍只是证明其不合乎共产党的标准，说明其已不是党内分子，但并不说明不是党的成员就一定是阶级敌人，就一定是反动派。国际共产主义运动的经验说明，从共产党分裂出去的反对派情况是复杂的，不作具体分析，一律把反对派当成反动派是不科学的。

王明不仅积极反对"取消派"，还热衷于反对调和倾向与调和派。为此，他专门写了《调和倾向与调和派》一文，发表在《红旗》报上。

他说："在整个共产国际反右倾的斗争中，在中国共产党反对'取消派'的斗争中，都同时严重地指出要反对调和派。""调和派是在党内正确路线与不正确路线或倾向作斗争时采取调和态度的一般人。"

事实证明，王明把那些有不同认识或不同意见的同志看作为调和派加以激烈反对，也是错误的。

三是错误地认为右倾是党的主要危险。

1927年大革命失败后，党内的"左"倾思想开始滋长。八七会议在反对右倾错误的同时，没有意识到"左"倾错误的滋长，以至发展到瞿秋白的"左"倾盲动主义。党的六大虽然批判了"左"倾错误，但并没有能够清算"左"倾错误。在李立三领导下，"左"倾错误愈演愈烈。1929年6月召开的党的六届二中全会，确定了反右倾的方针。此后，中共中央在李立三的领导之下，"左"倾错误愈来愈成为党的主要危险。

而王明却本着中央反右倾的方针,在《红旗》报上发表了《党的主要实际政治危险,究竟是什么?》一文,阐述并发挥了他的反右倾主张。

王明认为,党的政治危险是武装暴动工作落后,忽视武装暴动和建立苏维埃政权工作。"对于武装暴动的根本观念的认识模糊,对于武装暴动的实际意义的了解欠缺,对于武装暴动的必要技术的准备忽略,是普遍现象","这才是非常大的政治危险的倾向!"

王明明确提出"党非常认识党的目前主要实际政治危险是右倾思想",应该"反对右倾倾向和一切不正确倾向!"

把党内实际上存在的"左"倾危险,硬当成右倾,这正是当时王明的错误主张。

号召工人武装暴动

革命的根本问题是夺取政权。中国革命武装夺取政权的道路,是农村包围城市,最后夺取城市而取得全国胜利。是否认识到这条革命道路,关系到中国革命事业的成败。

当时的中共中央在李立三的实际主持下,主张以城市工人武装暴动为中心,争取在一省或数省首先胜利和建立全国政权,促进世界革命,完成中国革命的任务。

王明一贯主张城市工人武装暴动,是典型的城市中心论者。他在莫斯科中山大学学习期间,就写过《〈武装暴动〉序言》、《广州暴动纪实》两文,鼓吹工人武装暴动和"城市中心论"。在《红旗》报工作期间,关于工人运动与武装暴动问题,王明在《红旗》报和《布尔塞维克》杂志上先后发表了《六万劳苦群众的武装斗争》(1929年11月10日)、《与一个工人同志的谈话》(1929年11月13—16日)、《第二次太平洋劳动会议的总结》(1929年11月20日)、《第三次暴动与"第四次暴动"》(1929年11月30日)、《广州暴动二周年纪念》(1929年12月5日)、《广州暴动与中国革命性质问题》(1929年12月11

日)、《唐山五矿工友的斗争》(1929年12月20日)、《欢迎朝鲜的五卅》(1929年12月25日)等8篇文章。

1929年8月1日,在苏联海参崴召开了第二次太平洋劳动会议,这是太平洋地区工人阶级的大聚会。王明为此写了《第二次太平洋劳动会议的总结》一文,对太平洋工人的斗争表示支持,对这次会议加以赞扬。

1929年11月,朝鲜人民爆发了反日运动。工人罢工,学生罢课,商人罢市,基督教、天道教、教育协会、实业家、社会名流等都卷入了这场斗争,形成大规模的反日民族解放运动。王明为此写了《欢迎朝鲜的五卅》一文,认为这场运动是朝鲜的"五卅",大加称颂。

1929年10月22日,北平市人力车夫、清道夫、大车夫、工程队、沟工队等6万多工人群众,反抗国民党政府的剥削压迫,在西单、西四、天桥、东单、东四、北新桥、总布胡同等地同时举行游行示威,捣毁电车50辆,打伤工贼数人,但遭到军警残酷镇压,工人被屠杀30余人,打伤数百人,拘捕1600余人。王明为此撰写了《六万劳苦群众的武装斗争》一文,坚决支持与声援北平的斗争,谴责北京军警野蛮的镇压行为。

王明在这些文章中,对国内、国际的工人斗争给予支持,这对当时工人运动的发展有一定的积极意义。但是,他在这些文章中又散播了一些"左"倾错误观点,特别是不讲条件地大肆鼓吹工人城市武装暴动,加剧了党内日益增长的"左"倾错误。

(一)对工人运动提出过高的要求

王明仅从唐山工人来信中,了解了一点唐山五矿工人的情况,便写了《唐山五矿工友的斗争》一文,向唐山工人提出不切实际的要求。

当时,唐山赤色工会的斗争基础,王明也承认不如黄色工会,"赤色工会的基础还不十分宽广和巩固","五矿工人代表会,还是雏形的组织,事实上还未能形成五矿工人的总的领导机构"。可是,他给唐山工人规定的任务却是:"促成这一总斗争的爆发","并联系到反国民党、反军阀战争、反对进攻苏联的一般政治任务"。他认为,唐山"五万矿山工人的总斗争爆发起来,不仅可以掀起北方职工运动的新高潮,一定还能鼓起全国工人阶级更加兴奋作战的情绪，一定更能促进全国革命高潮到来"。

可是，当时仅仅凭着唐山工运的如此基础，怎样能促成总斗争的爆发呢？而且王明还要求他们联系到"反对进攻苏联的一般政治任务"。王明向唐山工人提出的要求是主观主义的，完全脱离工人斗争实际，似乎他的任务就在于提出目标，至于目标能否实现则并不重要。

（二）要求工人阶级把反对资产阶级作为革命任务

中国革命是资产阶级民主革命，革命的主要任务是反帝反封建。中国的资产阶级包括民族资产阶级和买办资产阶级，民族资产阶级有两重性。所以，无产阶级政党必须对中国的资产阶级采取慎重的政策，否则就要犯错误。

可是，王明却认识不到这一点。

王明曾去过江苏省委训练班，在那里与一位受"取消派"影响的工人谈了一次话，回来后写了一篇《与一个工人同志的谈话》，提出："我们现在的革命，一定要反对资产阶级；中国资产阶级投降帝国主义，妥协了封建军阀，成为中国反革命的主要力量之一。它剥削中国工农，压迫中国工农，屠杀中国工农，与帝国主义、买办、军阀、官僚、豪绅一样的残酷。现在阶段中国革命任务的完成，只有在同时彻底反对中国资产阶级条件下，才能做到。"

王明不仅把中国资产阶级看成是革命对象，而且把反对资产阶级作为中国革命的主要任务。

他说："我们现在的革命，绝对不是为了要使资本主义发展"，而且还"要像没收地主土地一样，没收资本家财产"。

王明要求工人阶级把反对资产阶级作为革命任务，并没收其财产，这是超越资产阶级民主革命范围的"左"倾错误，也是党内连续几次"左"倾错误的共同行为。

（三）鼓吹上海工人搞"第四次暴动"

当时上海是中国产业中心，上海的工人阶级也有着优良的革命传统。北伐战争期间，上海工人曾经连续三次举行武装起义，谱写了中国工人运动史上壮观的篇章。但上海工人乃至全国各地工人的武装起义绝非不需要条件，武装暴动必须具有客观依据。王明却并不顾及实际的可能，他认为："武装暴动是阶级斗争的最高形式。"[1]"中国革命中的一切根本矛盾，只有以武装暴动推翻现存政权的方法，才能解决。"[2]

王明所说的武装暴动，并不是指农村包围城市的革命道路，而是指中心城市的工人武装起义，即"广州暴动"式的道路。他在《第三次暴动与"第四次暴动"》一文中，鼓动上海工人群众搞"第四次暴动"。文中说："国际的与中国的革命形势，都使工农兵武装暴动的任务日益逼近。所以，对于正准备着干武装暴动的全中国的工人阶级——特别是时时准备干所谓'第四次暴动'的上海工人群众，必须积极行动起来。"

王明是武装暴动的积极鼓吹者，他最崇拜的是广州暴动，认为"广州暴动明显地表示中国无产阶级已走上国际革命运动的前锋，推动了全世界劳苦群众解放斗争的决心和勇气"。广州暴动建立了广州公社，更具有法国巴黎公社和俄国十月革命的气味。对于在中国革命史上写下光辉一页的上海工人第三次武装起义，由于是"国产的"，王明并不推崇。他在《第三次暴动与"第四次暴动"》一文中，大谈其错误，认为应吸取教训，学习广州暴动经验，搞好第四次上海武装暴动。

王明认为上海工人第三次武装暴动有五大错误：

1. "上海工人阶级的武装暴动，只是成了响应北伐军的军事行动"。

当时，国民革命的中心任务就是进行北伐战争。上海工人配合这个中心任务，进行武装起义夺取上海，是上海工人第三次武装起义的重大功绩，也是起义能够成功的重要条件。王明以"城市中心论"的标准来剪裁，则成了不可原谅的错误。

他认为，当时革命应以上海工人武装暴动为中心任务，而北伐军应是配合工人起义，而不是上海工人武装暴动配合北伐军，由此得出了上海工人配合北伐军起义是错误的这个今天看来莫名其妙的见解。

由此我们也可以看出教条主义者的一个悲剧，他们虽然能够娴熟地抄写马列主义理论，但一遇到实际问题则显得那样苍白无力，不合情理。

---

[1]《广州暴动二周年纪念》，《布尔塞维克》第2卷第11期，1929年12月5日。
[2]《第三次暴动与"第四次暴动"》，《红旗》报第58期，1929年11月30日。

第三章
回国渐起（1929.3—1930.7）

第三次工人武装起义前上海工人、学生和其他群众与北洋军警对峙的情景

王明是一个根深蒂固的"城市中心论"者，俄国革命的模式牢牢控制了王明的思维空间。只有与俄国模式相同才是正确的，否则一切都不可取，这是王明直到离开人世时也没有放弃的一个"真理"。

2."只打倒了旧直鲁军阀统治，没有准备继续打倒一切反动统治的工作"。

中国革命的任务，无疑要打倒一切军阀。但是，上海工人武装起义时，为了减少革命阻力，争取起义胜利，只提出打倒最主要敌人旧直鲁军阀的口号，不仅不是错误，而且正是起义胜利的保证，是很有策略性的口号。由于两个星期后，工人运动在四一二反革命政变中被镇压，没能完成"继续打倒一切反动统治的工作"。

但是，王明并不管这些具体情况，在他看来，革命的最终任务也就是当前直接的任务，是可以在任何革命阶段都实行的任务。上海工人在武装起义时就应该提出"打倒一切反动统治"的任务。至于这样实行了能否有起义的成功，就并不是王明的任务了。

3."只占领上海的中国界，未曾与帝国主义统治起直接冲突"。

帝国主义是中国革命的主要敌人，中国革命无疑必须打倒帝国主义。但是上海工人武装起义时，第一次起义只组织了130名武装工人，第三次武装起义组织了5000名武装纠察队。如果用这些工人武装既去打军阀队伍，又去冲帝国主义租界，如何能够成功？当时的做法正是集中力量争取革命胜利的必要措施。但在"左"倾教条主义者王明眼里，这种很简单的策略常识倒成了革命不彻底的表现，成了应当吸取教训的错误。

4."成立了一个依赖大资产阶级的上海临时市政府"。

上海工人第三次武装起义胜利后，立即召开市民代表会议，选举了上海特别临时市政府。这个临时政府是在中国共产党领导下产生的，半数以上是共产党员和共青团员，同时选举工、商、学各界代表参加，这在当时是正确的举措。问题在于这个政府中的资产阶级委员拒绝参加政府工作，而陈独秀右倾机会主义又只注意邀请他们参加，迁就这些资产阶级委员，致使政府工作停顿，没有发挥出革命政权的作用。

尽管如此，上海特别临时市政府仍是在党的领导下最早由民众在大城市建立起来的革命政权。上海工人第三次武装起义表明，工人阶级的确是全国最革命的阶级，"能够领导其他被压迫阶级摧残军阀的压力，并建立新的革命的民主政权"。王明的所谓上海工人武装起义后"成立了一个依赖大资产阶级的上海临时市政府"的说法，是极不客观而且是极其错误的。

5."临时市政府在它存在的两个星期中，对于上海广大劳苦群众的紧急问题（工资、工时、改良待遇、住房、税捐、政治自由等）一个也没有解决"。

要求只存在两个星期的上海市政府解决这么多问题，还是过于苛刻了。

我们不否认王明当时真诚的革命愿望，但如果上海工人按照王明的总结去克服第三次起义当中的这些"错误"，那么，不但起义必然失败，恐怕连起义能否发动都是问题。

剖析新军阀混战

军阀统治是近现代中国社会的一个特殊现象。封闭的自然经济和落后的交

第三章
回国渐起（1929.3—1930.7）

通状况造成了一个一个地区的相对独立，为划地为界的军阀统治创造了条件；各帝国主义列强瓜分中国寻找代理人的侵略政策又促进了军阀统治的生长。因此，现代中国革命的首要任务就是推翻帝国主义支持下的军阀统治。

国共合作的北伐战争在完成这一任务方面取得了重大进展。可是，1927年蒋介石集团叛变革命以后，蒋介石建立的仍然是新军阀统治。而且国民党南京政权建立以后，新旧军阀混战的战火又重新燃起。宁汉合流的庆宴还未散席，又发生宁汉对立，接着兵戎相见。1928年国民党新旧军阀各派整整打了一年，最后以蒋、冯、阎、桂四派军阀联合战胜奉系张作霖而暂时告终。但不久，新军阀为了争夺中央政权和扩充各自地盘，又于1929年爆发了连续不断的混战。

1929年1月，蒋介石在美帝国主义和江浙集团的支持下，在南京召开全国编遣会议，决意实行全国"裁兵"。这实际上是蒋介石以中央名义来削弱其他各派新军阀的兵力、扩充自己武力的重大步骤。这个措施一公布，就遭到各派军阀的反对，新军阀混战又起。

1929年3月，为争夺两湖地区的蒋桂战争爆发。到4月蒋军控制两湖，粤军进占广西，桂系败北。1929年10月，冯玉祥的西北军又与蒋军开战，到11月西北军兵败退回陕西。1929年12月和1930年1月，蒋介石又接连战胜张发奎和李宗仁的"张桂联军"以及唐生智等组织的"护党救国军"，再次取得军阀战争的胜利。

王明在沪东区委和《红旗》报工作的1929年，正是国民党新军阀激烈混战的一年。针对波及全国的军阀战争，他在《红旗》报上，先后发表了《"西北问题解决"后》[1]《军阀战争与取消派》[2]《没有一个好东西！》[3]《为哪一种"民主政治"而战？》[4]《阎张等通电后的政局》[5]。《1929年的中国》[6]《狐狸的尾

---

[1] 见《红旗》报第59期，1929年12月4日。
[2] 见《红旗》报第62期，1929年12月18日。
[3] 见《红旗》报第63期，1929年12月20日。
[4] 见《红旗》报第64期，1929年12月25日。
[5] 见《红旗》报第65期，1929年12月28日。
[6] 见《红旗》报第66期，1930年1月1日。

巴都露出来了！》[1]《军阀战争的"成绩"》[2]等8篇文章，反对国民党统治和军阀混战。

在这一系列的剖析军阀混战的文章中，王明也有较深刻的论述。

一是指出了国民党新军阀政权的反动性质。

毛泽东在1928年10月指出："现在国民党新军阀统治，依然是城市买办阶级和乡村豪绅阶级的统治，对外投降帝国主义，对内以新军阀代替旧军阀，对工农阶级的经济剥削和政治压迫比以前更加厉害。"[3]

王明对国民党新军阀政权性质的认识也是清楚的。

王明在《1929年的中国》一文中，列举数字证明了国民党政权对外投降帝国主义，使帝国主义控制了中国的经济命脉。他还论证了1929年的中国工人、农民、贫民深受帝国主义、封建买办阶级的残酷剥削和压迫的种种事实，得出结论说："国民党已经纯粹是大军阀、大官僚政客、大地主、大资本家、大买办、大豪绅，大流氓的集团了。"

二是分析了国民党新军阀混战的性质和原因。

怎样看待混战不休的国民党新军阀战争的性质呢？新军阀作战双方，都宣传他们是"革命与反革命"之战，是"实行统一与破坏统一"之战，都骂对方是"反革命""反动势力"。当时，一部分群众相信了他们的宣传，认不清军阀战争的性质。

王明针对这些模糊认识，指出："军阀战争的作战双方，都是反革命的，绝没有丝毫的革命意义。"[4]他们"都是帝国主义的走狗，都是资本家、地主、买办的保护人，都是工、农、兵、贫民、革命学生的死对头！""无论谁胜谁败，吃苦的只有广大的工农兵贫民群众！军阀混战的结果，只有使广大劳苦群众冻死、饿死、累死、杀死、轰死！"[5]

---

[1] 见《红旗》报第67期，1930年1月4日。
[2] 见《红旗》报第69期，1930年1月11日。
[3] 毛泽东：《中国红色政权为什么能够存在？》，1928年10月5日。此文为毛泽东为中共湘赣边界第二次代表大会起草的《政治问题和边界党的任务》决议的一部分。
[4]《军阀战争与取消派》，《红旗》报第62期，1929年12月18日。
[5]《没有一个好东西！》，《红旗》报第63期，1929年12月20日。

第三章
回国渐起（1929.3—1930.7）

对于国民党新军阀之间连绵不断的混战，王明认为不是偶然的，有其社会经济原因，有着中国军阀制度的基础。"一方面是因为各帝国主义者（尤其是英美日）已经划定和正在划分的政治上经济上'势力范围'的存在；另一方面是农村经济中封建余孽的存在"。[1] "现在军阀战争的动力，主要的还是反映各帝国主义瓜分中国的矛盾，同时，也反映出中国统治阶级（买办地主资产阶级）内部的各种冲突，南京政府没有力量消灭一切其他军阀，因为每个军阀背后，都有一定的帝国主义者。"[2]

王明最后得出结论说："在国际帝国主义在中国统治的根基未铲除和土地革命未胜利之前，军阀制度绝不会消亡，因之军阀战争绝不会停止；换言之，中国绝不会有真正统一的局面。"

三是揭露国民党新军阀混战的恶果。

自1927年南京国民党政权建立以来，连年新军阀混战，大好河山遭蹂躏，百万生灵被涂炭。为了反对国民党新军阀战争，揭露其给人民造成的灾难，王明以讽刺的口吻，写了《军阀战争的"成绩"》一文。文中根据豫皖赈务会对河南巩县灾情与战祸的调查统计，论证了军阀战争给全中国人民带来的灾祸。

从以上王明关于反对国民党新军阀混战的论述中可以看出，这个时期王明反对国民党新军阀统治态度坚决，批驳有力。但是，在这一系列文章中，王明也表现出一些"左"倾观点，主要有：

（一）全面否定三民主义

三民主义曾是中国民主革命的一面旗帜。特别是孙中山与共产党人建立统一战线后实行的新三民主义，以"联俄、联共、扶助农工"为核心内容，对于推动中国大革命的发展起了积极的作用。国民党新军阀统治建立以后，仍打着三民主义的旗帜，可实际上他们却背叛了孙中山坚持的三民主义的内容。不过，国民党内仍有一些左派始终坚持孙中山制定的新三民主义。对于如此复杂情况，不能简单加以否定，而应作具体分析。

可是，王明却认为："中国的各派军阀，无论是国民党'左派'也好，蒋派

---

[1]《军阀战争与取消派》，《红旗》报第62期，1929年12月18日。
[2]《"西北问题解决"后》，《红旗》报第59期，1929年12月4日。

也好……'没有一个好东西'！"[1]

实际上，宋庆龄、何香凝等国民党左派人士，坚持革命的三民主义，怎能不加分析地说成"没有一个好东西"？

王明又认为："国民党各派都没有丝毫革命气味，三民主义的忠实信徒，都是无耻的反革命者！"这确实是"左"倾教条主义者形而上学的反对一切的表现。

（二）把第三党作为敌人加以反对

王明在《为哪一种"民主政治"而战？》一文中，批判"第三党"高唱建立"民主政治"的主张。他说："改组派、第三党、取消派，都在拼命以'召集国民会议'的口号，来号召、树立和团结他们心目中的'民主势力'"，他们都是"中国的资产阶级改良主义的分子"，也都"没有一个好东西"。

当时，邓演达尚在苏联未曾回国，在国内的谭平山、章伯钧等人联合一些国民党左派和从共产党脱离出来的人，组织了中华革命党。他们一方面反对国民党蒋介石独裁统治，一方面不同意共产党的主张，被称为"第三党"。

在国共两党政治主张之间产生的第三党，本身就是一种相对独立的政治势力，不能将其等同于国民党反动派。虽然在这个时期，第三党的政治主张尚不系统，但是，他们主张反帝反封建、坚持反对国民党独裁统治。中共中央曾于1928年5月11日发布《中央通告四十六号》，专门谈到了对第三党的认识和态度。中央当时认为："第三党的运动，只是一部分失意的怯懦小资产阶级知识分子徘徊于革命潮流中的余波。"

王明并不把第三党看成是"徘徊于革命潮流中的余波"，而是把第三党看成是对革命潮流的反动，是跟改组派一样的"坏东西"。这种"左"倾观点比当时中共中央的认识还要冒进。

（三）否认利用敌人矛盾

党内"左"倾主张与正确路线之间，在坚决反对国民党新军阀统治这个问题上是没有分歧的。问题在于"左"倾错误对于派别林立、内部矛盾重重的国

---

[1]《没有一个好东西！》，《红旗》报第63期，1929年12月20日。

民党不加分析,把国民党看成铁板一块,不懂得利用敌人矛盾,集中力量打击最主要的敌人。

王明就是把国民党内部各派以及不属于国民党派别的各种中间势力,都看成"没有一个好东西",拒绝利用敌人矛盾,采取一律打倒政策。

这种"左"倾态度只能有利于敌人,孤立自己,这也是后来土地革命战争失败的重要原因之一。

被捕违纪

王明在国内工作的时间并不算长。从1929年3月回国到1931年10月离开上海,是王明在上海从事党的秘密工作时期。在白色恐怖下工作的共产党人时刻有被杀头的危险,所以如何处理个人生命与党的利益的关系是对每一个人的严峻考验。王明在一生这唯一的一次被捕事件中,交出了一份不算合格的答卷。

王明在《红旗》报工作期间,除了采访、编辑和写作之外,按照党组织的要求,有时还到基层调查了解情况和做工人的工作。

曹家渡就是他联系工人的据点。曹家渡位于上海沪西、吴淞江畔。这一带是工人区,工人比较多,工人运动开展得也比较好。工人们成立了曹家渡工人俱乐部,王明时常去这里开会和了解情况,有时还带着资料科的邵珍一起去。

1930年1月12日,王明出席上海工联在英租界垃圾桥附近召开的一次布置年关斗争的会议。会议正在进行中,一群巡捕突然闯入会场,将王明等20多人全部逮捕,押入老闸捕房,后又关在提篮桥监狱。

1930年的春节王明是在上海提篮桥狱中度过的。农历腊月二十九这天,他在狱中写下《狱中除夕》这首诗:

爆竹声知旧岁终,狱中何处有春风?
新年战友连窗祝,含笑交谈众志同。

王明传

> 死去一心留党国，生还百计为工农。
> 苏联茁壮苏区大，马列旌旗遍地红。

几天后，王明又在狱中写了一首五绝，《狱情》：

> 青春全献党，义士壮成仁。
> 同志多千万，伤心最一人。

王明被捕时是工人打扮，巡捕房和监狱的人都没有发现他的真实身份。因此，一个看守对他说："只要你想办法搞点钱来，买通关节就可以出去。"王明回答说："钱不成问题，如果你们有人同我一道去，我能找到出钱的人。"

这位看守不敢答应让王明同他一道去，而只答应可以代替王明送一趟信。于是，王明立即写了一封简短的信交与这位看守，信的大意是："我已被捕，请设法营救。"[1]

王明的信是写给中宣部秘书潘文郁的，而且王明在老闸捕房时就已经说出了自己的住址是鸭绿路。

当时在中央宣传部资料科工作的邵珍回忆说：王明的信是王铁江先接到的，后转交给中央。"由于组织上通知我们赶快搬家，我不愿意搬家，埋怨了几句，王铁江他们才把这个事情的经过给我讲了。他说，陈绍禹去曹家渡开会，被敌人捉去了。后来他叫个警察送来了一封信，我把信收了。由于咱们机关暴露，所以中央决定咱们机关赶快转移、搬家。搬家前，我把一般的文件材料全烧了，整整烧了一个晚上。"[2]

王明为了自己早日获释，让巡捕到中央秘密机关送信，暴露了党的秘密机关，严重违背了党的纪律。幸亏这位巡捕只顾索钱，没有发现这是共产党的秘密机关。所以，事后巡捕房并没有派人来搜查。尽管如此，王明的不负责行为毕竟影响了这个党的秘密机关安全，致使机关被迫转移，错误是严重的。

---

[1] 罗章龙口述，丘权政记录整理：《上海东方饭店会议前后》，《新文学史料》1981年第1期。
[2]《访问邵珍谈话记录》，访问者：曹仲彬，1980年11月12日。

第三章
回国渐起（1929.3—1930.7）

由于敌人没有发现王明的真实身份，党为了营救王明也积极努力，因此，王明得以于2月18日上午出狱。

王明出狱当日，正好在街上意外地碰到了"三农"时的同学王逸常。王逸常当时担任中共安徽省六安、霍山联合县委书记，因与省委书记尹宽发生路线争执，到上海找中央解决。问题解决后，中央让他留在上海。这天，王逸常正在英租界的一条街上行走时，遇到了刚刚出狱的王明。他回忆起这段巧遇时说："1930年初，有一天，我在路上遇见陈绍禹，他刚从监狱出来。我把他送到了旅馆，给他买了饼干、面包，安排好后我才走的。我只记得他对我说：'这个监狱有些资产阶级味道。他们看我是个小个子，看不起我，认为我不像一个革命的共产党员样子，就把我放了。'不久他自己找到了党组织。"[1]

目前，党史学界流行一种说法：王明这次出狱是共产国际驻中国代表花几千元保释出来的。但当时与王明住同一机关的邵珍却说："陈绍禹去曹家渡时化装成工人样子，和一些工人一起被捕。敌人没有发现他，所以，以后他和工人一起被放了。我没听说党花很多钱把他搞出来。如果真花那么多钱，他就暴露了，不仅出不来，很可能枪毙。"[2]

当时在资料科工作的罗晓红也说："王明是否是花钱赎出来的，没有根据。"[3]

1930年2月21日，王明在出狱后的第三天，给中共中央写了一封信，汇报了被捕后的一些情况，也承认自己有"错误或疏忽"，但同时又极力为自己开脱罪责。

1930年3月16日，党中央在查明事实真相后，给王明写了一封信，指出他这次所犯的重大错误是：

1. 供出中央秘密机关的地址，"影响机关安全"，"给一般同志以极坏的影响"；

2. 让"巡捕送信到中央秘密机关"，违背了纪律；

3. "躲避自己的错误"，"没有在错误中取得教训、改正自己错误的决心"；

---

[1]《访问王逸常谈话记录》，访问者：曹仲彬，1980年11月17日。
[2]《访问邵珍谈话记录》，访问者：曹仲彬，1983年5月21日。
[3]《访问罗晓红谈话记录》，访问者：曹仲彬，1981年3月4日。

4. 还说什么"'中央解决你的问题不要给取消派借口',表现着你完全不接受中央批评的精神"。

据此,中央决定给王明以党内警告处分,同时也希望他能虚心接受批评,勇敢改正错误。

王明在这次被捕事件中的错误是严重的,党中央给予其党内警告处分是正确的。但在"文化大革命"中,有人据此说王明是叛徒,则是违背事实的。

在全国总工会

王明因被捕事件中暴露中央秘密机关,不仅受到党内警告处分,而且被调离在中央宣传部及《红旗》报的工作岗位。当时中央原准备让他随许继慎、熊寿暄去鄂皖苏区工作,接受锻炼,但最后还是决定将他调到全国总工会(以下简称"全总"),任全总党团秘书和《劳动》三日刊编辑。

全总是当时中国共产党领导下的最大群众团体,委员长是项英,罗章龙先任秘书长,后任党团书记。全总下设两个产业工会、15个地方工会,白区的赤色工会会员有3万多人。

《劳动》三日刊是全总的机关刊物,创刊于1929年8月。当时《劳动》每期发行2500份,在工人群众中有较大影响。

王明调到全总后,主要工作是编辑《劳动》三日刊和撰写文章,同时编辑《每日罢工快报》,编稿送稿均由他一人负责。

在全总工作期间,他发表了19篇文章,其中13篇发表在《劳动》三日刊上,5篇发表在《红旗》报上,1篇发表在《布尔塞维克》上。

王明在《劳动》三日刊发表的文章,计有《南京四三惨案的意义与教训》(1930年4月10日)、《加紧准备"红色的五一"!》(1930年4月10日)、《"四一二"与蒋介石》(1930年4月10日)、《汉口蛋厂的同盟罢工》(1930年4月10日)、《要饭吃!要工作!要土地!》(1930年5月1日)、《援助英日同盟罢工的兄弟们》(1930年5月1日)、《上海水电工人的同盟罢工》(1930

年5月14日)、《"赤俄"与"白俄"》(1930年5月14日)、《上海水电工人同盟罢工胜利的意义与教训》(1930年5月23日)、《一个笑里藏刀的危险口号》(1930年5月23日)、《怎样准备五卅工作?》(1930年5月23日)、《国际劳工局与国民党》(1930年5月23日)、《与印度安南兄弟们共同行动起来!》(1930年6月7日)。

王明在《劳动》三日刊发表的这些文章,有的是一期同时登3篇或4篇,由此也可见其工作之勤奋和文思之流畅。

王明在《红旗》报工作期间发表文章时,多用"慕石"为笔名。调到《劳动》三日刊后,笔名改为"兆雨",有时也用"玉""石""慕"的笔名。

来到全总后,王明即使在《红旗》报上发表文章,再也没用过"慕石"这个笔名,而用"韶玉"为笔名。这些文章有:《再论富农问题》(1930年3月26日)、《为什么不组织雇农工会?》(1930年5月17—24日)、《上海水电工人同盟罢工的胜利》(1930年5月27日)、《什么是"流氓"与"匪"?》(1930年6月21日)、《"没收地主阶级的一切土地"——还是"没收一切土地"》(1930年7月2日)。

在全总工作期间,他在《布尔塞维克》杂志上只发表了一篇文章,就是以"韶玉"的笔名于1930年5月15日在第3卷第4、5期合刊上发表的《目前军阀战争与党的任务》。

王明在全总工作期间发表的19篇文章,绝大部分刊登在他编辑的《劳动》三日刊上。由于该刊是全总办的工运刊物,所以王明的文章也集中在工人运动问题上。

王明在这些文章之中,声援国际工人阶级的革命斗争,支持上海、武汉工人的罢工斗争,提出了"要饭吃!要工作!要土地!"的口号,驳斥了一些破坏工人运动的言论。这些观点对当时工人运动的发展产生了积极的作用。

中国的工人运动进入到1930年,已经从大革命失败的低潮中苏醒过来,但以李立三为代表的"左"倾冒险错误却比工人运动发展得更快,促使工人运动向"左"倾错误方面发展。王明在这些文章中虽然对工人运动有一些正确意见,但他论述的主要方面还是运用自己擅长的笔杆为李立三"左"倾冒险错误急剧发展推波助澜。

（一）过分估计全国革命形势的发展

正确估计形势，是保证党的路线、政策正确的前提。党内"左"倾错误的产生，首先在于错误地估计形势。过高估计革命形势的发展，是历次"左"倾错误的通病，王明这位"左"倾教条主义者更具有这个特点。

1930年春，全国新军阀混战加剧，革命形势有所发展。但国民党统治依然强大，全国革命高潮并未来到。

1930年4月，英帝国主义的水兵在国民党政府首都南京，对手无寸铁的"和记"工人进行屠杀，制造了"四三惨案"。帝国主义的屠刀没有吓倒"和记"工人，反而激起南京工人、学生、市民的愤怒。他们举行了罢工、罢课和示威游行，对"和记"工人表示声援。上海工人与群众听到南京"四三惨案"消息后，也立即行动起来，表示对"四三惨案"抗议和对南京的革命运动声援。可是，帝国主义和国民党又在上海制造了屠杀革命人民的"四八惨案"。

为了反对帝国主义和国民党制造惨案的暴行，王明及时地于4月10日在《劳动》第28期上，发表了《南京四三惨案的意义与教训》一文，声援南京、上海工人和学生的革命斗争，号召人民起来打倒帝国主义与国民党反动政权的统治，对于推动当时的群众运动，具有积极作用。

可是，王明在这篇文章中，又仅仅根据南京"四三惨案"这个局部事件断言："这表示国民党的统治已经根本破产""国民党的统治的末日已经来到了""这是表示革命高潮已经加快的到来了！"他坚决认为："革命与反革命的肉搏血战的日子已经迫在眉睫了，我们应该加紧领导和联合农民兵士以武装暴动，打倒帝国主义国民党，建立工农兵代表会议（苏维埃政府）！"

我们不能不承认，"左"倾冒险主义者有一副革命面孔，可我们从理智上必须记住，这些"破产""末日"等的断言，这些"肉搏血战""武装暴动"的号召，给人民生命和革命事业造成了极大的损失。

（二）强调进攻路线，主张同盟罢工

中国政局进入1930年，革命形势虽然有所发展，但全国仍处于国民党反动派的白色恐怖中，中心城市的白色恐怖尤为严重。党在城市的工人运动刚刚

第三章
回国渐起（1929.3—1930.7）

恢复，工人运动从整体上看，还处于人数少、力量小、组织差的阶段。在敌强我弱的形势下，党的城市工作不应该采取以进攻为主的武装暴动，而应该在服从农村的武装斗争的条件下开展斗争。白区城市工作应以防御为主，尽量利用合法斗争，以便使党的组织深入群众、长期隐蔽、积蓄力量，并随时输送自己的力量去农村开展武装斗争，联合红军，推动革命形势不断发展，依靠农村包围城市的革命道路，夺取全国革命的胜利。

但是，上海等地的工人运动在李立三为首的中央领导下，实行了一条进攻路线，号召工人实行政治罢工、同盟罢工、总罢工。整个白区工人运动围绕着罢工这架巨大的机器在不断地旋转，工人们成了这架机器上不知疲倦的螺丝钉。各种各样的纪念日都成了罢工、示威、游行的契机。"红五月"来临时，"五一""五三""五四""五九"……组织者在忘我地宣传、鼓动、组织；参加者们奋不顾身地示威、游行、呐喊；敌人则可以不用密探就在预定的日子里去逮捕、镇压、屠杀。党内的"左"倾冒险者们既不惧怕敌人的镇压，也不思索工人们鲜血的代价，仍在狂热地鼓吹进攻、进攻、再进攻，罢工、罢工、再罢工，似乎行动就是胜利，结果并不重要。

在这种狂热的"左"倾气氛中，王明成了李立三"左"倾冒险错误的吹鼓手。在王明发表的文章中，一味强调进攻，强调举行政治罢工、同盟罢工、政治示威，强调搞武装暴动。每逢纪念节，王明就号召工人向敌人进攻。他在《怎样准备五卅工作？》一文中，就大声疾呼："我们必须抓住五卅运动，向一切反动势力进攻。"王明片面地把"革命"与"进攻"等同，并引经据典大谈"防守是暴动的死路"。谁如果主张防御，他就会轻松地给谁扣上右倾机会主义的帽子。

他说："政治罢工、同盟罢工，已经是我们日常工作的迫切任务；不仅再怀疑这些行动'有没有可能'的观点是机会主义，就是把这些行动只当作'一般的策略和很远的前途'，而不积极马上实行准备、组织与实现，也同样是右倾。"[1]

---

[1]《南京四三惨案的意义与教训》，《劳动》第 28 期，1930 年 4 月 10 日。

在进攻为主的方针指导下，王明这位"百分之百的布尔什维克"，又成了无所畏惧的"进攻勇士"，不断号召工人举行罢工。他曾说："同盟罢工是当前工人阶级战胜敌人的有力武器。""同盟罢工已经成为群众实际行动的迫切要求。"[1]"同盟罢工的性质是伟大政治罢工。"[2]

当"红色五一节"来临之际，王明又要求工人们，要让"'五一'的罢工示威成为广大工人群众积极热烈英勇参加的行动"[3]；当准备纪念五卅运动时，他要求"今年五卅工作的中心路线，毫无疑问地是组织全国的总政治罢工与总政治示威"[4]；当汉口蛋厂工人爆发同盟罢工时，他又要求"同盟罢工、政治罢工，一定要在武汉区域继续扩大和深入"；当上海水电工人举行同盟罢工后，他号召电话、电汽、电灯、自来水、邮务、纱厂等行业工人举行同盟罢工进行声援。

一味号召工人举行政治罢工的王明，与当时的"左"倾冒险主义者一样，并没有从根本上了解经济斗争与政治斗争的关系。他们轻视经济斗争，不重视与工人有切身利益的经济斗争，提倡无限制地搞政治罢工。即使工人举行了经济罢工，也要硬给它加上政治口号和政治要求，把经济斗争与政治斗争对立起来，自然也就不能取得斗争的胜利。

（三）把罢工失败说成是"政治胜利"

热衷于在纪念节搞政治罢工、政治示威、飞行集会的结果，使许多党员和工人被捕，党的组织遭到破坏，工人队伍损失严重。1930年4月20日，上海公共租界千名汽车工人首先举行罢工，4月25日又爆发了几千电车工人的罢工，电汽、电话、电灯、自来水等行业的工人也准备举行同盟罢工。但是，这些急躁冒进的罢工斗争在国民党政府镇压和破坏下很快就失败了，同盟罢工也未能实现。

承认失败需要有勇敢的现实主义精神和深刻的反思，这恰恰是"左"倾冒险主义者们难以做到的。上海水电工人的罢工失败之后，王明却接连发表了

---

[1]《汉口蛋厂的同盟罢工》，《劳动》第28期，1930年4月10日。
[2]《上海水电工人同盟罢工胜利的意义与教训》，《劳动》第32期，1930年5月23日。
[3]《加紧准备"红色的五一"！》，《劳动》第28期，1930年4月10日。
[4]《怎样准备五卅工作？》，《劳动》第32期，1930年5月23日。

第三章
回国渐起（1929.3—1930.7）

《上海水电工人的同盟罢工》《上海水电工人同盟罢工胜利的意义与教训》《上海水电工人同盟罢工的胜利》等三篇文章，大谈这次罢工的"成功"和"胜利"，大讲其"伟大意义"，而且还说："这不只是汽车电车工人对公司资本家的胜利，而是全上海及全中国工人阶级对帝国主义国民党的胜利。"

事实上，上海水电工人的同盟罢工并没有成功。王明在文章中也承认，"因自来水、电汽、法电、华电等，被残酷地白色恐怖镇压及其他各种原因而未能立即实现"，而汽车电车工人并没有得到自己提出的12条和9条要求，只不过得到"细微的经济条件的承认"后，就立即复工了。

但王明又不愿承认这就是失败，而是玩弄文字游戏，制造出一套把失败说成胜利的理论。

他说："政治罢工的胜败，不能仅从罢工直接条件的有否收获为鉴评，这是列宁主义不易的真理。所以，有时政治罢工得不到任何直接条件的收获，但仍不失政治上伟大胜利的意义。"

王明还列举了六条"政治胜利"的表现，要求人们承认其"伟大意义"。

王明也知道，自己的这套说法不会有多少工人同意。他承认，"许多赤色工会会员及一般工友群众，还未能普遍正确地了解这一同盟罢工的胜利实质"，因此，他决心"详细地阐发""这伟大胜利的意义"，纠正"许多赤色工会会员"的认识，批判其"错误看法"。

谁如果说"电车汽车工人同盟罢工失败了"，王明就凶狠地批判说：这是帝国主义、国民党、改组派的"无耻呼声"，是"取消派、上海总工会等工贼走狗装腔作势"的腔调；谁如果说"这次是经济上胜利，政治上失败——或相当失败的复工"，王明就批判说：这是"少数落后同志估计"，他们这是"陷入右倾及取消主义倾向的泥阱"了。

甚至人们作出这次罢工"不过是推动上海工人的斗争"的估计，王明也不放过，责备这是"对于这一胜利的实质和意义的不正确的估计"。这种阿Q精神，刘少奇在《肃清关门主义与冒险主义》一文中有过生动回忆："当着他们在上海举行一次没有成功的示威，甚至是受到很大损失的时候，他们一样可以估计这次示威如何'成功'，有如何深远的意义，如何影响了多少人，如何推动了革命、加速了反动统治的死亡，如何成为什么什么的信号，以及如何要反对对这次示威意义估计不足的机会主义等。"[1]

由此我们也可以看出，阿Q式的精神胜利法并不单是王明的发明，也是"左"倾冒险主义者们的共同特征。

（四）把黄色工会作为"最直接敌人"

在国民党统治区，除了中国共产党领导的赤色工会以外，还存在着各种黄色工会。他们有的是国民党的官办工会，有的是厂方办的，有的是工头办的。这些黄色工会的政治主张、经济要求与组织程度也各不相同。对于黄色工会的复杂情况，党的工作应区别对待、慎重行事。特别是黄色工会中有大批的工人兄弟，更需要我们去争取。对黄色工会采取简单粗暴的态度，只会分裂工人队伍，削弱工人运动的力量。

然而，即使复杂的事物，在教条主义者形而上学的思维方式里，也只有肯定和否定这两极。

王明不加分析，一律把黄色工会看成是同国民党反动派一样的敌人，咬牙切齿地大骂他们是"国民党的走狗""破坏工人运动的奸细""出卖工人阶级的叛徒""法西斯蒂""最直接的敌人"，号召赤色工会会员行动起来，"推翻黄色工会"。"打倒黄色工会！"等口号，在王明的文章里司空见惯。

王明把黄色工会与国民党反动派军阀等同起来。他说："帝国主义、国民党、黄色工会三位一体地压迫罢工运动。"[2] "帝国主义、社会民主党、黄色职工国际的领袖、国际联盟、国际劳工局、中国国民党、改组派、取消派、第三党、黄色工会，是一家人，……都是反革命。"[3]

王明不但把黄色工会与国民党反动派等同起来，而且还把黄色工会看成是比民党反动派更能危害工人运动的"最直接敌人"。

他说："必须认清黄色工会是一切反动政治派别直接在工人群众中的奸细和

---

[1]《刘少奇选集》上卷，人民出版社1981年版，第32页。
[2]《一个笑里藏刀的危险口号》，《劳动》第32期，1930年5月23日。
[3]《国际劳工局与国民党》，《劳动》第32期，1930年5月23日。

技师,是赤色工会当前最直接敌人。"[1]

党当时在处理黄色工会问题上的主要任务,不应是"打倒黄色工会",而应是争取参加黄色工会的广大工人兄弟。只有把黄色工会中的广大工人争取过来,才能壮大赤色工会的力量。像王明那样对待黄色工会,只能阻碍工人队伍的壮大和工人运动的发展。

与李立三"左"倾异曲同工

1930年是国民党新军阀混战更加激烈的一年。

蒋介石在1929年接连在蒋桂战争、蒋冯战争、蒋张桂战争、蒋唐战争中打了胜仗,战胜反蒋各派。但是,反蒋各派虽然兵力受损,可是实力犹存。阎锡山、冯玉祥手中仍拥有50万大军,李宗仁桂系尚存20万兵力。蒋介石的胜利和排斥异己的政策,促使他们形成了反蒋大联合。1930年5月,中国历史上空前规模的蒋冯阎大战(中原大战)爆发了。

中原大战前的冯玉祥(左)、蒋介石(中)和阎锡山

---

[1]《怎样准备五卅工作?》,《劳动》第32期,1930年5月23日。

王明传

战争初期,双方势均力敌,杀得难解难分,战局呈胶着状态。9月18日,张学良通电拥蒋,率20万强兵入关,使战局急转直下。10月6日,阎锡山、冯玉祥通电下野,这场历时七个月、动员百万兵力、死伤30多万人的中原大战又以蒋介石的胜利而告终。

军阀混战给社会经济造成了极大破坏,但客观上为党所领导的革命力量的发展创造了条件,同时也促使"左"倾冒险主义者的头脑进一步发热。在中原大战爆发之后,1930年5月15日的《布尔塞维克》第3卷第4、5期合刊上,同时发表了李立三的《新的革命高潮前面的诸问题》和王明的《目前军阀战争与党的任务》两篇重要文章。

李立三时任中共中央秘书长兼宣传部部长。当时,向忠发这位名义上的中共中央负责人并无领导全党的能力,中共中央实际上由李立三主持工作。李立三发表的看法代表着当时中央的意见。

李立三之所以在这时发表《新的革命高潮前面的诸问题》一文,正如他自己所说,目的在于回答"新的革命高潮前面的诸问题"。为此,他把在《红旗》报发表过的短篇"系统地贯串",汇集起来,重新加以发表。这篇1.4万多字的文章中充斥着"左"倾错误观点,是形成"立三路线"的理论依据。

王明当时虽然仅是《劳动》三日刊的编辑,但他撰写的《目前军阀战争与党的任务》比李立三的文章还长,达1.9万多字,共分九部分:

1. 军阀战争普遍全中国;
2. 目前军阀混战的特质;
3. 战争的结果与前途;
4. 武装暴动夺取政权是变军阀战争为国内战争的具体内容;
5. 力争实现革命首先在主要数省甚至一省胜利的前途;
6. 加紧反改组派的斗争是反军阀战争胜利的主要前提;
7. 加紧反对军阀制度与军阀战争的忠诚拥护者——取消派,是实行反军阀战争的彻底策略中的主要工作之一;
8. 加紧进行反对各种右倾倾向及对右倾采取调和态度的调和倾向,是目前党的最主要任务之一；

9.加紧各种主要工作，争取变军阀战争为国内革命战争的彻底胜利。

研究中国共产党这个时期的历史，不能不研究李立三与王明这一时期的关系；研究李立三与王明的关系，又不能不看这两篇同时发表的文章中阐述的观点。

尽管两者身份不同，阐发的角度不同，论述的侧重不同，但是，这两篇文章都在用"左"倾观点来观察和分析中国革命问题和革命形势，它们得出的结论是一致的，都是这个时期"左"倾冒险错误的代表作。

对于这两篇代表作进行扼要的分析，对于了解王明这一时期的思想发展以及认识王明后来反对"立三路线"的实质，是很有意义的。

（一）认为国民党新军阀混战是国民党统治崩溃的表现

李立三和王明都认为，国民党新军阀混战，特别是正在进行着的蒋冯阎大战，是中国政治经济危机尖锐化的表现，是国民党统治危机的表现，是国民党统治临近崩溃的表现。

李立三说："现在是军阀混战日益扩大，统治阶级的统治力量日益削弱的形势，经济与政治的恐慌更加严重的形势。""全国的统治阶级无疑的都在日趋于崩溃。"

王明也说："此次军阀混战是整个世界及整个中国的政治经济危机尖锐化的具体表现。""此次战争的结果是使中国过去一切统治方式（自北洋军阀至国民党）完全宣告破产，使中国各派统治阶级都加速崩溃。"

国民党新军阀战争是中国的政治经济矛盾尖锐化的表现，威胁着国民党的统治，但是当时尚未发展到根本动摇国民党统治的地步。事实上国民党统治并未"崩溃"：蒋介石通过中原大战，战胜了阎、冯、桂各路反蒋势力之后，国民党继续又统治了中国近20年。李立三、王明在当时就认为国民党反动统治已经呈现"危机"和"崩溃"，是对于形势的盲目乐观，也是他们当时采取"左"倾政策的重要原因。

（二）认为新的革命高潮已经逼近

李立三、王明都认为：国民党统治的危机促使新的革命高潮到来。目前，新的革命高潮已经逼近。

李立三在文章的开头就说："现时革命斗争的发展日益接近革命高潮——直接革命的形势。""革命高潮的客观条件已经无疑义的正在成熟。"

王明也说："在革命高潮来到之时"，"目前国际革命形势及中国革命形势的日益完备高潮条件"已经成熟。他还批评了看不见"高潮条件"成熟的右倾观点。认为国民党统治趋于崩溃，自然要得出革命高潮已经逼近的结论。

实际上，自1927年大革命失败之后，中国革命就一直处于低潮。直到1931年9月日本帝国主义发动九一八事变后，全国才真正出现抗日民主运动新高潮。此时是1930年，白区仍处于国民党的白色恐怖之中，工人运动虽有恢复和发展，也仅仅是开始复兴。新军阀混战促进了革命形势的发展，但并没有形成全国革命的高潮。李立三和王明认为的军阀战争促成了全国革命高潮的到来，是在对形势盲目乐观的基础上产生的虚幻结论。

（三）认为武装暴动夺取政权的任务目前已摆在党的面前

革命的任务是依据对于形势的分析制定的。王明和李立三都认为，既然国民党发生了统治危机，新的革命高潮已经到来，党的任务就是领导工农群众举行武装暴动，夺取政权。

李立三说："现在革命的发展，无疑的是日益接近着新的革命高潮——直接革命的形势……因此，加紧武装暴动，准备并促进这一新的高潮到来，推翻帝国主义国民党统治，建立革命政权，成为党目前的中心任务。"

王明文章中的小标题就明确指出："武装暴动夺取政权是变军阀战争为国内革命战争的具体内容。"他说："我们不是空喊'打倒帝国主义'和'打倒国民党'，而是以工农兵武装暴动根本推翻现存政权而代之以苏维埃的统治。"

坚持武装夺取政权是对的，但在条件不具备的情况下提出武装暴动的任务，只能导致革命的失败，犯冒险主义错误。

（四）认为争取一省与几省首先胜利的条件已经成熟

李立三、王明都是按照俄国十月革命首都工人武装起义的模式指导中国革

第三章
回国渐起（1929.3—1930.7）

命的。但是，他们又清楚地知道，在中国当时的条件下，首都工人武装起义难以夺取全国政权，于是又提出争取一省与几省首先胜利的问题。他们认为，起义条件已经成熟，应当作为党的总战略和总任务。

李立三说："根据中国的经济政治的条件，在全国革命高潮下，革命有在一省与几省首先胜利的可能。""准备全国革命的胜利的任务之下加紧准备夺取一省与几省政权，建立全国政权，已成为党的目前的总的战略。"

王明在文章中，把"力争实现革命首先在主要数省甚至一省胜利的前途"作为一个标题。他说："首先在数省甚至一省建立中国苏维埃政府的前途，日益证明有实现的可能。""随便自觉地或不自觉地否认了中国革命有首先在几省甚至一省胜利的可能的前途，实际上是延缓和放弃了全中国革命的胜利！"

既然要争取革命在一省与数省首先胜利，那么，突破口选在哪里呢？

王明在文章中明确指出："首先在数省甚至一省建立中国苏维埃政府的前途，日益证明有实现的可能；同时，根据种种客观条件的关系，指出武汉及邻近各省有最大的可能。""力争革命首先在武汉及其邻近各省胜利的前途加速实现……不仅是武汉及其邻近各省的工农群众的紧迫的任务，而是全中国工农群众的迫切任务。"

李立三在文章中没有具体提到武汉问题，但是，王明的观点仍是来源于李立三实际主持的中共中央。因为1930年2月26日，在李立三的主持下，中共中央起草并发布了《中央通告七十号——目前政治形势与党的中心策略》，其中写道："目前革命形势的发展，很明显的可以看出一省或几省首先胜利的前途，特别是武汉及其邻近的省区，表现着更多的可能。"

王明就是据此作出了"武汉及邻近各省有最大的可能"的论断，只不过是把通告中的"更多的可能"改成"最大的可能"，表现出王明对于在武汉首先胜利的更大信心。

首先夺取武汉的胜利，不久被李立三变成了实际行动。李立三、王明的文章发表后不到一个月，在李立三主持下，中央制订了组织武汉中心城市武装暴动和集中全国红军进攻武汉等中心城市的计划，豪迈地提出了"会师武汉，饮马长江"的口号。此后，他们发动武汉工人暴动，调动红军进攻武汉，结果均遭失败。

（五）鼓吹城市中心论，反对农村包围城市的道路

此时，李立三、王明关于武装暴动夺取政权，争取首先在一省与几省的胜利，实现以武汉为中心的首先胜利等主张，都是按照"城市中心论"的模式作出的。由于毛泽东等人已从实践中开辟了农村包围城市的革命道路，所以不符合中国国情的"城市中心论"，在实践中遭到了党内同志一定程度的抵制与反对。

李立三和王明为了贯彻"城市中心论"，对农村包围城市的革命道路进行了猛烈批评。

李立三明确说："只有产业区域与政治中心涌现了工人斗争高潮……才能动摇统治阶级的根本，才能领导各种革命势力汇合起来，进行夺取全国政权的武装暴动。""没有中心城市、产业区域，特别铁路海员兵工厂工人群众的罢工高潮，决不能有一省与几省政权胜利。想'以乡村包围城市'，'单凭红军来夺取中心城市'，都只有是一种幻想，一种绝对错误观念。"

李立三还形象地比喻说："乡村是统治阶级的四肢，城市才是他们的头脑与心腹。单只斩断了他们的四肢，可没有斩断他的头脑，炸裂他的心腹，还不能置他们最后的死命。这一斩断统治阶级的头脑、炸裂他的心腹的残酷争斗，主要是靠工人阶级的最后激烈争斗——武装暴动。"

李立三这段通俗易懂的比喻实际上是讲城市比乡村重要。问题是根据我国国情，如果要选择争取最后胜利的革命道路，应把党的工作中心放在城市还是农村？一个最蹩脚的指挥员也懂得在战争中捣毁敌人心腹的重要。问题不在于阐述它的意义，首先要分析有无这种可能。幻想是最美好的，但终究是幻想。中国革命的长期性、复杂性、艰巨性就在于只能一点一点斩断统治阶级的四肢，最后才能炸裂统治阶级的心腹。对此，急躁、冒进的"左"倾冒险主义者是认识不到也不愿接受的。

王明在《目前军阀战争与党的任务》这篇文章中倒没有像李立三那样激烈地批判"以乡村包围城市"，但在此之前，他于1929年4月1日在《布尔塞维克》第2卷第6期发表的《〈武装暴动〉序言》中曾经说："在武装群众的工作

中，必须对于工业城市的无产阶级加以最大的注意，绝不能把工人阶级的武装暴动看成对于乡村游击战争的简单响应或补充。谁不懂只有工业城市是暴动的组织中心，谁不懂只有无产阶级是暴动的领导力量，谁就对于马克思主义的暴动策略丝毫也不懂。"

在《目前军阀战争与党的任务》中，他关于武装暴动夺取政权、争取首先在一省几省胜利、实现以武汉为中心的暴动首先胜利的主张，也是城市中心论的基本表述。

（六）认为右倾是目前党内主要危险

进入1930年，日益发展的"左"倾思想已经成为党内主要危险。可是，站在"左"倾立场上的李立三和王明，却把右倾作为主要危险加以反对。

李立三说："目前主要的危险仍然是对革命形势估量不足的右倾观念"，"我们应当严厉地指斥这种观念的错误"。

王明也认为："现在党内存在有各种右倾倾向，是非常主要的危险。右倾倾向的第一种表现是对于目前国际革命形势及中国革命形势的日益完备高潮条件的怀疑与动摇……为加速地和顺利地进行反军阀战争的根本战术起见，加紧反对各种右倾及对右倾采取调和态度的调和倾向，是目前党的主要任务之一。"

本书曾经在前文中提出，把右倾作为党内的主要危险是"左"倾盛行时的通病。甚至在王明取代李立三掌握党的最高领导权力之后，竟然认为以"左"倾冒险错误为特征的"立三路线"也是"右倾"。

（七）关于革命转变

王明和李立三虽然口头上都承认当时的革命性质是资产阶级民主革命，但又都认为，实现一省与数省首先胜利，建立革命政权之后，应立刻向社会主义革命转变。

李立三认为，一省或几省首先胜利建立起革命政权，必须从工农专政进到无产阶级的专政。政治上是无产阶级专政，经济上没收资本家的工厂企业和银行，由革命政府来组织生产管理，这就是社会主义的性质了。所以，革命胜利的开始，革命政权建立的开始就是革命转变的开始，中间绝不会有丝毫的间隔。"革命转变的阶段论，无疑的是极端危险的右倾观念"。

王明在与《目前军阀战争与党的任务》同一个月发表的《为什么不组织雇农工会？》一文中提出："革命转变问题已经迫切地摆在我们面前。"在这篇文章中王明虽然没有展开论述革命转变问题，但他在批判毛泽东等在苏区的"地方观念、保守观念和农民意识"时，表达了他对这种"右倾"影响革命转变的担心。

他认为，这种"右倾"的危害就是使游击队、红军、苏维埃区域都拘守一隅，使革命最多也不过比平民手段彻底完成土地革命，革命转变的前途沦于幻想。

实际上，正是这些"拘守一隅"的革命力量，才是中国革命胜利的希望，才是符合中国国情的正确道路。这些对于"从未到过中国的任何苏区"[1]的王明来说是无法理解的。

以上七点，是李立三、王明文章中的共同看法，也是当时党内"左"倾冒险主义的基本主张。

应当指出，王明文章中的一些观点虽然比李立三更"左"，但文章中的基本观点是李立三为代表的党中央按照共产国际的基本精神提出的。王明此时还只是李立三"左"倾冒险错误的积极追随者，只不过在有些问题上比李立三在"左"的道路上走得更远。

李立三和王明的文章也有一些不尽相同的地方。

李立三在《新的革命高潮前面的诸问题》中，把革命高潮同直接革命形势混为一谈。他还大谈中国革命与世界革命的关系，认为"中国革命的胜利必然紧接着世界革命的胜利；没有世界革命的胜利，也决不能保障中国革命胜利的持续"。

王明在文章中没有涉及这两个观点，没想到此后这竟然成为王明与李立三争论的重点，成了王明反"立三路线"时的资本。

实际上，两人的这个分歧根本不是什么重大原则问题，只不过是在"左"的指导下对个别问题的不同看法。

---

[1] 王明在《中共五十年》中的自白。

第三章
回国渐起（1929.3—1930.7）

王明在《目前军阀战争与党的任务》中的某些观点，李立三文中也没有涉及。例如，王明和李立三都把右倾作为党内目前主要危险加以反对，而且王明还提出反对对右倾采取调和态度的调和倾向问题，他说："与各种右倾倾向在理论上、组织上、政治上采取各种各样调和态度的调和倾向，是掩护右倾机会主义的实质的有力护符，是右倾的实际同情者和赞助人。"因此，反对这种调和倾向，也应是"目前党的主要任务之一"。

李立三文中没有涉及这个问题，并不意味着他不反对调和倾向，而是说明王明在反右倾问题上，比李立三更积极、更坚决、更彻底。

李立三文中没涉及的另一问题，就是王明大批孙中山的三民主义。

王明说："孙文的三民主义，是彻头彻尾的反动理论。"王明批判的不是旧三民主义，而是国民党一大通过的以三大政策为核心的新三民主义。他说：这种"真正三民主义"，是指"实行所谓'三大政策'——联俄、联共、工农政策；国民党第一次和第二次全国代表大会的宣言和政纲，到现在已经成为过时的资产阶级改良主义的反动纲领"。这就不仅全面否定了孙中山与新三民主义，而且也否定了大革命时期的中国共产党。

由此可见，王明的"左"倾狂热比李立三有过之而无不及。王明后来作为反"立三路线"的"英雄"，夺取了党的最高领导权力，并不在于王明反对李立三的"左倾错误"，而是王明比李立三更"左"，更服从共产国际的指挥。并不像王明自己所说的那样，他的主张是正确的，李立三的主张是错误的。

王明在全总工作期间，虽然先后发表了19篇文章，追随李立三"左"倾冒险错误，但终究还是因为被捕事件中的错误离开了中共中央机关，王明对此一直不满。

有一次，王明与全总党团书记罗章龙作了一次长谈。据罗章龙回忆说："王明到全总宣传部后，一直不好好工作，认为他是被大材小用了。在一个偶然的场合，王明对我说：'想与你谈谈。'我们如约作了一次长时间的谈话。王明说：'我们的斗争在东方大学取得了彻底的胜利。东方部派我们回国不是做普通工作，而是要做领导工作的。'他对我反复强调：'我们是国际直接派来的，你要认识这一点。'他还对我说：'中国的党自建立以来一贯幼稚，不懂马列。

王明传

苏区的人更不懂，他们什么也不晓得，一贯右倾，搞富农路线……我们要把党从上到下加以改造。'我问王明：'你究竟要我做什么？'他回答说：'要你支持我。如果你支持我，什么都好办；否则，我们是会有办法来对付你的。'我在莫斯科参加党的六大筹备工作时，王明当翻译，那时他的野心已从言谈话语中流露出来了，曾引起我极大的反感。这时我听了王明上述的一番话更加反感和生气，心想：你王明究竟狂妄到何等程度！我当即严厉地批评了他。王明强辩说，'我说这些话是代表国际而不是个人，'并要我回去'向大家传达'。我义正词严地拒绝，并对王明声明：'我不赞成你的说法。'但王明还是执意要我在全总会上提一下。我要王明打消这些念头，并再一次提醒他注意：'你的这些想法很危险。'我回到全总机关，同志们都来问我王明找我说些什么，我把王明说的话与大家转述了，同志们听了之后都十分气愤，纷纷要求把王明打发回去。在这种情况下，王明很苦闷，认为在中国想达到他的目的希望渺茫，要得到各方面的支持也极困难，因之他一度非常消极，不干工作，而且也因大家不理他那一套使他无事可做。"[1]

王明野心勃勃的谈话并没有达到抬高自己的目的，却引起了罗章龙和全总许多同志的极大反感。鉴于全总同志的意见和王明确实积极追随李立三"左"倾冒险错误，党中央又把王明调出全总，重新安排到中共中央宣传部任秘书。

王明调回中宣部不久，李立三的"左"倾冒险错误在党内占了统治地位，给中国革命事业造成了重大损失，也冒犯了中共上级机关共产国际的威严，从而为王明上台创造了条件。

于是，在20世纪30年代初期，中国共产党内出现了一幕王明反"立三路线"并进而登上了中国共产党权力巅峰的闹剧。

---

[1] 罗章龙：《上海东方饭店会议前后》，《新文学史料》1981年第1期。文中提到东方大学，应是中山大学。

第四章

上台掌权（1931.1—1931.10）

从1930年6月"立三路线"形成，到1931年1月王明通过六届四中全会上台，是中国共产党历史上"左"倾错误一浪高过一浪的特殊时期。

王明在共产国际代表米夫扶植下实际上掌握了党的最高领导权力后，推行了一条比李立三"左"倾冒险错误更坚决、更有理论、气焰更盛、形态更完备的"左"倾路线，从而给党和革命事业造成了更大的危害，留下了更沉痛的教训。

与李立三争锋

中共六大以来，全党的工作是有成绩的。

到1930年6月，红军发展为13个军，约7万人，连同地方革命武装，共约10万人，先后建立了大小农村革命根据地十几块。曾遭受国民党摧残的白区工作也初步得到恢复，赤色工会会员发展到3万余人，全国的工人运动又逐步恢复和开展起来。这一时期，世界各帝国主义争夺中国和中国统治阶级内部的矛盾加剧，国民党新军阀混战不断，特别是1930年5月爆发了百万兵力厮杀的蒋冯阎中原大战，更深深地影响着国内局势的发展。

党内一直存在着的"左"倾思想和"左"倾政策，在革命力量有所恢复、形势比较有利的条件下，又开始了新的发展。

1930年6月11日，在中共中央政治局常委兼宣传部部长李立三的主持下，中共中央政治局会议通过了《目前政治任务的决议——新的革命高潮与一省或几省的首先胜利》，对于中国革命形势、性质和任务等问题提出了一整套错误主张，标志着以李立三为代表的"左"倾路线在党中央占了统治地位。

会后，李立三等人根据此决议精神，又制订出以武汉为中心的全国总暴动和集中全国红军进攻中心城市的冒险计划。随后，又将党、团、工会的各级机关合并为准备武装起义的各级行动委员会，并决定在武汉、南京、上海等地发动暴动，先后命令红一军团攻打南昌，红三军团攻打长沙，红一军出兵武汉，红十军进攻九江，红七军挺进柳州，最后准备"会师武汉，饮马长江"。

这个"策略总路线"推行的结果，是使刚刚恢复起来的白区工作和工人斗

第四章
上台掌权（1931.1—1931.10）

争受到严重的挫折和破坏，使红军和农村根据地遭到不应有的重大损失，给党和革命事业带来了很大危害。

李立三"左"倾冒险错误造成的危害引起了广大党员干部的不满，以何孟雄为代表的一些同志首先站出来与李立三的"左"倾冒险错误进行了斗争。

何孟雄是中国共产党内一位具有较深理论修养和丰富实践经验的领导干部。他在实际工作中看到了李立三"左"倾错误的危害，深深地感到"中央路线行不通"[1]，挺身而出，一次又一次公开地反对李立三"左"倾冒险错误。

他还于1930年9月8日向总行委和中央政治局递交了《何孟雄政治意见书》，向党坦率陈述了自己对中国革命问题的见解，历数了和李立三中央在12个方面的分歧，系统地批判了李立三"左"倾冒险错误。

何孟雄反对"左"倾错误的正确行动，得到了林育南、李求实等人的坚决支持，受到江苏省委、全总、上海工联、苏准会、沪中、沪东等区委中许多干部和党员的拥护，何孟雄被他们赞誉为"反'立三路线'最早和最坚决的代表"。

但是，何孟雄的行动，却招致一场无端的政治打击。1930年9月4日，根据中央意见，江苏总行委撤销了何孟雄沪中区委书记的职务。9月10日，又召开上海党的活动分子大会专门对他进行批判。会后，《红旗》报连篇累牍地发表公开批判文章，掀起了批判何孟雄的浪潮。

当何孟雄早已公开反对李立三"左"倾冒险错误的时候，后来自诩为"最早反'立三路线'英雄"的王明，仍在散布一系列"左"倾言论，鼓吹李立三的"左"倾冒险错误主张。这可以从王明1929年11月至1930年6月在《红旗》报以及《布尔塞维克》《劳动》等杂志发表的50多篇文章中得到证实。

不过，虽然王明和李立三实质上都在坚持"左"倾冒险错误，都在宣扬"左"的错误主张，但以教条主义为特征的王明对马列著作引经据典，不敢越雷池一步，对共产国际决议照抄照搬，不准变动一字一句。而李立三的"左"倾主张虽然也来自共产国际，但他不拘泥于照本宣科，在实际工作中又有所

---

[1] 何孟雄：《何孟雄政治意见书》，1930年9月8日。

"发明"。这样，在某些具体理论观点上，王明和李立三又有所不同。

王明认为李立三的某些理论观点违背了马列著作和共产国际决议的精神，决心与他争辩一番。正好这时李立三决定召开中央机关工作人员政治讨论会，以便贯彻1930年6月11日的决议。王明就利用这个机会，在会前召集从中山大学回国的博古、王稼祥、何子述开会，商谈如何利用这次会议发动一次对李立三错误观点的批判。在相互交换了意见之后，王明总结说："今天的交谈很好，对李立三他们那一套，凡是马克思主义者，都不能漠然置之，应该表明自己的态度。过几天，中央机关要召开一个政治讨论会，大家都可以也应该去谈谈意见，为了维护马列主义和国际路线，这是非常必要的。"[1]

7月9日，中央机关工作人员政治讨论会议按计划召开。主持会议的李立三首先申明本次会议的主要目的是讨论如何进一步贯彻6月11日的决议。但李立三刚说完会议宗旨，何孟雄就起来发言反对6月11日的决议，会议气氛立刻紧张起来。

何孟雄的反对意见为王明等人的发难提供了契机。按照事先准备，博古、何子述、王稼祥立刻继何孟雄之后发表了反对意见，然后又由王明慷慨激昂地发表了长篇讲演。王明就6月11日决议中关于中国革命与世界革命、高潮与直接革命形势问题、一省与几省的政权问题和反右倾问题发表了不同意见。

王明等人当场掏出马列经典著作和共产国际的决议，摆在桌子上，引经据典，咬文嚼字，滔滔不绝，与李立三等展开了一场学院式的争论。

李立三对王明等人的行为十分意外和恼火。理论上争辩不过，李立三就摆出家长作风，给王明等人扣上了"右派""右倾机会主义路线"和"小组织者"等帽子，并由向忠发当场宣布，立即撤销王明中央宣传部秘书的职务。

会后，王明自恃有共产国际撑腰，自信是共产国际正确路线的代表，并没有把李立三、向忠发放在眼里。次日，即7月10日，王明又写信给党中央，继续坚持他们在前一天中央工作人员会议上发表的意见，并就四个主要问题阐述了自己的看法：

---

[1] 朱仲丽：《黎明与晚霞》，解放军出版社1986年版，第97页。

第四章
上台掌权（1931.1—1931.10）

（一）关于中国革命与世界革命问题

王明在信中提出："中国革命是世界革命的一部分，世界革命新的高潮正在发展到直接革命形势，中国革命的大爆发更加加速世界革命直接革命形势的成熟，更加加速世界革命大爆发，这是毫无疑问正确的，但有些同志以为只有中国革命爆发了，才能引起世界革命大爆发，只有中国革命胜利了，世界革命才能胜利，这是不对的。"

李立三和王明都认为，世界革命形势是"新高潮"，这是他们共同一致的"左"倾观点。他们在此问题上的不同之处，在于李立三否认世界革命的不平衡性，认为中国革命总爆发才会引起世界革命的总爆发，而中国革命只有在世界革命的总爆发中才能获得成功。王明则认为："中国革命现在不仅有先于他国爆发的可能，而且有先于他国胜利的可能。"就是说，两者的分歧仅在于一个说中国革命能先胜利，一个说中国革命只能和世界革命同时成功。至于把本不具备的革命总爆发形势说成是具备的，两者并无分歧。

（二）关于高潮与直接革命形势问题

王明在信中提出："为什么在全国革命高潮的形势下，首先在主要数省以至一省暴动夺取政权呢？我们一定回答说，因为那几省或一省的统治阶级崩溃得厉害，被统治阶级的斗争勇气、经验、决心和战斗力量特别强大——换句话说，那些省区或一省首先成熟了直接革命形势，如果我们把高涨或高潮与直接革命形势混为一谈，我们便不能了解这问题的实质了。"

李立三和王明都认为中国革命形势处于"高潮"，都认为应该"争取一省或几省的首先胜利"，这又是两者共同一致的"左"倾观点。他们的不同之处，在于李立三把高涨、高潮、直接革命形势混为一谈，而王明却按照马列著作和国际决议对这几个名词概念加以严格区别。也就是说，他与李立三的争论在这里也只不过是名词概念之争而已。

（三）关于一省与数省首先胜利问题

王明在信中提出："要坚决认定革命在数省以至一省的首先胜利，是全国革命胜利的开始。""以为主要数省以至一省暴动夺取政权后，如果不马上发生全国暴动，则这主要数省以至一省的政权便立即塌台，我以为这一点也不正确。"

李立三和王明都一致主张在当时形势下应该争取一省与数省的首先胜利，也都认为应当争取以武汉为中心的邻近各省的首先胜利。不同之处在于，李立三否认中国革命的不平衡性，认为革命危机在全国各地同样生长，一省数省首先胜利后，必须紧接着全国革命胜利，否则就不能维持下来。而王明却认为争取一省与数省胜利后完全能够维持。实际上，当时并不是革命胜利后能否维持下去的问题，而是首先就没有一省或数省首先胜利的可能。

（四）关于反右倾问题

王明在信中提出，党内许多同志"很少能对于右倾观点有比较系统的认识"。他列举在国际形势、中国革命形势、中国经济问题、反富农意识、反对派等问题上的右倾表现，批评李立三反右倾不坚决，"不仅未能深入支部，而且未能深入一般干部，现在许多同志只能零碎地了解右倾问题，如尾巴主义、黄色倾向、地方观念、保守观念等"。

李立三和王明都认为党内主要危险是右倾，都强调要反右倾。只不过王明在这个问题上比李立三更坚决、更彻底，也更"左"倾而已。

以上四个方面，是王明给党中央信的主要内容，也是当时王明与李立三的分歧所在。从中可以看出，他们的争论，多局限于某些理论观点的提法上。在根本路线上，在对形势与任务的估量上，却是一致的"左"倾，而王明比李立三表现得更为严重。

当时中共中央实际上由李立三负责，这位以实行家长制、一言堂而闻名的秘书长兼宣传部部长，对于王明敢于公开与之争论十分不满。于是，他以中共中央的名义给王明留党察看6个月的处分，给博古、王稼祥、何子述三人以严重警告处分，然后又决定把王明等人分别下放，调王明到江苏省委宣传部工作，博古暂留全总机关，何子述调天津工作，王稼祥调香港工作。

王明在与李立三第一回合的较量中，看到了暂时还不具备批倒李立三的力量。于是，受到李立三中央的处分后，王明马上给党中央再次写信，声称："我虽对中央这一决议有不同意见，但坚决拥护它。"实际上，王明却在等待时机，准备进行新的较量。

1930年7月底，王明按照党中央的决定，来到江苏省委宣传部工作。当

第四章
上台掌权（1931.1—1931.10）

时，中共江苏省委书记是李维汉，省委宣传部部长是夏采曦，秘书是李初梨。王明被分配到李初梨手下任干事。

李初梨回忆说："大约七月间，在总行委碰头。李立三对我说：'现在派一个理论家到你那工作好不好，是全党有名的理论家。'我问：'是谁呀？'李立三答道：'是陈绍禹。他们反中央，到了你那里要好好地帮助他，注意他。'李立三为了这件事还专门到我家去了一趟。"[1]

不久，"穿着长袍马褂，带着瓜皮帽，上有个红顶子"[2]的王明，来到江苏省委宣传部找李初梨报到。王明来后，李初梨安排他住机关。当时，王明与孟庆树尚未结婚，而且，此时孟庆树已被捕，正押在龙华淞沪警备区司令部看守所，王明是只身来到江苏省委工作的。由于当时上海独身男子容易引起警察注意，并且难以找到房子。于是，李初梨给王明找了个假妻子做掩护。

李初梨回忆说："我叫一位叫易坚的女同志与他住机关，大约住二三个月。"[3]

易坚是湖南著名教育家、第一师范学校校长易培基的侄女。她要求革命，思想进步，1930年7月在上海入团，编入闸北区虹口街道支部。当时支部书记是刘铁。

易坚回忆往事时说："我入团不久，约在1930年8月，李初梨以党组织名义，直接调我去担任驻'省委机关'的重要工作。夏天的一个晚上，李初梨带我去所谓省委机关，介绍与陈绍禹认识。他还说明：独身男子房东不肯出租房屋，要我乔装成陈绍禹的妻子。我听后很不愿意。当晚我准备逃回虹口，但陈绍禹借口不许泄露党的秘密，要我留下。我与陈绍禹住的这个机关在上海闸北横滨路一带，房间在二楼，是一间约十几平米的房子，还有一个阳台。我在这个所谓机关住了不到一个月，我担负了保护机关安全的工作……陈绍禹经常不在家，他不与我谈工作和斗争情况，我只记得他谈过一点在苏联的情况。""他的俄文名字叫克劳白夫。""我与他一起看过一次电影，叫《魂断蓝桥》。""以

---

[1]《访问李初梨谈话记录》，访问者：李海文、曹仲彬，1979年10月24日。
[2] 同上。
[3]《访问李初梨谈话记录》，访问者：曹仲彬，1980年11月14日。

后，我向陈绍禹要求回虹口，经他同意才离开了。"[1]

为了贯彻党中央通过的《新的革命高潮与一省或几省的首先胜利》的决议，实现党中央制订的全国中心城市武装起义和集中全国红军攻打大城市的冒险计划，1930年8月1日、3日、6日，中共中央连续召开会议，决定举行武汉、南京暴动以及上海总同盟罢工。又决定党、团、工会合并成中央行动委员会，作为领导全国暴动的最高指挥机关。除了在中央建立总行委外，还决定北方局、长江局、南方局和江苏省委也建立总行委。

按照中央决定，江苏成立了总行委，领导南京暴动和上海总罢工。李立三亲自兼任江苏总行委书记，江苏省委书记李维汉和徐锡根、顾顺章、吴振鹏等人为行委成员。李初梨也调到江苏总行委宣传部，负责罢工中的宣传工作。王明则跟随李初梨来到江苏总行委工作。

对于"左"倾盲动有极大兴趣的王明，在这种狂热气氛中干得很积极，编写快报、起草传单、印刷标语等。李初梨对他的工作很满意，认为他很有才干。

由于李立三的"左"倾盲动在实践中一再碰壁，特别是红军第二次攻打长沙受挫以后，李初梨也开始对"立三路线"表示怀疑。于是，1930年9月的某一天，李初梨和手下的这位干事进行了这样一次对话：

李初梨问王明："你在中央闹什么？同我讲一讲？"

王明拒绝说："中央打过招呼，不许我外传。"

李初梨反驳说："你在我这里工作，我当然应该了解你的情况。"

王明反问说："你敢负责？"

李初梨答道："我当然负责。"

于是，王明滔滔不绝地讲了起来。

据李初梨回忆说："他很善谈，一讲就是半天，长江大河一般。我同意他的观点。"[2]

看来，王明对于宣传鼓动确实有才干。本来李初梨是奉李立三之命帮助王明，结果反倒受王明影响，后来成了王明反"立三路线"的支持者。

---

[1]《访问易坚谈话记录》，访问者：曹仲彬，1980年11月23日。
[2]《访问李初梨谈话记录》，访问者：李海文、曹仲彬，1979年10月24日。

第四章
上台掌权（1931.1—1931.10）

向中央发难

"立三路线"的产生具有复杂的因素。"立三路线"从整体来看，来源于共产国际。共产国际第三时期理论是"立三路线"制定武装暴动"战略总方针"的理论根据；把俄国城市武装起义经验的绝对化是形成"立三路线""城市中心论"的主要原因；共产国际和联共（布）中央反布哈林的错误斗争是造成"立三路线"大反右倾的重要因素。

可是，另一方面，"立三路线"关于中国革命与世界革命是否存在发展不平衡的问题、对于敌我力量的估量以及制订冒险主义武装暴动计划和成立行动委员会等理论和行为，又与共产国际的决议和文件有些不一致，所以必然遭到共产国际的批评与反对。

1930年6月11日，中央政治局会议通过《新的革命高潮与一省或数省的首先胜利》决议之后，6月12日，中央政治局即向共产国际呈报此决议，并要求给予批准。但共产国际远东局代表罗伯特首先表示不同意将此决议下发，这引起李立三不满，他指责罗伯特右倾，并要求将其撤换。

6月下旬，李立三在尚未接到共产国际批准决议的情况下，擅自将6月11日决议加以发布。共产国际得知后，非常不满。7月下旬，共产国际致电中央政治局，要求中共中央停发6月11日决议。但李立三拒绝接受共产国际的意见，接连于8月1日和3日召开会议，继续布置全国武装暴动工作。李立三甚至在会上说："忠于共产国际、遵守共产国际的纪律是一件事，而忠实于中国革命又是一件事。"又说，"在占领武汉之后，就可以用另外的方式去和共产国际说话。"[1]

1930年8月5日，中共中央又向共产国际发出长篇报告，要求共产国际重新审议并批准6月11日决议。8月8日，中共中央甚至向斯大林发出求援信，

---

[1] 中国人民大学中共党史系资料室编：《中共党史教学参考资料》（三），人民出版社1979年版，第236页。

要求其对中共中央的决定给予支持。

1930年7月16日，共产国际政治秘书处召开扩大会议，吸收中共驻共产国际代表团周恩来、瞿秋白、张国焘等人参加，专门讨论中国问题，并于7月23日通过了关于中国问题的决议案。

此时，共产国际尚未见到李立三的全部讲话，但研究了6月11日决议后，认为决议有错误。8月间，共产国际政治委员会就远东局与中共中央的争论作出了决议，虽然同意撤回罗伯特，但着重批评了中共中央的严重错误。共产国际特别不满意中共中央对共产国际的不尊重态度，认为中共中央竟然不顾远东局代表的反对，不等共产国际批准，就擅自将6月11日决议公布了，是破坏国际纪律的严重错误。

鉴于这种情况，共产国际决定派瞿秋白、周恩来迅速回国，主持召开六届三中全会，纠正"立三路线"错误。

1930年8月19日和26日，周恩来与瞿秋白相继回到上海。回国后，他们按照共产国际指示精神，做了大量工作，及时制止了李立三"左"倾冒险错误在各地的贯彻，为六届三中全会的召开进行了准备。

1930年9月24至28日，根据共产国际指示精神，在瞿秋白和周恩来的主持下，党在上海麦特赫斯脱路一幢洋房里，秘密召开了六届三中全会。

六届三中全会批判了"立三路线"对中国革命形势的极左估计，停止了组织全国武装暴动和集中全国红军进攻中心城市的计划，恢复了党、团、工会的独立组织和日常工作，李立三本人也在会议开始就承认了被指出的错误，接着就离开了中共中央的领导岗位。

六届三中全会对于停止"立三路线"的执行起了积极作用，可是，它对"立三路线"的严重危害缺乏足够的认识，对于"立三路线"的思想实质更没有清算和纠正，仅仅把"立三路线"错误归结为"策略上犯了'左'的个别冒险倾向的错误"[1]。

由于何孟雄认为李立三"左"倾冒险错误是路线错误，首先提出了"立三

---

[1] 参见向忠发在六届三中全会上作的《中央政治局工作报告》。

第四章
上台掌权（1931.1—1931.10）

路线"问题，这样就与六届三中全会的精神发生了矛盾与对立，结果在会上以及会后又遭到不应有的批判与打击。会后发表的《告同志书》中对何孟雄点名批判，何孟雄的江苏省委候补执行委员的资格也被撤销。

对此，中华人民共和国成立后，周恩来曾有如下评价："三中全会在组织上也有些错误，例如批评了何孟雄……三中全会补了一批中央委员，就是没有补何孟雄，其实那个时候他的意见还是对的居多。"[1]

当时受到留党察看六个月处分，下放到江苏省委宣传部工作的王明，在六届三中全会文件传达后，表示同意六届三中全会的报告。六届三中全会后，党中央决定派他到江西中央苏区参加实际工作，他也表示接受，准备前往，甚至到11月13日，王明和博古在联名给党中央的信中，还承认"三中全会有重大意义"，认为"立三路线"只剩下"残余"了，表示"在目前紧张的局势"下，任何争论和争辩都是不必要的，并且已经用不着任何争论，对六届三中全会后新中央表示出一种拥护态度。

六届三中全会及其以后的中央对"立三路线"的停止起了积极作用，从而使党内在反"立三路线"斗争中一度激化的矛盾趋于缓和，一些原来曾经起来反对过"立三路线"的人，除何孟雄等人外，这时都不同程度地表示拥护六届三中全会。如果在这个基础上继续前进，党和革命事业就会进一步发展。

但是，正值此时，共产国际执委给中共中央关于"立三路线"问题的信传到中国，立即引起中国党的强烈反响，造成党内的思想混乱和党的领导危机，王明则乘机带头在党内掀起了反对六届三中全会及其中央、反对"调和路线"的浪潮。

共产国际对"立三路线"有一个认识过程，处理"立三路线"前后也有重大变化。当中共中央把6月11日决议呈报给共产国际后，共产国际执委审看后表示不同意，在《共产国际执委政治秘书处关于中国问题的决议案》中，批评了李立三对于形势过分夸张的估计，否认革命发展不平衡以及脱离群众的武装暴动计划等，但并未点出李立三的错误是路线错误，只是认为"中共政治局

---

[1] 周恩来:《共产国际和中国共产党》,《周恩来选集》（下卷），人民出版社1980年版，第309页。

是在国际路线之下工作的，但是在策略上组织上工作上却犯了部分的错误"。

当时共产国际批评的口气是温和的含蓄的，没有点出任何人的名字。瞿秋白和周恩来正是按照共产国际的这个精神，回国来纠正李立三的这种策略错误。

但是，当中共中央把8月3日中央政治局会议记录送到莫斯科以后，共产国际执委会才发现原来李立三提出了"一个好大的计划"。这个计划准备在世界革命的总爆发中夺取中国革命胜利，并且还要把世界无产阶级和被压迫民族都吸引到这场反对帝国主义的决定性的斗争中来。具体计划是：先在广州、香港组织起义，把英国卷入斗争中来；再在哈尔滨、大连等地发动起义，引发日本和苏联的冲突，最后让它爆发为全世界帝国主义和苏联之战。根据这个设想，李立三建议共产国际"立即采取进攻路线"，命令苏联红军向东北地区进攻，并让蒙古人民共和国发表作战宣言。

李立三这个企图把苏联卷入战争的狂妄计划使共产国际大为恼火。共产国际东方部的马基亚尔（匈牙利人）当时就对中共驻共产国际的代表黄平说："李立三的盲动主义可以说是登峰造极了。"[1]

特别是共产国际执委会在8月3日中共中央政治局会议记录上，看到李立三说："忠实于共产国际、遵守共产国际的纪律是一件事，而忠实于中国革命又是一件事"等冒犯共产国际尊严的话，更使共产国际愤怒，认为这是"共产主义的'左'右叛徒所爱用的，而且已被打碎的理论"。[2] 因此，共产国际立刻把李立三"左"倾冒险错误上升为路线错误，指责他是"反国际的政治路线"。

1930年10月，共产国际收到六届三中全会的文件后很不满意，于同月发出了《共产国际执委给中共中央关于立三路线问题的信》（十月来信），明确指出李立三的错误是政治路线问题，"不是什么偶然的意见分歧，或者什么在时局的估量和策略任务的认识方面有次要的不同意见"，"他所犯的错误，并不是个别的错误，而是造成了整个错误观点的系统，定下了反马克思列宁主义的立场"，"这个立场不过是用假冒的'左派'空谈遮盖着自己的消极性，而在实质

---

[1] 黄平：《往事回忆》，人民出版社1981年版，第74页。
[2] 《共产国际执委给中共中央关于立三路线问题的信》（1930年10月），中国人民大学中共党史系资料室编：《中共党史教学参考资料》（三），人民出版社1979年版，第236页。

第四章
上台掌权（1931.1—1931.10）

上却是机会主义的立场，好像托洛茨基主义一样"。因此，"立三路线""就是反国际的政治路线"，"这条路线是与共产国际执委和中共中央代表团所共同制定的路线对立的"，是"两个在原则上根本不同的政治路线彼此对立着"。

十月来信不仅指责李立三的错误是路线问题，而且批评六届三中全会"抹杀这两条路线底原则上的区别……那就不仅是贻害无穷，而且一定会潜伏着在将来又重复这些错误的极大危险"。

当时，中共中央在远离莫斯科的上海，对共产国际态度的变化毫无所知。然而，这时尚在莫斯科的沈泽民、夏曦、何凯丰、陈昌浩、李竹声等，从共产国际和米夫那里知道了国际十月来信的精神。1930年10月下旬，他们陆续从苏联回到了上海，同时也就把十月来信的精神，即确定李立三问题是路线错误的消息首先带到国内。

十月来信虽然写于1930年10月，但一直到11月16日中共中央才接到十月来信的正式文本，在此之前并不知道信的内容和任何相关消息。

沈泽民等人把共产国际十月来信的消息从苏联带回国后，没按组织程序首先向党中央汇报，反而首先告诉了王明。王明得知后欢欣鼓舞，扬眉吐气，立刻在一帮人中相互转告，四处串通。他们清楚地知道党中央对此事毫无思想准备，于是采取突然袭击的方式，在党的会议上抢先把十月来信中关于李立三问题是路线错误的观点捅了出来，和中央唱对台戏。

王明原来曾表示拥护党的六届三中全会，并且接受中央分配他去中央苏区的任务，但在得知十月来信的基本精神后，他突然改变态度，马上起来批评六届三中全会的错误，而且拒绝去中央苏区。

同王明在一起工作的李初梨回忆说："三中全会以后，中央决定王明、博古等去中央苏区。王明就离开省委宣传部，搬到斗鸡桥。国际来信以后，他们就不去苏区了。"

黄理文也证实说："我碰着王明、博古、陈昌浩，还有一人，在兆丰公园开秘密会议，研究不去苏区问题。这事是当时博古向我讲的。"[1] 1930年11月13

---

[1]《访问黄理文谈话记录》，访问者：曹仲彬，1981年1月10日。

日,王明和博古联名给党中央写信,指责"三中全会的最大缺点就是对于与国际路线完全相反的立三同志的路线没有充分地揭露其机会主义实质,没有使全党同志了解过去领导的差错而实行迅速的转变。三中全会后,中央政治局没有采取必要的方法迅速传达国际路线到下级干部中去"。"这些错误不是偶然的,而是过去李立三同志为领导的路线,在某种程度上某种意义上的继续。立三同志的路线是反马克思主义的反列宁主义的路线,是右倾机会主义和'左'倾机会主义的混合物。立三同志的路线和国际路线是不能并容的。立三同志路线的发展,必然要走到脱离共产国际、反对共产国际的地位上去"。

王明和博古的信是在得知十月来信的基本精神后写出的。在对六届三中全会进行否定之后,王明开始以"正确路线代表"的口气发号施令了:"中央要以布尔什维克的勇敢和自我批评来承认错误,以避免争论。""并且迅速地纠正目前的各种策略上分析上的错误,将这些错误教育全党同志。"

1930年11月17日,王明和博古再次联名给党中央写信,声称"立三路线"是"托洛茨基主义、陈独秀主义和布朗基主义等等混合物",是"反马克思主义反列宁主义的路线",是"反共产国际的路线",而声称他们自己则是一贯反"立三路线"的,他们的政治意见书是"绝对正确"的,"符合于共产国际的列宁主义的路线",宣称他们要"为拥护共产国际路线和反对'立三路线'而斗争到底"。

他们还在信中向党中央提出三条具体要求:"(1)正式公开宣布'立三路线'的实质,教育全党;(2)正式公开在各种会议上及党报上宣布我们与立三同志争论的真相,撤销对我们的处罚;(3)禁止任何同志在任何会议上继续对我们的诬蔑和造谣!"

很明显,他们这封信的目的,就是逼迫中央表态,承认他们反"立三路线"活动的正确,承认他们是反"立三路线"的正确路线代表。

中共中央是在1930年11月16日收到共产国际十月来信的。收到十月来信后,中共中央极为重视,连续于11月18日和22日召开政治局会议讨论十月来信,检讨六届三中全会及其以后党的路线。但从这两次会议中也可以看出,中共中央在接受十月来信基本精神的同时,仍在维护六届三中全会所制定

第四章
上台掌权（1931.1—1931.10）

的路线，对王明等人的宗派活动仍持批评态度。

1930年11月18日，中共中央政治局召开会议讨论十月来信。这次会议一方面承认六届三中全会存在调和态度，没有揭露"立三的路线"错误，另一方面又认为在目前的环境下，这个问题不宜扩大讨论，以免妨碍实际的工作转变并造成党的分裂。

周恩来在会上的发言中，针对王明等人的宗派活动，特别强调指出："已经知道国际来信的同志（如新由莫回国的），必须召集一次会议，要他们站在巩固党、帮助中央领导的立场上来做工作，不允许不经过组织而走到分裂党的方式上去。"

1930年11月22日，中共中央政治局又举行扩大会议，进一步讨论十月来信，并通过了《中央政治局关于最近国际来信的决议》（十一月补充决议）。

该决议表示："完全同意国际执委的这一封信。"六届三中全会没有揭发李立三同志的路线，这就使执行国际路线的主要任务没有能彻底完成。但是，决议在按照十月来信精神得出上述结论之后，又提出："三中全会一般的已经接受了国际的路线，立三同志在三中全会上也已经承认自己的错误。""这次决议是补充三中全会的决议"，"反对把三中全会和国际路线对立的企图"。

针对王明等人力图在党内挑起公开争论的目的，该决议指出："立三同志以及赞成过他的同志已经承认错误，党的领导机关完全和共产国际执委同意，这些事实使政治局认为在党内实行'公开辩论'立三同志路线问题是不适宜的——现在对于党正是很困难的时候，这种讨论，只能使党的力量离开不可迟缓的很重要的实际任务，因此决定：关于立三同志路线只限于解释工作。"[1]

针对王明等人先于中央知道十月来信的内容但又不向中央报告和请示，却以突然袭击方式向党发难的错误做法，瞿秋白在11月22日政治局扩大会议的报告中批评说："沈泽民的方式与精神是离开政治局的领导……他们知有国际来信，但不公开说已知国际来信，请求政治局如何办，反而突然在工作会议中提出来，这可使一般同志很惊奇与发生其他倾向"，"使同志们惊慌不明"，这

---

[1] 中央档案馆编：《中共中央文件选集》第6册，中共中央党校出版社1983年版，第428、429页。

"不是帮助中央，而是进攻中央"。

1930年12月1日，周恩来在中共中央机关工作人员会议上作的报告中，也对王明和博古拒绝党分配他们去苏区工作的错误行为进行批评，并且指出："尤其要反对有小组织倾向的同志们的超组织的活动，在过去与伯山（李立三）同志争论的四个同志在不平衡革命高潮等问题上是对的，但陈韶玉、秦邦宪（博古）等同志则借此扩大发展他拥护国际路线的影响，这是不应当的。在韶玉同志'开始在主要几省甚至一省建立中国苏维埃政府问题'的文章上面'夺取武汉这一可能的前途，成为不远将来的事实'，'夺取武汉的胜利，有使中国资产阶级民主革命完成，并且是中国现阶段革命转变到社会主义的正式开始。'他这样的观点，与伯山同志是同样错误的。这证明韶玉同志对于这些问题也没有弄清楚。"[1]

王明等人反六届三中全会及其在中央的活动，虽然遭到党中央的批评和抵制，但却得到共产国际的支持。因此，反六届三中全会的浪潮愈演愈烈。

共产国际发出十月来信的同时，电召李立三赴莫斯科去检查错误。共产国际东方部在听取李立三的检查，并审查了六届三中全会的文件和新的中共中央给各地党委的指示及党报的社论以后，给共产国际执委写了《关于中国党三中全会与李立三同志的错误的报告》，其中既指责李立三犯了路线错误，又否定了六届三中全会在纠正"立三路线"中所起的积极作用，批评六届三中全会"没有揭发'立三路线'的实质"，"模糊了这个路线和国际路线的原则上的不同"，并指责说："实际上三中全会的领导者，不但不去执行国际指示，反而对立三托洛茨基主义盲动主义路线采取调和态度"。报告还点名批评瞿秋白犯了"调和错误"，"耍两面派"，搞"小团体"活动。

王明趁共产国际把李立三的问题确定为"路线错误"，把六届三中全会确定为犯了"调和错误"之机，在中国共产党内率先公开打出了"反对三中全会的调和路线"的旗号，抛出了由他起草的《两条路线》意见书。1930年12月

---

[1] 凡论述本问题时引文不注明出处的，均引自《两条路线》，即《为中共更加布尔塞维克化而斗争》，见中国人民大学中共党史系资料室编《中共党史教学参考资料》（一），人民出版社1979年版。

14日，王明在《实话》上发表了《"立三路线"与战后资本主义第三时期》一文，在党的刊物上首先捅出"立三路线"并上了文章标题。

他指责六届三中全会及其中央是"对'立三路线'采取调和态度的调和派"，"实际上不过是懦弱的立三主义者"，开始了公开反对六届三中全会及其中央的行动。

王明率先在党内掀起反六届三中全会和反调和路线的浪潮之后，原来因反"立三路线"而遭受打击的，以何孟雄、林育南、李求实为代表的江苏省委和全国苏维埃代表大会中央准备委员会的干部，以罗章龙、徐锡根、王克全为代表的全总和上海工联的干部与工人，也卷入了这场反调和路线斗争的旋涡中，纷纷起来反对六届三中全会及其中央。顿时，在党内掀起了一股巨大的反六届三中全会、反"调和错误"的浪潮。

在这股反六届三中全会浪潮的冲击下，党中央的威信骤然下降，不能对全党实行有效领导，造成当时党内严重的领导危机。

抛出《两条路线》意见书

为了表明自己是真正的马列主义者和国际正确路线的代表，为了反对李立三在中国革命问题上的"右倾"错误，这时期王明突击写出了《两条路线》意见书。时间大约是在1930年11月间，是六届三中全会已闭幕、会议决议已经在全党传达之后。

王明利用李立三和党中央停止他工作的空闲时间，抓紧时间突击撰写，"差不多费了半个月时间写成的。写的时候，多半是写一点被同志们拿去看一点"。王明完稿后，"匆促地抄了三份，但是曾经过几十个积极反'立三路线'的同志们看过的，有许多地方也曾经因看的同志的批评或建议而加以补正过的"。

《两条路线》是王明的"杰作"，也是他们一些人集体补充和修改的结果。

王明的《两条路线》是向中共中央提出的意见书，也是批判"立三路线"

的小册子,还是阐发自己"左"倾思想与纲领的宣言书。

王明上台后,《两条路线》才得以于1931年2月出版。初版时,共分三大部分:(1)引言;(2)李立三路线底理论与实际;(3)结论。

《两条路线》约6万字,在党内众多批"立三路线"文章、意见书、信件中,可以称得上是文字量最大、批判最为详细系统的一篇。对于这样一本代表王明"左"倾路线纲领的小册子,我们不得不花费较多的笔墨进行较细致的剖析。

(一)错误地批判"立三路线"的"一贯右倾机会主义理论与实际"

"立三路线"是地地道道的"左"倾冒险错误路线,王明却在《两条路线》中全力去批判"立三路线"所谓"一贯的右倾机会主义理论与实际"。尽管他抓住了"立三路线"的某些错误,但由于他站在比"立三路线"更"左"的立场上去批"立三路线"的"右倾",这样就从根本方面批歪了,从而在全局上就批错了。

1.错误地批判"立三路线"在国际形势与中国革命问题上的右倾。

能否正确分析形势,是能否正确制定路线与政策的前提。1928年7月,共产国际第六次代表大会正式提出的"第三时期"理论,片面夸大了资本主义世界的危机程度,片面夸大了世界无产阶级革命力量的增长,错误地号召无产阶级和被压迫民族去进行"大规模阶级搏斗",结果给世界无产阶级革命和国际共产主义运动带来严重危害。

王明与李立三在"第三时期"理论问题上的根本看法是一致的,都完全接受共产国际的这一"左"倾理论。可是,王明在《两条路线》中,却说李立三对战后资本主义"第三时期"的估计是错误的,是右倾机会主义观点。

王明断言:"立三同志把普遍的世界资本主义的危机,作为第三时期的特点,实际上便是否认了第三时期。""立三同志对于第三时期估计的观点,与国际工人运动中右的机会主义的观点是一致的。"

"第三时期"理论是共产国际此时指导国际共产主义运动的总纲,也是"立三路线"犯"左"倾错误的重要根源。王明认为李立三在这个核心问题上犯了右倾错误,在其他的一系列问题上也自然都是右倾的。因此,王明围绕

"第三时期"这个核心问题，又大批了李立三对于"第三时期"与资本主义发展不平衡规律问题、苏联社会主义建设和平政策问题、中国革命与世界革命的相互关系问题等方面的"右倾"错误。而实际上，"立三路线"在这一系列问题上所犯的正是"左"倾错误。

2. 错误地批判"立三路线"在中国革命根本问题上的右倾。

"立三路线"在中国革命根本问题上的主张是"左"的，因此对中国革命性质、对象、动力、夺取政权、革命转变与前途等一系列问题的认识也自然是"左"的。而王明在中国革命的根本问题上也有一套"左"的主张。可是，他却硬把"立三路线"对这些问题的看法说成是"右倾"，而且令人吃惊地作出了这种张冠李戴的结论："托陈取消派从'左方'来取消革命，李立三同志从右方来取消革命。"

李立三在《新的革命高潮前面的诸问题》中，主张超越中国资产阶级民主革命的范围。他提出："中国资产阶级已经是反动联盟的一部分。因此，民主革命是反对帝国主义与封建势力，同时也必须反对资产阶级。民主革命的彻底胜利与推翻资产阶级的统治不可分离。"

王明在《两条路线》中宣扬的观点和李立三的观点是一致的，他说："现在阶段的中国革命还是资产阶级民主革命的性质。""现在革命之所以还具有资产阶级民主性，是因为工人阶级反对资本主义的斗争。"

但是，王明却硬说李立三认为"在资产阶级民主革命的阶段中，不应该反对资产阶级"，然后作出结论："立三同志的脑筋中，始终找不出对于现在阶段的中国革命性质的正确了解，他根本不懂得中国资产阶级民主革命的特点。"

如果说王明比李立三"懂得中国资产阶级民主革命的特点"，那就是王明比李立三更积极地强调在民主革命中反对资产阶级。

3. 错误地批判"立三路线"在时局估计与党的任务问题上的右倾。

在对时局估计与党的任务问题上，王明在《两条路线》中，批判"立三路线"是形"左"实右。

王明首先抓住李立三对革命高潮与直接革命形势界限不清等问题大加指责。王明说："立三同志的论文以及以立三同志为领导时的中央政治局文件上，都把革命运动的高潮与革命形势混成一谈，把高潮与直接革命形势当成同一范畴来相互并用。"

李立三对王明的指责也不以为然，认为这是"名词争论""翻译错误"，并辩解说：这是中国党内同志习惯用法，六大决议也是如此。

王明曾长期在苏联学习和工作，读了不少马列书籍，也看过不少共产国际决议与苏共中央文件，经常教条主义地抓住一些名词概念做文章。李立三书读得不如王明多，词语运用得也不是十分准确，的确把革命高潮与直接革命形势两个不同概念混同了，不加区别。但是，他们在这个问题上的分歧也就是到此为止。在时局估计与党的任务这些重大原则问题上，两个人"左"倾冒险错误的主张却是一致的。

党的六大曾明确提出：当前的政治形势是处于两个高潮之间，党的任务不是进攻，而是争取群众，准备暴动。六大后，工农运动开始复兴，全国革命形势有所发展，但革命形势还没有出现高潮，更不存在直接夺取中心城市的革命形势。可是，李立三在《新的革命高潮前面的诸问题》一文中，开篇就说："现时革命斗争的发展日益接近革命高潮——直接革命的形势。"王明在《两条路线》中也说："从全国形势一般看来，新的革命运动的高潮日益增长，实在是不可争辩的实事。""而统治阶级的统治日益削弱而走向破产的道路。"

可见，无论李立三或王明，都放弃了六大对时局与局势的估计，一致认为革命进入了高潮，直接革命形势已经或者将要到来。

4. 把"立三路线"的"左"倾当成右倾批判的原因。

王明之所以在《两条路线》中大肆批判"立三路线"的"一贯右倾机会主义"，是与共产国际的态度和中共党内的倾向连在一起的。

首先，受共产国际反右倾的影响。

共产国际第六次代表大会不但提出了"左"倾的"第三时期"理论，而且认为各国共产党的主要倾向是"右倾"，要求各国把"反右倾的斗争，提到首要地位"。这是共产国际急剧向"左"倾转向的一次会议，对各国共产党的发展产生了重大影响。

1929年4月22日，斯大林在联共（布）中央委员会和监察委员会联席全

第四章
上台掌权（1931.1—1931.10）

会上作《论联共（布）党内的右倾》的演说，公开点名批判布哈林的右倾错误，强调："反右倾斗争是我们党的决定性的任务之一。"要求各国共产党"同右倾和对右倾的调和态度作斗争"，清除共产国际中的机会主义者。

1929年7月3日至19日举行的共产国际执委十次全会，通过了《国际形势和共产国际的当前任务提纲》，其中强调指出："右倾机会主义是当前各国共产党的主要危险"，特别提出"在各殖民地的共产党中也必须加强反右倾的斗争"。

共产国际和联共（布）都认为"右倾机会主义是当前各国共产党的主要危险"，联共（布）和其他共产党又都开始了反右倾的斗争，这自然成了王明这位教条主义者大反右倾的依据。他把共产国际关于"各国共产党的主要危险是右倾机会主义"的指示硬搬到中国党内，硬套在李立三的头上，大反"立三路线"的"右倾"。

1930年11月，共产国际十月来信中说"立三路线""不过是用假冒的'左派'空谈遮盖着自己的消极性，而在实质上却是机会主义的立场"，王明马上在《两条路线》小册子中，增添了"以'左'倾词句为盾牌的以立三为领导的右倾机会主义"的内容，跟在共产国际的后面亦步亦趋，大反"立三路线"的右倾。

其次，中国共产党内存在着强烈的反右倾倾向。

中共六大制定的路线是既反对"左"倾机会主义，又反对右倾机会主义，特别是反对"左"倾盲动主义。但是，随着共产国际反右倾的发展，中国党也把右倾作为最重要的危险加以反对。1929年2月8日，《共产国际执行委员会致中国共产党书》中，认为中国共产党内盲动主义在过去一年中已经失去了它发生的基础，强调"在现在的环境之下的特别危险是右倾"。于是，1929年6月召开的中共六届二中全会，在决议中就强调："党内政治斗争之主要方向是反对右倾，反对机会主义的复活。"强调党内主要危险是右倾，逐步形成了"左"比右好、"左"是革命而右是不革命的观念。

这个时期，党的文件在论述党内错误倾向时，都把右倾作为主要危险，把反右倾作为党的主要任务。李立三和王明"左"倾路线，也都是在反右倾的浪潮中逐步形成的。

"立三路线"和"王明路线"都是"左"倾路线。虽然"王明路线"在某些"左"倾冒险方面的做法上有所收敛，但在实质上比"立三路线"更"左"。用王明的眼光看李立三的错误，自然也就要得出"立三路线"是右倾的结论。

（二）大批瞿秋白和六届三中全会的"调和错误"

只有全盘否定瞿秋白和六届三中全会，王明才能上台夺权。因此，批判瞿秋白和六届三中全会，是《两条路线》的另一个重点。

1. 全盘否认瞿秋白和六届三中全会在纠正"立三路线"中的作用。

王明在《两条路线》中，也承认"三中全会在血的教训和事实打击下，同意了国际指令的某些部分，停止了全国暴动的行动，取消了总行委及各级行委的组织，承认国际指出党目前两方面（苏维埃区域和反动统治区域）任务的方针"。可是，他又借口维它（瞿秋白）同志在三中全会对于反列宁主义的"立三路线"采取了拥护和调和的态度，所以在中国革命各个根本问题上及目前策略问题上都不能按国际路线来决定，而且或明或暗地继续了"立三路线"，一笔抹杀了瞿秋白和六届三中全会纠正"立三路线"的积极作用。

《两条路线》攻击六届三中全会"继续'立三路线'""犯了严重错误""反国际路线"。实际上，就在王明写《两条路线》前夕的1930年11月13日，王明与博古在联名给中央的信中，还承认"三中全会有重大意义"。王明只不过是按照共产国际的十月来信变换腔调罢了。

2. 夸大瞿秋白和六届三中全会在对待"立三路线"问题上的调和错误。

毋庸讳言，瞿秋白和六届三中全会的确对"立三路线"的严重危害缺乏足够认识，对"立三路线"的思想实质也没有清

博古

算和纠正,仅仅把"立三路线"的错误看成策略上的错误。正如《关于若干历史问题的决议》所评价的那样:"表现了对'立三路线'调和妥协精神。"

王明在《两条路线》中,抓住了瞿秋白和三中全会的某些错误,而且竭力夸大,肆意攻击,说秋白等"在拥护立三错误路线的原则下来继续'立三路线'","三中全会的政治决议变成掩护'立三路线'的产物"。

人们只要认真地客观地看看六届三中全会的决议,不难发现它并不是一个拥护"立三路线"的决议。尽管它有某些认识不够的地方,但它的基调是批判"立三路线"错误的,主要精神是纠正"立三路线",而不是什么拥护"立三路线"和坚持要继续"立三路线"。

3. 揭露瞿秋白与六届三中全会所谓"反国际路线"。

王明在批判瞿秋白与六届三中全会的调和错误时,专门列举了"维它同志等反国际路线的两件显明事实"。

第一件,瞿秋白起草的六届三中全会决议中把拥护共产国际决议内容放在第二部分。

王明指责说:"维它同志起草的三中全会决议并未表示接受最近国际执委对于中国问题的全部决议案。"其表现是,布尔塞维克党一般通例都是把拥护共产国际决议放在决议开头,而瞿秋白却放在"决议第二部分"上。因此,王明认为:"这充分地表明维它同志等对于国际决议采取了不容许的不诚恳态度。"

六届三中全会决议中明确写道:中国事变"确切证明共产国际执行委员会的估量完全正确。中国共产党中央委员会扩大的第三次全体会议,完全同意共产国际执行的这种指示"。但在教条主义者王明的眼里,把拥护共产国际决议放在第二部分,这就是违反了布尔塞维克党的"一般通例",也就是不接受共产国际的决议。

看来,教条主义者的思维方式确有一套固定不变的逻辑。

第二件,瞿秋白和六届三中全会认为中共中央与共产国际路线是一致的。

《中共三中全会关于政治状况和党的总任务决议案》写道:"中央委员会扩大的第三次全体会议,承认中央政治局的路线——是正确的,是和共产国际的路线一致的。"王明认为,这是"尽量否认中央政治局内占领导地位的曾经有过以立三为领导的反共产国际的反列宁主义的路线,一口咬定国际与中央路线是完全一致的。"这"是把两个绝对不一致而且相反的东西,强词夺理地说成一致"。

共产国际与"立三路线"及六届三中全会的关系,既不像全会决议所说的那样完全一致,也不像王明所说的那样绝对不一致。事实上,两者既有一致的地方,又有不一致的地方,呈现出一种交错复杂的情况。

"立三路线"是在共产国际路线的指导下形成的。所以,李立三多次讲,他与共产国际的路线是一致的。另外,共产国际并不同意李立三的冒险计划,即马上举行全国总暴动和红军攻打中心城市,不同意组织总行委等,所以一直不批准6月11日决议。

当瞿秋白和周恩来在莫斯科同共产国际讨论"立三路线"时,共产国际并未指出李立三的错误是路线问题,对李立三错误的批评也不严厉。瞿秋白和六届三中全会正是按照共产国际指示的基调来纠正"立三路线"的。因此,不能说瞿秋白与六届三中全会不遵循共产国际的指示与决议,更不能说是反国际路线。

共产国际正式给李立三的错误定性为路线错误,认为是反国际的政治路线,是在十月来信中作出的。王明也正是按照十月来信精神攻击瞿秋白和三中全会是反国际路线。

我们姑且不管十月来信的正误,这种不管国际路线的变化而用六届三中全会闭会两个多月以后收到的共产国际来信来批判六届三中全会的做法,就是不符合历史发展实际的。

4. 谴责瞿秋白等人对共产国际十月来信的态度。

中共中央1930年11月16日正式收到共产国际来信后,极为重视,立即进行了传达讨论。11月22日,中央政治局召开扩大会议,专门讨论十月来信和"立三路线"的问题。中央政治局表示同意十月来信的看法,承认李立三犯的是路线错误,指出六届三中全会虽纠正了"立三路线",但未有揭露其路线错误,采取了调和态度。

根据这次会议决定,会后公布了《中国共产党中央委员会告同志书——

为反对和肃清立三同志路线的问题》。11月25日，中央政治局又公布了《中央政治局关于最近国际来信的决议》（11月补充决议），发表了《反"立三路线"的讨论大纲》。12月9日，中央再次作出《中央政治局关于召集紧急会议的决议》。

在这些决议和文件中，中共中央表示接受共产国际十月来信，指出从6月到8月期间中央政治局的工作是路线错误，主要应由李立三负责，同时也承认六届三中全会采取了调和态度。

可是，王明对中央的态度仍不满足，硬逼着瞿秋白和中央承认"三中全会上接受国际决议的名义和曲解国际决议的方式下继续'立三路线'的反国际路线的错误"，"直到国际最近来信时，他们又作出这样掩护'立三路线'的决议，他们是自觉地对'立三路线'调和投降，是'立三路线'拥护者。他们极力企图在接受国际决议的名义下来调和和继续'立三路线'"。

王明还不承认李立三在六届三中全会上检查过自己的错误。六届三中全会决议说"立三同志在三中全会已经承认了自己的错误"，王明认为这是为李立三掩盖错误。他咒骂李立三在六届三中全会上的检查，"是一个乡下的臭讼事在县公堂上搬弄字句"，实际上王明自己恰好是一个最爱搬弄字句的人。

（三）提出新的"左"倾路线的理论与纲领

王明在《两条路线》中，不仅批判了"立三路线"和瞿秋白与六届三中全会的调和错误，而且全面系统地阐发了自己关于中国革命问题的见解和主张，提出了在新的形态下"左"倾路线的理论与纲领。

1. 提出新的"左"倾路线的理论根据。

王明所提出的新的"左"倾路线与"立三路线"同属一类，但比"立三路线"更讲究理论，形态更完备。他在关于中国社会性质、革命性质、革命对象、革命动力、革命转变等问题上提出了一系列"左"的主张。

此前中共历次代表大会都指出，中国现时社会是一个半殖民地半封建社会。而王明在《两条路线》中，却只提是半殖民地国家。他在论述"中国革命的根本问题"时说："首先必须正确了解和认清中国经济的性质。中国是半殖民地国家。"

王明不提中国是半封建国家,并不是疏忽,从他大批李立三的"中国经济主要的只是封建经济和半封建经济"的理论就可知,他根本不承认封建经济在中国社会的优势地位,而是夸大资本主义在中国经济中的比重。

王明关于中国社会性质的"半殖民地国家"理论,为其在中国革命进行中反对资产阶级、夸大反富农斗争和所谓"社会主义革命成分"的意义等一系列"左"倾主张开辟了道路。

在"半殖民地国家"理论指导下,王明又认为中国民主革命不是两大任务,而是三大任务,即反帝反封建反资。他说:"现在阶段的中国资产阶级民主革命,只有在坚决进行反对资产阶级的斗争中,才能取得彻底胜利。""现在阶段革命之所以还成为资产阶级民主性,是因为工人阶级反对资本主义的斗争。"因此,他认为现阶段中国革命的任务是"反对帝国主义的民族解放斗争,反封建余孽的斗争,反资产阶级的斗争"。

既然革命的对象包括资产阶级,革命的动力也就被王明大大缩小了。王明在《两条路线》中提出:"中国现在革命阶段的革命主要动力是:工人阶级、雇农和贫农,中农是巩固的同盟军,加上城乡的广大的半无产阶级成分和小资产阶级的下层。"

王明并没有争取中间力量,没有把民族资产阶级和小资产阶级上层列为革命要争取的对象。

中国现阶段的革命性质是资产阶级民主革命。党的六大再次明确指出:"中国革命现在阶段性质,是资产阶级民主革命。"这个看法也是斯大林和共产国际的认识,因此,王明在口头上也讲中国革命的资产阶级民主性质,但他又提出:"现在阶段革命之所以还成为资产阶级民主性,是因为工人阶级反对资产阶级的斗争。"这实际上是否认了中国革命的资产阶级民主革命性质,超越了资产阶级民主革命范围。

中国革命必须分为民主革命和社会主义革命两个阶段进行,这是两种不同性质的革命,又是相互连接的两个不同的革命阶段。王明在《两条路线》中,夸大资本主义在中国经济中的比重,夸大中国现阶段革命中反对资产阶级的意义,夸大所谓社会主义革命成分在民主革命中的作用,从而混淆了民主革命与社会主义革命的界限，急于进行革命转变，甚至提出中国革命在一省数省的胜利就是革命转变的开始，陷入了"左"倾的革命超越论。

王明在中国社会性质、革命性质、革命任务、革命对象、革命动力、革命转变等一系列问题上的"左"倾主张，形成了一条形态完备的"左"倾路线，将把中国革命引向更加危险的境地。

2. 规定新的"左"倾任务。

王明在《两条路线》中，不仅阐发了新的"左"倾路线的理论根据，而且以新的"左"倾观点估计时局和规定党的任务。

王明认为："从全国形势一般看来，新的革命运动的高潮日益增长，实在是不可争辩的事实。"当前"统治阶级的统治日益削弱而走向破产的道路"，"在全国革命运动新高潮日益生长和不平衡发展的条件下，直接革命形势，最近首先可以包括一个或者几个主要的省份"。

根据对形势分析的这种"左"倾估量，王明提出："党的主要任务是：在日益增长的革命新高潮的条件下，彻底保障实行无产阶级的领导权，在彻底实行无产阶级领导权的条件之下，去动员、组织、发展与汇合苏维埃区与反动统治区域革命运动，以促进革命形势的成熟，虽然不能够包括到全国的地域，至少也要包括几个主要的省份。"

根据党的主要任务，他要求，白区工作主要是"在政治上、组织上、群众基础上（当然同时还须加紧党、团员军事化，工农武装及夺取敌人武装的军事准备工作）真正准备和创造武装起义的一切必要前提"，要争取"在这一省与几省可以首先胜利，而且有可能与必要来巩固与保障这一胜利的持续，以便在这一胜利的基础上，实行真正争取全国革命胜利的斗争"。

为此，他还具体规定了在白区对于工人运动的策略、反帝国主义工作、少数民族工作、对反革命派别的斗争策略，等等，核心仍是武装暴动夺取一省或几省的首先胜利。

根据党的主要任务，他要求"在苏维埃区域第一等重要任务是：在最有保障的区域里来建立起苏维埃中央政府和完全服从共产党领导而能够做这一政府支柱的红军，建立和巩固苏维埃根据地，以便将来依照军事政治的环境，进而能够占领一个或者几个工业的行政的中心城市"。为此，他还具体规定了在苏区建立苏维埃政权、建立工农红军、建立革命根据地等政策。

当然，这位"从未到过任何苏区"的理论家所规定的核心问题，仍是让红军去攻打、占领一个和几个"工业的行政的中心城市"，实现夺取一省或数省的首先胜利。

王明还认为，要保障党的政治路线、保障党的任务的实现，还必须清除党内的障碍，这只有开展两条路线的斗争。由于"右倾是党内主要危险"，因此，党应"集中火力去反对主要的右倾危险"。其结果，是使"左"倾恶性发展，党领导的革命事业陷入危机之中。

3. 提出解决当前党的领导危机的意见。

王明在《两条路线》的"结论"中认为，"立三路线"是以李立三为领导的中央政治局的非列宁主义的非布尔塞维克的政治路线。而瞿秋白等"在三中全会上，对于'立三路线'采取了调和、投降态度，于是，实际上继续着'立三路线'。现有中央政治局领导同志维它等没有保障执行国际路线的可能，现有中央政治局领导同志维它等不能解决目前革命紧急任务，不能领导全党工作"。

为了"把党从领导危机中挽救出来"，他提出了解决党的领导危机的八项政治意见：

（1）在国际直接领导下，开始准备召集党的七大，"以便根本改造党的领导"。

（2）在七大召开前，由共产国际负责帮助成立临时的中央领导机关，改变政治局的成分。

（3）在党报上讨论最近共产国际的决议与指示，向"立三路线"开火，反对调和态度与倾向，尤其要特别反对主要危险——右倾机会主义倾向。

（4）党报上公布同志们反"立三路线"的政治意见书。

（5）"肃清那些不可救药和固执己见'左'右机会主义分子离开领导，以能积极拥护和执行国际路线的斗争干部——特别是工人干部——来改造和充实各级的领导机关"。

第四章
上台掌权（1931.1—1931.10）

（6）把共产国际十月来信印发全党。

（7）在共产国际领导之下，中央政治局立刻公开宣布三中全会决议及通告无效。

（8）反对家长制度、命令主义、委派制度、惩办制度，等等。

王明八条政治建议的核心是第一、二、五条，这实际上是要以王明提出的"左"倾路线来代替"立三路线"，以王明这样积极拥护和执行共产国际路线的斗争干部来代替三中全会后的中央。也就是说，王明要公开上台掌权了。

王明的《两条路线》是这位典型的教条主义者的代表作。他后来自己也承认说："我在小册子中所提出的对当时中国革命运动的许多意见，是从何而来呢？是从分析当时中国的具体情况和根据当时中国人民的具体要求而来的吗？绝不是的。它是从抄袭各种决议而来的。如对中国革命性质、动力、阶级等问题的意见，主要地是抄袭1928年党六次大会的决议；对富农问题、职工问题及改组派等等问题的意见，直接是抄袭1929年共产国际关于这些问题的文件；对当时中国形势估计和党的主要任务的意见，则是主要的抄袭1930年6月共产国际执委对中国问题的决议及11月关于'立三路线'问题致中央信（指十月来信）。""总而言之，用的是'从决议中来，到决议中去'底方法；是'不从实际出发，而从书本出发'底方法；是根本的教条主义思想和作风底方法。"[1]

不过，在当时，王明把《两条路线》当作投向党内的一颗重型炸弹。1931年2月10日正式出版时，他在《几点必要的声明》中说："这一小册子在国际来信前的一个时期中，的确曾经起过相当的反'立三路线'及对'立三路线'的调和态度的纲领作用。"

的确，王明这本小册子是起过"纲领"作用的。但它起到的是以新的"左"倾路线代替"立三路线"的"纲领作用"，起到的是把革命引向失败的"纲领作用"。

1945年4月20日，党的六届七中全会通过的《关于若干历史问题的决

---

[1] 引自1945年4月20日王明写给六届七中全会的信。

议》对王明这本小册子作了如下评价:"当时发表的陈绍禹同志的《两条路线》即《为中共更加布尔塞维克化而斗争》的小册子中,实际上是提出了一个在新的形态下,继续、恢复或发展'立三路线'和其他'左'倾思想'左'倾政策的新的政治纲领。这样'左'倾思想在党内就获得了新的滋长,而形成为新的'左'倾路线。"

今天看来,这个评价是符合历史实际的。

倡办秋阳书店

在上海工作期间,王明与"三农"的同学王逸常、桂尊夏、桂尊秋和安徽同乡都一直保持着接触和交往。

据桂尊秋回忆说,当时他在江苏省镇江市工作。他父亲桂月峰和大哥桂尊夏都在大别山革命根据地工作。大约是1929年夏,桂尊夏为完成党交给他的秘密任务,从大别山来到上海,路过镇江时看望了弟弟桂尊秋,兄弟二人还一起到上海看望了老同学王明。

"到上海后,我大哥带我去一个秘密机关,在这里见到了陈绍禹,他们正在打麻将。他给别人使个眼色,然后进来与我们谈话,后又与我大哥单独谈话……从此以后,再也没有见到他。"[1]

桂氏兄弟与王明在上海的会见,只是偶尔的接触。这期间与王明接触最多的老乡当数"三农"老同学王逸常。王逸常当时任中共安徽省六安、黑山联合县委书记,因同省委书记尹宽发生严重分歧,到上海找党中央解决。中央批评了尹宽,调离他去别处工作,把王逸常留在了上海,但也迟迟没有给他分配工作。王逸常赋闲期间,常找王明交谈。

1930年,王明找到王逸常,提出请他出面办个书店,房租由王明出,稿件由王明组织留苏的同学们提供或帮助翻译,而且还表示不要稿费。

---

[1]《访问桂尊秋谈话记录》,访问者:曹仲彬,1980年12月30日。

第四章
上台掌权（1931.1—1931.10）

王逸常当时尚未接受党分配的工作，又受老同学之托，就答应了王明的要求。于是，王逸常找了安徽籍的党员同志和同乡集资办书店。王学纯、王同荣、胡萍舟（胡允恭）、薄德志、薄德义、彭干成等人慷慨出资，不久便筹齐资金，准备开张。

书店叫什么名称呢？这群年轻人议论纷纷。有人引用杜甫的诗句"青松恨不高千尺，恶竹应须斩万竿"，主张叫"青松书店"；彭干成引用《诗经》上"秋阳以暴之"一句，认为"秋阳"二字寓意深长，更为合适，得到大家认可，便正式商定，书店取名为"秋阳书店"。

他们在上海英租界蒲柏路租到一间房子，书店便正式开张。王逸常任书店经理，另雇一店员詹振华帮忙。书店设门市部、印刷所，主要是卖书和印书，大力销售进步书刊和介绍苏联的期刊，而且自己还印刷一些书籍销售，主要是翻译苏联的书籍，如《震动世界的十天》《世界妇女》《苏联农业》《巷战战术》等。

王明主张办的这个秋阳书店，在销售进步书刊、印刷介绍苏联革命与建设的书籍、向读者宣传革命思想与马列主义等方面，起了积极作用。但是，秋阳书店也成了王明等人搞宗派活动的据点。

据当时书店经理王逸常证实说："这书店被王明所利用。他利用我们这些安徽人和同学关系，把书店作为他的联络地点。1. 书店给他印刷《世界妇女》《苏联农业》《震动世界的十天》《巷战战术》。这些书都是他们这些留苏学生翻译的，不要稿费，不要版权。2. 王明常来这里研究问题，一两人常来接头、联系。书店成为他们接头地点、联系据点、活动场所。""常来接头的有博古等人。"[1]

有人说秋阳书店是"国际的联络点""国际通信机关"。对此，王逸常加以否认。他说："王明叫我开秋阳书店，不是国际联络点，没有来过国际代表，也没有收到过国际文件和什么经费。"[2]

1931年夏，英租界老闸捕房查抄了秋阳书店，逮捕了书店经理王逸常及其

---

[1]《访问王逸常谈话记录》，访问者：曹仲彬，1980年11月17日。
[2] 同上。

弟弟王亦良、店员詹振华、董事长胡萍舟等四人。

据胡萍舟回忆说:"是年夏,某星期日下午开过董事长会,大家皆散,只有我、王逸常及其胞弟王某(来找王逸常而住店中)和店员詹振华四人在店,商量印书事。英帝巡捕房探警,突然包围书店,搜查后,即把我们四人全部捕去。"[1]

在受审时,王逸常供称:书店经理是自己胞兄王仲岭,前十几天因事外出了;自己是代经理,叫王仲盈;王亦良来探亲,胡萍舟是来找人的,詹振华是雇的店员。

得知王逸常等被捕后,党为营救他们,大家请了李世蕊大律师为之辩护。因为敌人没有抓住什么有力的证据,所以胡萍舟、王亦良被无罪释放,王逸常、詹振华被宣判拘役三个月,送提篮桥监狱执行。店中书籍等财物被宣布没收,秋阳书店从此停业。

三个月后,王逸常出狱了。据他回忆说:"出狱后还受到陈绍禹批评。他说,《巷战战术》是同志们点着蜡烛翻译出来的,还没有来得及印出,就被焚毁了。我不服气地回答说,我被捕,生死置之度外。稿子是别人焚掉的,我不知道,没有落在敌人手里就不错了。为此,我们闹了矛盾。"[2]

对于王明的非难,王逸常十分不满,与王明从此断绝了关系。

米夫亲自来华扶植

李立三和王明在贯彻共产国际"左"倾路线时,两者有不同的特点。王明的特点是"洋教条",完全不折不扣地按共产国际指示办;李立三则搞了不少"土政策",别出心裁地制订冒险的暴动计划,成立总行动委员会等。李立三的这些土政策固然都是为了贯彻共产国际的路线而"发明"的,但共产国际并不欣赏这些"土政策",而是看重王明这样的"洋教条"。所以,由王明取代李

---

[1]《访问胡萍舟谈话记录》,访问者:曹仲彬,1980年11月24日,1983年5月23日。
[2]《访问王逸常谈话记录》,访问者:曹仲彬,1980年11月17日。

第四章
上台掌权（1931.1—1931.10）

立三是必然的。

不过，共产国际寄予厚望的王明，由苏联回国后并没有得到当时中共中央的信任，被分配到基层工作锻炼，根本没有担任领导职务。这是共产国际特别是亲自培养和扶植王明的米夫所不愿看到的。

更使共产国际和米夫恼火的是，王明等人不仅没有被李立三等中央领导人重用，反而受到批评和纪律处分。共产国际派瞿秋白和周恩来回国纠正李立三的错误。可是，三中全会不仅没有把王明等人提到中央领导岗位，甚至李立三中央给王明等人的处分也没有撤销，而且又命令他们到中央苏区去工作。共产国际对此表示："无论如何，这是不能够接受的。"[1]为此，共产国际决定派东方部副部长米夫，以共产国际代表身份亲自来华，贯彻国际路线，扶植王明上台。

米夫来华之前，《共产国际执委给中共中央关于"立三路线"问题的信》已传到中国，确认李立三犯的是路线错误。王明等人乘机掀起了反三中全会和反调和路线的浪潮，造成党的领导危机。

这时，王明、罗章龙、何孟雄等人根据共产国际来信的精神，都认为瞿秋白为首的党中央继续坚持"立三路线"，犯了"调和路线"的错误。因此，他们一致主张在共产国际的领导下，召开紧急会议，接受共产国际决议，彻底批判"立三路线"，改造中央领导机关。

在一片反对声浪中，党中央被迫接受了他们的意见，于1930年12月9日通过了《中央政治局关于召集中央紧急会议的决议》。12月11日，党中央又将这个决议连同共产国际来信等四个文件，下发到基层支部，要求大家讨论，以便深入开展反"立三路线"斗争和反调和错误。至此，党内反六届三中全会、反调和路线的斗争暂时缓和下来了。

正当党逐步由共产国际十月来信后的严重分歧与混乱状态摆脱出来、党内意见大体趋于一致、中央也正在着手筹备召开紧急会议时，1930年12月中旬，作为共产国际代表的米夫突然来华。

---

[1] 瞿秋白：《多余的话》，1935年5月17日。

米夫来华后，本应从中国党的大局出发，以党的团结为重，尊重党内多数人的意见，帮助中共中央克服缺点错误，渡过难关，促进革命事业的发展。但实际上，米夫却单纯从扶植王明上台的既定目标出发，不惜否定中共中央和党内多数的意见，挺一派压一派，促使党内分歧加剧。

米夫来华后，不是先找中共中央领导人瞿秋白等谈话，而是首先召见王明，与王明密谈，向他交底。米夫与这位得意弟子会谈后，才和中共中央领导人瞿秋白等会面，通知他们不应召集紧急会议，而应召开四中全会，并严厉批评了三中全会和三中全会通过的11月22日决议。

然后，米夫又会见了罗章龙、徐锡根等人，但拒绝会见最早反"立三路线"的何孟雄。

王明等一些留苏回国的青年学生虽然曾在莫斯科读过一些马列的书，学过一些书本知识，但却缺乏实际斗争的锻炼，严重脱离革命实际和群众。他们回国后，认为："半部《论语》可以治天下，这么多马列主义书还不能治中国。自以为了不起。"[1]可是，在艰苦的革命斗争中，他们的弱点很快暴露，如王明被捕后的表现，使他在党内威信大大下降。

党内出现反对三中全会的浪潮后，准备上台的王明也感到自己的力量不足，群众基础差。于是，王明首先采取了联合何孟雄、罗章龙等人，企图借他们的威望和力量共同反对三中全会和以瞿秋白为首的党中央的策略。可是，自从米夫来华给他打了强心剂后，王明对自己上台掌权已有把握，觉得只要有共产国际的支持就够了，再用不着去联合何孟雄、罗章龙等人共同反对瞿秋白的"调和路线"了，而且这些人资格老、威望高、群众基础好，已成为自己上台的竞争对象或主要障碍。于是，米夫来华后，王明立刻放弃召集紧急会议的主张，坚决要求召开六届四中全会，并翻过脸来打击仍坚持召集紧急会议的何孟雄、罗章龙等人。

为了改变王明等人在党内威信不高、舆论不好、群众基础差的形象，米夫为王明大造舆论，竭力把他树立成"国际路线忠实代表"以及"反'立三路

---

[1] 博古在中共七大上的发言。

第四章
上台掌权（1931.1—1931.10）

线'"和"反'调和路线'"的"英雄"。同时，王明也拼命活动，使劲地要把反"立三路线"和反"调和路线"的头功抢到手里，把"国际路线忠实代表"的桂冠戴在头上。

1930年12月14日，王明在《实话》第3期上发表《立三路线与战后资本主义第三时期》一文，首先把反"立三路线"和反调和派抢先公开捅到全党，为推翻三中全会及其中央做舆论准备。

中国共产党作为共产国际的一个支部，对于共产国际代表米夫的指示是无法拒绝的。在米夫的压力下，中央政治局于12月14日召开会议，接受了米夫的建议，决定将计划召集的紧急会议改为召开六届四中全会。

1930年12月16日，中央政治局又在米夫的指示下，发出了《关于取消陈韶玉、秦邦宪、王稼祥、何子述四同志的处分问题的决议》。该决议说："在中央工作人员会议中，韶玉等四同志反对此观点，是合乎国际路线的观点，认为韶玉等四同志的意见是右倾机会主义的路线，这显然是很大的错误。中央政治局当时因为赞助与执行立三路线的缘故，竟因韶玉等四同志批评中央的路线而妄加他们以小组织的罪名，给韶玉同志留党察看六个月的处分，给其他同志以最后严重警告，这显然是更不正确的。""现在除正式取消对他们的处分外，并将此错误揭发出来，以加重韶玉等四同志对立三路线之不调和的斗争的责任。"[1]

此时中央也认识到"立三路线"和六届三中全会对何孟雄同志的打击与处分是不对的，因此，12月16日会议也作出了《关于何孟雄问题的决议》，认为"何孟雄政治意见书一般是正确的，是合乎国际路线的"，并宣布取消对何孟雄同志处分的决定，并决定公布何孟雄的意见书。

米夫为了使王明上台，就得否定以瞿秋白为首的党中央。只有逼迫中央领导人承认自己犯了路线错误，才有可能使他们让出领导岗位，为王明上台扫清道路。于是，在短时间内，米夫依靠共产国际的权威，迫使党中央全盘接受共产国际对中国共产党的批评与指责，并向全党宣布自己犯了"调和主义"错

---

[1]《党的建设》1931年1月25日第1期。

误,"中央政治局现在公开承认这些错误,并暴露这些错误于全党"。[1]

1930年12月23日,中共中央发出《中央通告第九十六号——为坚决执行国际路线反对立三路线与调和主义号召全党》,表示"中央政治局在接受国际这一指示下,深刻地检查自己过去的工作";承认"国际来信又彻底地揭发'立三路线'的反马克思列宁主义反共产国际的方针和危害党的实质";"立三路线是用'左'倾的空谈,掩盖着右倾的消极";承认六届三中全会"站在调和主义立场上","调和主义的中央所领导的全党工作仍然重复与继续立三路线的错误","在11月25日、12月9日两决议案中,在中央告同志书中还是保持着调和主义的态度",因此向全党宣布:"三中全会的决议与最近两次补充决议及告同志书是不能领导全党执行国际路线进行反立三路线的斗争的",必须"产生新的政治决议来代替三中全会的一切决议"。

第九十六号通告还表示:"为要保障国际路线与反立三路线之绝不调和的彻底的执行,党内应实行改造……改造各级领导机关……必须引进积极反立三路线反调和主义的干部尤其是工人干部到指导机关。"

第九十六号通告屈从于共产国际及其代表米夫的压力,曲解了"立三路线"的真正实质,夸大了六届三中全会及其中央的错误,完全否定了六届三中全会的积极作用。尽管如此,王明等人还是抓住不放,分别以江苏省委和团中央的名义,通过了反对中央第九十六号通告的决议,批判它的三个错误:

第一,没有宣布"立三路线"破产;第二,把反"立三路线"的斗争,说成已经是两条战线的斗争,没说成反右斗争,这就在反对右倾分子的斗争面前解除了党的武装;第三,对中央转变到共产国际路线的过程一字不提。

王明等人对中央态度的指责,确实显示出他们在党内斗争中的穷追猛打精神。

共产国际代表米夫,对待犯所谓"调和主义"错误的中共中央领导同志,特别是瞿秋白,也不是采取与人为善、治病救人的态度,而是运用批判斗争的方法,使他威信扫地,无法工作,希望他早日下台。

---

[1]《中央通告第九十六号》,中国人民大学中共党史系资料室编:《中共党史教学参考资料》(二),人民出版社1979年版。

第四章
上台掌权（1931.1—1931.10）

不过，米夫也深知，这些中共中央领导人在党内有相当的威信和群众影响，在党内具有重要发言权，为了在中国党内贯彻共产国际路线并使王明顺利上台，还需要他们的支持与帮助，因此还不能把他们全部撤掉。只要他们承认错误，同意执行共产国际路线，支持王明上台，大多数人还可以考虑保留他们在中央的职位。所以，米夫采取了又打又拉的手段。当时党的负责人是向忠发，虽然在"立三路线"和"调和主义"时期也都是党的最高领导人，但米夫扶植王明上台还需要这位名义上的最高领导人的支持，因此，米夫说他是工人同志，有问题可以原谅，把其错误一笔勾销，当然，条件是他必须忠于共产国际路线，跟随米夫支持王明上台。周恩来是中央政治局委员，曾和瞿秋白共同回国主持召开六届三中全会，被认为犯了"调和主义"错误。米夫认为需要利用周恩来的威望和工作能力，所以对周恩来也采取了拉的政策。周恩来也本着"顾全大局，相忍为党"[1]的原则，表示忠于共产国际，支持米夫。

当时任中央政治局委员、江南省委书记的李维汉回忆说："本来我是主张同王明等人斗争的。后来共产国际代表来了，说他们是正确的，我的态度就转变了……既然共产国际来人了那还有什么说的。"[2]

米夫把王明树立成"反立三路线的英雄"和"国际路线的忠实代表"，又争得中央领导人的支持后，就马上提出应该提拔"拥护国际路线""反对立三路线"的干部。通过中共中央同意，1930年12月25日，王明被任命为中共江南省委书记，博古为团中央宣传部部长，为他们最后取得党的领导权进行组织安排。

江苏省委在六届三中全会后，改组为江南省委，管辖上海和江苏、浙江、安徽几省。据当时江南省委书记李维汉回忆说："1930年12月22日，江南省委又进行部分改组，我即离开了江南省委，准备去莫斯科学习。改组后的省委常委成员是：王克全（代理书记）、何孟雄、夏采曦、许畏三、沈先定、陈资平、蒋云。江南省委的改组，因没有实现共产国际代表米夫要安排王明等的意

---

[1] 周恩来：《对我们党在新民主主义革命阶段六次路线斗争的个人认识》提纲（1972年6月10日），转引自《周恩来传》，人民出版社1989年版，第233页。
[2] 李维汉：《回忆与研究》（上），中共党史资料出版社1986年版，第323页。

王明传

图,受到米夫的干涉而很快流产,省委工作陷于瘫痪。后来在米夫操纵下,中央于12月25日决定委派王明担任改组后的临时江南省委书记,博古为团中央宣传部部长,这就为王明等人取得中央领导权在组织上做了准备。"

王明一上任,首先打击何孟雄。何孟雄从1927年9月到江苏省委工作以来,先后担任过江苏省委委员、候补委员、省委常委、农委书记等职,是江苏省委主要领导人之一,在江苏省委有很深的影响。

何孟雄

王明深知,如果不把何孟雄打下去,自己就难以在江南省委站住脚跟。

1930年12月底,王明以讨论中央第九十六号通告为名,由省委出面召开一次扩大的上海产业和区委书记列席会议。会议一开始就大肆吹捧王明如何正确,并攻击何孟雄是在反"立三路线"的掩盖下"发挥自己的一贯右倾机会主义的思想"。

面对王明等人的攻击,何孟雄在会上几次要求发言,但王明利用其主持会议的权力,一直不让他发言。直到何孟雄气愤地提出严重抗议后,王明才不得不让他发言。何孟雄在发言中,以"立三路线"使上海党的工作受到损害的实际教训为据,有力地驳斥了王明等人的错误主张,指责他们在上海党内搞宗派活动,破坏党的团结,并指出他们的纲领是"新立三路线"。

何孟雄的发言顿时在会上引起激烈争论,但王明等人立即对何孟雄进行围攻,诬蔑他是"右派"。何孟雄表示不同意王明的结论,更不能同意对他的批评,但王明却蛮横地宣布:谁不服从,将按组织纪律处理。

当时任省委秘书长的刘晓回忆说,这次会议一直"把矛头指向何孟雄同志,实际上是对何孟雄同志进行围攻"。[1]

---

[1] 刘晓:《党的六届三、四中全会前后白区党内斗争的一些情况》,《中共党史资料》1985年第14辑,中共党史资料出版社1985年版。

在进行了一系列准备工作之后，米夫在中共中央政治局会议上提出准备召开六届四中全会。他向中共中央领导人解释说，现在要求召开中央紧急会议是不必要的，事实上也不可能，召开四中全会就可以解决我们目前亟待解决的问题。

米夫为什么要召开六届四中全会而否定中央已经决定要召开的紧急会议呢？

因为当时党内积极反对"立三路线"的还有何孟雄和全总负责人罗章龙等人，他们都是党内有威望的老同志，有长期从事实际工作的丰富经验，并在党中央机关、总工会系统以及江苏省委的党员和干部中有较大的影响，受到党内很多党员和干部的支持、拥护。如果召开中央紧急会议，很有可能是罗章龙、何孟雄等人上台，王明能否上台没有任何把握。因此，为了防止这种不可控局面的出现，米夫断然否定召开中央紧急会议，决定召开六届四中全会，以便在"犯调和错误"的中央领导人的支持下，在四中全会上争得多数，较有把握地保证王明上台。

六届四中全会上台

六届四中全会不但使王明夺取了党的领导权，使王明"左"倾教条主义统治全党达四年之久，就是六届四中全会本身，也发生了很多违背党的组织原则的怪事，使其成为中共历史上一次极其特殊的会议。

中共六届四中全会是在米夫一手策划和操纵下召开的。

为了使六届四中全会不折不扣地贯彻执行共产国际路线，米夫会前亲自起草了《中共四中全会决议案》。他不敢把会议决议交与中共中央起草，怕塞进"立三路线"和"调和主义"的货色，所以，只好自己按照扶植王明上台的既定方针起草全会决议。

为了确保王明能够在四中全会上台，米夫对参加会议的代表也进行了特殊安排。中央委员会议理应只由中央委员和候补中央委员参加，可是，这与米夫保举王明上台的目的发生了矛盾。因为王明教条宗派中不但没有一个中央委员，就连一个候补中央委员也没有。虽经米夫做工作，一些中央委员和候补委员表示支持王明，但这终究还是没有把握的事情，不知会上是否会发生意外情况。于是，米夫利用共产国际代表的权力，经中共中央同意，确定了15名非中央委员参加会议，以便使王明等人能够出席会议并掌握权力。15名非中央委员是：王明、博古、沈泽民、夏曦、王稼祥、陈原道、何孟雄、韩连会、萧道德、袁乃祥、沈先定、许畏三、邱泮林、顾作霖、柯庆施。

为避免清一色的王明派参加会议而引起其他人更大的反感，米夫增加了何孟雄、苏区的邱泮林和支持罗章龙的几位工人。

本来参加中央委员会的非中央委员只能作为列席代表，即无表决权也无选举权，但为了使王明上台，米夫不惜违背党的组织原则，竟然强行决定这15位列席四中全会的非中央委员同中央委员享有一样的权利，既有发言权又有表决权，创下了破坏党的纪律的先例。

米夫一方面把王明等非中央委员邀来参加会议，并享有表决权，另一方面又不让一些持有不同意见的中央候补委员参加会议。

唐宏经是东北早期工人运动领导人之一。罗章龙任北方劳动组合书记部主任时，唐宏经是领导成员，两者关系密切。唐宏经曾任满洲省委工委书记，出席了党在莫斯科召开的六大，并被选为候补中央委员。六届四中全会召开前夕，中共中央通知满洲省委让唐宏经到上海开会。当时唐宏经正在哈尔滨工作，满洲省委从沈阳去信，要他急速回省，到中央开会。

据唐宏经对笔者回忆说："我看开会的时间很急，就立刻从哈尔滨坐车回沈阳。到沈阳后，我没回家，就在车站内，省委同志给了我路费，告诉我接头的地点，于是，我就坐着火车赶赴上海。可惜，我一直不知去开什么会。我在指定的日期赶到上海，住到了指定的旅馆（四马路日升客栈）。可是，我一连住了五天，没有人来接头。第六天早上来了一个人，才算接上头。来人问我：'你是来参加会议的吧？'我答：'是参加会的。'他又问：'参加什么会？'我说：'不知道。'他说：'你是参加四中全会的，会已开过了。'"[1]

---

[1]《访问唐宏经谈话记录》，访问者：曹仲彬、李海文，1980年1月12日。

第四章
上台掌权（1931.1—1931.10）

从唐宏经的回忆可知，作为中央候补委员的唐宏经，虽然按时按约到上海参加中央会议，但由于他与罗章龙的密切关系，就被米夫、王明等视为不同意见者而被拒绝出席会议。

有唐宏经这种遭遇的中央委员不是一个，徐兰芝这位候补中央委员则干脆就没有被通知参加会议。

徐兰芝时任全国铁路总工会的负责人，在党的六大上当选为中共中央候补委员，按理应通知在上海的他参加六届四中全会，但因为他赞成全总党团书记罗章龙的观点，所以就没有得到参会通知。正巧六届四中全会召开那天，他偶然得知开会消息，便气愤地闯入会场。据目击者张金保回忆当时情景说："会议开始不久，全国铁路总工会负责人徐兰芝闯进会场，质问向忠发：'你们开的什么会？'有人替向忠发回答：'六届四中全会。'徐兰芝拍着桌子大声责问：'我是候补中央委员，为什么不通知我来参加六届四中全会？'问得向忠发张口结舌说不出话。这时，王明站起来帮助向忠发解围，他拍着徐兰芝的肩膀，把他拉到另一间房子去了。"[1]

米夫不但在出席会议的代表身上做文章，而且采取突然袭击的方式宣布召开会议。由于他怕正在准备召开紧急会议的广大党员干部起来抵制突然改变的六届四中全会，在会议召开之前进行了严格保密。有的代表在会前几十分钟才接到通知，得知要召开六届四中全会；有的代表直到走进会场还不知道开什么会议；还有的代表被告之召开紧急会议，到会场后才知道是召开六届四中全会。

据参加会议的中央委员张金保回忆说："通知去开紧急会议，到会后却宣布是四中全会。他们设圈子，让我们往里跳，结果把我们骗了。他们学了马列主义，吃的洋面包，却学会资产阶级的一套，他们品质太恶劣了。"[2]

米夫以突然袭击的方式召开会议，又限定会议只开一天。六届四中全会面临的问题成堆，需要贯彻共产国际路线，批判"立三路线"和调和主义错误，而以瞿秋白为首的中央，与王明、何孟雄、罗章龙等人的主张又各不相同，党内分歧很大。面对如此重大而又众多的问题，需要认真研究讨论，在马列主义

---

[1]《访问张金保谈话记录》，访问者：曹仲彬、李海文，1980年1月24日。
[2] 同上。

原则基础上求同存异、统一思想、加强团结，可是，米夫借口安全没有保证，只准会议进行一天。

其实，六届二中全会在党内毫无争论的情况下在上海开了六天，六届三中全会也开了五天。当时虽是白色恐怖，但开几天会议的条件还是具备的。米夫限制会期一天的目的，就是不让大家讨论问题，只让大家举手通过他起草的《中共四中全会决议案》，选举王明上台。

1931年1月7日，中共六届四中全会在上海武定路修德坊6号（现在的武定路930弄14号）秘密召开。出席会议的中央委员有向忠发、瞿秋白、周恩来、李维汉、贺昌、任弼时、罗登贤、顾顺章、余飞、徐锡根、张金保、陈郁、关向应、温裕成等14人，候补中央委员有罗章龙、王克全、王凤飞、史文彬、徐兰芝、袁炳辉、陈云、周秀珠等8人，代表全总党团、海总党团、铁总党团、江南省委、团中央、苏准会等党组织出席会议的有王明、博古、沈泽民、夏曦、王稼祥、陈原道、何孟雄、韩连会、许畏三、萧道德、袁乃祥、顾作霖、邱泮林、沈先定、柯庆施等15名，共计37人。

共产国际代表米夫参加了会议，另有康生等人做记录。

王明（右）、周恩来（中）和博古的合影，摄于1931年

第四章
上台掌权（1931.1—1931.10）

六届四中全会从早晨7点钟一直开到晚上10点结束，连续开了15个小时。

会议议程共有8项：（1）宣布开会；（2）追悼为革命牺牲的烈士；（3）推选主席团；（4）向忠发作政治报告；（5）讨论；（6）国际代表结论；（7）补选中央委员和改选政治局；（8）闭会。

由于六届四中全会是在米夫一手操纵和策划下召开的，很多事项违背了党的组织原则，必然引起与会者的不满，所以，会议一开始就发生了混乱。

当向忠发代表中央宣布六届四中全会开会时，马上遭到与会者的反对。韩连会以事先没有接到召开四中全会的通知而没有准备为由，要求立即停止四中全会，而应在共产国际代表领导下，改期召集紧急会议。接着王凤飞和余飞发言，支持韩连会的意见，也要求马上停止这次四中全会，改期召开紧急会议。

此时，控制会议的米夫急忙出面制止，要求大家停止争论，立即开四中全会。他指出，这个会议得到共产国际批准，可以解决一切问题。

王凤飞对此仍表示不满。罗章龙接着发言，他表示同意韩连会、王凤飞、余飞的意见，仍力主召开紧急会议，改组党中央领导。

面对罗章龙派的反对，米夫急忙再次进行制止，说四中全会是共产国际批准的，应马上举行。

米夫的意见得到夏曦、博古、沈泽民等人支持。最后进行表决，否定了罗章龙等人的意见。但韩连会、王凤飞、余飞、史文彬等人仍不服，罗章龙也表示保留召开紧急会议的权利。

在围绕会议性质问题争论之后，接着又展开了一场关于会议议程的争论。

罗章龙在发言中提出，"立三路线"给党造成了损失与混乱，现在的关键是路线问题，应根据共产国际七月决议和十月来信精神，为了肃清"立三路线"和调和路线在党内的影响，应该重新研究和商定党的总任务和通过一些新决议，这样会议时间应当延长为三至四天。

王明等人起来争辩说，国际的决议和来信已把许多问题明确了，没有必要重新确定党的总任务和通过新决议。

在激烈争论中，罗章龙扬言要"立即退席"。在双方争执中，米夫命令马上结束这场争论，立即按原计划开会。这样会议才得以正式进行。

会议风波暂平后，首先由向忠发代表中央向会议提出五人主席团名单：向忠发、徐锡根、罗登贤、任弼时、陈郁。

五人主席团经表决获多数通过。

接着，向忠发作了《中央政治局报告》，共讲了十个问题。主要提出：共产国际关于中国问题的决议，特别是七月决议，是"唯一正确的进攻路线"；提出"立三路线"是从中央第七十号通告发出后逐步形成的，到1930年6月11日政治局决议案通过后才成了中央政治局的路线。报告对"立三路线"的错误性质、历史根源、理论基础及造成的种种后果作了分析批判，特别指出："立三路线"是反马克思列宁主义的，是反共产国际的，李立三敌视共产国际的态度是绝不容许的；指责六届三中全会的路线是调和路线，不能成为反对"立三路线"和执行共产国际路线的基础。这种调和主义立场和对共产国际代表的不尊重，应由瞿秋白负主要责任。报告最后提出了八条不可迟缓的任务，其中主要是两项：一是重新审查政治局成分，改选中央和地方党组织，引进反"立三路线"反调和路线的"斗争干部"；二是在实际工作中实行坚决的转变，集中火力开展反右倾机会主义的斗争。

向忠发报告后进行大会讨论，并规定每人发言不能超过15分钟。张金保、韩连会、王明等相继作了发言。

张金保和韩连会是工人出身，发言简短。张金保后来回忆说："当时，我也在会上发了言，反对召开四中全会，对突然改变会议性质、无理限制会议时间、不吸收有实际斗争经验的同志参加会议等问题提出不同意见，并建议尽快召开党的第七次全国代表大会。我发言时，米夫在那里指指点点，向别人打听我的情况。从米夫的表情看，他对于我这样一个胆敢反对他们的女工极为不满。"[1]

王明在张金保、韩连会的简短发言之后，作了较长的发言。他一开场就摆出一副"反立三路线英雄"和"国际路线忠实代表"的架子，趾高气扬地说他的《两条路线》意见书没有带到会场，要求大家会后详细地去看看。

---

[1] 张金保：《张金保回忆录》，湖南人民出版社1985年版，第165—166页。

第四章
上台掌权（1931.1—1931.10）

王明在发言中主要讲了四个问题：

1. 批判"立三路线"是"左"倾空谈掩盖下的右倾机会主义的消极，在每个问题上都表现得极为明显。他不去批判"立三路线"的"左"倾冒险错误，而是集中力量批判"立三路线"一贯的右倾机会主义的理论与实际，举出如否认一省或数省的首先胜利，否认反资产阶级、富农、上层小资产阶级分子等右倾政策。

2. 完全抹杀六届三中全会在纠正"立三路线"方面的积极作用，夸大它的调和错误，指责六届三中全会在接受共产国际决议的名义下，对"立三路线"公然采取调和态度，实际上就是继续"立三路线"。他点名批判瞿秋白与李立三的错误有不可分割的联系。

3. 提出只撤换几个中央领导人是不够的，必须在全党开展政治斗争，从思想上、政治上和组织上全面彻底地改造党，特别应以反三中全会、反调和路线的"斗争干部""工人干部"来代替"旧干部"。

4. 强调全党尤其要加紧反对右倾机会主义。

很明显，王明的发言是《两条路线》意见书的集中概括，并进一步表明，他才是反"立三路线"反调和路线中真正的国际路线代表，从而为他取得党的最高领导权制造舆论，同时也向会议宣布了新的"左"倾冒险主义的纲领。

王明发言之后，又有十几人发言，其中有人表示同意王明的意见。

这时，何孟雄提议政治局的同志们先发言，好听听他们是否改正错误。何孟雄的这一提议得到与会者支持，于是，周恩来、关向应、瞿秋白、向忠发、李维汉和顾作霖等作了发言。

周恩来在发言中，对六届三中全会的错误承担了责任，但他指出："如果说凡是过去坚决执行立三路线者，或者指导机关主要负责同志便是立三派"，"我也要反对的"。

瞿秋白的发言主要是进行自我批评。他主动地、诚恳地承担了三中全会及政治局所犯错误的主要责任。

李维汉在发言中也作了自我批评。

在政治局几位同志发言后，何孟雄也作了发言。他首先肯定了"秋白同志已找到了他思想上的错误根源,这是进步的",继而又指出他"对于目前时局的任务没发挥,这是缺点"。他从几个方面批判了"立三路线",同时也批判了调和主义错误。

何孟雄发言后,王稼祥、罗章龙等十几个人先后发言,也都是批判"立三路线",批判六届三中全会的调和错误,要求改组党中央的领导。

米夫接着插话说,前面已有18个人发言,相信不会再有新的意见发表。他强调会议必须在晚上10点钟结束,不能再延长下去,便要求讨论一定要在晚上7点半结束。但米夫刚讲完,又有十几个人要求发言。米夫等只得限制他们每人发言不超过5分钟。然后,米夫提出停止讨论,由他作结论。

米夫的结论共讲了五个问题,主要是:

1. 批评"立三路线"。

米夫强调"立三路线"的实质是"右倾","是用'左'倾的词句遮盖了实际工作的机会主义"。米夫特别批评了李立三反对共产国际,对"共产国际采用叛徒所用的言辞",还擅自决定搞世界暴动。并提出:共产国际所以批评李立三,"并不是因为他是一个热血的革命家,而是因为他是一个盲动主义的英雄——一个披着冒险主义外套的颓丧的小资产阶级","是最无耻的机会主义与最卑鄙的悲观主义"。

2. 指责六届三中全会犯了调和主义错误。

米夫说他们这是"一手拿着立三路线,一手拿着国际路线","一方面向共产国际行鞠躬礼,另一方面向立三主义行鞠躬礼。这样行鞠躬礼的时候,将国际路线推到立三路线后面去了"。"这是政治局同志应当负责的,尤其是秋白同志"。他对其他犯调和错误的中央领导人则表现了原谅态度,说:"谁没有错误?如果有错误的应当出去,党里全没有人了。"向忠发等"是工人同志,他们虽有错误,我们现在决不让他们滚蛋,要在工作中教育他们,看他们是否在工作中纠正自己的错误。如恩来同志自然应该打他的屁股,但也不要他滚蛋,而是在工作中纠正他,看他是否在工作中改正他的错误"。

3. 称赞王明等人。

米夫说他们是反对"立三路线"和反对三中全会调和路线的,而且"他们是坚决地站在国际路线上面来反对立三路线的"。证明他们把莫斯科所学习的东西应用出来,"坚决去执行国际路线"。他把王明等树立为中共党内坚决执行共产国际路线的正确代表,为王明等人进入中央领导机构制造舆论。

4. 批判何孟雄等人。

何孟雄在与米夫等的谈话中,曾提出"右倾不是主要危险"的问题。因此,米夫在结论中点名批判了何孟雄,说:"他在与我的谈话中说现在没有右倾,因为有国际来信的保证。不管他是有意无意的,但这是错误的,是放松了右倾……这不是站在国际路线来反对立三路线的。"

米夫对罗章龙等人坚持要求召开紧急会议也进行了批评。

5. 提出要改造党的领导机关。

强调要容许一些中央领导人留在岗位上改正错误,再引进坚决执行共产国际路线的干部和工人到党的领导机构中。

六届四中全会的争论在最后选举时达到了高潮。

六届四中全会决定补选的中央委员和改组的政治局名单,是由米夫在会前拟定、以远东局和中央政治局名义提出的。在补选中央委员和改选政治局名单中,王明、沈泽民、夏曦等九人为新的中央委员候选人,王明等五人为新的中央政治局候选人。

但这份名单一公布,就遭到罗章龙、余飞、史文彬等人的反对。接着,韩连会提出了另一份政治局候选人名单。他们是:罗章龙、何孟雄、徐锡根、顾顺章、王克全、韩连会、唐宏经、徐炳根、许畏三、蒋云等。

史文彬另提出一个补选中央委员的名单:刘成章、吴雨铭、李震瀛、袁乃祥、孟宪章等等。[1]

由于争执不下,最后付诸表决。

本来不少与会代表不同意王明当选政治局委员,何孟雄在会上要求中央说明王明被捕与暴露秘密机关一事。但是,米夫以共产国际代表身份,强调这是以共产国际远东局名义提出的名单,被称为国际名单。按照国际组织纪律,理

---

[1] 徐保琪:《对有关党的六届四中全会几个史实的补正》,《党史研究资料》1984年第11期。

应为大家所接受和通过。加上韩连会、史文彬提出的候选人名单对原中央领导人采取打倒一切的态度，为多数人所难以接受。所以，表决结果，国际名单以多数票通过。

罗章龙表示不参加表决，要退出会场，被人拉住。袁乃祥气得拍案咆哮，吵闹会场，而被通知退出。

六届四中全会最后的选举结果是：

王明、沈泽民、夏曦、韩连会、沈先定、许畏三、王尽仁、黄苏、曾炳春九人当选为新的中央委员，原中央委员罗迈（李维汉）、贺昌二人退出中央委员会；王明、陈郁、任弼时、刘少奇、王克全五人分别当选新政治局委员和候补委员；李立三、瞿秋白、罗迈退出政治局。

这样，原来连中央委员都不是的王明一步登天，既是中央委员，又是中央政治局委员，进入了中央领导核心。不久，他又成为政治局常委。虽然此时在名义上向忠发依然是中央政治局主席、政治局常委会主席，但实际上王明已掌握了党的最高领导权。共产国际扶植王明上台的目的终于实现。

由于会议争论激烈，打乱了原定议程，使得米夫起草好的《中共四中全会决议案》没来得及讨论通过，只得选出王明等五人组成修改决议案委员会，会后进行修改。

六届四中全会就是在这种情况下匆匆结束的。

王明上台是米夫在中国党内导演的一幕闹剧，而米夫却把这看作是自己的一部杰作，他得意扬扬地说："反对半托洛茨基主义的立三路线的斗争，在陈绍禹领导下，在党的上海支部开始了。为了正确路线而进行的斗争相当成功，陈绍禹同志把全党最优秀的力量团结到自己身边。中国共产主义运动中最出色和最有才华的领导人陈绍禹与党的其他领导人如秦邦宪、王稼祥、何子述、沈泽民和陈原道一起两面作战，使列宁、斯大林主张的正确路线，在中国革命问题上得到了承认。"[1]

六届四中全会也得到共产国际执委的充分肯定。1931年8月通过的《共

---

[1] 米夫：《英雄的中国》，1936年。

第四章
上台掌权（1931.1—1931.10）

中共六届六中全会与会者合影

产国际主席团关于中国共产党任务的决议案》中说："共产国际执委主席团满意地指出：中国共产党中央委员会的第四次扩大会议，在两条战线上的斗争中，击退了右的分裂派和取消派的进攻，坚决打击了李立三同志的半托洛茨基立场及对这立场调和的态度……四中全会，使中共在继续布尔塞维克化的道路上向前进了一大步，它纠正了政治路线和刷新了党的领导，同时开始了党全部工作中的转变，去实际地和彻底地解决摆在党面前的那些刻不容缓的任务。"[1]

1945年4月20日，中国共产党六届七中全会通过的《关于若干历史问题的决议》，专门对王明路线以及六届四中全会作出了评价："1931年1月，党在这些以陈绍禹同志为首的'左'的教条主义宗派主义分子从各方面进行压迫的情势下……召开了六届四中全会。这次会议的召开没有任何积极的建设作用，其结果就是接受了新的'左'倾路线，使它在中央领导机关内取得胜利，而开始了土地革命战争时期'左'倾路线对党的第三次统治。"

党的六届四中全会开创了共产国际代表粗暴干涉中国党内事务的恶劣先例，也开创了我党历史上违背党章和破坏民主集中制的先例，激化了党内矛

---

[1] 中国人民大学中共党史系资料室编：《中共党史教学参考资料》（三），人民出版社1979年版，第242页。

盾，引起了党的纠纷和混乱，加剧了党内斗争与分裂，从而为王明"左"倾错误路线统治中央达四年之久开辟了道路。

发起"反右倾"斗争

由于共产国际代表米夫在中共六届四中全会上不择手段地保举王明上台，压制与打击与会者的不同意见，破坏了党内民主生活，违背了党章和组织原则，激化了党内矛盾，所以会后党内出现了一场反六届四中全会的浪潮。

六届四中全会结束不久，首先由海总党团发表了反六届四中全会的决议案。接着，全总党团、江苏省委外县委员会、苏准会全体工作人员、济总党团、上海工联党团、上海沪中区委等都先后发表了反六届四中全会的决议案或声明书。

出席六届四中全会的罗章龙、何孟雄等16位代表，对米夫在会上采取欺骗手段和高压政策十分气愤。在罗章龙的带领下，他们于会议闭会次日，即1月8日，召开了一个"反对四中全会代表团会议"。罗章龙、何孟雄、徐锡根、王克全、许畏三、王凤飞、陈郁、史文彬、韩连会、张金保、袁乃祥、萧道德、徐兰芝、邱泮林、沈先定、李震瀛等人出席了这次会议。

会议通过了罗章龙主持起草的《力争紧急会议反对四中全会的报告大纲》，其中明确提出："四中全会的结果，政治上是调和主义的继续，我们认为不是国际路线而是米夫曲解国际路线，并且米夫自己站在派别观念上故意制造派别，造成党的纠纷。""四中全会是助长立三路线调和主义的发展，是比三中全会更可耻的会议，实际上阻碍了国际路线的正确执行及反立三路线运动的进行，因此，我们应站在国际正确路线领导之下立即推翻他的全部决议，向共产国际建议立即撤换负四中全会主要错误责任的米夫，并号召全党同志为召集自下而上的紧急会议而奋斗，要求国际正确的代表领导坚决反立三路线反调和主义的中央委员，成立临时中央，主持全国紧急会议，解决党的政治上组织上的迫切问题。只有在紧急会议中产生新的中央，由他召集和主持第七次全国代表

第四章
上台掌权（1931.1—1931.10）

大会，才能保证第七次大会的真正胜利。"[1]

这次会议随后又发出《反四中全会代表团告同志书》，指责米夫和"中央包办四中全会的行为，是污辱了党的光荣历史，是比三中全会更糟糕的会议。四中全会是拒绝了同志的提议，是抹杀党员群众的意见，保障着三中全会及其后的补充决议、第九十六号通告的错误，是用委派命令制度，造成立三派调和派自己的多数。四中全会是专为巩固立三路线调和主义领导而召集的"。

由此，在党内掀起了一场反对六届四中全会和王明上台的浪潮。

米夫原以为，他以共产国际代表身份保举王明上台之后，问题就会解决。但没料到，六届四中全会刚刚结束，就掀起了一股反对浪潮。为了扑灭这场刚刚燃起的反六届四中全会和王明上台的火焰，米夫和王明一方面利用共产国际的领导权威控制局势，一方面对党内的不同意见者进行压制和打击。

六届四中全会闭幕之后，米夫和中共中央就立刻向共产国际作了报告。在六届四中全会闭幕20天后，中共中央的决议上就写上了"四中全会的结果，又已为共产国际所承认"的字样。在中共中央2月22日正式致电共产国际关于六届四中全会的报告中，更直接阐述了王明等人的"功绩"和四中全会的"意义"。

1931年1月13日，在六届四中全会闭幕后的第六天，米夫和其他国际代表亲自召集"反四中全会代表团"开会。米夫在会上除讲一些同六届四中全会上相同内容的话外，主要是吹捧王明，说他是中国共产党内具有很高马列主义水平的真正的布尔什维克，是百分之百能够执行共产国际路线的，同时要求大家放弃反王明上台的活动，支持六届四中全会。

米夫的讲演并没有引起积极的反应，罗章龙同所有与会者均表示不同意米夫的意见，并希望他把这些不同的意见带到共产国际。

由于会上发生了严重分歧，没有达到米夫预期的目的，于是，他们在会上宣布，反对六届四中全会和王明上台，就是反对共产国际代表，反对共产国际，就应受到处分，甚至开除党籍。

---

[1] 中国人民大学中共党史系资料室编:《中共党史教学参考资料》（三），人民出版社1979年版，第163—164页。

六届四中全会的新中央和王明更认为："四中全会是在国际路线下，在国际代表领导之下而为国际所批准召集的。四中全会的结果，又已为共产国际所承认。所以，反四中全会即是反党反国际的。"[1] 为此，他们对党内任何反六届四中全会的倾向都坚决斗争，而且不惜进行严厉的组织制裁。

六届四中全会闭幕不久，1月20日，中共中央通过《中央政治局关于一月十七日全总党团会议与江苏省委报告的决议》，公开点名批判了罗章龙、何孟雄等许多人，认为他们是"右倾机会主义公开向党进攻"，并号召全党"坚决反对这一反党反国际的右倾机会主义行动"，并决定进行组织惩处。他们首先宣布撤销罗章龙、徐锡根、余飞在全总的工作，撤销王克全在江苏省委和上海工联的工作，要求他们公开承认错误，"绝对地服从四中全会和新的中央政治局的一切决定"。

1931年1月23日和24日，《红旗》报接连发表《四中扩大会议的意义》和《反对右倾》的社论，号召"全党同志，应当起来坚决反对右倾，反对分裂党，为执行国际路线而斗争"。接着，中共中央又发布了《反对右倾机会主义报告大纲》，在全党发动了一场"反右倾"的斗争。

在王明和中央发动"反右倾"运动之后，罗章龙等人和一些组织仍没有放弃反六届四中全会的活动。于是，王明等人利用中央权力，对他们采取高压政策和组织制裁：凡是反对六届四中全会的党、团、工会等各种组织一律实行改组与重建；对所有反对六届四中全会的党员立即停止发放生活费，开除党籍。

1931年1月27日，中共中央作出了《中共中央政治局关于开除罗章龙中央委员及党籍的决议》《中共中央政治局关于开除王克全同志中央政治局委员和中央委员、王凤飞同志中央委员等问题决议案》，后来陆续将中央委员和候补委员王克全、王凤飞、史文彬、唐宏经、韩连会、沈先定等开除党籍。

各省、市，各区委也纷纷开除李震瀛、吴雨铭、张全刃、蔡博真、钱静安、鲁铁成等人的党籍。

1931年2月13日，上海沪中区委会议作出决定，将蔡博真、彭泽湘、王

---

[1] 中国人民大学中共党史系资料室编：《中共党史教学参考资料》（三），人民出版社1979年版，第153页。

第四章
上台掌权（1931.1—1931.10）

福环、徐松明、小刘、王伯堂、周舫、小张（交通）、丘队影、刘建等11人开除党籍。

在王明上台后掀起的这场反右倾斗争中，何孟雄自然首当其冲。对于何孟雄在反"立三路线"中的功绩，中央曾在《关于何孟雄同志问题的决议案》中作过结论，肯定他"一般是正确的"。王明一上台就推翻了这个结论，并说："何孟雄同志的政治意见书在四中全会上及四中全会后又和以前不同了，他现在主要的是从右边来进攻国际与四中全会的路线。"[1] 同时，《四中全会告全党同志书》《中央政治局关于一月十七日全总党团会议与江苏省委报告的决议》《中央委员会为肃清李立三主义反对右派罗章龙告全体党员和青年团员书》等中央文件中，也点名批判何孟雄，给他戴上"右派""右倾机会主义代表""右派领袖""反党""反国际"等帽子。

王明不仅在全党公开点名批判何孟雄，而且在江南省委也把批判何孟雄当成头等大事来抓。六届四中全会以后，王明在江南省委扩大会议上宣布：上海党组织贯彻四中全会的精神，首先要集中力量开展反对何孟雄等人的斗争。

时任江南省委秘书长的刘晓回忆起王明反何孟雄时说："他强调何孟雄等反四中全会，不服从新的中央，是贯彻四中全会决议的主要障碍。他攻击污蔑何孟雄同志是'老机会主义者'，'长期对党不满'，'有个人野心'，'与罗章龙右派同流合污'等等，把何孟雄同志反对王明宗派集团的斗争说成江南省委当前主要危险，强令大家对何孟雄等同志要'提高警惕'，进行坚决斗争。""他规定凡是参加何孟雄等同志组织的活动的党员必须立即退出并进行检讨，违者，一律开除出党。当时受到处分的江苏省委和区一级干部就有二十余人之多。"[2]

1931年1月17日晚，由于叛徒告密，何孟雄在中山旅社不幸被捕。

何孟雄等被捕前，"当时工部局内潜伏有我党中央特科的敌工人员，得到情报，立即通知了组织。可是，王明这时已酝酿将何孟雄等激烈反对四中全会

---

[1] 中央发表《何孟雄政治意见书》等文件时的按语，1931年1月25日。
[2] 刘晓：《党的六届三、四中全会前后白区党内斗争的一些情况》，《中共党史资料》1985年第14辑，中共党史资料出版社1985年版。

的同志开除出党……王明早已视他们为反对中央、分裂党的右派敌人。结果，林育南等同志没有得到敌人即将进行逮捕的通知，他们全部被捕了。"[1]

刘晓也证实说："记得有一次省委会议上，王明以紧张的口气提道：国民党特务已在东方旅社住下，随时可能逮捕何孟雄等人。"

大家要求省委设法营救时，"王明说他将与中央商量，叫省委不要管"。其实，他不叫省委管，也没让中央管。王明认为："中央特科去通知何孟雄等人，是有危险的，恐怕已经来不及了。"[2]

由此可知，王明等人虽然事先得到了有关情况，但他却不去通知何孟雄等人，致使这些同志全部被捕。

当何孟雄等被捕的消息传到江南省委时，省委正在开会。王明听到后"表情异常冷淡"，随后又"幸灾乐祸"地说："这是何孟雄等反党反中央、搞分裂活动的必然结果，是咎由自取。"[3]

何孟雄、林育南、李求实等被捕后，龙华看守所的中共秘密支部按照王明等人的指示，拒绝接受他们党的关系，不让他们参加支部活动，致使20多名党员在狱中不能接受党的领导。

王明这种把有不同意见的同志视为异己进行打击排斥的行径，引起了何孟雄等的抗议，他们曾联名向党写信，批判王明等的错误行为，陈述自己的意见。

特别使人不能容忍的是，当何孟雄等同志1931年2月7日晚英勇牺牲之后，王明还对他们继续进行批判。

当"何孟雄等大批同志英勇就义的噩耗传来，王明冷淡的态度简直令人寒心。他不但没有提出上海党组织如何追悼纪念这些壮烈牺牲的烈士的问题，相反的，还继续向烈士身上泼'污水'，继续攻击污蔑他们，胡说他们的牺牲是'个人野心''反党分裂的必然结果'……他还恶狠狠地布置：何孟雄等虽然已

---

[1] 李海文，余海宁：《东方旅社事件》，《社会科学战线》1980年第3期。
[2] 刘晓：《党的六届三、四中全会前后白区党内斗争的一些情况》，《中共党史资料》1985年第14辑，中共党史资料出版社1985年版.
[3] 同上。

第四章
上台掌权（1931.1—1931.10）

经牺牲了，但对这些人的错误还要严肃对待，彻底清算，并罗织了何孟雄的若干条错误，要省委宣传部根据中央精神组织批判文章在党内刊物上发表。他还要省委宣传部根据他的讲话起草一个文件，指出何孟雄等同志被捕牺牲的所谓教训和继续批判他们的错误，发给各级组织"。[1]

何孟雄为党捐躯后，仍遭到王明批判，死后仍戴着王明给其扣上的"右派"帽子，而同何孟雄一起牺牲的蔡博真，死后仍然被王明等人开除党籍。直到1945年4月20日中共六届七中全会通过的《关于若干历史问题决议》中，才最后摘掉了王明"左"倾教条主义强加给何孟雄等同志的"右派"帽子，对他们作出了公正的评价。

"决议"写道："当时的所谓'右派'，主要地是六届四中全会宗派主义的'反右倾'斗争的产物……至于林育南、李求实、何孟雄等二十几个党的重要干部，他们为党和人民做过很多有益的工作，同群众有很好的联系，并且接着不久就被敌人逮捕，在敌人面前坚强不屈，慷慨就义……所有这些同志的无产阶级英雄气概，乃是永远值得我们纪念的。"

罗章龙等人在反对六届四中全会和王明上台的重大斗争中，逐步走向另一个极端。他们组织了"中央非常委员会"，进行了一系列分裂党的活动。

罗章龙后来曾经解释说："因为我们都是受过处分、开除党籍的人。当前革命工作停顿，大家很着急，为了把工作进行下去，才成立临时中央非常委员会。"[2]

但是，不管出于何种原因，罗章龙等人用这种分裂党的办法反对六届四中全会和王明上台，本身就是用错误行为反对错误，只能是错上加错。这种不顾党的利益和组织原则的错误行径，不仅遭到共产国际的严斥，也得不到广大党员和干部的支持，因而必然遭受失败。在新的中央的坚决打击下，许多成员纷纷发表声明书退出"中央非常委员会"。

---

[1] 刘晓：《党的六届三、四中全会前后白区党内斗争的一些情况》，《中共党史资料》1985年第14辑，中共党史资料出版社1985年版。
[2] 《关于六届四中全会情况——访问罗章龙谈话记录》，访问者：刘经宇、盖军、叶心喻、刘文军、曹仲彬，1979年11月16日。

在"中央非常委员会"处于奄奄一息的情况下,张金保接任了"中央非常委员会"的主席。这位女工出身的党员上任后采取断然措施,宣布解散"中央非常委员会"。1932年4月,《红旗》报发表了《非常委员会致中共中央信》,其中郑重声明:"中央非常委员会经2月13日全体会议决定宣布解散。特此通知,希望即派人前来接收。"[1]并同时发表了《非常委员会主席张金保给党的声明书》。

然而,王明为首的中央对张金保等的悔过态度不予原谅,就在《红旗》报同期上发表了《反对新的进攻与动摇》的署名文章,把张金保的声明书,说成是"表现出对于党的新进攻",然后,中央又正式宣布开除张金保的党籍。

王明上台后发动的这场"反右倾"斗争,由于何孟雄等20多位同志被捕牺牲,罗章龙等人犯了分裂党的严重错误,所以取得"进展顺利""成果显著"的结果,从而为王明"左"倾教条主义在全党的全面推行扫清了道路。

推行"左"倾教条主义

中共六届四中全会正式接受了王明"左"倾教条主义。会后,新的中央领导机构的组成,进一步巩固了王明"左"倾教条主义在党内的统治。

六届四中全会后,新的中央领导机构和主要领导成员如下:

中央政治局主席兼政治局常委会主席　向忠发
中央政治局委员兼江南省委书记　王明
中央宣传部部长　沈泽民、张闻天(继沈泽民后任,1931年4月)
中央组织部部长　康生
中央军事部部长　周恩来
中央职工部部长　卢福坦

---

[1]《红旗》报第39期,1932年4月15日。

中央妇女部部长　周秀珠

中央农民部部长　张闻天（1931年5月重建）

中央党报编辑委员会主任　王稼祥

中共驻共产国际代表　林育英

团中央书记　博古（1931年3月）

全国总工会党团书记　罗登贤

新的中央领导班子虽然在名义上保留了向忠发的职务，但实际上却由王明掌握党的领导大权。王明也利用他所掌握的权力，上台后就开始全面推行"左"倾盲动路线。

六届四中全会后组成的新中央，首先推行新的"左"倾路线的两项互相联系的错误纲领：第一，反对所谓"目前党内主要危险"的"右倾"；第二，"改造充实各级领导机关"。

把右倾作为"党内的主要危险"，是与实行"进攻路线"相一致的。六届四中全会后中央发的第一号"通告"就提出："目前的事实：在国民党统治和帝国主义残酷侵略的条件之下，全国的经济政治危机只有日益深刻，工农劳动群众只有更加贫困，一切改良主义的口号都将成为欺骗，而新的军阀战争，也将是不可免的。因此，群众的革命斗争是高涨的，尤其是农民土地革命在无产阶级领导之下将向前发展，而苏区与红军的存在也将更推动着革命运动前进。在这样的条件下，我们必须坚决执行进攻的路线，这不仅能击破'围剿'，破坏反革命武装势力，保持住已得的胜利，并且还可以更加扩展苏维埃运动。"[1]

第一号"通告"在对革命形势作出过高估计，进而提出"进攻的路线"之后，又反复提出："右倾在中国革命这个阶段上，是最危险的倾向……要不加强反右倾机会主义的斗争……则必不能正确地解决当前任务，而执行国际

---

[1]《中央通告第七十号——目前政治形势与党的中心策略》（1930年2月26日）。中央档案馆编：《中共中央文件选集》第7册，中共中央党校出版社1983年版，第65、71页。

路线。"[1]

过高估计革命形势，强调"进攻的路线"，坚决反对"右倾"，是六届四中全会后中央文件中多次强调的基本精神。

1931年5月9日，中共中央发表了《目前的政治形势及党的紧急任务》决议案。该决议案运用王明"左"倾教条主义观点分析了"目前的政治形势"，规定了"党的紧急任务"，指出："目前的政治形势"是"反革命与革命阶级斗争的紧张和尖锐""表现国民党统治不稳定而日趋崩溃"。可是，"苏区富农路线与反革命分子，还占据在许多党内苏维埃的领导机关内。在非苏区的工农群众斗争中，党的力量也表现得非常薄弱"。因此，"在剧烈的阶级斗争前面，执行国际路线到一切实际工作中，根本消灭立三主义的工作方式和目前严重右倾机会主义消沉态度，这是全党的战斗任务"。

这个决议案的发表，标志着王明路线已经在实际工作中得到具体的运用和发展。

不久，中国连续发生了许多重大事件：其一，江西中央苏区红军在毛泽东的正确领导下，在六届四中全会后的新中央还没来得及贯彻其"左"倾错误路线的情况下，取得了粉碎国民党军队发动的第二次和第三次"围剿"的巨大胜利，其他多数根据地和红军也取得较大的胜利和发展；其二，日本帝国主义发动九一八事变，占领我国东北，蒋介石政府采取不抵抗政策，激起全国人民抗日民主运动的高涨。

王明和新中央对这些事变造成的新形势，一开始就作了完全错误的估计。这些错误最先表现于1931年9月20日中央发出的《由于工农红军冲破敌人第三次"围剿"及革命危机逐渐成熟而产生的紧急任务决议》之中。它过分夸大了当时国民党统治的危机和革命力量的发展，忽视了九一八事变后中日民族矛盾的上升和中间阶级的抗日民主要求，强调日本帝国主义和其他帝国主义一致进攻中国革命，认为九一八事变是帝国主义进攻苏联的导火线，认定中间派别是所谓中国革命的最危险敌人，断定当时"中国政治形势中心的中心，是反革

---

[1]《中央通告第七十号——目前政治形势与党的中心策略》（1930年2月26日）。中央档案馆编：《中共中央文件选集》第7册，中共中央党校出版社1983年版，第65、71页。

第四章
上台掌权（1931.1—1931.10）

命与革命的决死斗争"。因此，它又提出了红军夺取中心城市以实现一省或数省首先胜利和在白区普遍实行武装工农、组织工人总罢工等许多"左"倾冒险主义的主张。

这些错误政策表明，王明"左"倾错误路线已经在实际工作中得到贯彻与执行，中国共产党领导的革命事业又处于新的危险之中。

王明也懂得，政治路线的推行还需要靠组织路线的保证，为了保证"左"倾教条主义的贯彻，还必须实行宗派主义的组织路线，改造、充实各级领导机关。因此，六届四中全会后，所谓"斗争干部""新生力量"被用来"改造和充实"党的各级领导机关，用"钦差大臣满天飞"来贯彻"左"倾盲动的"进攻路线"。

六届四中全会结束后，1931年1月25日，中共中央发出了《中国共产党中央委员会为肃清李立三主义反对右派罗章龙告全体党员和青年团员书》，提出："四中全会改变了政治局和中央的成分，撤换了立三路线统治时他的最亲近的同志的工作，同时，进行改变省委与地方党支部书记的成分。被撤换的立三主义者的工作，由开始即与立三路线作斗争的新同志及曾犯过立三路线错误而表示改正这种错误的工人同志来代替。"[1]

从六届四中全会后党中央各部负责人来看，几乎都是由坚决拥护王明路线的人担任。像李竹声、盛岳、王云程等这些王明教条宗派的"干将"，也都被王明委以"重任"。

为了"加强中央成分"，他们又采取了派中央代表去各地改造各级党的领导机构的做法，使得"钦差大臣满天飞"，加速了"左"倾教条主义的推行。

中共中央先后派王稼祥、任弼时、顾作霖组成中央代表团到中央革命根据地；派夏曦任湘鄂西中央分局书记；由张国焘任鄂豫皖中央分局书记。又派曾洪易到赣东北苏区，派陈原道到顺直省委等，在各地全面推行王明"左"倾教条主义路线。

这些中央代表到各地后被授予极大的权力。1931年5月通过的《中央关

---

[1] 中央档案馆编：《中共中央文件选集》第7册，中共中央党校出版社1983年版，第43页。

于苏维埃区域党的组织决议案》规定："中央局或中央分局的组织，是代表中央的，他有权可以改正和停止当地最高党部的决议与解散当地党委，当（当地党委）是错了的时候，所以中央局或中央分局只能由中央派遣或指定，而当地最高党部委员则在公开的领导政权的党中一般的都是由代表党的代表大会产生的，两种组织绝不容混淆与合并起来。"[1]

这样，就将当地党委置于中央代表的控制之下，使这些中央代表掌握了各地党的核心权力。

1931年5月和1932年3月，中央还两次通过了《中央巡视条例》，建立了派巡视员指导各级党部的所谓"活的领导"体制。《中央巡视条例》规定了巡视员的条件、任务、工作方法以及职权，明确规定："巡视员是中央对各地党部考查和指导工作的全权代表"，"巡视员对中央须负绝对的责任"，要"尽量参加一切工作会议，在日常工作中，审查地方党部的工作方式"，"遇有当地发生的新事变必须迅速予以解决和布置，报告中央关于处理事变的详情，以便保证国际和中央路线百分之百地执行"。[2]

实行这种派"钦差大臣"的领导体制，目的就是保证王明"左"倾路线"百分之百地执行"。这种"左"倾教条主义路线推行的结果，使党领导的革命事业损失惨重。

实行宗派主义干部政策来改造和充实各级党的机关，是与"残酷斗争，无情打击"那些不同意见者同时进行的，王明不但对六届四中全会的反对派进行了全部肃清，而且对于以前反对过自己的人也绝不放过。

瞿秋白在中共驻共产国际代表团工作期间，与中山大学的王明教条宗派进行过斗争。瞿秋白回国主持六届三中全会时，也没有重用王明，这成了王明心中的疙瘩。六届四中全会撤销了瞿秋白的政治局委员职务后，王明继续对瞿秋白实行"残酷斗争"。六届四中全会后的中央连续两次强迫正在生病的瞿秋白写声明书，公开承认强加给他的种种莫须有的罪名。

当时瞿秋白的身心已经受到了很大摧残，肺病严重，也不愿再挑起党内

---

[1] 中央档案馆编：《中共中央文件选集》第7册，中共中央党校出版社1983年版，第293页。
[2] 同上，第274—278页。

第四章
上台掌权（1931.1—1931.10）

争论，被迫于1931年1月17日和1月28日，两次违心地写了声明书，承认自己在负责中共代表团期间在处理中山大学内部斗争问题上犯了错误，支持了反对王明等人的李剑如等；回国后的表现更是错误严重，犯了"调和主义错误"，今后要"站在共产国际路线的立场之上，拥护四中全会，在中央政治局的领导之下来为党为革命而奋斗"。[1]

瞿秋白的认错态度已经十分诚恳，但这并不能打动王明。2月20日，中央政治局专门作出了《中央政治局关于1929—1930年中共中央驻国际代表团行动问题的决议案》，宣称瞿秋白对"立三路线"的"调和态度"，对国际路线的"两面派态度"，对国际代表"极不尊重的态度"，都"决不是偶然的"，和他"以右倾政治意见"与在负责代表团工作期间，支持中山大学学生反对王明教条宗派有密切关联。甚至将王明等人被李立三中央给予的处分也算到瞿秋白的账上，说是"当着中共代表团还在国际的时候，秋白同志曾以中大学生中反支部局的派别行动来影响过去的中央政治局。所以，当时中央政治局在立三路线领导之下，对于陈绍禹等四同志所施的压迫制度，完全是站在代表团多数的派别观念上做成的错误"。

该决议案还指责"过去中央政治局对于国际决议没有明文发表，没有发展一种必要的斗争来消灭这些派别行动与中央的派别成见"。所以，中央又把《中央政治局关于1929—1930年中共中央驻国际代表团行动问题的决议案》和《共产国际政治委员会因中大派别斗争关于中共代表团行动问题决议案》，同时在《党的建设》1931年第4期上发表。

遭受王明宗派主义干部政策"残酷斗争、无情打击"的并不是瞿秋白等少数几个人，在王明"左"倾教条主义统治全党的几年间，有多少党的好干部由于反对王明"左"倾教条主义或对王明"左"倾教条主义执行不力而蒙冤受屈，甚至一大批革命干部没有牺牲在敌人的屠刀下，却屈死在自己同志的手中，这是人们应当永远记住的血的教训。

---

[1] 瞿秋白:《瞿秋白声明书》,《党的建设》1931年第3期。

离沪赴苏

中共六届四中全会以后,中共中央所在地的上海更加成为党在白区与国民党统治斗争的焦点。由于中央实行"左"倾冒险错误政策,在白区也主张"进攻路线",所以,上海党组织经常无条件地组织各种罢工、罢课、罢市,召开"飞行集会",上街游行示威。

这种"左"倾狂热的做法并没有实际意义,反倒为敌人破坏党的组织创造了可乘之机,致使白区党的组织不断被破坏,大批党员和革命群众被捕被杀。

1931年4月下旬,中央政治局候补委员、中央特科(负责情报保卫工作)负责人顾顺章被捕后叛变,幸亏打入国民党特务机关内部的共产党员钱壮飞得知情报后,迅速通知党组织,才避免了一场更大的损失。

1931年6月22日,中共中央政治局主席向忠发被国民党上海警备司令部逮捕。这位被共产国际选中的工人出身的领导人被捕后贪生怕死,向敌人跪地求饶,但这个叛徒最终也没有落得好下场,于6月24日被蒋介石下令枪决。

向忠发被捕叛变后,中共中央的工作从形式到内容都由王明主持,王明成了党中央最高领导人。但此时严重的白色恐怖使党中央机关处于十分危险的境地。王明为躲避敌人的搜捕,这期间曾经到上海郊区的一个疗养院居住,也曾经到尼姑庵躲避过一段时间。

王明曾写过一首《尼庵小住》的诗回忆当时的情景:

> 警犬觅踪何所之?尼庵同隐学禅师。
> 党人本领通天大,结伴神仙鬼不知。

据王明一位远房弟弟陈绍构回忆说:"1931年我到上海。我有一个侄子在美国教会办的上海沪江大学读书,我去找他。有一次上街买东西,遇到王明。当时蒋介石悬赏500元现大洋抓他。他坐着黄包车,戴着帽子,去郊区避风。

第四章
上台掌权（1931.1—1931.10）

他和我们在小餐馆吃饭，我看见周围有许多人带着短枪。他说，这都是保护他的，很安全。"[1]

虽然"党人本领通天大"，中央有关部门也全力保护王明的安全，但王明很清楚，自己在白区随时都有被捕杀头的危险。作为中国共产党的最高领导人，王明也感到在中国党内，在中国这块土地上的事业已经达到了顶点。恰好此时共产国际也需要中国共产党派一个负责人来担任中共驻共产国际代表，并参加共产国际的领导工作。于是，经共产国际批准，王明决定离开国内，再次去苏联。

为了保证自己离开后"左"倾教条主义照样推行，王明在组织上进行了安排。他提议并经共产国际批准，指定博古、张闻天、卢福坦、李竹声、康生、陈云等组成中共中央临时政治局，其中博古、张闻天、卢福坦任常委，博古负总责。

博古是1926年末到达莫斯科的中山大学第二期学生。中共六届四中全会以后，以列席身份参加了六届四中全会的博古虽然没有被选入中央委员会，但却于1931年4月接替同年3月被撤职的温裕成，担任了中国共产主义青年团中央局书记。王明去莫斯科后，这位还不是中央委员的年仅24岁的少共书记，被指定为临时中央政治局负责人。

1931年10月18日，王明同妻子孟庆树以及吴克坚、卢竟如离开上海，秘密乘着日籍轮船奔赴苏联。王明于11月7日到达莫斯科，就任中共驻共产国际代表。

在没有白色恐怖，不用担心敌人的骚扰，住在高楼大厦中，吃着洋面包和俄式菜的王明，并不知道此时远在中国农村的老父亲，由于他而被国民党军队抓到监牢之中。

金家寨是鄂豫皖区建立时的老区，属皖西边区。除中央苏区外，鄂豫皖苏区算是最大的革命根据地。为此，蒋介石与国民党军队先后对它进行过四次"围剿"。1932年7月，蒋介石在其"攘外必先安内"的反动方针指导下，纠

---

[1]《访问陈绍禹谈话记录》，访问者：戴茂林、刘喜发，1986年4月15日。

反"围剿"行军途中的红军

集30多万兵力,对鄂豫皖苏区发动第四次军事"围剿"。由于张国焘在战略指导上的错误和在苏区推行"左"倾政策,因而未能打破敌人"围剿",红军主力被迫转移,金家寨被敌军占领。

1933年冬,金家寨的土豪劣绅将陈聘之告发,说陈绍禹给家里寄了许多钱,供陈聘之作为革命经费。其实,这些土豪劣绅哪里知道,王明此时正在国外,根本不可能寄什么钱回家。

将要过年的时候,国民党第二十五路军独立旅将陈聘之、陈觉民、陈绍炜等逮捕,关押在监狱中。陈聘之等被捕后,不承认王明给家里寄来了钱。敌人到邮局查对,也证明王明并未给家里寄过钱,于是在陈聘之等交保后将他们释放了。

第五章

坐镇国外（1931.11—1937.11）

王明于1931年10月18日离沪赴苏，同年11月7日到达莫斯科。从此，开始了他长达六年的坐镇莫斯科遥控中国共产党的特殊时期。

如果说王明在1931年1月的六届四中全会上已经夺取了中国共产党的最高领导权力，那么，在莫斯科的六年就是王明政治生涯的顶峰。此时的王明不但作为中共驻共产国际代表指挥中国革命，而且作为共产国际负责人之一，参与共产国际执委会对世界革命运动的领导。

王明在指挥中国革命过程中，一方面使"左"倾教条主义继续发展，最终导致了第五次反"围剿"的惨败和广大苏区的丧失；另一方面，以王明为首的中共代表团对中国抗日民族统一战线的建立做出了一定的贡献。在中国共产党由国内革命战争向抗日战争转变的历史过程中，远在莫斯科的王明起到了一种特殊的积极作用。

中共驻共产国际代表

中国共产党在共产国际存在期间,是作为共产国际的一个支部开展活动的。

从1928年6月的中共六大以后,共产国际对中国革命的指挥就改变了以往向中国派驻代表的方式,而是设立中共驻共产国际代表组成代表团,通过中共驻共产国际代表团来协助指导中国革命。

中共六大以后组成的以瞿秋白为首的中共驻共产国际代表团,是中共驻共产国际的第一届代表团。在这个代表团的大部分成员于六届三中全会前后陆续回国以后,从六届三中全会到王明来莫斯科之前的这段时间,只有黄平担任了中共驻共产国际代表,没有组成代表团。

1931年11月王明到莫斯科后,中共中央陆续派康生、杨松、林育英、周和森、孔原、梁朴、欧阳生、赵毅敏等,组成了以王明为首的中共驻共产国际代表团。

第二次来莫斯科的王明,已经不是第一次来苏时的那个中山大学学生。虽然王明第一次来莫斯科后成了中山大学的"无冕之王",但那时王明并无任何党内职务,只能作为米夫的翻译偶尔参加共产国际东方部的一些活动。这次不同了,此时的王明已经"黄袍加身",成为掌握中国共产党最高领导权力的中共驻共产国际代表。

到达莫斯科后不久,王明又陆续担任了共产国际执行委员会委员、主席团委员、执行委员会书记处委员,不但直接参加共产国际对中国革命问题的研究和决策，而且成为共产国际领导世界革命运动的成员之一。

王明从1931年11月至1937年11月在苏联期间，先后在共产国际的机关刊物《共产国际》、苏联共产党中央委员会的机关刊物《布尔什维克》、中共驻共产国际代表团主办的《救国时报》等报刊上，发表了38篇论文和讲话。这些文章一方面阐述了王明"左"倾的方针政策，继续宣扬"左"倾教条主义，另一方面，也阐述了中国共产党关于建立抗日民族统一战线的理论和主张。它反映了王明在莫斯科担任中共驻共产国际代表的六年期间，既要对中国革命事业造成了严重危害的王明"左"倾教条主义负主要责任，同时也对中国共产党制定抗日民族统一战线的政策做出了一定的贡献。

清算旧账

离开国内白色恐怖的艰险环境，王明心情是愉快的。在莫斯科这个社会主义国家的首都，苏联共产党对于在共产国际工作的外国革命者，给予了特殊的照顾。舒适的生活条件和安宁的工作环境，使王明感到满足；参与共产国际的领导工作，直接给中共中央发号施令的特殊权力，更使王明感到兴奋。

不过，来到莫斯科后，王明虽然十分关注国内革命斗争的发展，但他也没有忘记利用自己的特殊权力，来清算那些当年敢于反对自己的人的旧账。

莫斯科中山大学于1930年秋停办以后，一部分中国同志转到了列宁学院学习。列宁学院是一所为各国共产党培养干部的高级党校。早在1927年秋，中山大学第一期毕业生俞秀松、董亦湘、周达文等就来到了列宁学院中国部任教，周达文还担任了中国部的负责人。

俞秀松、董亦湘、周达文这几个在中山大学时被王明教条宗派称为所谓的"江浙同乡会"的头头，在中山大学时就是反对王明教条宗派的骨干，是王明等人宗派活动的主要障碍。当年"反革命"的"江浙同乡会"的帽子没有给他们成功扣上，王明一直很遗憾。但终因这些老党员资深望高，而且有以瞿秋白为首的中共代表团的支持，中山大学时的王明对他们还无可奈何。这回不同了，王明已是中共驻共产国际代表，是中国共产党的主要负责人，对俞秀松、董亦湘、周达文等人握有支配权力。来到莫斯科后，王明要清算旧账了。

曾于1938年作为又一届中共驻共产国际代表任弼时秘书的师哲，在莫斯科参加过共产国际干部部东方处清理档案的工作。据他回忆说："1932年正月，王明任中共中央驻共产国际代表团团长来到莫斯科。他下车伊始便排斥异己。他以总结工作为名召开会议，打击不同意王明某些看法的中国部负责人周达文同志，诬蔑周是'反党分子'，企图以否定周个人，达到否定中国部的全部工作的目的。并八方相告，四处游说：'列宁学院中国部出现了反党分子。'陈郁、林铁、杨秀峰、何一民等同志认为：周达文同志虽然有些错误，但并不是'反党分子'。两种意见相持不下，就呈共产国际审批。结果共产国际同意了陈郁等同志的意见。王明拒绝参加宣读共产国际对周达文同志的审批结论。事后，王明决定把周达文同志送去远东伯力《工人之路》报社。从此，再也没有人听到过他的消息。"[1]

陈郁是中国工人运动的先驱者之一，早年参加了香港海员大罢工和省港大罢工。大革命运动失败以后，他参加领导了1927年12月爆发的广州起义。广州苏维埃成立后，被委任为司法人民委员。1930年9月，在中共六届三中全会上，陈郁被补选为中央委员。不久又被中央调到上海，任中华全国海员总工会主席、党团书记。在中共六届四中全会上，陈郁反对米夫支持王明上台的主张，提出了自己的不同意见。虽然陈郁在这次会议上当选为中共中央政治局委员，但从此也开始遭到王明等人的打击、排斥。

1931年6月，陈郁和李维汉一起，被送到苏联列宁学院学习，担任列宁学院中国部党支部书记。

王明处理党内矛盾一向以"残酷斗争、无情打击"而闻名，对于反对过自己的不同意见者是绝不手软的。陈郁不同意王明反对周达文等的宗派行为，又被王明新账旧账一起算，扣上"右派""反对四中全会路线"的帽子遭受批判。

当时与陈郁同在列宁学院学习的何一民回忆说："在列宁学院期间，王明

---

[1]《回忆陈郁同志》编写组：《回忆陈郁同志》，工人出版社1982年版，第28页。

第五章
坐镇国外（1931.11—1937.11）

还借周达文（即丘古洛夫）问题来整陈郁同志和其他不赞成他的人。周达文曾任学院中国部党支部书记，工作中有些错误。但更重要的是他不听从王明的话，王明就要把他彻底打倒。王明及其一伙硬说周达文是'反党分子'，要狠狠地整。那时他们的人数多，声势大。但陈郁同志等根据事实，认为周达文有错误，但并不是反党分子。后来把这个争论的问题向共产国际报告请示，结果是同意陈郁等同志的意见。王明恼羞成怒，更加痛恨陈郁同志，在学院宣布共产国际的批示时，王明便不来参加。以后，王明又发动了对陈郁同志的批判，说他是'右派''反四中全会路线'等，并声称，凡是同情陈郁的、不批判陈郁的也是右派。当时，林铁同志、杨秀峰同志都不同意王明的做法，并且公开顶撞了他。他就把杨秀峰、林铁同志下放到乌拉尔山区工厂劳动。接着，把我也送到乌拉尔的'嘎利化工厂'（生产化肥）当工人。"[1]

陈郁是1934年3月以"右派"的罪名，被送往斯大林格勒拖拉机厂劳动改造的。幸运的是，1937年王明回国后，以任弼时为首的中共代表团在清理档案材料中，发现了陈郁的八次上诉以及王明、康生处理陈郁的材料。中共代表团认为当时对陈郁的处理有误，报请共产国际干部部复审。1939年11月周恩来到莫斯科后，又调查了解陈郁的情况，并请共产国际监察委员会撤销了对陈郁的处分。1940年2月，陈郁随同周恩来回到了延安。

周达文、俞秀松、董亦湘等人则没有陈郁这样幸运。周达文、董亦湘被派到苏联远东伯力工作以后，再就没有了消息。

俞秀松1935年6月被苏共中央派到新疆做军阀盛世才的统战工作。俞秀松化名王寿成，担任新疆全省反帝联合总会秘书长兼新疆学院院长等职务，为党在新疆的统一战线工作做出了重要贡献。

可是，王明是不会忘记这位"反对派"的。1937年11月，王明、康生由苏联回延安，途经新疆时，盛世才拿出了一张联共（布）派往新疆工作的25人的照片，问王明认识不认识这些人。王明立刻认出了俞秀松这位当年的"江浙同乡会"头头，并告诉盛世才说他是"托派"。于是，俞秀松等人被盛

---

[1]《回忆陈郁同志》编写组:《回忆陈郁同志》，工人出版社1982年版，第36页。

王明传

俞秀松

世才逮捕。1938年6月25日,俞秀松被以"托派"罪名押往苏联,在残酷的"大清洗"中,俞秀松被严刑拷打致死,时年36岁。

俞秀松是中国共产主义青年团的主要创建者之一,也是中国共产党上海早期组织的成员之一,对创建中国共产党和中国共产主义青年团做出了重要贡献。可是,这样一位为中国革命事业做出了重要贡献的同志,由于在中山大学时与王明教条宗派进行了坚决的斗争,结果先是被诬陷为"反动的江浙同乡会"首领,后又被打成"托派",迫害致死,留下了惨痛的教训。这也是王明在党内斗争中大搞宗派活动的罪证。

王明是反"立三路线"起家的,到莫斯科后,王明更不会放过对李立三的批判。李立三这位曾经要在"会师武汉,饮马长江"以后,"用另一种口气与共产国际说话"的"左"倾冒险主义者,1930年底被调到莫斯科后,在共产国际执委会远东局召开的一系列批判会上,一改在国内狂热自大的态度,次次会上都做诚恳深刻的自我批判,甚至还按照共产国际要搞掉中共六届三中全会后的中央以让王明上台的意愿,揭发批判了所谓瞿秋白的"调和主义""两面派"的态度和"小团体"的行为。

第五章
坐镇国外（1931.11—1937.11）

共产国际执委曼努依斯基对李立三的表现作了这样的结论：

尽管李立三自我批评精神很好，但他"还是一个很坏的布尔什维克"。"为着（惩）罚立三同志起见，要他在这里进一进布尔什维克的学校，要他了解自己错误的实质，不是随随便便的速成，而是在日常工作之中去学习，我想（中共）中央虽然只叫他来作报告，可是现在他不用回中国去。立三同志应当在这里留这么几个月，同着共产国际纠正自己的错误。"[1]

李立三与妻子李莎

在王明来莫斯科之前，李立三已经遵照共产国际的决定留在莫斯科，以研究生的资格进入列宁学院学习，对他的批判已经结束了。但是，反对"立三路线"是王明的资本，批判李立三是抬高自己和吓唬不同意见者的手段。因此，王明到莫斯科后，就在东方大学、中共代表团和共产国际东方部等处，没完没了地召开批判李立三和"立三路线"的会议。即使是其他内容的会议，王明也往往要在开会之前加上一段批判李立三的内容作为前导。

"通常的做法是先由主持会议的人（多数是王明亲自主持）讲一通开会的意义，然后就联系到'立三路线'的错误和王明路线的正确。于是李立三就被叫起来，站在那里作一通自我检查和批判。如果这次会是专门批判李立三的会，就要由很多人接着发言批判，说李立三检查不深刻、态度不老实，必须进一步深刻反省，彻底改变反马克思列宁主义、反共产国际的立场，必须真诚拥

---

[1]《共产国际执委主席团关于立三路线的讨论》，《布尔塞维克》第4卷第3期。

护以王明为代表的共产国际路线,等等;如果不是专门批判李立三的会议,那就要直接联系到会议的目的,要会议参加者按照反'立三路线'的战斗精神,把当前的斗争搞好。当时在莫斯科的同志回忆说,这样的话,重重复复、没完没了,一直搞了三四年。"[1]

李立三1956年9月在中共八大会议上曾经回忆过这段痛苦的经历:"我在王明直接领导下工作了七年,好像是过了七年小媳妇的生活,终日提心吊胆,谨小慎微,以免触怒,但还是不免经常受到斥责。"

李立三是中国共产党早期党员,工人运动的杰出领导人之一,为党和革命事业做了许多有益的工作。虽然他在担任党中央主要领导工作时犯了错误,但他对待自己错误的认识是诚恳的,在苏联期间也继续为党的事业努力工作。可是,王明却抓住他不放。1936年夏天,李立三在上班的路上丢了一个皮包,里边并没有什么机密文件,而且第二天就由车站工作人员送还回来。但王明抓住这件生活小事,硬说李立三泄露了共产国际的重大机密,给予了严厉批评。这件事后来也成为逮捕李立三的"证据"之一。

1937年11月14日,王明与康生等离开莫斯科回国。当时已经商定,批准李立三要求回国参加抗日战争的请求。但在启程前夜,王明没有说明任何理由就宣布李立三必须留下。两个月后,李立三被苏联内务部突然逮捕,在苏联度过了一年多的铁窗生涯。

从王明自中山大学以来的一系列宗派活动中可以看出,作为一名为共产主义事业奋斗的马克思主义者应有的坦荡胸怀,王明是不具备的。

再版《两条路线》

《两条路线》这本小册子,如王明自己所言,"的确曾经起过相当的反'立三路线'及对'立三路线'的调和态度的斗争的纲领作用"。它是王明"胜

---

[1] 唐纯良:《李立三传》,黑龙江人民出版社1984年版,第114页。

第五章
坐镇国外（1931.11—1937.11）

利"的资本，也是王明推行"左"倾教条主义的武器。此书于1931年2月由中共中央出版单行本以后，王明又两次再版，可见王明对自己这篇"杰作"的厚爱。

1932年3月，王明在莫斯科首次再版了《两条路线》，并将其改名为《为中共更加布尔塞维克化而斗争》，而且加写了近5万字的《再版书后》，补充了反"立三路线"和反罗章龙派的斗争等问题。

王明在《写在前面的几点声明》中说："这一本小册子，原来只是集合作者在反立三路线时所写的几篇意见书而成的，所以当时命名为'两条路线'——'拥护国际路线，反对立三路线'。现在，因为再版序言的增写，原来题名已经不适合了，特将它改名'为中共更加布尔塞维克化而斗争'。"

同年11月7日，王明在莫斯科再次翻印《为中共更加布尔塞维克化而斗争》，并且在《编辑部的话》中宣称："这本小册子，是中共进行两条路线斗争的武器之一。""不仅有很大的历史的原则的理论兴趣，而且有很大的迫切的实际政治意义。"

王明也在《几点必要的声明》中说："四中全会后，反立三路线及对立三路线的调和态度的斗争，绝未有丝毫的结束，而只不过是在国际路线的领导之下来从理论上实际上真正进行反立三路线的开始；我感觉到我这一本小册子对于反立三路线及对立三路线调和态度的斗争，还是有相当的帮助的。因此，我便把它整理出系统的节目来，请求中央将全文向全党同志发表。"

王明在新增写的《再版书后》中，论述了三个方面的问题：关于反立三路线斗争中的几部分问题；关于反对反革命的罗章龙派的斗争问题；目前党内两条战线上的斗争问题。

王明写的一本名为《为中共更加布尔塞维克化而斗争》的小册子

关于论述这几个问题的目的，王明自己说："利用相当机会来说明这几部分问题，不仅是为着要相当地满足许多留心中共两年来党内斗争的同志们底要求，而且对于我自己也是一课有益处的学习。"

对于这洋洋5万言的《再版书后》，不可能在本书中进行一一评析。仅以第一方面问题为例，我们也可以看出事隔两年后，王明对于六届四中全会前后党内斗争的基本态度以及王明认识分析问题的基本方法。

在《关于立三路线底斗争中的几部分问题》中，王明分三部分来论述反立三路线斗争的情况：

（一）补充说明的问题

王明认为下列四个问题在初版中写得"不充分"：1.关于帝国主义时代的发展不平衡规律问题；2.关于中国经济性质问题；3.关于中国革命运动发展不平衡问题；4.关于中国苏区中的反革命派别活动问题。

当然，这些问题仅仅是"不充分"而已，并非是有错误。王明对此"郑重声明"说："我此处所说的'不充分'的意义，是说小册子中对这些问题的说法有许多不大清楚或重要遗漏的意思，而并不是说这几个问题未能从各方面发挥尽致；因为小册子在当时是为着作反立三路线的提纲而写的。"

至于王明是如何补充说明这四个问题的，由于篇幅的限制，这里仅给读者提供一条线索："关于帝国主义时代的发展不平衡规律问题"，有近一半的文字是引用斯大林在共产国际执委第七次扩大会议上结论中的话；"关于中国经济性质问题"，有一半的文字是引用《共产国际执行委员会第七次扩大全体会议关于中国问题决议案》中的话和1927年5月13日斯大林在答复中山大学学生所提问题时的讲话；"关于中国革命运动发展不平衡问题"和"中国苏维埃区域中的反革命派别活动问题"中，也多处引用共产国际决议和斯大林的有关论述。

这样论述的结果是否能说明中国革命中的实际问题？王明认为说明得是"很充分"了，因为共产国际的决议和斯大林的论述就是解决中国革命的"最高原则"。王明对此深信不疑。

（二）纠正说明的问题

王明认为小册子中有两处现在看来有错误：1.关于没收和平均分配土地问

题；2.关于长沙事变估量问题。

王明能够承认自己的论述有误，这确实不易。不过，王明是在什么立场上承认上述两个问题有错误的呢？

关于没收和平均分配土地问题，王明认为小册子中有两点错误：

第一，"说维它同志等是主张'没收富农的土地'，这是不对的；因为立三、维它同志等，从来不仅不主张没收富农的土地，而且有时甚至公开主张联合富农；在三中全会及三中全会后几个月，维它同志在中央任何文件上，都没有主张没收富农土地的指示，便是事实上最好的证明"。

第二，关于平均分配土地问题，初版中与共产国际执委1930年7月对中国问题决议的论述不完全一样。李立三的口号是"平均分配没收来的地主土地"，小册子中未能抓住这个口号的错误实质，即"（1）未写明'没收一切地主、寺院、教堂及其他大私有者的土地'[1]，而只说没收地主土地；（2）未显明说明'把这些没收来的土地，按照平均分配原则分给贫农和中农（见同上决议）"。

另外，小册子中关于"平均分配一切土地"的口号，与共产国际的上述决议也有区别，应当是："我们不仅要在广大农民群众中，进行在中国工农革命民主专政得到决定意义胜利或完全胜利时实行土地国有的必要的宣传，同时，还须有系统地极通俗地把苏联集体农庄化的宝贵经验，以及它对于基本农民的切身好处等作广大深入的宣传。"

关于长沙事变估量问题，王明总结说："我们无论如何不应该因为1930年夏季占领长沙的错误，便根本作出无论如何都不能占领重要城市的结论；谁以为我们红军永远都不必和不能去占领重要城市，谁便是对国际和党的策略作了极坏的机会主义的曲解。列宁主义与立三路线对这一问题的分歧，绝对不是在于：立三路线主张中国红军要占领中心城市，国际路线是主张中国红军无论如何都不占领中心城市，而是立三路线在红军力量不够、占领中心城市的其他条件也未具备的状况之下，要红军去冒险进攻中心城市，结果不但不能占领，而

---

[1] 见共产国际执委1930年7月对中国问题的决议。

且使红军受到不必要的牺牲；而国际路线是主张红军应当逐渐准备并把自己巩固和扩大到有占领中心城市的战斗力。"

由此也可见，王明并不是放弃了"城市中心论"的道路，只不过是按照共产国际的调子，主张不立即就去占领中心城市。在王明看来，攻打长沙是一次军事上的冒险，这是因为共产国际作出了这样的结论。攻占大城市来夺取中国革命的胜利，仍然还是中国革命胜利的道路，这同样因为共产国际仍在坚持这条道路。

由王明上述论述中我们也可以看出，王明对《两条路线》初版中两个问题的纠正，只是为了更加与共产国际决议相一致，并不是在纠正自己的"左"倾错误，甚至在一些方面，是在进一步发展"左"倾错误。

我们也不能说王明的一切言论都是照抄照搬共产国际决议，王明在有些问题上，有时也会提出一些个人见解。但是，照抄照搬共产国际的决议，这确实是王明的一个重要特点。

（三）新加的两个问题

王明新加的两个问题是：(1)"立三路线"的半托洛茨基主义实质问题；(2)六届四中全会前后反"立三路线"经过问题。

什么是"半托洛茨基主义"呢？对于政治斗争中的这些复杂概念，王明很有一番见地："这种半托洛茨基主义的实质在什么地方呢？(1)因为李立三路线是一种在'左'倾空谈掩盖下的右倾机会主义消极的路线，同时，是一种盲动冒险的路线。而托洛茨基主义也是这样的。""(2)因为李立三路线对于革命中的许多根本问题，犯了与托洛茨基主义理论同样的错误。这些带着有托洛茨基理论观点错误的问题，共产国际执委给中共中央关于立三路线问题信上，有很简明正确的说明。"

在王明看来，"立三路线"的实质与托洛茨基主义是一致的。之所以称其为"半托洛茨基主义"，是因为"以立三为领导的中共中央政治局一部分同志，虽然曾经犯过些托洛茨基主义理论上的错误，但他们不仅未采用而且坚决反对托洛茨基主义的策略武器和组织武器，因此，中共中央政治局一部分同志们当时所犯的错误，还是共产主义内部中的错误，不能把它与早已成为反革命

第五章
坐镇国外（1931.11—1937.11）

的资产阶级先锋队底托洛茨基主义混为一谈。李立三路线是一种半托洛茨基主义性质的路线——共产国际执委与中共中央这种估计，是百分之百正确的"。

至于区分"立三路线"是托洛茨基主义还是半托洛茨基主义的目的，王明指出，是为了不要在"客观上帮助了托陈取消派的反中共和反共产国际的活动"，并不是否认"李立三路线是形式上以'左'倾空谈掩盖着右倾消极的投降内容的路线"。

王明增写"关于四中全会前后反立三路线斗争经过问题"，是为了不使"反立三路线英雄"的桂冠被别人夺走，是为了使自己的这一政治资本进一步被人们所了解和认识，这也是王明再版这本小册子的重要目的。

王明巧妙地利用《李立三声明书》中的话标榜自己说："关于反立三路线斗争问题——正因为党有伟大的历史教训，正因为党走上了布尔什维克化的道路，所以当立三路线形成之初，即遇到党内同志的反抗。这一反抗倾向的最明显最坚决的代表，便是陈、王、秦、何同志等反对六月决议案的斗争。还在六月决议案之前，我发表中国革命高潮前诸问题的论文时，陈同志等已起来反对这些错误观点。"

贬低别人以抬高自己，这是宗派主义者的惯用手法。为了论证自己一派是反"立三路线"的唯一"英雄"，王明竟然不顾事实地贬低已经英勇牺牲的何孟雄。他说："孟雄同志并不是最坚决的反立三路线的代表，不幸得很，他恰是最不坚决的分子。"

总之，一切反"立三路线"的"功绩"，都是以王明为首的"拥护国际路线的同志们"做出的。"历史事实的发展，证明拥护国际路线同志们的意见是正确的，另些同志的意见是缺乏布尔什维克的党员的警惕性的"。

不过，"历史事实的发展"，最终还是与王明开了个玩笑。历史已经证明，用比"立三路线"更"左"的王明教条主义路线去反"右倾"的"立三路线"，并不是值得夸耀的"功绩"，而是王明对于中国革命的发展犯下的极其严重的错误。

主张建立抗日民族统一战线

1931年九一八事变以后，由于日本帝国主义的大肆入侵，中华民族面临亡国的危险，中日民族矛盾上升。虽然以蒋介石为代表的国民党政府对外奉行不抵抗主义，对内继续"剿共"、独裁，但全国人民的抗日呼声日益高涨，特别是中间阶级的抗日民主要求迅速增强。

1931年12月，赵博生、董振堂率领二十六路军在江西"剿共"前线举行起义，参加红军；1932年一·二八事变中，蒋光鼐、蔡廷锴率领十九路军进行淞沪抗战，重创日军，振奋全国。在全国抗日反蒋浪潮的冲击下，1931年12月15日，蒋介石被迫下野，国内阶级关系开始发生变化。

客观形势的发展，为转变党的政策带来了契机。可是，在王明"左"倾教条主义控制下的中共中央，虽然在九一八事变后就发表了反对日本帝国主义侵略的宣言，号召全国人民奋起抗战，但"左"倾教条主义者看不到由于日本帝国主义的入侵造成的国内阶级关系的新变化，否认争取同盟者建立抗日民族统一战线的必要性和可能性，反而把当时积极主张抗日的中间派别视为"最危险的敌人"，"是帝国主义的走狗与中国民族及工农劳苦民众的死敌"，"应该以主要的力量来打击"，继续推行"左"倾关门主义政策。

来到共产国际以后，王明的"左"倾思想仍有发展。他按照共产国际对中国革命的"左"倾政策，提出了一系列"左"倾主张，致使中共中央继续实行一系列脱离国内实际情况的"左"倾政策，没有能够抓住由于日本帝国主义的入侵而造成的阶级关系变化来修改党的路线。

不过，决定历史发展方向的不是哪个人的意见或某个政治集团的主张，任何个人的意见和政治集团的主张都要顺应历史潮流发展的方向才有存在的价值。只要不是僵化的顽固派，人的认识是会随着形势而发生改变的。日本帝国主义灭亡中国的残暴政策，日益深重的民族危机，广泛兴起的反日爱国运动，这一切促使着全国人民日渐联合起来，促使着国民党统治集团内部开始分化，

第五章
坐镇国外（1931.11—1937.11）

也促使着中国共产党逐步提出抗日民族统一战线的正确主张。

在中国共产党抗日民族统一战线这一具有重大意义的新政策提出的历史过程中，以王明为首的中共代表团起了积极作用。

身处莫斯科的特殊环境，使中共代表团能够及时掌握共产国际政策的转变；远离国内枪炮轰鸣的厮杀战场，也使中共代表团能够冷静下来，认识国内阶级关系的变化和民族矛盾的发展，逐步反省过去的政策和主张。1932年年底和1933年年初，以王明为首的中共代表团在统一战线问题上的观念开始发生转变，逐步提出了建立抗日民族统一战线的主张。

从1933年以后，王明虽然仍在一些问题上继续坚持"左"的错误，而且不时提出一些"左"的主张。但从1933年到1937年间王明发表的文章及其主要活动来看，王明的注意力开始转到建立抗日民族统一战线上来，逐步把建立抗日民族统一战线作为中共代表团的主要工作，为中国共产党实行抗日民族统一战线的政策起了积极的推进作用。

1933年1月，日本帝国主义继续扩大对华侵略，占领了象征东北与华北分界线的山海关，开始向华北进犯。

在此民族危亡加剧之时，1933年1月17日，以王明为首的中共代表团，以中华苏维埃临时中央政府主席毛泽东、中国工农红军革命军事委员会主席朱德的名义，发布了《中华苏维埃临时中央政府工农红军革命军事委员会为反对日本帝国主义侵入华北愿在三条件下与全国各军队共同抗日宣言》（简称《一·一七宣言》），提出了在立即停止进攻苏区、保证民众的民主权利、武装民众三个条件下，与任何武装部队订立共同对日作战协定。

这篇仅一千多字的宣言包含了巨大的信息，它表达了中国共产党在民族危亡之际，要求停止内战、抗日救国的真诚愿望。虽然这一愿望从提出到实现还要经过艰难的路途，国共两党的军队还在战场上厮杀，中国共产党人也要克服"左"倾关门主义错误，但是，中国共产党人的愿望已经告之于天下，中国共产党的政策已经产生了具有历史意义的转变。

从《一·一七宣言》发表以后，以王明为首的中共代表团就经常以中共中央的名义发表宣言和文件，使中共代表团（实际上主要是王明）成为当时中共中央之上的中央，这与以瞿秋白为首的第一届中共驻共产国际代表团显然不同。中共六大以后成立的中共第一届代表团，主要任务是协调共产国际对中国共产党的领导，起着沟通信息的作用。王明为首的中共代表团以中共中央的名义发表宣言和指示，是得到中共中央和共产国际允许的，它表明当时的中共中央和共产国际都承认了王明在中共党内的实际领导地位。

1933年1月26日，以王明为首的中共代表团经过共产国际的同意，又以中共中央的名义发出了从1932年12月即开始起草的《中央给满洲各级党部及全体党员的信》（简称《一·二六指示信》）。

《一·二六指示信》与《一·一七宣言》是姊妹篇，都是在共产国际执委会第十二次会议之后由中共代表团制定的。

1932年8月27日至9月15日，共产国际执委会召开了第十二次全会。这次执委会按照共产国际的"第三时期"理论，进一步强调世界无产阶级革命与中国革命的"成熟"，要求中国共产党继续实行"下层统一战线"政策，提出："更加扩大和加深苏维埃运动，巩固中国苏维埃和红军，将苏维埃运动与白区群众反帝斗争联系起来，广泛地和一贯地在群众反帝斗争中，采用下层统一战线政策，组织群众。口号就是：进行民族革命解放战争，反对一切帝国主义者，推翻帝国主义走狗国民党，以便争得中国的独立、统一和完

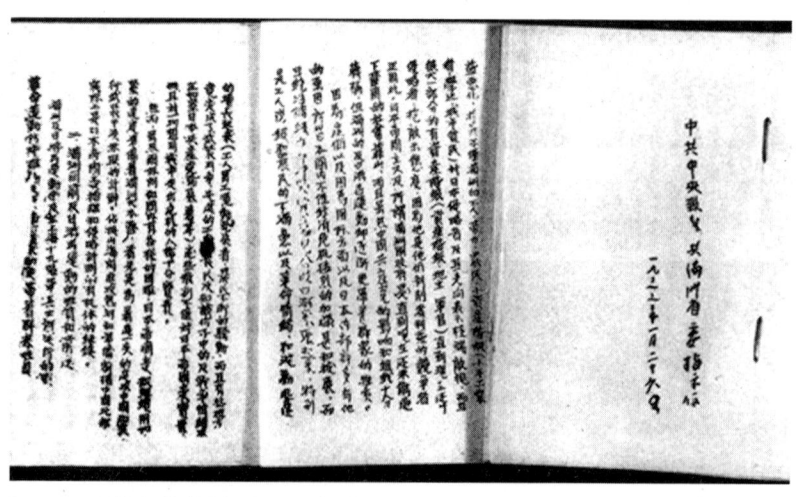

《一·二六指示信》（部分）

第五章
坐镇国外（1931.11—1937.11）

整。"[1]

全会还对中国共产党提出了六项特殊任务。王明在1933年12月举行的共产国际执委会第十三次全会上，把这六项任务概括成下列三位一体的口号："（1）以武装人民的民族革命战争去反对日本和其他帝国主义，以保障中国的民族独立、领土完整和国家统一；（2）推翻卖国辱国的国民党政府，是顺利进行民族革命战争的条件；（3）只有苏维埃政府和红军能够彻底进行和领导反对日本和其他帝国主义的民族革命战争，以取得中国民族的完全解放。"

共产国际执委会第十二次全会关于中国共产党任务的规定，实质仍是"左"倾的。它仍旧把以苏维埃革命推翻国民党政权当作首要目标和一切工作的前提，没有把反对日本帝国主义入侵的民族战争作为头等任务。但是，如果看不到在民族矛盾日益尖锐的情况下共产国际策略的一些转变，也是不全面的。这次全会规定的中国共产党六项特殊任务的第一条，就是"在进行民族革命斗争的口号下，动员群众去反对日本帝国主义者及其他帝国主义者，争取中国的独立和统一"，提出了开展民族革命斗争的口号。而且在这次全会上，根据中国东北已被日本帝国主义侵占的事实，向中国共产党提出了在东北地区的任务应与关内有区别的要求："开展游击战争，在满洲提出建立农民委员会、抵制政府的捐税和命令、没收汉奸的财产、组织人民政权的选举等口号。"[2] 共产国际关于中国共产党在东北地区这一任务的规定，实际上是在东北这个"特殊环境"里，放弃了开展土地革命与建立苏维埃政权的政策。

共产国际执委会第十二次全会以后，在共产国际东方部的主持下，又召开了讨论日本帝国主义侵略中国和在侵略军占领下的东北人民和反日游击队的抗日斗争任务及策略问题的专门会议，王明和中共代表团的成员以及当时在苏联的中国共产党人参加了会议。

《一·一七宣言》和《一·二六指示信》，就是在这个基础上形成的两个重要文件。《一·一七宣言》是面向全国发出的，它提出了中国武装集团之间联合抗日的方针，较之以前的"下层统一战线"政策是一个明显的进步。

---

[1] 中央档案馆编：《中共中央文件选集》第9册，中共中央党校出版社1986年版，第383页。
[2] 《共产国际有关中国革命的文献资料》第2辑，中国社会科学出版社1982年版，第185页。

《一·二六指示信》是局限于中国东北业已沦为日本帝国主义殖民地的特殊环境的指示。九一八事变以后，东北的抗日斗争是一场广泛的群众性抗日斗争。当时的抗日武装有国民党东北军旧部，有就地揭竿而起的抗日义勇军，有大刀会、红枪会、自卫团这些带有原始色彩的农民游击队，也有中国共产党领导的赤色游击队。联合一切可能的力量建立民族反帝统一战线，是东北党组织的迫切任务。《一·二六指示信》提出，党在东北地区要"尽可能地造成全民族的（计算到特殊的环境）反帝统一战线，来聚集和联合一切可能的、虽然是不可靠的动摇的力量，共同的与共同敌人——日本帝国主义及其走狗斗争"。这已经具有了广泛的全民族统一战线的性质，比《一·一七宣言》又前进了一步，这对于推动东北抗日斗争的发展以及促进党在全国范围内制定抗日民族统一战线政策，起了重要的积极作用。

《一·二六指示信》还提出，实现共产国际执委第十二次全会提出的口号，"首先要靠我们党正确的和灵活的实现'特殊的'全民族的反帝国主义，而首先便是反日的统一战线，并且要靠着夺取和保证无产阶级在这统一战线中的领导权"。

《一·二六指示信》虽然还没有明确提出贯彻这一抗日民族统一战线方针应当采取的具体途径和组织形式，但是，信中却首次比较客观地分析了东北抗日战争中四种抗日武装部队的阶级性质、特点和共产党应当分别采取的具体政策，并且根据可能参加抗日民族统一战线的各个阶级和各个武装集团的复杂性的分析，提出了必须坚持"无产阶级在统一战线中的领导权"，和中国共产党"无论在什么时候，都坚持和保存自己政治上和组织上的独立性"的极端重要性。

指示信还指出，党在反日统一战线中对于同盟者必须区别对待；要注意处理好上层统一战线与下层统一战线的关系；指出建立和发展广大的工人、农民、小资产阶级的革命组织，是坚持抗日民族统一战线的必不可少的条件。

当然，《一·二六指示信》还不能完全纠正"左"倾关门主义错误，它所体现的抗日民族统一战线思想还不彻底，还保存着某些"左"的色彩。指示信一方面提出要在东北这个特殊环境中实行反日统一战线；另一方面又提出"要

第五章
坐镇国外（1931.11—1937.11）

准备进一步的阶级分化及统一战线内部阶级斗争基础"，看到"满洲苏维埃革命胜利的前途"。指示信对于国民党的各个派别、某些将领以及各种中间势力，仍然缺乏具体分析和区别，还要求一律打倒；在反日统一战线内部仍然强调下层统一战线，对上层统一战线仍存有疑虑。

大约在《一·二六指示信》发出前后，王明还写了《东北情形与抗日统一战线策略》一文。这篇文章的基本精神与指示信是一致的，它分析了东三省社会阶层的经济状况和政治态度，认为"工人阶级的情形更加恶化了"，"东三省的罢工运动，不断地发展着"，"农民的生活状况，也大大恶化了。农民真热烈地充满着反日的情绪"，"在兵士里的反对日本帝国主义及反对'满洲国'的不满情绪，也发展着"，"甚至东三省的资产阶级也不满意日本帝国主义"，"甚至于一部分地主都有这样的反日情绪"。因此，"在东三省群众运动发展目前这个阶段上，中共的一般的策略方针，就是顾及目前的特殊环境，尽可能地建立一般民族的反日的统一战线，收集和统一所有的反日力量——哪怕就是不可靠的动摇的力量，以便进行共同的斗争，反对共同的敌人，即反对日本帝国主义及其走狗"。

王明在这篇文章中也强调，"要取得和保证无产阶级在这个统一战线中的领导作用"，"共产党要绝对保持自己的政治的组织的独立性，保持自己是无产阶级的独立政党的面目。要使自己有无情地批评同道人的任何动摇、任何不彻底、任何叛变及投降行为的自由；坚决反对右倾机会主义的任何企图和倾向，这些右倾机会主义者要把民族统一战线的策略变成使无产阶级向资产阶级投降的策略"。

1933年10月27日，王明和康生又联名给临时中央政治局写信，信中说："这封信的任务就是专门说明我们目前组织民族革命战争的策略与运用统一战线的具体步骤。"

信中提出："'抗日救国'是目前中国民众最中心最主要的问题，谁能在实际上证明他能解决这个政治问题，谁就能取得广大民众的拥护，谁就能成为政治斗争的胜利者。"

这封信还提出了《中国人民对日作战的具体纲领》，即著名的"六大纲领":(1)全体海陆空军总动员对日作战;(2)全体人民总动员;(3)全体人民总武装;(4)立刻设法解决抗日经费;(5)成立工农兵学商代表选举出来的全中国民族武装自卫委员会;(6)联合日本帝国主义的一切敌人。

信中还指示,要用一切力量和办法宣传贯彻这一纲领,并最好由宋庆龄等知名人士去印行。

他们还随信附上了《红军须知》《王明致巴比塞信》等六个文件。

1934年4月,上海中央局对此信只作了个别文字修改,即作为《中央致各省委、县委、市委的一封秘密指示信》向各地发出,并指示:"各地应该将所附的《中国人民对日作战基本纲领》单独印出来,经过群众路线,广泛征求发起人与赞成人签名。"

4月20日,《中国人民对日作战基本纲领》,就以"中国民族自卫委员会筹委会"的名义,由宋庆龄、何香凝、李杜等1779人签名公开发表。它对于推进民族抗日运动产生了积极的影响。

当然,中国共产党抗日民族统一战线政策的提出,是个逐步发展的过程。长期以来形成的"左"倾关门主义束缚,使党难以在短时期内摆脱。王明的思想转变也是这样。这封信在论述提出《中国人民对日作战的基本纲领》的目的时仍然认为:"尽可能地取得公开或半公开的活动的可能,以便在实际的群众斗争上来揭穿国民党卖国的真相,在事实上将反日斗争和反国民党的斗争联系起来。"这仍然是把"反日反蒋"并列起来。由"反日反蒋"到"联蒋反日"政策的转变,还需要中国政局的进一步发展促使国共两党对联合抗日必要性认识的转变。

1934年1月15日到18日,临时中央在江西瑞金召开了中共六届五中全会,把第三次"左"倾冒险主义错误推向了顶点。

六届五中全会通过的政治决议案提出:"中国的革命危机已到了新的尖锐的阶段——直接革命形势在中国存在着。特别是正在进行的第五次反'围剿'斗争,如果取得胜利,将实现一省或数省的苏维埃革命首先胜利,并奠定苏维埃革命在全中国胜利的强固基础。"因此,"粉碎五次'围剿'的斗争,即是阻止中国走向殖民地道路的斗争,即是争取苏维埃中国完全胜利的

第五章
坐镇国外（1931.11—1937.11）

斗争"。[1]

所以，要"动员一切力量、一切资源，发扬党和群众的积极性到最高限度来扩大和巩固红军"，"实现创造一百万铁的红军的口号"。在国民党统治区，中共的任务就是组织罢工，"党的全部力量应放到工厂、工会罢工上面"。

政治决议案也仍然坚持要反对"富农路线"，"反对主要危险的右倾机会主义"，认为福建事变"不过是一部分以前国民党的领袖及政客们的一种欺骗民众的把戏"等一些"左"的政策。

六届五中全会的政治决议案是1934年1月18日通过的。王明和康生见到政治决议案之后，于1934年8月3日联名给中共中央写了一封信，对政治决议案提出了不同意见。

信中针对政治决议案中关于第五次反"围剿"意义的过高估计，提出："事实上中国革命是一种长期性的艰苦斗争，六次（即五次）"围剿"，虽然是革命与反革命之间的残酷斗争的严重步骤，然而这不仅不是最后决定中国命运的斗争，并且也不是决定胜负的斗争。"

信中对"创造一百万铁的红军的口号"问题也提出了不同意见，认为"这口号在热河战争时提出，换言之在蒋介石公开禁止抗日时提出，在政治上完全是正确的。这样可以使中国的民众可以认识只有苏维埃是真正准备力量，武装抗日。但是这一口号作为目前实际行动的口号，便不可避免地发生许多难于解决的困难（像武装、干部、供给等），同时还可以发生把地方武装都集中到红军来的现象，因之不能不减弱在敌人后方两翼的广大的游击战争"。

信中对临时中央严重的关门主义倾向也提出了意见，认为"建立反日反蒋的广大联合战线问题——我们党在原则上是反对一切帝国主义和一切地主资产阶级的派别，但是根据目前国际和中国形势，根据敌我力量对比，根据广大群众的迫切需要，根据利用敌人内部矛盾的策略原则，我们必须首先提出反日反蒋的口号。在这口号之下，团结一切有可能参加这个运动的力量，来反对目前革命最主要最凶恶的敌人。在这个口号之下，不仅要团结工农小资产阶级，而

---
[1] 中央档案馆编：《中共中央文件选编》第9册，第22、27页。

且要尽可能地利用和联合一切统治阶级内部反日反蒋的派别,如果这方面过去我们多半是处在等待被动的地位(指利用和联合一切统治阶级内部反日反蒋派别方面),那么现在应当走到积极的和主动的地位,同一切力量组织一个反日反蒋的最大运动,能够使中国革命走到新的有利的阶段。同时也就是真正的帮助红军冲破六次'围剿'的有效方法"。

王明和康生的这封信虽然还没有从根本上否定六届五中全会通过的政治决议案的"左"倾错误,但对决议案中的某些"左"倾观点提出了批评意见。这也表明,由"左"倾关门主义转向建立抗日民族统一战线,中共驻共产国际代表团确实走在了前面。

发出"王康指示信"

共产国际执委会第十三次会议曾经拟定,共产国际第七次代表大会于1934年下半年召开。因此,共产国际执委会第十三次会议之后,筹备共产国际七大的工作就开始加紧进行了。

当时西欧和东亚的法西斯势力已经崛起,德国共产党在斗争中失败,中国工农红军第五次反"围剿"严重失利。国际形势的这些变化促使共产国际开始认识到过去推行的整个反对社会民主党和打击中间阶层的宗派主义具有"左"倾错误的性质,逐步提出了建立世界反法西斯统一战线的新政策。

拟定的共产国际第七次代表大会的第二项议程,是关于"法西斯的进攻以及共产国际在争取工人阶级团结起来反对法西斯的斗争中的任务"。报告人预定为季米特洛夫。

季米特洛夫于1934年7月1日就大会的这项议程给共产国际执委写信,对于统一战线问题提出了若干不同于过去的见解。

王明作为中共驻共产国际代表和共产国际执委委员,参加了共产国际七大的筹备工作,并且跟随共产国际政策的转变,对于转变中国共产党的政策也提出了一些意见。

第五章
坐镇国外（1931.11—1937.11）

1934年4月20日，王明与康生在给中央政治局的信中，批评了过去在党内两条路线斗争等问题上存在的"严重弱点"，如"对于缺点和错误的过分和夸大的批评""对于党内斗争的方法有时不策略""将两条战线的斗争变成无原则的空谈"，等等。

同年9月16日和11月14日，王明等人又两次给中共中央政治局写信，明确提出党应"利用一切可能反蒋的力量，即是军阀国民党内部一切反蒋的力量，我们都必须利用"的思想，主张团结一切力量，包括联合统治阶级内部的一切反蒋派别。他们还批评了临时中央在福建事变和察哈尔同盟军问题上所犯的关门主义错误，要求临时中央运用新的观点和新的方法来看待与国内各派的关系。

不过，王明在这一时期以及以后对六届四中全会以来一些"左"倾政策的批评虽然不乏正确，但却并不承担自己在制定和实行这一系列"左"倾政策中应负的主要责任，而且经常在文章和谈话中宣扬自己反"立三路线"的功绩和六届四中全会的意义。

1934年7月，王明撰写了《十三年来的中国共产党》。在叙述中国共产党十三年来"布尔塞维克化"的历史过程中，王明突出地论述了自己的"功绩"和六届四中全会的意义。他说："当1930年四五月份的党中央机关报上，李立三同志发表了纲领式的论文时，党的一部分工作人员（何、陈、秦、王等同志）马上就指出李立三同志这个不正确政治立场的莫大危害。而当时李立三同志等不顾这些同志的抗议，在1930年6月11日中央政治局的会议上，根据李立三同志论文里所包含的原则上的立场，而通过了关于中国政治形势与中国共产党的任务决议案时——这些同志就在政治局和中央委员会范围内扩展了关于整个原则问题和策略问题的严重争论，证明这个决议案在原则上是与共产国际的路线冲突的，并坚决要求取消这个决议案。""中国共产党中央委员会（第六届）第四次全会之莫大的历史意义和政治意义，正是在于他不仅对于李立三'左'的冒险主义的半托洛茨基主义的路线及其调和派宣布了死刑，而且对于当时正抬起头来的那个罗章龙右倾机会主义的取消主义的路线，也给了坚决的打击。负李立三路线责任的那些主要分子，被取消了领导地位，革新了政治局的人选，在其中吸收了共产国际路线坚定的拥护者，同时不许罗章龙等参加党的领导机关。四中全会在两条路线上进行了真的布尔塞维克的斗争，这样就开辟了我们党历史发展的新阶段。"

如果再看一看中国革命的发展已经证明王明"左"倾教条主义的严重错误及危害以后王明对待自己错误的态度，人们就会发现王明的又一个特点：善于宣扬自己的成就，但忌讳承认自己的错误。

1934年9月，中央苏区第五次反"围剿"已经失败，党中央和红军主力即将被迫撤离中央革命根据地。

9月16日，王明、康生致信中共中央政治局，说明共产国际七大已经推迟召开，并根据中共中央被迫转移的情况，提出党在东北地区的工作中共中央不要再管了，而由中共驻共产国际代表团直接负责。以后，由于红军长征，中共中央与东北党组织失去了联系，中共驻共产国际代表团便直接领导党在东北的工作。1934年7月，中共代表团又派代表团成员吴平（杨松化名）以满洲省委吉东巡视员的身份到东北工作，由他负责沟通中共代表团与东北党组织的直接联系，以便贯彻中共代表团的意图，直接指导东北各地党的组织和抗日武装部队的工作。

共产国际第七次代表大会自1934年推迟召开以后，到1935年夏又开始积极进行筹备。中共代表团继续参加了这一筹备工作。此时，共产国际关于反法西斯统一战线的方针已经确定，而国内由于《塘沽协定》的签订，华北危机日益加深，民族灾难日益深重。在这种形势下，经中共代表团和前来出席共产国际七大的中共代表们的协商讨论，1935年6月3日，以王明、康生的名义，发出了《给吉东负责同志的秘密信》，即"王康指示信"。

1935年11月和1936年3月，中共代表团还分别以吉东特委和中共中央驻东北代表的名义，发给珠河县党、团组织及抗联第三军负责同志两封信。1936年10月，中共代表团又发出关于抗日统一战线政策问题的信。这些信件属于"王康指示信"的补充信件。

"王康指示信"是一篇1万多字的长文，主要内容是扩大东北反日游击运动和实行全民族反日统一战线，分五个部分：（1）游击运动的新特点与我们的策略;(2)关于游击队的问题;(3)政府与根据地的问题;(4)群众工作与士兵工作;(5)党的工作。

指示信根据对东北抗日游击战争的分析指出:目前党在东北的工作,"首先是扩大游击运动与联合一切反日武装力量共同抗日",因此,"第一,要打破各地的关门主义,吸收一切愿意参加武装反日的分子来扩大游击队的组织,特别是我们的队伍,要使其成为强有力的、能够影响一切反日武装力量的中心队伍","第二,要实行全民的反日统一战线,在游击运动现在阶段中,很大的一部分工农劳苦民众参加了反日队伍,使游击队的成分和领导有了新的变动,因此现在东北各种反日队伍,一般的都有建立反日统一战线的必要与可能。我们不应机械地背诵过去四种游击队的公式,而现在是要普遍地与各种反日队伍建立上层与下层统一战线,团结一切反日武装共同抗日"。

指示信还提出了党的策略:"我们的策略现时不是将所有的反日力量'孤注一掷'。更是要更大的准备群众,积蓄力量,保存和发展游击队的实力,培养大批的军事干部,以作为准备将来的更大战争和更大事变的基础。"

为了实行抗日民族统一战线的新策略,指示信还提出,党的工作必须彻底转变:"(1)首先要在党内进行广大的教育解释工作,使之正确地了解这些新的策略,加强游击区党的领导;(2)要使党的组织强有力地领导游击运动,必须将党的机关一部分要设立在游击区里,改造党组织庞大的结构;(3)极大地改善干部政策;(4)要抓紧与关门主义及一切右的倾向作斗争。在进行两条路线斗争中,要估计到干部的幼稚,要多给以教育说服的耐心的解释。"

"王康指示信"的主导思想来自共产国际的策略转变,它的主要内容符合东北党的工作和抗日斗争的实际情况。东北各地党组织于1935年秋冬之际,陆续收到"王康指示信"和《八一宣言》(王明起草的《为抗日救国告全体同胞书》),并普遍地贯彻了这两个文件的基本精神。在此后一年中,东北的抗日斗争出现了较好的发展形势。

事实证明,"王康指示信"的主导思想是与《八一宣言》相一致的,它在东北地区全民反日统一战线的发展和东北抗日联军的形成等方面,起了积极作用。

但是,"王康指示信"及其补充信件也带有明显的教条主义、主观主义成分，有的政策提法不当或有错误。例如，在"王康指示信"中，把对伪军和地主武装的士兵工作，不适当地提到"占党的工作第一等的主要地位"；在补充信件中，把党在关内实行的"抗日反蒋不并提"的方针，演绎为"不要把抗日反满并提"；关于对付敌人的"集团部落""保甲制度"的政策规定和对游击区划分、部队建制等指令性的安排，也不大切合当时的实际斗争情况。

这些不适当的或错误的部分，给东北部分党组织和抗联部队在思想上政治上造成了一些混乱，产生了一定的消极作用。

"王康指示信"是由吉东特委代为转发给东北各地党组织的。因为当时中共满洲省委实际上已经撤销，负责人已经陆续被调到莫斯科接受审查，一些人在莫斯科遭受到王明宗派主义政策的打击迫害。这是因为中共中央随同红军长征以后，中央设在上海的代表机构上海中央局于同年多次遭到破坏，主要负责人李竹声、盛忠亮相继被捕叛变，中共代表团便由此怀疑当时被上海中央局派到满洲省委工作的某些负责干部不可靠，认为满洲省委内部有"奸细"，不予信任，采取超越满洲省委的非组织手段，建立中共吉东特委代替满洲省委，以致后来进一步改组东北党的组织，给东北党组织造成了一定程度的混乱，使东北各地的党组织和抗联部队自满洲省委撤销后，一直没有统一的领导机构。对此，王明、康生等人是有直接责任的。

起草《八一宣言》

1935年7月召开的共产国际七大是标志着共产国际策略转变的一次重要会议。这次大会是法西斯战争攻势正在全世界范围内迅速发展的形势下召开的。大会的主要任务就是制定共产国际和各国党的纲领以制止并击败法西斯主义。这些总的纲领采取的形式就是建立广泛的反法西斯战争的统一战线。

共产国际七大的主要议程有六项，其中的第二项议程，也是最重要的议程，是由季米特洛夫作《法西斯的进攻以及共产国际在争取工人阶级团结起来反对法西斯的斗争中的任务》的报告。季米特洛夫在报告中论述了建立反法西斯统一战线的意义以及统一战线的内容和形式，批驳了反对建立统一战线的各种观点。

王明于1934年5月28日就参加了共产国际七大筹备委员会，他对于共产国际政策的转变是了解的。"王康指示信"中关于扩大东北统一战线的策略也是根据共产国际的新政策提出的。在共产国际七大召开之前，为了适应共产国际政策的转变和国内日益高涨的抗日救亡运动，制定中国共产党的新政策以及讨论参加即将召开的共产国际七大有关事宜，1935年6月，正在苏联基斯罗沃德斯克疗养的王明，被吴玉章等电请回莫斯科"共商对策"。

王明回到莫斯科后，在中共驻共产国际代表团主持召开了数天会议，然后由他根据共产国际的精神和中共代表团讨论的意见，执笔起草了《为抗日救国告全体同胞书》，即著名的《八一宣言》。

1935年7月14日，中共驻共产国际代表团召开会议，讨论王明起草的《为抗日救国告全体同胞书》，并决定组织一个由王明等七人参加的委员会，吸取集体讨论的意见，对文字进行修改并写一封解释的信。

在这期间，中共代表团还讨论决定了参加共产国际七大的代表名单、组织及分工问题，讨论了关于贯彻共产国际七大的文件起草及出版工作等问题，决定总的文件主要由王明起草，并由王明负责整理发表，同时决定将中共代表团主办的设在巴黎的《救国报》变为日报。

1935年8月1日，中共代表团以中国苏维埃中央政府和中国共产党中央委员会的名义，发表了经斯大林和季米特洛夫审阅过的《八一宣言》。

9月中旬，中共代表团写信并寄《八一宣言》给美国的中共党组织，指示他们要将《八一宣言》铅印3万到5万份，巧妙地寄回中国包括南京政府在内的各军队、机关、党派、报馆及社会团体等，还要寄给包括蒋介石在内的国民党军政要人，要将《八一宣言》在中国社会各阶层和爱国华侨及华侨团体中广为散发。

1935年10月1日，《八一宣言》首先刊登在巴黎出版的《救国报》上。

《八一宣言》不再坚持苏维埃革命形式和苏维埃政权的中心作用和领导作用，提出了组织一个统一的代表抗日各阶级、各阶层、各党派、各军队、各民

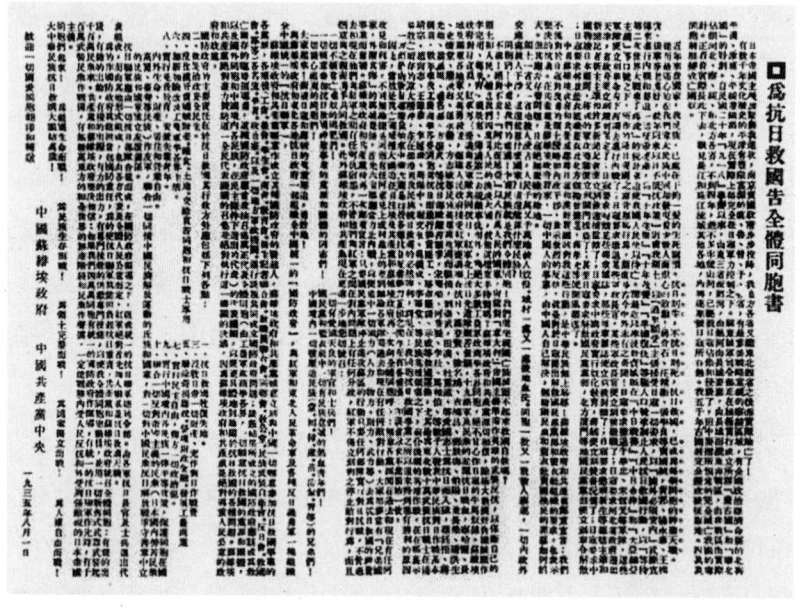

《八一宣言》

族的国防政府来领导抗日斗争,明确把建立广泛的抗日民族统一战线作为党的中心任务,进而为中国共产党进一步完善自己的统战政策和中国抗日民族统一战线的最终形成指明了方向。

《八一宣言》提出:

> 今当我亡国灭种大祸迫在眉睫之时,共产党和苏维埃政府再一次向全体同胞呼吁:无论各党派间在过去和现在有任何政见和利害的不同,无论各界同胞间有任何意见上或利益上的差异,无论各军队间过去和现在有任何敌对行动,大家都应当有"兄弟阋于墙外御其侮"的真诚觉悟,首先大家都应当停止内战,以便集中一切国力(人力、物力、财力、武力等)去为抗日救国的神圣事业而奋斗。苏维埃政府和共产党特再一次郑重宣言:只要国民党军队停止进攻苏区行动,只要任何部队实行对日抗战,不管过去和现在他们与红军之间有任何旧仇宿怨,不管他们与红军之间在对内问题上有何分歧,红军不仅立刻对之停止敌对行动,而且愿意与之亲密携手共同救国。

《八一宣言》是中国共产党抗日民族统一战线政策初步形成的标志，也是以王明为首的中共代表团突破"左"倾关门主义束缚和影响的标志。虽然《八一宣言》的提出是基于国内客观形势发展的必然要求和共产国际政策的转变，但也说明王明这个在民主革命时期党内最严重的"左"倾错误的代表人物，虽然他还没有深刻认识或者说不愿承认自己犯的"左"倾错误，但在党的政策转变的重要关头，还是能够顺应历史发展的潮流，服从共产国际政策的转变和国内革命形势发展的需要，初步提出了党的抗日民族统一战线政策，这对于中国共产党确定抗日民族统一战线方针具有很大的积极作用。

出席共产国际七大

1935年7月25日至8月20日，共产国际召开了第七次代表大会，这也是共产国际的最后一次代表大会。

作为中国共产党驻共产国际代表，王明和康生是出席七大的正式代表，而且王明还是以主任代表和第一议程发言人的身份参加大会的。中国共产党的周和森（高自力化名）、吴玉章、张浩（林育英化名）、孔原、梁一朴（饶漱石化名）、欧阳生、沈元生、李光（滕代远化名）、赵毅敏、宋一平等也参加了大会。

大会选出42人组成大会主席团，中国共产党人王明、康生、周和森被选入主席团。

这是王明第一次参加共产国际的代表大会，而且在这次会上，他还当选为共产国际执行委员会委员、主席团委员和书记处候补书记。

在公布主席团的42人名单时，王明的名字和斯大林、季米特洛夫、台尔曼等七个人的名字一样，受到"暴雨般掌声"的欢迎，由此也可见王明此时受到的殊荣。

8月7日举行的第二十三次会议是讨论季米特洛夫的报告，王明从上午开始作题为《论殖民地和半殖民地的革命运动与共产党的策略》的长篇发言。

王明传

共产国际"十执委"于1935年8月在莫斯科郊外。前排左起：马蒂、季米特洛夫、陶里亚蒂、弗洛林、王明。后排左起：莫克文、库西宁、哥特瓦德、皮克、曼努伊尔斯基

王明上午没有讲完，下午继续讲。下午仍没有讲完，于是，在晚间举行的第二十四次会议上，继续由王明发言。

王明这一天加一晚的发言，登在1935年8月苏联《真理报》上，同年10月，此文改名为"论反帝统一战线问题"，由巴黎亚洲出版社出版中文单行本。次年3月，此文在国内又以"论反帝统一战线"的名字出版单行本。抗日战争初期经过修改，收入《陈绍禹（王明）救国言论选集》等文集。

王明在发言中阐明了中国共产党关于建立反日民族统一战线的策略，介绍了《八一宣言》的基本内容，指出："在目前的中国的反帝的人民统一战线问题，不仅具有头等的意义，而且我可以说，具有决定一切的意义。""除了反帝国主义的人民阵线这个策略而外，没有其他的任何办法能动员全体中国人民去与帝国主义作神圣的民族革命斗争。"

王明的发言还提出了中国共产党实行抗日救国策略的步骤是："中国共产党和中国苏维埃政府共同向全国人民，向一切政党、派别、军队、群众团体以及一切政治家和名流们，提议与我们一起组织全中国统一的国防政府和全中国统一的抗日联军。"

王明的这篇发言提到了要夺取党在统一战线中的领导权，这与他后来很少提以至于不提党应争夺统一战线中的领导权，还是有区别的。

他认为："在革命运动中的无产阶级领导权——这绝不是一个抽象的口号，也不是一句空话，而是具体的事情。它的表现，首先就是无产阶级及其政党在革命运动中对同盟者（农民、城市小资产阶级）加以思想上、政治上和组织上的领导，由争取日常要求的局部斗争起，直到斗争底国家形式止。无产阶级领导权不会自己来到的，共产党员应当进行有系统的、牺牲的实际斗争，去夺取这种领导权。"

不过，对于统一战线内部阶级矛盾的复杂，党应当从斗争中求团结来巩固和扩大统一战线，王明还没有预料到。就是说，党应如何争取统一战线的领导权，王明还不明确。必须在统一战线内部坚持党的独立自主原则，以斗争求团结的政策，是以毛泽东为代表的中国共产党人在建立和发展统一战线的实践中提出和运用的。

与国民党代表接触和谈判

在参加共产国际七大前后，王明是比较繁忙的。共产国际七大闭幕后，1935年8月25日至27日，王明在中共代表团会议上作了《为争取建立反帝统一战线和中国共产党的当前任务》的报告；11月3日，中共代表团为进一步贯彻党的《八一宣言》，发出了给各级党部的指示信。指示信对《八一宣言》的重要意义以及如何开展抗日民族统一战线工作都做了更为明确的说明；11月，中共代表团又以红军总司令和军委主席朱德，副主席周恩来、王稼祥及全体红军将士的名义，发表了《中国红军全体将士就建议联合抗日致中国所有其他军队将士宣言》，向包括蒋介石在内的所有国民党军队高级将领宣告："无论国防政府在何种方式下成立，我们决定竭力拥护，无论抗日联军在何种形式之下组成，我们决定首先加入，而且愿意与任何真正抗日的军队亲密合作，不论过去是否有过敌对作战的行动，只要他们实行抗日，我们马上认为是抗日之友军，与他们作兄弟之携手，进行抗日自卫战争。"

宣言还提议："立即由各方互派代表进行谈判，并在最短期内召集全国抗日军人大会，决定组织抗日联军的具体方案。"

紧接着，中共代表团又以中共中央的名义发表了《中国共产党告全国民众、各党派及一切军队宣言》，建议一切愿意抗日的各党派各军队、各社会团体和各群众组织立刻开始谈判共御外侮的条件和方法，立刻召集一切愿意抗日的党派、军队和各界团体选出的代表参加全国救国大会，以便讨论关于团结和动员全国军队一致对外的具体办法。

1935年11月上旬，王明又为苏联《布尔什维克》和《共产国际》杂志分别撰写文章，后来，这两篇文章合编为《新形势与新政策》（又名《抗日救国政策》）的小册子，分别于1936年1月9日至3月10日的《救国时报》第6至17期，《共产国际》（中文）第一、二期合刊，《共产国际》（俄文）第二期上发表。

王明在共产国际七大的发言中就曾经提出："我可以代表中国共产党中央和中华苏维埃共和国中央执行委员会，在中国的民众面前，在全世界的舆论面前，正式宣称：中国共产党中央和中国苏维埃政府愿意做成立这种国防政府的发起人，中共中央和苏维埃政府愿意根据抗日救国的共同纲领，来与中国各党派、各团体、各地方军政机关、各名流、各政治家，进行谈判共同成立国防政府的问题。"

共产国际七大闭幕后，王明开始亲自与国民党政府的有关人员进行谈判接触。

1935年年底，在抗日民主运动的压力下和中共统一战线政策的影响下，蒋介石不与中共合作的顽固政策开始有了松动。11月，蒋介石指使宋子文出面，授意曾养甫通过关系与中共地下党取得联系，同时秘密指派驻苏联大使馆武官邓文仪找中共代表团进行接触。

1936年1月13日，潘汉年受中共代表团委托，经胡秋原介绍，首先与邓文仪举行初次会谈。会谈中邓文仪表示同意中国共产党提出的抗日救国统一战线的原则和国共联合的主张，但双方对两党合作后对日作战的统一指挥问题和苏联援助国民党军需和粮饷等问题上存在着较大分歧。随后，王明与邓文仪也举行了会谈。

这些会谈虽没有取得实质性的进展，但为了保持这种接触和有利于直接解决问题，王明在1936年1月23日专门写信给毛泽东、朱德、王稼祥，介绍邓文仪去苏区直接与中共协商抗日救国的具体办法。

当天，潘汉年也以中华苏维埃中央政府人民外交部副部长的身份致信蒋介石，代表苏维埃政府主席毛泽东和红军总司令朱德，保证邓文仪进入苏区谈判时的人身自由与安全。

1937年中国抗日战争全面爆发，王明还与蒋介石派来的驻莫斯科代表张冲经常接触，商讨两党共同抗日的一些问题。

转向右倾

从1936年到1937年11月回国，王明还在《救国时报》《共产国际》等刊物上发表了《论上海反日战争底教训》（1936年1月29日）、《方志敏同志等被俘一周年纪念》（1936年1月29日）、《致罗曼·罗兰信》（1936年4月10日）、《怎样准备抗日？》（1936年4月30日）、《致纽约商报主笔信》（1936年5月27日）、《为独立自由幸福的中国而奋斗——为中共成立十五周年纪念和中共新政策实行一周年而作》（1936年9月）、《为中国的抗日统一战线而斗争》《目前中国政局的出路——停止内战，一致抗日》（1936年7月12日）、《中国人民之重大损失》（1936年10月25日）、《纪念我们的回族烈士马骏同志》（1936年11月12日）、《拯救中华民族的唯一出路》《悼冯洪国同志》（1937年8月5日）、《日寇侵略的新阶段与中国人民斗争的新时期》《伟大的社会主义革命二十周年纪念时之中国》（1937年11月7日）等文章。

在这一系列文章中，王明一方面继续阐述党的抗日民族统一战线政策，在这期间他也为抗日民族统一战线的建立做了很多工作；另一方面，他在统一战线中的右倾主张也越来越明显，这些文章也宣传了他在统一战线问题上的一些右倾主张。

（一）强调统一性，忽视独立性

建立广泛的抗日民族统一战线，这是党的根本政策，王明对此是明确的，他对于建立统一战线的必要性、可能性也做了许多论述。但是，如何坚持、巩固和发展抗日民族统一战线，王明又是不清楚的。因此，在王明关于抗日民族统一战线的论述中，就很少以致后来干脆不讲党必须在统一战线中保持独立性，不讲国共两党的区别，他所集中强调的是保持统一战线中的统一性，实际上是按照国民党蒋介石的政策来实现统一战线中的"统一"。

1937年2月15日至22日，国民党五届三中全会在南京召开。在国民党三中全会召开之前，2月10日，中共中央发出致国民党三中全会电，提出了五项要求和四项保证，表达了中国共产党对于建立抗日民族统一战线的基本态度和为了建立抗日民族统一战线所做出的重大让步。但国民党五届三中全会对于建立国共合作却提出了四项先决条件：①取消红军；②取消苏维埃政府；③停止赤化宣传和相信三民主义；④停止阶级斗争。

这四项条件的前两条涉及军队和政权问题，是国共双方谈判的关键。如果把"取消红军"理解成为改变红军名称、红军加入国民革命军序列，把取消苏维埃政府理解成为苏维埃政府变为中华民国特区政府，这还是可以接受的。如果按照国民党亲日派和顽固派分子的理解，前者是从肉体上消灭红军，后者是解散苏维埃政权的一切组织，则是中国共产党坚决不能同意的。

国民党五届三中全会闭幕后，1937年3月，王明针对国民党五届三中全会的主张，发表了《拯救中华民族的唯一出路》一文，对国民党五届三中全会进行评论。在关于改变红军和苏维埃政权问题上的立场，王明和中共中央在四项保证中申明的国共合作的立场是有区别的。

王明提出："对于红军问题，共产党员和国民党员中的爱国志士的了解是：改红军为国民革命军，但仍保存红军原有的军官成分和政治工作人员，红军加进全中国统一的国民革命军，这种军队在反对外敌的共同斗争中，为执行总的军事计划，应当服从统一的军事指挥。由此可见，这不仅仅是改变红军的名称，而且相当地改变红军的性质。""关于苏维埃问题，共产党员和优秀的国民

第五章
坐镇国外（1931.11—1937.11）

党员的了解是：变苏维埃政权为一般的民主政权，而且这个政权将其活动统一于全中国统一的中央政府。由此可见，这也不仅是苏维埃政府改为中华民国特区政府的名称，而且真正改变了苏维埃政权的性质。"

中共中央的四项保证申明的是："工农政府改名为中华民国特区政府，红军改名为国民革命军。"王明则提出，不仅仅是改变名称，而且是"相当地""真正地"改变红军和苏维埃政权的性质。

如果王明所说的改变红军和苏维埃政权的"性质"，仅仅是"将红军改变为抗日民族统一战线的全中国统一的军队的一个组成部分和其最有战斗力的一支队伍"，"变苏维埃政权为一般的民主的政权"，这还可以理解为提法上的不妥。但王明所理解的抗日民族统一战线，是没有独立自主原则的统一战线，是只有"建立各党派和各团体的抗日合作，创立起有全中国统一的国防政府和全中国统一的抗日联军的全中国统一的民主共和国"，才是"完全地建立反日民族统一战线"。

1937年9月1日，在中日战争全面爆发之后，王明撰写了《日寇侵略的新阶段与中国人民斗争的新时期》。王明在这篇文章中论述"中国共产党在现在环境中的任务"时提出："如果在前一时期，共产党仅仅达到了与国民党及其他组织建立反日民族统一战线的相当基础；那么，现在共产党的直接斗争任务，就是要迅速地和完全地建立反日民族统一战线——建立各党派和各团体的抗日合作，创立起有全中国统一的国防政府和全中国统一的抗日联军的全中国统一的民主共和国。"

文章还提出："必须要建立包括有全中国各种武装力量（南京中央军，各省地方军，抗日人民红军，东北抗日联军等等）而同时有统一指挥统一纪律统一供给和武装，以及对敌作战有统一军事计划的全中国统一的国家军队。"

应当说，王明在这个时期有时也讲共产党在统一战线中要保持政治上和组织上的独立性："我们共产党员在一定的历史条件之下，主张与国民党及其他组织在共同纲领的基础上建立民族统一战线，以便进行共同斗争去反对共同敌人；可是，同时，我们共产党员无论在任何情形之下，一分钟也不允许丧失自己的政治上和组织上的独立性，一分钟也不允许掩藏自己共产主义的面目和旗帜。"

但共产党人应当如何在统一战线中保持独立性呢？王明在同期的文章和谈话中很少提及，表现出他对于这个问题并不明确。

我们不妨看一看，也是在这个时期，毛泽东对中共中央致国民党五届三中全会电中提出的四项保证的解释。

1937年5月，毛泽东在中国共产党全国代表会议上的报告中指出："这是一种有原则有条件的让步，实行这种让步是为了去换得全民族所需要的和平、民主和抗战。然而让步是有限度的。在特区和红军中国共产党领导的保持，在国共两党关系上共产党的独立性和批评自由的保持，这就是让步的限度，超过这种限度是不许可的。"

王明不能旗帜鲜明地提出中国共产党对抗日民族统一战线的领导，而且不懂得只有坚持党在抗日民族统一战线中的独立自主原则，才能保证党对统一战线的领导，才能有统一战线的巩固与发展。

（二）过高估计蒋介石政策的转变

王明右倾错误的产生是与他对蒋介石政策转变的过高估计联系在一起的。

王明以及王明为首的中共代表团，对于蒋介石集团能否参加抗日民族统一战线的认识，有一个反复的过程。

《八一宣言》虽然宣布了愿与任何停止进攻苏区的部队联合抗日，但该宣言中提出的是抗日反蒋，直呼蒋介石为卖国贼。

随着《八一宣言》的传播产生的积极影响，王明和中共代表团开始意识到蒋介石集团参加统一战线的必要性。在1935年11月间发布的《中国红军全体将士就建议联合抗日致中国所有其他军队将士宣言》中，向包括蒋介石在内的所有国民党军队高级将领宣告了红军愿与之共同抗日的意愿。

王明在1935年11月写的《新形势与新政策》中也明确表示："中国共产党、苏维埃政府和红军，已屡次宣言，表示我们准备与任何军队和任何将领，订立战斗协定去共同进行反日斗争，南京政府的军队当然也在内。至于讲到蒋介石个人，那么，我们公开宣称：虽然他作了无限卖国殃国的罪恶，但是，如果他真正停止与红军作战，并掉转枪头去反对日本帝国主义的话，那么，中国共产党和苏维埃政府,不仅给他以向人民和国家赎罪的自新之路,而且准备与他及南京军队一起,在共同的一条战线上,去反对日本帝国主义。"

进入1936年以后,当蒋介石继续镇压爱国学生运动、公开发表反动宣言、重弹"攘外必先安内"的老调、继续加紧对陕北红军进攻时,王明和中共代表团对蒋介石的态度又发生了转变。1936年2月24日,中共代表团在《救国时报》上发表了《蒋介石竟自绝于国人》的社论。认为,蒋介石已成为全国人民团结和抗日救国的最大障碍,号召全国人民在"抗日必须讨蒋"的旗帜下团结起来,让蒋介石接受全国人民革命法庭的最后裁判。

王明及中共代表团对蒋介石态度的再次转变,是在共产国际抗日反蒋并提、主张对蒋介石南京政府采取灵活策略之后发生的。

1936年4月中旬,中共代表团召开会议,按照共产国际对待蒋介石政策的转变,决定修改"抗日反蒋"的口号,以"反日讨贼"取而代之。但此时王明和中共代表团,对蒋介石能否同共产党联合抗日仍然表示怀疑。

1936年4月30日,王明在《救国时报》发表了《怎样准备抗日?》一文,认为:"从过去和现在的事实经验来看,只有在以下的条件下,蒋介石和南京政府才有参加抗日的可能(只是可能而已):(1)如果在中国军队,特别是南京政府的基本军队、黄埔军官学校的毕业生和中国民众已经自动的实行武装抗日,而蒋介石和南京政府丧失信用的情况下,它们将迫不得已投机参加抗日战争,以保余命……(2)国际形势剧烈变化,特别是在爆发苏日战争以后,日本帝国主义受到苏联的打击而败退之时,蒋介石和南京政府也许会实行抗日战争。"

1936年5月27日,王明在《致纽约商报主笔信》中又提出:"当内战未息的时候,从中国内部斗争的观点看,蒋介石毫无疑问的是中国人民及其红军的主要敌人。因此,一切反蒋派别,主观上或客观上不能不是红军反蒋的朋友。"

1936年7月下旬,共产国际执委会根据当时中共中央关于瓦窑堡会议情况的报告,专门召开了讨论中国局势和统一战线工作的会议,正式要求中共中央和中共代表团放弃"抗日反蒋"策略,实施"联蒋抗日"的方针。

根据共产国际执委会的决定,中共代表团于7月22日召开会议,肯定了目前抗日统一战线工作的中心问题是对蒋介石的策略问题，即关键用什么方法去影响蒋介石军队，以便和蒋介石搞好关系。

采取"联蒋抗日"的方针是抗日民族统一战线发展的必然要求，共产国际的政策和王明以及中国代表团的策略转变是正确的。但是，共产国际和王明的错误在于，逐渐把中国抗战胜利的希望寄托在蒋介石身上，对蒋介石政策的转变给予了过高估计和过分依赖。

1937年11月7日，王明在回国前夕，在《救国时报》上发表了纪念十月革命二十周年的文章：《苏联社会主义革命二十周年与中国人民的对日作战》。王明在文章中除了重申要建立"有统一指挥、统一纪律、统一武装和供给以及在统一军事计划内实行反对共同敌人的统一行动的军队"外，还对国共合作后蒋介石的某些姿态作了盲目乐观的估计。他说："中国以前是不断的内战，现在是和平统一了。中国以前是对日寇侵略不抵抗，至多也不过是局部的抵抗，现在中国人民和军队已在北方五省和上海区域，实行了将近四个月的英勇的全国武装抗战了。"现在，"已开始在国民政府的基础上建立全中国统一的国家政权"，"已开始建立全中国统一的国民革命军"，"这种统一的国民革命军已经有统一的军事行动去反对共同的敌人，这就是，建立真正全中国统一的军队的基础已经有了""政治制度民主化的过程已经开始""中国正在成为统一的和有组织的国家"。

七七事变以后，中国确实开始了全民族反抗日本侵略的抗日战争，以国共两党为核心的抗日民族统一战线也已经建立，中国工农红军已经编入国民革命军序列，苏维埃工农政府也改为中华民国边区政府，这种变化确实是空前的。不过，如果认为中国从此就和平统一了、统一战线内部阶级矛盾也消失了，这只是一厢情愿。中国抗日民族统一战线的广泛性也决定了统一战线阶级关系的复杂性。国共两党为了民族利益联合起来共同抗日，这是建立统一战线的基础，但国共两党代表着不同的阶级利益，从而使统一战线中的阶级斗争不可避免。看不到国民党在建立统一战线之后仍然要采取限共、溶共以至反共的政策，要求中国共产党放弃独立自主的原则，就不会有统一战线的巩固与发展，共产党领导的革命力量也有被消灭的危险。

王明恰好在抗日民族统一战线的关键问题上放弃了独立自主原则，过高估计了蒋介石政策的转变，把抗战胜利的希望寄托在国民党和蒋介石身上。

王明的这种右倾错误在其回国以后有着进一步的发展，也给党的事业造成了新的危害。

第六章

抗战归来（1937.11—1938.9）

从1937年11月王明回国到1938年9月中共六届六中全会召开，是王明右倾错误严重发展及中共中央纠正王明右倾错误的时期。

中国抗日战争全面爆发以后，王明从莫斯科回到国内，再次直接参加中国共产党的领导工作。不过，时过境迁，王明离开国内的这六年正是中国共产党经过惨痛的失败而逐步走向成熟的时期。以毛泽东为代表的中国共产党人已经能够独立自主地承担起领导中国革命的重任，王明所宣扬的右倾主张也逐渐被事实证明不符合中国的国情。因此，这一时期王明的右倾错误虽然严重发展，而且一度在党的领导层中被不少人所接受，但是，中国共产党最终以六届六中全会为标志，纠正了王明的右倾错误，王明政治生涯的高峰也走到了尽头。

从六届六中全会后就开始进入准备期的延安整风运动，是中国共产党一次成功的马克思主义教育运动。延安整风运动最主要的目的，是克服党内严重存在着的主观主义、宗派主义、党八股，特别是要使全体党员和干部从王明教条主义的束缚下解放出来。延安整风运动的最直接成果是从思想上肃清了王明"左"右倾错误在党内的严重影响。

作为延安整风运动中的特殊角色，王明先是打起了"学习毛泽东"的旗帜，继而把错误推到别人身上，最后采取反守为攻，指责党中央在抗日民族统一战线中犯了"左"的错误。

随着全党整风运动大规模的开展和广大党员与干部的马列主义水平的大大提高，以及王明"左"倾教条主义和右倾错误的被揭露，王明不得不承认自己所犯的严重错误，只得对六届七中全会通过的《关于若干历史问题的决议》表示同意。

从1942年10月到1945年党的七大，王明长期患病，工作时间不多。虽然在这段时间内他也力所能及地做了一些工作，但他对于自己过去所犯的错误一直采取两面派的态度。

踏上延安的土地

1937年11月14日，王明、孟庆树夫妇与康生、陈云、曾山等一行乘坐苏联飞机回国。

第六章
抗战归来（1937.11—1938.9）

作为共产国际的领导成员之一，王明回国肯定是经过共产国际批准的。但他此行回国的直接原因，据王明自己讲，是"蒋介石派人请回来的"。王明在回到延安之后，曾经写了一首《不胜今昔之感》的诗，他在这首诗的注释中写道："1937年冬，由于抗日民族统一战线政策成功，蒋介石派人请我们乘苏联飞机回国。"

王明一行回国的航线是经迪化（今新疆乌鲁木齐市）和兰州飞抵延安。

抗日战争全面爆发后，坐镇新疆的盛世才一度同中共实现了合作，对苏联也采取友好政策。当时八路军在迪化有办事处，红四方面军西路军一部也在这里整训。为了护送王明一行回延安，八路军办事处从红四方面军西路军中抽了一个警卫班担任保卫工作，班长张怀礼，战士巴方廷、鲜克德、陈永禄、汪振中、徐名德、尚成初、魏清泉、小梁等人。到延安后，由于张怀礼曾担任过总部参谋，就给王明当了随身副官，巴方廷任王明的警卫员。

巴方廷回忆说："1937年11月左右，王明、康生、陈云、曾山等从共产国际回延安，途经迪化。当时我也正好在迪化，是随四方面军西路军来此的。他们住了一个礼拜后回延安的。""为护送他们回延安临时抽了9人，有我一个。"[1]

鲜克德回忆说："王明等11月回国以后，张怀礼带领我们一个班到迪化的公馆去看他。""他个子不高，只有一米五几左右，三十五六岁。""康生跟我们谈了话，对每个人的历史都进行了考察，问我们当了多少年兵，会使什么枪。""又问我们是否愿意坐飞机。那时，我们都是小孩，当然想坐飞机。"[2]

陈永禄回忆说："大约是11月上旬，我到乌鲁木齐的第二天飞机起飞了。坐飞机的有：王明夫妇、康生夫妇、陈云、龙明，还有一个姓李的。随机的警卫人员有：尚成初、鲜克德、我、汪振忠、张怀礼、巴方廷，还有两个四川人，一个叫魏清泉，一个姓梁的，一共16人，坐的是一个大型飞机。"[3]

同王明一行坐飞机去延安的还有苏联顾问。飞机先在甘肃永昌短暂停留

---

[1]《访问巴方廷谈话记录》，访问者：曹仲彬，1983年5月20日。
[2]《访问鲜克德谈话记录》，访问者：戴茂林、叶健君、刘喜发，1986年3月18日。
[3]《访问陈永禄谈话记录》，访问者：曹仲彬、费显清、藏具林，1986年4月5日。

后飞往兰州,他们在兰州八路军办事处住了一个晚上。国民党的官员曾设宴招待苏联顾问和飞行员。第二天,大家到了机场,飞机也开始发动。苏联顾问说天气不好,不让起飞,这样在兰州又住了一天,第二天才飞往延安。11月29日,飞机抵达延安。

鲜克德回忆当时的情景说:"到延安时,飞机飞得很低,可以看清下面写的标语。飞机落下时,看到许多老百姓围了过来,于是飞机又起飞了,在天空中盘旋了两周,最后才降在机场上。"[1]

王明去苏联时,中共中央所在地还在繁华的大上海。虽然在闽、浙、赣等地已经建立了广阔的农村根据地,但王明并没有在那些简陋的苏维埃政权的茅屋中生活过。在莫斯科住洋楼、吃面包、喝啤酒的六年生活使年仅33岁的王明有些发胖。当王明步下飞机,面对黄土高坡上身着黑、蓝粗布衣,头扎白毛巾的欢迎人群时,又矮又白又胖的王明与迎上来的又高又黑又瘦的毛泽东产生了明显的反差。共产国际和斯大林派回来的王明与实际领导着中国共产党的毛泽东,仅从外表上也体现出各自鲜明的特征。王明等回国后受到了中共中央和延安各界人士的热烈欢迎。11月29日飞机抵达延安时,张闻天、毛泽东、朱

抗战期间的延安俯瞰图

---

[1]《访问鲜克德谈话记录》,访问者:戴茂林、叶健君、刘喜发,1986年3月18日。

德、周恩来以及其他中央领导人、抗大学员、延安各界群众来到机场欢迎王明一行。

毛泽东发表了《饮水思源》的欢迎词，说："欢迎从昆仑山下来的'神仙'，欢迎我们敬爱的国际朋友，欢迎从苏联回来的同志们。你们回延安来是一件大喜事。这就叫作'喜从天降'。"

"在机场上，王明讲了话，苏联派来专门护送王明的顾问也讲了话"。[1]

"回到延安那天晚上，毛主席请王明、康生吃饭"。[2]

以后在陕北公学大院，毛泽东、张闻天主持召开欢迎大会。据参加这次欢迎大会的李光灿回忆说："毛泽东、张闻天主持会议，欢迎驻共产国际代表王明、康生、陈云回国。王明有一个讲话，很有煽动性。他首先讲，他们能回来，是共产国际派回来的，斯大林派回来的；其次他讲，我们几个人都是中国共产党派驻共产国际的代表，没有什么地方值得欢迎的，应当欢迎的是毛泽东同志，并举了几个例子加以说明。康生、陈云也讲了话，讲得很短。张闻天讲完话后，毛泽东才讲话，他讲得很热烈、很兴奋。毛泽东很高兴，好像喝了点酒。"[3]

十二月会议上提出"新方针"

王明在共产国际期间的表现，斯大林和共产国际是满意的。派王明回国的目的，是为了进一步加强共产国际对中国共产党统一战线政策的领导。因为共产国际在此时虽然已经实际承认了毛泽东在中国共产党内的领导地位，但对于毛泽东在统一战线中强调独立自主原则，仍很担心。

中国的抗日战争全面爆发后，为了让中国拖住日本，从而减轻苏联压力，1937年8月21日，国民党政府代表王宠惠和苏联驻华大使鲍格莫洛夫共同签

---

[1]《访问鲜克德谈话记录》，访问者：戴茂林、叶健君、刘喜发，1986年3月18日。
[2]《访问陈永禄谈话记录》，访问者：曹仲彬、费显清、藏具林，1986年4月5日。
[3]《访问李光灿谈话记录》，访问者：戴茂林、刘喜发、叶健君，1986年5月10日。

订了《中苏互不侵犯条约》。《中苏互不侵犯条约》的签订，是对中华民族抗日战争的重大支持，但在抗战期间，苏联政府对国共两党的基本态度是把中国抗战的成败主要系于国民党身上。斯大林认为，蒋介石政府由于有了英、美和苏的援助，即使不能打败日本侵略者，也能拖住日本，因此，他很担心中国共产党和毛泽东的独立自主政策会惹怒蒋介石，共产党力量的发展会使蒋介石不高兴，由此可能造成统一战线的破裂，拖不住日本，致使苏联陷于两面作战的境地。因此，共产国际和斯大林要求中国共产党绝不能破裂统一战线，应当服从蒋介石的统一指挥。

王明对共产国际和斯大林的这一意图是了解的，共产国际和斯大林对于王明无条件地服从这一政策也是放心的。因此，派王明回来加强中共对共产国际政策的贯彻，不使中共的独立自主原则影响蒋介石的抗战，就成为王明回国的重要任务。

王明回国前夕，斯大林和共产国际负责人季米特洛夫会见了王明。当时在苏联治疗弹伤的王稼祥也参加了会见。

王明到达延安十天之后，12月9日至14日，中共中央政治局会议（十二月会议）在延安举行。张闻天、毛泽东、周恩来、王明、博古、康生、陈云、彭德怀、刘少奇、项英、张国焘、凯丰、林伯渠等出席了会议。

1937年12月9日至14日中央政治局会议参加人员合影（前排左三为王明）

第六章
抗战归来（1937.11—1938.9）

刚刚回国的王明按照共产国际的基本态度在会上作了《如何继续全国抗战和争取抗战胜利呢？》的长篇报告。报告虽然在坚持联合国民党抗战问题上发表了一些正确意见，但在如何巩固和扩大抗日民族统一战线问题上，提出了比较系统的右倾错误主张。

王明的报告分三个部分：（1）决定中日战争胜负的三个主要因素；（2）四个月抗战的经验与教训；（3）怎样继续全国抗战和争取抗战胜利？

在论述第一个问题时，王明认为，抗战爆发以后，中国出现了三个有利的新形势：（1）在国民政府基础上，全中国统一的国防政府开始建立；（2）全中国统一的国防军开始建立；（3）政治制度的开始民主化和群众运动和群众组织的日益增长。因此，"全中国统一的国防政府之建立，全中国统一的国防军队之创造，全中国人民之抗日救国大团结的开始形成——这就是保障继续抗战和争取抗战胜利的最主要条件"。

抗日战争爆发以后，由于以国共两党为核心的抗日民族统一战线的建立，确实出现了中华民族团结抗战的新局面。但是，在国共两党坚持两条不同的抗战路线的矛盾日益明显之后，把"保障继续抗战和争取抗战胜利的最主要的条件"，规定为建立"统一的国防政府"和"统一的国防军队"，不指出国民党片面抗战的危害，是不全面的，也是与中共中央洛川会议精神不符的。

在王明回国之前，中共中央政治局于1937年8月22日至25日，在陕北洛川召开了扩大会议。洛川会议通过的《中共中央关于目前形势与党的任务的决定》中明确提出："今天争取抗战胜利的中心关键，在使已经发动的抗战发展为全面的全民族的抗战。只有这种全面的全民族的抗战，才能使抗战得到最后的胜利。"[1]

针对国民党的片面抗战路线，决定还提出："今天的抗战，中间包含着极大的危险性。这主要的是由于国民党还不愿意发动全国人民参加抗战。相反的，他们把抗战看成只是政府的事，处处惧怕和限制人民的参战运动，阻碍政府、军队同民众结合起来，不给人民以抗日救国的民主权利，不去彻底改革政治机

---

[1] 中央档案馆编：《中共中央文件选集》第10册，中共中央党校出版社1986年版，第321页。

构，使政府成为全民族的国防政府。这种抗战可能取得局部的胜利，然而绝不能取得最后的胜利。相反，这种抗战存在着严重失败的可能。

洛川会议通过的毛泽东所写的《为动员一切力量争取抗战胜利而斗争》一文中也尖锐地提出："只有全面的民族抗战才能彻底地战胜日寇。然而要实现全面的民族抗战，必须国民党政策有全部的和彻底的转变。"

洛川会议通过的决定表明，共产党人在统一战线中的原则立场是正确的。王明在十二月政治局会议上的报告却乐观地认为："虽然中国的政治制度距民主共和国的制度还远，但人民开始有充分民主自由"，中国的政治制度已经"开始民主化"。至于中国抗战的弱点，王明在报告中关于四个月抗战的经验与教训这一部分，竟然以超脱的态度认为："国共两方及地方与中央相互态度的批评"，是"北方及上海战线上部分军事失利和领土损失的重要原因"。

王明在报告中不讲国共两党两条不同抗战路线的原则区别，不讲中国共产党必须在统一战线中坚持独立自主原则，而是宣扬国共两党要"共同负责，共同领导""共同奋斗，互相帮助，共同发展"。王明认为："今天的中心问题是一切为了抗日，一切经过抗日民族统一战线，一切服从抗日。"王明提出，应建立一支"有统一指挥、统一纪律、统一武装、统一供给和统一作战计划的真正全中国统一国家军队"。

王明还批评洛川会议过分强调独立自主问题。他说："过去提出国民党是片面抗战，是使他们害怕。要提出政府抗战很好，要动员广大人民来帮助抗战。不要提得这样尖锐，使人害怕。"他还说："没有力量，空喊无产阶级的领导，是不行的。空喊领导，只有吓走同盟者。"

洛川会议以后，毛泽东也一直坚持为了巩固和扩大抗日民族统一战线，必须坚持党在统一战线中的独立自主原则。1937年11月15日，毛泽东在致周恩来、朱德、彭德怀、任弼时的电报中指示："目前山西工作原则是在统一战线中进一步执行独立自主。"强调"'独立自主'多实行，须比较过去'进一步'，这是完全必要的"。[1]

---

[1] 中央档案馆编：《中共中央文件选集》第10册，中共中央党校出版社1986年版，第381页。

第六章
抗战归来（1937.11—1938.9）

在十二月政治局会议上，毛泽东仍然强调统一战线中的独立自主原则，坚持游击战的方针，而且认为在国民党和共产党之间存在着谁吸引谁的问题。但在参加会议的多数同志赞成王明主张的情况下，毛泽东在王明提出的"国共两党共同负责、共同领导"的意见等方面也适当做了一些让步。

王明的主张之所以能在十二月政治局会议上得到多数同志的同意，是与斯大林和共产国际的影响以及党内一些同志对毛泽东坚持的我军应实行"独立自主的山地游击战"的不同认识连在一起的。

王明是以中共驻共产国际代表、共产国际执行委员会委员和主席团委员的身份回国的。王明在回国之前又受到了斯大林和季米特洛夫的接见，他的报告也就自然代表了共产国际和斯大林的意见。在中共作为共产国际一个支部的领导体制没有改变的情况下，王明的报告必然要影响很多与会者的意见。

另外，自洛川会议以后，党内的一批军事干部就对洛川会议确定的"独立自主的山地游击战"原则等问题与毛泽东发生了意见分歧。王明在十二月政治局会议上的报告恰好与党内这些同志的愿望相吻合，致使不少人倾向于王明的主张。

洛川会议以后，毛泽东在9月12日致彭德怀电、9月16日致林彪电、9月21日致彭德怀电、9月25日致朱德、彭德怀、任弼时、周恩来电以及同一天致周恩来、刘少奇、杨尚昆电等一系列指示中，[1]反复强调了我军必须坚持独立自主的山地游击战，不能采取运动战的方针，认为以我党目前领导的军事力量决不可与日军打阵地战、运动战，应该把工作重心放在放手发动群众，通过山地游击战，深入敌后，建立根据地，独立自主地发展和壮大革命势力等工作上面。

1945年6月10日，毛泽东在中共七大上作关于选举候补中央委员问题的讲话中，曾经回忆起十二月政治局会议的情形："遵义会议以后，中央的领导路线是正确的，但中间也遭过波折。抗战初期，十二月会议就是一次波折。十二月会议的情形，如果继续下去，那将怎么样呢？有人说他奉共产国际命令回

---

[1] 这些电文均见中央档案馆编《中共中央文件选集》第10册，中共中央党校出版社1986年版。

国，国内搞得不好，需要有一个新的方针。所谓新的方针，主要是在两个问题上，就是统一战线问题和战争问题。在统一战线问题上，是要独立自主还是不要或减弱独立自主？在战争问题上，是独立自主的山地游击战还是运动战？"[1]

毛泽东与王明的分歧也给与会者留下了深刻的印象。彭德怀后来回忆说："我认真听了毛主席和王明的讲话，相同点是抗日，不同点是如何抗法。王明讲话是以国际口吻出现的，其基本精神是抗日高于一切，一切经过统一战线，一切服从统一战线。""会议时间很长，似快天明才散会的。会议上的精神是不一致的，感觉回去不好传达。""回去传达就只好是，毛主席怎么讲，王明又怎么讲，让它在实践中去证明吧。"[2]

王明在十二月政治局会议上还大讲要抓紧反对托派，反对党中央联合陈独秀等一起抗战。

陈独秀 1929 年 11 月 25 日被开除出党后，参加了托派活动。他于 1932 年 10 月 15 日被国民党政府逮捕入狱，一直到抗日战争爆发后，才于 1937 年 8 月 23 日在南京被释放出狱。面对日本帝国主义企图灭亡中国的企图和全民族抗战的兴起，陈独秀出狱后没有按照蒋介石的愿望重新"组织一个新共党"，而是在文章、讲演中宣传抗日，还托罗汉向中国共产党在南京的代表表示自己"愿意回到党的领导下工作"。后来，他本人也和叶剑英、博古、董必武等中国共产党人见面，表示赞成党的抗日民族统一战线政策。

对于陈独秀等人的转变，中国共产党表示欢迎。周恩来、叶剑英等曾经表示，陈独秀等人是"赞成抗日的"，以后对他们"可以将'匪徒'二字停止使用"。[3]

1937 年 9 月 10 日，张闻天、毛泽东致电林伯渠，提出了党对托派分子的几条原则：（一）我们不拒绝与过去犯过错误而现在真心悔悟、愿意抗日的人联合，而且竭诚欢迎他们的转变。（二）陈独秀等托派分子能够实现下列三条件时，我们亦愿意与之联合抗日：（1）公开放弃并坚决反对托派全部理论与行

---

[1] 毛泽东：《关于王稼祥的评价》，《文献与研究》1986 年第 4 期。
[2] 《彭德怀自述》，人民出版社 1981 年版，第 224、226 页。
[3] 罗汉：《致周恩来等的一封公开信》，《汉口正报》1938 年 4 月 24、25 日。

第六章
抗战归来（1937.11—1938.9）

动，并公开声明同托派组织脱离关系，承认自己过去加入托派的错误；（2）公开表示拥护抗日民族统一战线政策；（3）在实际行动中表示这种拥护的诚意。至于其他关系，则在上述三条件实现之后再考虑。[1]

正在党中央积极团结陈独秀等犯过错误的人共同抗日之际，王明回到了国内。据王明自己后来在《中共五十年》中说："1937年底，在我回到延安之后，便得知毛泽东已和陈独秀的代表罗汉达成协议……由于我已回到延安，'恢复党籍'的计划才未实现。"

陈独秀未能回到党内，主要与陈独秀后来没有接受中共中央的三项条件有关，但王明当时对陈独秀的认识和对待不仅是错误的，而且直接影响到问题的处理与解决。王明在十二月政治局会议上的报告中，一直指责中央"过去忽视托派危险""对托派实质认识不够"，认为"托派是军事侦探的组织，主要是两面派的办法，运私货的办法……我们要特别注意"。

康生这位王明的得力助手，积极配合王明，公开发表了《铲除日寇侦探民族公敌的托洛茨基匪徒》一文，诬陷陈独秀等与上海的日本侦探机关"进行了共同合作的谈判"，日本特务机关给陈独秀的"托匪中央"每月300元的津贴，并由托派中央的组织部部长罗汉领取了。[2] 由此，把陈独秀打成了领取日本津贴的"汉奸"，从而最后关上了使陈独秀回到党内来的大门，在当时产生了很坏的影响。

十二月政治局会议决定增补刚刚回国的王明、康生、陈云为中央书记处书记，并决定由王明、周恩来、博古、叶剑英组成中共中央代表团，负责与国民党进行谈判，由周恩来、博古、项英、董必武组成中共中央长江局，领导南部中国共产党的工作，还决定由项英、曾山、陈毅、方方、涂振农组成东南分局，项英为书记，领导新四军工作。

这次会议对王明在党内的特殊地位给予了一定程度的认可。会议决定成立中共七大筹备委员会，准备在适当时机召开党的第七次全国代表大会，并决定毛泽东为筹备委员会主席，王明为筹备委员会书记。

---

[1]《林伯渠传》编写组：《林伯渠传》，红旗出版社1986年版，第214页。
[2]《解放》周刊第29、30期，1938年1月28日、2月8日出版。

十二月政治局会议没有形成决议，但王明未经党中央同意，却于1937年12月25日擅自发布了《中共中央对时局的宣言》，宣言基本上反映了王明在会议报告中提出的主张。

该宣言提出，自卢沟桥事变以来，"开始形成了我统一的国家政权和统一的国家军队"，而且要进一步建立"有统一指挥、统一纪律、统一武装、统一待遇、统一作战计划的足够数量的有新式武装的和政治坚定的国防军队"。[1]

十二月政治局会议以后，由张闻天起草的中共中央关于政治局会议情况给共产国际的报告中，也反映了这次会议的结果："此次政治局一致地接受了国际的指示，检查了过去统一战线工作中的一些经验教训，纠正了实际工作中的某些偏向，使统一战线政策有了新的发展。"[2]

十二月政治局会议标志着王明右倾错误在党的领导层中发生了重要影响。不过，由于王明会后立刻去了武汉，只担负中共长江局的领导工作，中共中央的工作仍在张闻天、毛泽东、周恩来等人的领导下，因此，王明的右倾错误并没有在全党工作中得到全面贯彻，只是在局部地区发生了部分影响，而且随着抗日战争形势的发展，以毛泽东的主张为代表的正确路线也逐渐被广大的党员干部接受。

然而，十二月政治局会议上的"胜利"却使王明的头脑开始发热。由于会上多数人同意王明的意见，王明对自己的影响和毛泽东、张闻天等人的领导能力作了不切实际的判断。目前没有材料证明王明回国的目的就是夺取中国共产党的最高领导权力，但自十二月政治局会议以后，王明确实很快走到目空一切、独断专行、自以为是的地步。他对于中央的工作横加批评，屡屡不经毛泽东、张闻天的同意即擅自以中共中央的名义发表谈话和声明，甚至随意起草或修改毛泽东等人的文章，在长江局搞独立性，开始凌驾于毛泽东和中央书记处之上。

---

[1] 中央档案馆编：《中共中央文件选集》第10册，中共中央党校出版社1986年版，第450页。
[2]《中共中央关于政治局会议情况及决定事项向共产国际的报告》，1937年12月28日。

第六章
抗战归来（1937.11—1938.9）

出任中共长江局书记

武汉这个号称"九省通衢"的华中重镇，在 1937 年 12 月南京失陷后，又成了国民党政府的临时陪都。当时国民党的党、政、军各重要机构和重要人物，在野的各党各派各界领袖和文化界知名人士，以及原驻南京的各外国使馆人员，纷纷云集武汉。《全民周刊》《抗战》《抗战文艺》《战地》《自由中国》等进步刊物也陆续在武汉出版。

中国共产党在 1937 年 9 月就派中共中央代表董必武由延安来到武汉。10 月，成立了八路军驻武汉办事处；12 月初，叶剑英和八路军驻南京办事处部分人员也从南京撤至武汉。中国共产党主办的《群众》周刊和《新华日报》也于 1937 年 12 月 1 日和次年 1 月 11 日在汉口公开出版。

十二月政治局会议后，1937 年 12 月 18 日，王明、周恩来、博古、邓颖超、孟庆树等从延安来到武汉。从新疆跟随王明等人去延安的警卫人员张怀礼、巴方廷、鲜克德、陈永禄等也同往武汉。他们住在八路军驻武汉办事处（今汉口长春街 57 号）。

王明这次来武汉，是应蒋介石电邀，作为中国共产党代表来武汉与国民党谈判的。12 月 20 日，王明、周恩来、博古就与国民党代表陈立夫进行了会谈。21 日晚，王明、周恩来、博古等就国共两党关系、扩大国民参政会等问题，又同蒋介石进行了会谈。

老谋深算的蒋介石在王明回国不久就邀请他来武汉相谈，是因为蒋介石既看到了王明复杂的国际背景和在中共的影响，也了解王明在中共抗日民族统一战线政策中的那些有利于国民党政策的主张。在会谈中，王明向蒋介石介绍了当时的抗战形势、两党关系与合作任务、共产国际活动情况以及苏联的一些建议；博古对陕甘宁边区设联络参谋、办事处、参观等问题做了回答；周恩来对成立两党关系委员会、制定共同纲领、出版《新华日报》、成立国防军事工业及机关军事工业部、成立征兵委员会，补充扩大和改造部队、协助政府组织扩大国防参议会为民意机关等问题作了具体说明。

蒋介石对此表示完全同意，说："所谈极好，照此做去，前途定见好转，彼所想的亦不过如此。"并且表示："外敌不足虑，他欲前进困难愈多，（我国）军事虽失利并不足虑，只要内部团结，胜利定有把握。"蒋介石还要求陈立夫和中共代表共同商量解决两党关系问题。最后，蒋介石表示希望王明"在汉相助"。

会谈结束后，中国共产党代表团即刻向中共中央汇报了与蒋介石会谈的情况，王明也经中央同意，留在武汉工作。

1937年12月23日，中共中央代表团和中共长江局召开了联席会议，会议在讨论组织问题时作出如下决定：

1. 因为代表团与长江局成分大致相同，为了工作便利起见，决定合为一个组织，对外叫中共中央代表团，对内叫长江局。
2. 长江局的委员是项英、博古、恩来、剑英、王明、必武、林伯渠。
3. 暂以王明为书记，恩来为副书记。
4. 代表团（长江局）下设五个部分：（1）参谋处，叶剑英任参谋长；（2）秘书处，李克农为秘书长；（3）民运部，董必武兼部长，孟庆树任该部下属的妇女工作委员会主任；（4）组织部，博古兼部长；（5）党报委员会，王明任主席。

这次会议标志着中共中央长江局的正式成立，王明也由此当了不到一年的中共中央长江局书记。

从1937年12月23日至1938年3月19日，中共中央长江局和中共代表团共召开了十五次联席会议和三次联席临时会议。这些会议讨论的主要内容有：长江局的日常工作，《新华日报》，两广工作，游击地区部队工作，中国人民抗日救国纲领，湘鄂赣工作问题，河南工作问题，湖北工作问题，上海工作问题，军事问题，陕北抗大、鲁艺、陕公招生问题和募捐问题，训练班问题，新四军问题，党的工作问题等。

第六章
抗战归来（1937.11—1938.9）

　　王明在这一时期除作为长江局书记负责长江局的全面工作以外，还与国民党上层人物、武汉各界以及国外人士进行了广泛接触，宣传了中国共产党的抗日民族统一战线方针，为恢复和发展长江流域党的组织、与国民党协商统一战线中的一些问题、向国内外扩大宣传我党的主张，做了一些有益工作。

　　但是，王明在一系列言论和活动中，右倾错误进一步发展，甚至有时违背党的纪律，擅自以中共中央和毛泽东的名义发表宣言和谈话，造成了一些不良影响。

　　1937年12月，王明在汉口会见了美国合众社记者白德恩。王明在回答白德恩的提问中，阐述了中国共产党的政策和主张。他指出，中国共产党主张抗日民族统一战线政策并不是放弃共产主义，"我们是马克思主义者，我们毫不掩饰，我们奋斗的最终目的是共产主义。不过，我们清楚地知道，共产主义并不是转手而成，或随少数人主观愿望可以实现的事，必须经过一些过渡历史阶段才能顺利达到。目前，中国人民的主要要求，为对日抗战，保障民主生存。只有在人民了解社会主义，并为社会主义而奋斗时，才能有社会主义的革命"。

　　王明在与白德恩的谈话中，关于党的政策的阐述基本是符合中央精神的，但他对于国民党的片面抗战路线则只字不提，而且表示，"中国共产党对政府积极抗战的政策，表示满意，中国共产党极力赞助和拥护领导抗战的国民政府"，"国民政府军事委员会委员长蒋先生精明坚决，雄才大略，力能胜利领导全国抗战"。

　　当时是国共合作共同抗战，强调国共合作的重要性，推动蒋介石抗战到底是必要的，关键在于采取什么方针来巩固和扩大统一战线。从在这之前1937年10月25日毛泽东与英国记者贝特兰的谈话中阐述的观点，就会进一步看清王明在如何坚持和扩大抗日民族统一战线问题上存在着右倾错误。

　　毛泽东在与贝特兰的谈话中明确指出，抗日战争爆发后，中国的抗战虽然取得了很大成绩，但是，"广大的人民群众依然如过去一样被政府限制着不许起来参战，因此现在的战争还不是群众性的战争。反对日本帝国主义侵略的战争而不带群众性，是决然不能胜利的"。

　　作为抗日民族统一战线的发起者和领导者，中国共产党必须明确提出自己的政治主张，认清国民党的阶级性质，指出国民党政策中的错误与失误，这也是巩固和扩大抗日民族统一战线的必要条件。一味迎合国民党的主张，放弃党的独立自主原则，实际上也正是在损害抗日民族统一战线。王明不但不对国民党的片面抗战路线提出批评，而且对毛泽东为代表的党内正确路线不满，擅自发表与中央不一致的意见。

1937年12月5日，王明在汉口擅自以中共中央的名义发表了《中共中央对时局的宣言——巩固国共两党精诚团结，贯彻抗战到底，争取最后胜利》。宣言根本不讲国共两党两条抗战路线的区别，而是片面强调"国共两党方面不仅都有了更加精诚团结必要的认识，而且都有了更加亲密合作的决心"，并在党中央早已发布了抗日救国十大纲领之后，又提出了六大纲领，继续强调要建立一支"有统一指挥、统一纪律、统一武装、统一待遇、统一作战计划"的国防军队。

12月27日，王明又撰写了《挽救时局的关键》一文，提出："目前挽救时局的中心关键，在于我全民族抗日力量的更加团结……团结我全民族抗日力量的唯一正确方案，便是巩固和扩大抗日民族统一战线。"

强调抗日民族统一战线的巩固和扩大，是王明这一时期强调的主题，也是中华民族抗日战争所必须坚持的。为了巩固和扩大抗日民族统一战线，只强调国共两党的亲密合作，不讲两党存在的重大分歧，放弃党的独立自主原则，也是王明这一时期的论调。而这样实行的结果，就不会有抗日民族统一战线的巩固和扩大。

在王明看来，"怎样才能巩固和扩大抗日民族统一战线呢？首先须更加巩固和扩大我国两大政党——国民党共产党——的亲密合作"。"怎样才能更加巩固和扩大国共两党的亲密合作呢？"王明认为，两党亲密合作的障碍在于国共两党方面都有一些人"不清楚了解两党合作的许多基本问题"，"他们有时忘记了抗日是目前民族统一战线的最主要的共同纲领，于是忘记了以抗日与否来划分友敌的最主要标准，于是忽略了'凡抗日者皆吾友，降日者皆吾敌'的简单真理，于是忽略了'抗日高于一切，一切服从抗日'的言行准则；因为有时把其他问题与抗日问题并列或对立，以致模糊了今天民族统一战线的主要目标；

有时甚至把抗日问题看得比其他问题为次要，以致引起抗日民族统一战线营垒中的许多不应有的摩擦或裂痕"。

由此看来，还不能说王明只讲统一战线的一致性，不讲两党的分歧。不过，所谓"摩擦或裂痕"，王明认为并不是由于国民党的政策引起的，而是国共两党各打五十大板，认为中国共产党的独立自主原则也是造成摩擦的重要原因。因为王明认为，国共两党都是"中国一大部分优秀进步青年的总汇"，国民党中"也没有什么法西斯蒂派"，国共两党应该"互相监督，共同负责，共同发展，共同胜利"，并在此后"共同建立独立自由幸福的新中国"。

在这种认识下，王明对于党中央采取的独立自主地放手发展革命力量的方针表示异议，害怕我党领导的革命力量的发展引起蒋介石的不满。

1938年1月11日，晋察冀边区军政民代表大会在冀西阜平召开，经民主选举成立了晋察冀边区临时行政委员会。1月14日，会议向国民政府、蒋介石以及全国发出通电，宣告了晋察冀边区临时行政委员会的成立。这是敌后第一个由共产党领导的统一战线性质的抗日民主政权，它的成立有力地推动了敌后抗日根据地的发展。可是，1月28日，王明则从汉口致电中央书记处并转朱、彭、任、刘，对于晋察冀边区致全国通电事提出意见，认为晋察冀边区"以此采取之已成事实方式，通电逼蒋承认，对全国统一战线工作将发生不良影响"。

1938年2月9日，王明致电中共中央书记处并朱、彭、任、林，说对于国民党一党一政一军的谬论，现在已到不能不公开答复的时机，我们决定"用毛泽东名义发表一篇2月2日与延安《新中华报》记者其光的谈话，此稿由绍禹起草"，"因时间仓促及文长约万字，不得不先征求泽东及书记处审阅"，并说"对军队问题，最重要的为最近必须取得较大的军事胜利，并利用此机会通电全国，表明我们拥护中央和军队统一的意见。此外，决定积极进行国民党内及其他党派间之活动与联络工作"。

看看王明这两封致中央书记处的电报：他对于中共中央在统一战线中实行的"先斩后奏"政策表示异议；对于他自己擅自用毛泽东和中共中央名义发表宣言和谈话，他又实行"先斩后奏"。王明任长江局书记后的一系列言行，确实证明他开始把自己凌驾于党中央之上，而且在三月政治局会议及其以后，他的右倾错误有更进一步的发展。

三月会议上再占"上风"

1938年2月27日至3月1日，中共中央在延安召开了政治局会议，亦称"三月会议"。毛泽东、张闻天、王明、周恩来、康生、凯丰、任弼时、张国焘等出席了会议。

三月政治局会议的主要议题，一是抗战形势和军事战略问题，二是召开党的第七次全国代表大会的准备工作。王明在会上作了主要发言。他在先后两次发言中，进一步阐述了他的右倾错误主张。

王明仍然把抗战胜利的希望寄托在国民党军的正规战上，忽视中共领导的游击战和敌后抗日民主根据地在抗战中的重要作用。他认为，"国民党现在在政府和军队中均居于领导地位，为我国第一个大政党"，国民党二百万军队是抗战的主力，"必须坚决确定及广泛实行以运动战为主而辅之以游击战配合以阵地战的战略方针"，要建立有"统一指挥、统一编制、统一武装、统一纪律、统一待遇、统一作战计划、统一作战行动"的"真正统一的"军队。

王明的这些主张只能是按照国民党的政策来实行统一战线中的"一致性"。但是，由于王明的右倾主张尚未被党内多数同志所认识，而且王明的共产国际政策代言人的身份仍在发生影响，此外客观上，国民党广大将士正在积极抗日，王明的发言也有一些比较符合当时情况的意见，因此，王明的主张还是被与会的多数同志所接受。

三月政治局会议虽然仍没有形成决议和文件，但会议决定由王明起草一个会议总结。王明回到武汉后，于3月11日写了《三月政治局会议的总结》（副题为"目前抗战形势与如何继续抗战和争取抗战胜利"），在《群众》周刊第19期上公开发表，把他的一些右倾主张作为中共中央的路线大肆宣扬。王明又通过组织系统向湖北、广东等地党的组织做了传达，使其右倾错误主张在一些

第六章
抗战归来（1937.11—1938.9）

地区进一步发生影响。

当时全面抗战已进行了八个月，日本侵略军已经占领了冀、察、晋、绥、鲁、江、浙七省的中心城市和交通要道，并且已经侵入皖豫两省，正在向武汉合围。从1938年1月起，日军开始空袭武汉。出于安全考虑，毛泽东在三月政治局会议上提出："在今天的形势下，王明不能再到武汉去。"

会议对毛泽东的提议进行了表决。表决结果，除康生等同意毛泽东的提议外，多数人同意王明继续去武汉，但同时也规定，"王明同志留一个月再回来"。因此，会后王明又回到武汉工作。

三月政治局会议上王明又一次取得了"成功"，因此也更加凌驾于党中央之上。继3月11日以中共中央的名义写出《三月政治局会议的总结》之后，3月21日，王明又在国民党临时全国代表大会召开前夕，擅自起草了《中共中央对国民党临时全国代表大会的提议》，提出了三个问题：（1）关于各党派团结的巩固与扩大的问题；（2）关于建立民意机关的问题；（3）关于动员和组织群众的问题。

王明在以中共中央的名义起草完该提议后，竟然不经中共中央批准，就将提议同时送交中共中央和国民党。中共中央接到这个提议后，认为这个提议中，"（1）没有正确提出克服困难、坚持抗战到底、坚决反对妥协投降和悲观失望的倾向问题；（2）没有明确提出武装群众的问题；（3）没有明确提出改善民生的问题"。

因此，中共中央于3月25日另起草了一个《中共中央致国民党临时代表大会电》，针对国民党的片面抗战路线，提出了八项建议：

（一）用一切宣传鼓动方法，号召全国人民以中华民族必胜的信心，克服一切困难，忍受一切牺牲，誓与日寇抗战到底。只有持久抗战，才能置日寇的死命。

（二）继续动员全国武力、人力、财力、物力，为保卫西北、保卫武汉而战。

（三）继续扩大与巩固抗日民族统一战线。

（四）继续扩大与巩固国民革命军。

（五）继续改善政治机构。

（六）继续全国人民的动员。

（七）为使政府与民众进一步结合起来，为更能顺利地动员民众参加抗战，必须采取具体的办法，实施优待抗日军人家属、优待伤病兵、严惩贪污、豁免战区地赋等改善民生的法令。

（八）组织抗战的经济基础，建立国防工业，发展国防工业，改进农业。

中共中央将此文件电告王明等后，王明等又于4月1日复电中央说："我们根据政治局决议原则所起草的致国民党临时全国代表大会政治建议书于二十四日已送去，国民党临时代表大会昨夜已开幕，你们所写的东西既不能也来不及送国民党，望你们在任何地方不能发表你们所写的第二个建议书，否则对党内党外都会发生重大的不良政治影响。对此问题的详细情形，我们有信交可靠同志带给你们。"[1]

长江局作为中共中央的派出机构，理应服从中共中央的指挥；王明作为中共中央政治局委员、书记处书记，也必须在中共中央的统一领导下工作。党内存在不同认识时可以提出和商讨，但任何人不经中央同意就擅自以中央名义发表意见，都是违背党的纪律，都是完全错误的。

王明不但不经中央同意就擅自向国民党递交《中共中央对国民党临时全国代表大会的提议》，而且在接到中央决定之后，仍不改正自己的错误，要求中共中央的意见"在任何地方不能发表"，俨然以党的决策人自居，暴露出他凌驾于党中央之上的宗派主义行为。

国民党临时全国代表大会于1938年3月29日至4月1日在武昌举行。这次大会确定蒋介石为国民党总裁，汪精卫为副总裁，并决定设立三民主义青年团。大会发表了《中国国民党临时全国代表大会宣言》，颁布了《抗战建国纲

---

[1] 中央档案馆编：《中共中央文件选集》第10册，中共中央党校出版社1986年版，第490页。

领》，决定设立民意机关，召集国民参政会。

《抗战建国纲领》反映了全国民众的进步意志，标志着国民党在七七事变后政治上的进步和政策上的转变。

1938年4月27日，中共中央书记处就国民党临时大会后的策略问题致电长江局，指出："今天全国政治总的方向是坚持抗战的最后胜利，国民党纲领的基本精神正是朝着这个方向的，在这个方向上说来，我党十大纲领（除此纲领外还没有其他整个纲领）同国民党纲领应说基本上是一致的。我们坚决赞助其实现，亦即为此。至于其中缺点与不足处，我们在赞助的基本方针下，给以充实和发展；其中错误处，亦应在此方针下给以侧面的解释与适当的批评。"

中共中央书记处的来电也提醒长江局说："国民党的一切进步的措施，都包含有同我党争取领导权、孤立我党的一面在内。"[1]

王明对于坚持国共合作抗击日本侵略是坚定的，但他对国民党同我党争夺领导权、孤立我党的意图又是忽视的。王明认为，统一战线的核心在于国共两党的一致性，无论政治路线还是军事原则，中国共产党都不应过多强调自己的主张。三月政治局会议之后，王明的工作中心仍放在会见国民党军政要人、强调统一战线的一致性上。

出席首届国民参政会

辛亥革命结束了封建帝制统治，这也是中国社会开始向民主制度迈进的起点。但是，无论军阀混战还是国民党统治地位的确立，中国社会实质上仍处于专制统治之下。日本帝国主义的侵略迫使中华民族团结起来。抗日战争爆发以后，虽然国民党统治的专制实质没有改变，但国民党的统治形式却发生了一些变化。

1938年4月12日，国民政府公布了《国民参政会组织条例》。条例规定

---

[1] 中央档案馆编：《中共中央文件选集》第10册，中共中央党校出版社1986年版，第487页。

王明传

国民参政会的职权是：在抗战期间，政府对内对外的重要施政方针，于实施前应提交国民参政会决议；国民参政会可向政府提出建议案；国民参政会有索取政府施政报告及向政府提出询问案的权利。参政会事实上只是一个建议机关，并没有力量保证它的决议会为政府采纳施行。

条例还规定参政员定额二百名，由四个方面遴选产生：（1）曾在各省、市（限于行政院直辖市）公私机关或团体服务三年以上、著有信望之人；（2）曾在蒙古或西藏公私机关或团体服务、著有信望，或熟谙各族地方政治社会情形、信望久著之人员；（3）曾在海外侨民居留地工作三年以上、著有信望，或熟谙侨民生活情形、信望久著之人员；（4）曾在各重要文化团体或经济团体服务三年以上、著有信望，或努力国事、资望久著之人员。

可笑的是，当时除国民党外，各党各派领袖以及无党派的知名人士都被划在第四方面，即"重要文化团体或经济团体"中。这是因为国民党讳言党派，不愿承认国民党以外任何党派的合法存在。参政员名单公布以后，毛泽东曾风趣地说，中国共产党有军队，不能算"文化团体"，只能说是"武化团体"。

1938年7月国民政府召开首届国民参政会第一次会议。图为会上全体参政员合影

第六章
抗战归来（1937.11—1938.9）

1938年7月，王明（前排左二）参加国民政府召开的首届国民参政会

不过，国民参政会虽然在其产生方法和职权规定上都不能称为一个合乎民主原则的全权的人民代表机关，但作为一个过渡期间的民意组织，它的产生标志着国民党政治上的进步，还是值得欢迎的。因此，中国共产党决定出席国民参政会。

1938年6月21日，《国民政府公报》渝字第59号公布的第一届国民参政员名单中，中国共产党有毛泽东、陈绍禹、秦邦宪、林祖涵（林伯渠）、吴玉章、董必武、邓颖超七人。

在国民参政会召开的前一天，中共七名参政员在《新华日报》上联名发表了《我们对于国民参政会的意见》，指出："在目前抗战剧烈的环境中，国民参政会之召开，显然表示着我们政治生活向着民主制度的一个进步，显然表示着我国各党派、各民族、各阶层、各地域的团结统一的一个进展。虽然在其产生的方法上，在其职权的规定上，国民参政会还不是尽如人意的全权的人民代表机关,但是,并不因此而失掉国民参政会在今天的作用与意义——进一步团结全国各种力量为抗战救国而努力的作用,企图使全国政治生活走向真正民主化的初步开端的意义。我们在积极参加国民参政会的工作中,当忠诚地执行本党中央的一切指示,继续地为实现本党抗战时期中的各项主张而努力。"[1]

同一天,毛泽东因不能出席会议,也从延安向国民参政会发了贺电。

首届国民参政会于1938年7月6日在汉口开幕。正议长汪精卫、副议长张伯苓、参政员共162人出席了会议。

大会讨论了政府交议案9件,参政员提案116件。由于毛泽东没有出席,王明成了中共参政员的主要发言人。7月12日,王明等68人提出《拥护国民政府实施抗战建国纲领案》。第二天,王明又在《新华日报》上发表了《关于"拥护国民政府实施抗战建国纲领案"底说明》。

这项提案署名人数之多和参加阶层之广泛,为这次国民参政会之最。王明在说明中阐述了三个方面的问题,着重在于说明:"本席等'拥护国民政府实施抗战建国纲领案'的一致提出和全体通过,是表示我国抗日民族统一战线的更加团结和统一,是给我们的敌人的阴谋诡计以强有力的答复和打击,是给我全国同胞和国际友人以抗战到底争取最后胜利又一个坚强的信念。"

国民参政会于7月15日下午闭幕。这次会议确定了"抗战到底,争取国家民族之最后胜利"的基本国策,宣布了"各党各派合作的抗日民族统一战线"的方针,通过了《拥护国民政府实施抗战建国纲领案》《拥护政府长期抗战国策案》《改善各级行政机构案》《切实保障人民权利案》《克期设立省县市参议会案》等重要决议。

王明、博古、董必武等25人被选为国民参政会一届一次大会休会期间驻会委员。王明以后又一直担任了二、三、四届国民参政会参政员。

第一届国民参政会第二次大会,是1938年10月28日在重庆召开的。在一届二次大会期间,王明参加了一系列提案。如王明等73人提出的《拥护蒋委员长和国民政府,加紧全民族团结,坚持持久抗战,争取最后胜利案》、王

---

[1] 中央档案馆编:《中共中央文件选集》第10册,中共中央党校出版社1986年版,第509页。

第六章
抗战归来（1937.11—1938.9）

明参加的胡景伊等 44 人提出的《拥护蒋委员长持久抗战宣言案》、王明参加的王造时等 66 人提出的《参政会应发表宣言，拥护蒋委员长告全国国民书，并号召全国同胞，一致奋起继续抗战，以争取最后胜利案》、王明参加的林祖铭等 20 人提出的《严惩汉奸傀儡民族叛徒以打击日寇以华制华之诡计而促进抗战胜利案》、王明参加的吴玉章等 32 人提出的《加强国民外交推动欧美友邦人士敦促各国政府对日寇侵略实施经济制裁案》，等等。

片面强调"保卫大武汉"

首届国民参政会是在保卫武汉的紧张气氛中召开的。面对日寇陈兵城下，如何保卫武汉成了会议上的热门话题。出席国民参政会前后，"保卫大武汉"也是这一时期王明集中论述的问题。

武汉会战是抗日战争第一阶段比较大的战役。自 1938 年 5 月徐州失守后，国民党正面战场就转移到了武汉外围地区，组织了以保卫武汉三镇为中心，以豫西、豫东、皖北、皖南及湘赣两省为广阔外围的"保卫大武汉"战役。

1938年，中共代表周恩来（左四）、王明（左三）等人与国民党军官匡正宇、蒋坚忍的合照

1938年6月,国民党军事委员会制订了保卫武汉作战计划,决定守卫华南海岸及华东、华北原有阵地,以游击战破坏长江下游航运,牵制日军,同时组织兵力支援马当要塞,在鄱阳湖以东迎击敌人,阻止日军溯江而上。当时计划在武汉外围与敌周旋四至六个月,消耗敌军,阻止敌军继续向西的攻势。国民党军事委员会这一计划的目的,并不是坚守武汉,而是有限度地阻挡日军,消耗日军,以巩固重庆为中心的大后方。

中国共产党对保卫武汉持什么意见? 1938年6月15日,王明、周恩来、博古联名发表了《我们对于保卫武汉与第三期抗战问题底意见》。

这篇近3万字的长文分为五个部分,从保卫武汉的意义,讲到武汉及武汉卫戍区需要采取的主要办法,又阐述了对于第三期抗战的军事、政治、经济问题的意见,最后又提出了解决一切问题的中心枢纽。

以6月12日日军攻陷安庆为标志,武汉会战已经打响。武汉军民也已经行动起来,提出要"誓死保卫武汉"。在此情形下,王明、周恩来、博古在文章中论述了武汉一定能够保卫,"我们今天实具有保卫武汉的一切可能条件",并详细论述了为保卫武汉应当采取的步骤和方法。这在武汉危亡之际,表达了中国共产党人坚持抗战的决心,对于巩固军民保卫武汉的信心起了积极作用。

不过,在敌强我弱的条件下,主张与日寇进行大决战、片面强调保卫武汉的成败对于抗日战争的重大影响也有消极的一面。从整篇文章看,没有反映出中国抗战是艰苦的持久战这一战略思想。

文章突出强调:"武汉是我国最后一个最大的政治、经济中心,武汉的得失,不仅对于整个第三期抗战有极大的影响,而且对于整个内政、外交方面均有相当的影响;同时,整个第二期抗战的成败,对于武汉保卫也有极重要的关系。"[1]

1938年6月17日,王明等将发表《我们对于保卫武汉与第三期抗战问题底意见》一事电告中央,说"战略重心应是保卫大武汉",战略总方针应是将正规军主力组成许多野战兵团,依据有利地势打击敌人西侵。

---

[1] 中央档案馆编:《中共中央文件选集》第10册,中共中央党校出版社1986年版,第556页。

第六章
抗战归来（1937.11—1938.9）

主张正规战，力图通过国民党战场的决战来扭转战局，不做长期持久的艰苦抗战的打算，轻视敌后游击战，这是王明回国后的一贯主张。

1938年5月，毛泽东连续发表了《抗日游击战争的战略问题》《论持久战》等长篇论著。毛泽东根据对抗日战争性质的认识，对中日双方特点的分析，对国情的科学把握，深刻分析了抗日战争的持久战性质，预测抗日战争将要经过三个阶段，并把游击战提高到战略地位，提出了对日作战的战略方针和战术方法。毛泽东的这几篇文章堪称抗战期间军事著作的精华，对于指导抗战有相当重要的意义。但是，王明领导下的《新华日报》虽然在6月21日发表了毛泽东的《抗日游击战争的战略问题》一文，但却拒绝转载毛泽东的《论持久战》。

《新华日报》1938年1月11日在武汉正式创刊，是抗日战争期间中国共产党在国民党统治区唯一公开出版的党报。中共中央长江局正式成立时，就成立了以王明为主席的党报委员会。《新华日报》正式创刊时，王明又担任了《新华日报》董事会董事长。作为党的机关报，竟然不转载党的主要领导人撰写的重要文章，岂非咄咄怪事？

1938年7月初，中共中央特意为《新华日报》未转载《论持久战》一事致电长江局，要他们尽快刊登，但王明又借口文章太长而拒绝。后来中央再次去电说文章太长可分期刊登，王明等仍然不予刊登。

从1938年6月中旬到9月，《新华日报》发表了大量有关保卫武汉的社论、文章和新闻报道。主要的社论就有《保卫大武汉》（6月12日）、《总动员保卫大武汉》（6月14日）等十几篇，9月26日起更连续发表了《挽救武汉危机的关键》《抢救武汉必须真正动员民众》《克服困难抢救武汉》《争取更大的胜利来稳定保卫

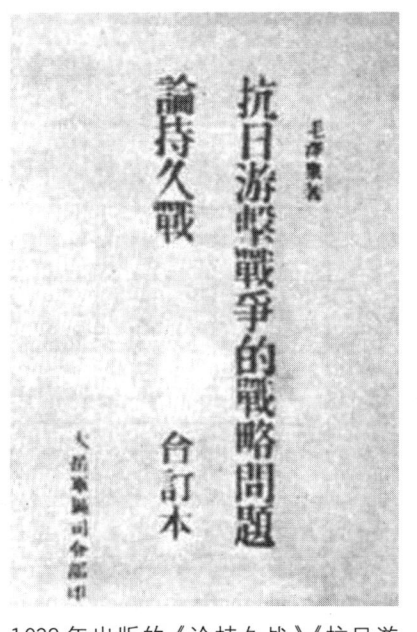

1938年出版的《论持久战》《抗日游击战争的战略问题》合订本

武汉的战局》等社论。

王明抵制毛泽东《论持久战》的发表，既与他在长江局闹独立性的政治态度有关，也与他认识不到抗日战争是持久战有关。

1938年7月7日，在抗日战争全面爆发一周年之际，王明在《新华日报》发表了《过去与将来》一文，提出"要以三年血战，粉碎日寇的侵略"。1939年7月7日，在抗战爆发两周年之际，王明又在《新中华报》发表了《坚持抗战国策克服投降危险》一文，作出了抗日战争最多持续四年左右的论断，他的"根据"是："因为根据第一次世界大战的经验，没有一个帝国主义国家能坚持四年之上而不发生社会主义革命或经济破产的。"

1938年夏，王明还专门写过一首攻击毛泽东《论持久战》的诗，诗中说：

四亿弗凭斗志衰，空谈持久力何来？
一心坐待日苏战，阶段三分只遁牌。

当中国抗日战争胜利的历史事实已经无可驳辩地证明了《论持久战》的正确之后，王明在《中共五十年》中还说："在延安发表该文后，毛泽东又将此文送往武汉，要求在《新华日报》上刊登（该报编辑部在我的领导下进行工作）。我和秦邦宪、项英、凯丰及其他同志一致反对这篇文章，因为该文的主要倾向是消极抵抗日本侵略，等待日本进攻苏联。这个方针既同中国人民的民族利益又同中国共产党的国际主义相矛盾……所以，我们决定不在《新华日报》上发表《论持久战》一文。"

王明等单纯强调保卫武汉的方针受到了中央的批评。1938年6月，洛甫（张闻天）、陈云、康生、王稼祥、刘少奇、毛泽东致电王明、周恩来、博古、凯丰、叶剑英，对保卫武汉的方针问题指示说："保卫武汉重在发动民众，军事则重在袭击敌人之侧后，迟滞敌进，争取时间，务须避免不利的决战，至事实上不可守时，不惜断然放弃之。"[1] 毛泽东等关于保卫武汉的指示是正确的。事

---

[1] 中央档案馆编：《中共中央文件选集》第10册，中共中央党校出版社1986年版，第522—523页。

实证明，与日军进行阵地战，企图通过某次战役扭转战局的观念是不符合实际的。

1938年8月，日军大本营正式下达了进攻武汉的作战命令。8月10日，武汉外围战斗基本结束，武汉三镇已陷入敌军包围之中。

10月7日，中共中央又发出《中央关于目前日寇进攻武汉时各政治机关宣传鼓动工作的指示》，提出各政治机关在宣传中应注意："现在不应强调保卫武汉，因过分强调，武汉一旦失守，则会产生悲观失望及一切不正确观念，现在如强调武汉之保卫，则失守后我们宣传鼓动与巩固抗战情绪，则会感受很大困难。""立即加紧说明我们应争取防御武汉之持久，但应强调武汉假如失守，中国仍能继续抗战，加重说明中日战争之持久战。"[1]

10月25日，武汉沦陷，中国抗日战争也开始由战略防御转入战略相持阶段，王明右倾错误在此时也随着中共六届六中全会的召开而基本被纠正。

中共长江局领导人与西方传教士吴德施在八路军武汉办事处屋顶花园的合影（右起王明、周恩来、吴德施、博古）

---

[1] 中央档案馆编：《中共中央文件选集》第10册，中共中央党校出版社1986年版，第56页。

武汉全家大团圆

自1938年12月王明就任中共长江局书记以来，虽然犯有右倾错误，但是他一心扑在抗日事业上，精力旺盛，积极工作，日夜操劳。在他整日繁忙的公务之余，也享受了一点家庭的欢乐。这就是他同12年未见面的父亲和兄妹、从未见过面的继母和岳父母相逢在武汉，实现全家大团圆。

王明的父亲陈聘之是位曾为革命做过贡献的人。1936年国民党反动派把在宁夏作战被俘的上千名西路军的红军战士运到安徽，关押在立煌县监狱。安徽省委的何叶邦和湖北省委的郑位三请陈聘之出头营救这些红军同志。陈聘之慷慨应允，不顾自己的安危，四处积极活动。好在他是金家寨的老户，大家都了解他，他和保长们都很熟悉。他一次又一次请保长们吃饭，借口被押在监狱中的红军里面有自己的亲戚，一个个往外保释，先后共保释出30多名红军战士。这些红军战士在监狱中受到种种折磨，出狱时披着长发，蓄着长胡须，虱子满身，破衣烂衫。这些红军战士出来后，很快归了队，又参加了新的抗日斗争。

王明自从1925年离开金家寨后，无论在苏联期间还是在上海期间，一直没有给家里写过信。1938年年初，王明在武汉给家里写过一封信，但由于交通不便，家里迟迟没有收到。后来，王明在武汉工作的信息传到金家寨后，其弟陈绍炜和陈一新就前往武汉寻找王明，找了一两个月，最后在日租界中街89号原大石洋行的武汉八路军办事处见到了王明。

王明把陈绍炜安排到八路军办事处对门的供应处做采购员，名义上为副官。因陈绍炜说家里没有接到王明的信，所以王明就又派他回家，征求父亲是否愿意来武汉的意见。不料，陈绍炜赶回金家寨时，父亲陈聘之一行已经走了。

陈聘之见到王明的信后很是高兴，迫切希望见到12年未见到的儿子，于是带着王明未曾见过面的继母黄莲舫、女儿陈觉民、女婿汪惠生、外孙女汪向荣、儿媳李敏以及四弟陈云溪夫妇、陈一新的爱人赵文媛等人，迅速赶到武

第六章
抗战归来（1937.11—1938.9）

汉。稍后，王明大姑的儿子、他的表弟付少庵也到了武汉。他们到武汉后，陈聘之夫妇住招待所，其他人都住在八路军办事处。

在抗日烽火中，王明全家相聚在武汉，这确是一件幸事。目前有保留下来的一幅全家福照片，就是这次大团圆的真实记录。

为纪念这次难忘的团聚，王明曾赋诗两首，题为《久别重逢》：

（一）

一别家园十数春，哪知今日又逢亲。

见儿慈父不相识，请坐连忙问姓名。

（二）

几度银铛作罪囚，为儿辛苦为儿愁。

发须斑白母何在？背父沾巾泪涌流。

据陈映民回忆说："我们兄妹相见，互相才第一次晓得彼此不约而同走到革命的路上来了。因为我文化不高，不适合搞城市工作，我就向董老提出要上延安党校学习，经党委研究同意，同年四月份我到了延安，在中央党校文化班学文化。在这里我的名字由陈映民改为王营。"[1]

当王明热衷搞保卫大武汉的时候，敌机不断轰炸武汉三镇。王明对弟弟陈绍炜说："父亲胆小，介绍你们去新疆吧，那里有八路军办事处，由毛泽民、陈潭秋负责。"[2] 于是，1938年春，王明家人一行去了西安。陈聘之、黄莲舫夫妇，陈觉民、汪惠生夫妇及孩子汪向荣最后去了新疆迪化。他们拿着王明的信来到迪化八路军办事处，经办事处与盛世才方面商量，把汪惠生安排为迪化县县长，陈聘之为县供销社副经理。陈绍炜、李敏夫妇在西安与父亲分手后去了延安。陈绍炜在延安入了陕北公学，参加了共产党，并改名为甘宁。

不过，团圆中也发生了一段插曲。四叔陈云溪因与王明政见不同，王明拒

---

[1] 王营：《艰苦的战斗历程》（未刊稿），第5页。曹仲彬1980年12月30日在安徽省金寨县访问时抄录有关内容。
[2]《访问甘宁谈话记录》，访问者：曹仲彬，1981年2月1日。

绝给他介绍工作，把他斥责了一顿后，撵回家乡。

王明一家在武汉的团聚，也使孟庆树产生了强烈的思亲之情。虽然孟庆树曾给在安徽寿县的父母写信，希望他们来武汉，可是他们迟迟不启程。一直等到陈聘之一行都离开武汉后，孟庆树的父母孟募州夫妇、弟弟孟侃夫妇和两个孩子孟雅和孟凡松，堂妹孟荣、养妹孟庆田，舅舅及其孙女张思等一行才抵达武汉。

王明岳父母一行，大约是1938年初秋来到武汉的。当时战局吃紧，他们待了不长时间就离开了武汉。孟侃夫妇抱着刚出生的儿子孟凡松，同孟荣、张思等直接去了延安。孟庆树的父母、孟雅、孟庆田等，是从大后方转道去延安的。

据孟雅回忆说："我们从武汉上车，在湖南湘乡遇到李克农的家属、邓颖超的母亲、周恩来的父亲，在贵阳遇到王若飞的舅舅黄齐生。""1940年辗转到重庆，住在红岩村。"他们在1943年才到了延安。

孟募州夫妇和孟雅到延安后，一直和王明夫妇生活在一起。

第七章

整风岁月（1938.9—1945.4）

从遵义会议后，党中央是团结的、民主的。1937年11月王明回国后，给党中央带来了不稳定因素。盛气凌人的王明一回，似乎就以其特殊的身份、雄辩的口才和流畅的文笔，蒙蔽了一些人的思想。十二月政治局会议和三月政治局会议上的连续"胜利"，使王明自己也感到在不久召开的中共七大上可以稳稳地成为党的总书记。

不过，吃了不少洋面包的王明不但对于中国的国情了解得太少，对于毛泽东的高超领导艺术也估计得太低。

无论十二月政治局会议还是三月政治局会议，以及此后召开的六届六中全会，虽然会上有不同意见的表述，但并没有发生直接争论，毛泽东甚至还在这几个会议上做了一些让步，对王明提出的一些主张也表示了同意。但是，作为"胜利者"的王明都没有在这几次会议上主持产生一个决议。在三月政治局会议上，王明曾经感叹地说，十二月政治局会议上作个结论就好了。可在三月政治局会议上，仍然没有形成决议。

在实践上，王明的右倾错误也只在局部发生影响，全党执行的仍是以毛泽东为代表的正确路线。

六届六中全会上的转折

人的观念，是会随着客观实践的发展而改变的，最靠得住的是非标准还是实践。随着抗日战争第一阶段的结束，中日战争已经成为一场持久战，国民党蒋介石开始消极抗日，积极限制中共及其领导下的抗日军队的发展；中国共产党领导的敌后游击战争越来越显示出其重大意义；毛泽东这一时期的大量的理论工作也进一步从思想上武装了全党；共产国际也进一步明确了只有坚持毛泽东在全党的领导地位，才有中国共产党的发展壮大，才有统一战线的巩固和发展，中国才能进行持久战争。

因此，到1938年9月中共六届六中全会召开之前，中国革命的发展已经决定王明不能在中共七大登上总书记的岗位，而且六届六中全会即将结束其右倾错误对全党的影响。

在六届六中全会召开之前，中共中央政治局还曾举行了三次会议。

在1938年9月14日的政治局会议上，刚刚回国的王稼祥传达了共产国际的决定和季米特洛夫的意见。

共产国际执行委员会主席团在1938年9月作出决定："共产国际执行委员会主席团声明完全同意中国共产党的政治路线。并声明共产国际与中华民族反对日寇侵略者的解放斗争是团结一致的。"[1]

据王稼祥写的《国际报告》中说："根据国际讨论时季米特洛夫的发言，认

---

[1] 中央档案馆编：《中共中央文件选集》第10册，中共中央党校出版社1986年版，第574页。

第七章
整风岁月（1938.9—1945.4）

为中共一年来建立了抗日统一战线，尤其是朱、毛等领导了八路军执行了党的新政策，国际认为中共的政治路线是正确的，中共在复杂的环境及困难条件下真正运用了马列主义。""在领导机关中要在毛泽东为首的领导下解决，领导机关中要有亲密团结的空气。""在我临走时他特别嘱咐，要中共团结才能建立信仰。在中国，抗日统一战线是中国人民抗日的关键，而中共的团结又是统一战线的关键，统一战线的胜利是靠党的一致与领导者间的团结。"

这次政治局会议决定召开中共六届六中全会，并电告王明等在外地工作的同志回延安参加会议。

9月15日，王明、周恩来、博古等由武汉回到延安。毛泽东、朱德以及延安各界代表前往欢迎。

9月20日，中央政治局再次举行会议。王明在会议上作了政治报告。他在报告中除继续坚持一些右倾主张外，也提到了应当坚持持久抗战，承认在敌后建立抗日根据地、开展游击战是有重要意义的。

9月29日至11月6日，扩大的中共六届六中全会在延安桥儿沟举行。这是抗战爆发以来召开时间最长的一次中共中央会议。

会议首先由王稼祥传达了共产国际和季米特洛夫的指示。10月12日至14日，毛泽东作了题为《论新阶段》的政治报告。毛泽东在报告中强调了"坚持统一战线和坚持党的独立性"问题，提出："必须保持加入统一战线中的任何党派在思想上、政治上和组织上的独立性，不论是国民党也好，共产党也好，其他党派也好，都是这样。"

王明在会上被推选为主席团委员。他在会上作了《共产党员参政员在国民参政会中的工作报告》。10月20日，王明又临时作了《目前抗战形势与如何坚持持久战争取最后胜利》的长篇发言。王明在发言中讲了五个大问题：（1）日本法西斯军阀是中华民族的死仇，是全世界先进人类的公敌；（2）中华民族处在空前灾难的时期，同时也正处在无上光荣的时代；（3）目前的抗战形势正处在严重困难的阶段；（4）克服困难、渡过难关、坚持抗战和争取最后胜利的几个问题；（5）实行抗日民族统一战线政策的中国共产党。

他在长篇大论中，一方面表示对毛泽东的报告"我都同意"，并且说："全党必须团结统一，我们党一定能统一团结在中央和毛泽东同志的周围（领袖的作用，譬如北辰而众星拱之）。"但另一方面，他又仍然强调"一切为着抗日民族统一战线，一切经过抗日民族统一战线"，"对友党、友军采取大公无私、仁至义尽、言行如一、表里一致、互相帮助、互相尊重、互相友爱、共同工作、共同发展、同生死共患难、祸福与共、相依为命的工作方法和方式"。

11月5日，毛泽东在会议的结论中，突出地强调了统一战线中的独立自主问题，指出："为了长期合作，统一战线中的各党派实行互助互让是必需的，但应该是积极的，不是消极的。"

针对王明一贯坚持的"一切经过统一战线"的主张，毛泽东明确指出，"一切经过统一战线"是不对的："国民党是当权的党，它至今不许有统一战线的组织形式。在敌后，只有根据国民党已经许可的东西（例如《抗战建国纲领》），独立自主地去做，无法'一切经过'。或者估计国民党可能许可的，先斩后奏。例如设置行政专员、派兵去山东之类，先'经过'则行不通。""我们提这个口号，如果是要求国民党'一切'都要'经过'我们同意，是做不到的，滑稽的。如果想把我们所要做的'一切'的事先取得国民党同意，那么，它不同意怎么办？国民党的方针是限制我们发展，我们提出这个口号，只是自己把自己的手脚束缚起来，是完全不应该的。""总之，我们一定不要破裂统一战线，但又绝不可自己束缚自己的手脚，因此不应该提出'一切经过统一战线'的口号。'一切服从统一战线'，如果解释为'一切服从'蒋介石和阎锡山，那也是错误的。我们的方针是统一战线中的独立自主，既统一，又独立。"

11月6日，全会根据毛泽东的报告，通过了《中共中央扩大的六中全会政治决议案》，批准了以毛泽东为代表的中央政治局的路线，指出："中共扩大的六次中央全会听了毛泽东同志关于中央政治局自五中全会到六中全会之间的工作以及关于目前抗战形势及中华民族当前紧急任务的报告以后，完全同意政治局在这一时期的政治路线和具体工作，同时一致指出党在这一时期的进步与成绩。"[1]

---

[1] 中央档案馆编：《中共中央文件选集》第10册，中共中央党校出版社1986年版，第694页。

第七章
整风岁月（1938.9—1945.4）

全会鉴于党处在抗日战争的新环境、党内右倾分子违反组织纪律、张国焘由反党反中央的分裂活动发展到1938年4月叛党投靠国民党等情况，通过了《关于中央委员会工作规则与纪律的决定》《关于各级党委暂行组织机构的决定》《关于各级党部工作规则与纪律的决定》等几个组织建设方面的文件，明确规定："各中央委员不得在中央委员会以外对任何人发表与中央委员会决定相违反的意见，亦不得有任何相违反的行动。""各中央委员会如果没有中央委员会、中央政治局及中央书记处的委托，不得以中央名义向党内党外发表言论和文件。""各政治局委员除在政治局内部及向国际控诉外，不得在党内党外对任何人发表任何与政治局决定相违反的意见，并不得有任何与政治局决定相违反的行动。""各政治局委员未得到中央政治局之委任，个人不得用中央政治局名义或全党名义发表对内对外的言论文件。"[1]

六届六中全会还只是主要解决了党的政治路线和组织路线问题，思想观点的分歧还有待于进一步解决。王明在会上并没有承认自己的右倾错误，与会者也没有公开对王明的错误进行点名批评。不过，毛泽东与王明在会上的论述，分歧是明显的。

除了在统一战线中是否坚持独立自主原则之外，毛泽东在政治报告中还专门论述了学习马克思主义的问题。他提出，马克思列宁主义是"放之四海而皆准"的理论，是我们行动的指南。同时他还强调说："但是马克思主义必须和我国的具体特点相结合并通过一定的民族形式才能实现。马克思列宁主义的伟大力量，就在于它是和各个国家具体的革命实践相联系的。对于中国共产党来说，就是要学会把马克思列宁主义的理论应用于中国的具体环境。""离开中国特点来谈马克思主义，只是抽象的空洞的马克思主义。因此，使马克思主义在中国具体化，使之在其每一表现中带着必须有的中国的特性，即是说，按照中国的特点去应用它，成为全党亟待了解并亟须解决的问题。洋八股必须废止，空洞抽象的调头必须少唱，教条主义必须休息，而代之以新鲜活泼的、为中国老百姓所喜闻乐见的中国作风和中国气派。"

---

[1] 中央档案馆编：《中共中央文件选集》第10册，中共中央党校出版社1986年版，第705页。

王明传

王明在发言中虽然表示毛泽东报告中的论述是对的,但又提出马列主义理论中国化要注意以下几点:

1. 首先须学习马列主义——不仅政治理论,而且军事理论;只有学习马列主义理论,然后才能运用和民族化,因此,必须加紧学习马、恩、列、斯学说。
2. 不能庸俗化和牵强附会。
3. 不能以孔子的折中和烦琐哲学代替唯物辩证法。
4. 不能以中国旧文化学说来曲解马列主义,而要以马列主义来了解和开发中国文化。
5. 不能在"民族化"的误解之下,忽视国际经验的研究和运用。

不过,不管王明怎样辩解,中国共产党人已经开始抛弃教条主义对待马克思主义的态度了。六届六中全会决定撤销长江局,设立中原局和南方局,东南分局改为东南局。还决定让王明留在延安工作,担任中央统战部部长、中央妇女运动委员会主任等职务。

六届六中全会关于组织问题的处理是对王明担任长江局书记以来推行右倾错误的纠正,但并不等于对长江局工作的全盘否定,也不是说王明主持长江局工作期间一无是处。

长江局自1937年12月成立以后,担负起了指导长江流域诸省市党的建设以及统一战线、武装斗争等重要工作。长江局在恢复和发展长江流域各省市党的组织、扩大党的队伍、改编红军游击队和组建新四军、为八路军和新四军培养输送干部等方面做了大量工作。在经过十年内战的长期隔绝之后,中共中央代表团与国民党以及社会各界进行了公开的接触,有效地传播了党的政策和主张,社会各界以及国际各种政治势力也通过中共代表团了解了中国共产党的政策。而且,中共代表团通过与国民党多次谈判、协商,解决了国共两党合作中的一些问题。虽然这一时期的国共谈判没有达成协议,但中国共产党人阐明了自己的意见和主张,对于推动抗战起了积极作用。中共代表团成员与国民党官员和将领以及民主党派、社会各阶层人士、国际友人的广泛接触，也积极地传播了中国共产党的主张，产生了有利的影响。

当然，长江局的工作在王明领导下也存在着严重的失误，特别是对于建立华中地区的抗日民主根据地和广泛地发展人民武装等方面抓得不力。

王明的右倾错误不在于力图搞好国共两党关系和强调统一战线的坚持和巩固，而是在于强调搞好国共两党关系时忽视党的独立性，在强调统一战线的坚持和巩固时，忽视了发展和壮大党领导的革命力量。

王明在担任长江局书记期间的一个重要错误是破坏党的纪律，忽视中共中央而强调自己的独立性。王明在莫斯科担任了六年中共驻共产国际代表，这六年期间他基本上是以中共最高决策人的姿态在发号施令。到武汉担任中共中央代表以后，王明不顾驻武汉代表团和驻共产国际代表团的原则不同，竟然一意孤行擅自要中共中央服从他作出的主张，这是极端错误的，是党的纪律所不能允许的。王明1941年10月8日在中共中央书记处会议上的发言中曾经说："这个作风是我过去在国外单独发表文件做惯了，没有毛主席那样慎重。"可悲的是，王明并没有真心反省自己的错误，六届六中全会以后他也没有认真总结错误的教训，而是越来越走向与党离心离德的道路。

负责妇女工作

1938年10月下旬，六届六中全会还在进行中，王明即和博古、林伯渠、吴玉章等赴西安飞重庆，参加国民参政会一届二次大会。国民参政会一届二次大会结束后，11月8日，王明在重庆青年团体举行的招待会上，发表了关于这次国民参政会的成绩及抗战形势的演说。12月12日，王明与周恩来、博古、吴玉章、董必武等，在重庆与蒋介石进行了谈判。一直到1938年年底，王明才从重庆回到延安。

回延安以后，王明被任命为中央统战部部长和中央妇女运动委员会主任，还担任了中央南方工作委员会主任。1940年1月，王明当选为陕甘宁边区文化协会的执行委员；同年2月20日，当选为延安各界宪政促进会理事。

此时，王明的远房弟弟陈一新担任了他的机要秘书和统战部的行政秘书，廖鲁言为政治秘书。张怀礼走后，警卫员是巴方廷、杨怀玉、王尚知三人。

王明的右倾主张，虽然在六届六中全会上基本被纠正，长江局也被撤销，但王明仍是书记处书记。从六届六中全会到1942年整风运动普遍开始时，王明在延安还是比较活跃的。他经常到延安各界作报告，发表演讲，在《新中华报》《中国妇女》《解放》等报纸杂志上发表了大量的文章。这些文章在揭露蒋介石集团消极抗日、声讨汪精卫卖国投降、宣扬党的抗日民族统一战线政策等方面起了积极的作用。

作为中央妇女运动委员会主任，王明在这一时期关于妇女运动问题也发表了不少论述，他还兼任了延安中国女子大学校长。

中国共产党自成立以后，就把中国妇女的解放作为一项奋斗任务。但有组织、有计划地开展妇女工作，培养妇女干部，主要还是始于延安时期。1939年2月20日，中共中央颁布了《关于开展妇女工作的决定》，提出："立刻建立与健全各级党的委员会下的妇女部与妇女运动委员会，认真地经常检查与帮助其工作，使之成为各级党的委员会内最重要的工作部门之一。"[1]

同年3月3日，经中央书记处讨论通过，王明领导下的中央妇女运动委员会又发出了《关于目前妇女运动的方针和任务的指示信》。指示信提出目前妇女运动的基本任务是："动员与组织更广大的妇女参加抗战建国各方面的工作，以便坚持抗战到底与争取最后胜利；为了克服困难，准备反攻，缩短到抗战胜利去的过程，抗战建国的大业，假使没有占人口半数的妇女积极参加，成功是不可能的。"[2]

指示信对于"现阶段妇运的特点""对目前工作的意见"都做了详细论述，最后又提出了"加强全党对妇女工作的注意"的五个方面，鲜明地提出："只有加强全党对妇女工作的注意和克服党内许多党员轻视妇女工作的现象，才能把妇女工作提高到应有的地位，才能转变党内工作最薄弱的这一环。共产

---

[1] 中央档案馆编：《中共中央文件选集》第11册，中共中央党校出版社1986年版，第25页。
[2] 同上，第28页。

第七章
整风岁月（1938.9—1945.4）

党是要解放全人类的政党，首先是代表最受压迫最受剥削的一切人民利益的政党。因此，共产党对于妇女解放事业的同情，忠实和有办法，是任何其他党派所不及的……忽视妇女工作的党员（不论男女）就不是好的共产党员。"[1]

1939年3月8日，王明写了《共产党与妇女解放运动》一文，在《解放》第1卷第66期发表。王明的文章虽然还摆脱不了大段大段地引用革命导师的话作为论据的习惯，但整篇文章的精神是与中央《关于开展妇女工作的决定》和中央妇委《关于目前妇女运动的方针和任务的指示信》一致的。

1939年7月，为了培养妇女干部，中共中央政治局决定在延安创办中国女子大学，由王明兼任中国女子大学校长。

7月20日下午，中国女子大学开学典礼在中共中央大礼堂举行，中央政治局在延安的全体同志、党政军首长及各机关代表和从前方回来的八路军、新四军代表以及印度援华医疗队队长爱德华等参加了大会。王明在开学典礼上作了报告，论述了创办中国女子大学的意义、学校培养人才的方向、学校的现状及学校的前途，最后说："有了这一切，女大的成功是有保证的！特别是中共中央

1939年6月1日，中国人民抗日军政大学在延安南门外举行建校三周年纪念大会。左起：毛泽东、张闻天、王稼祥、陈云、王明、刘少奇、邓发

---

[1] 中央档案馆编：《中共中央文件选集》第11册，中共中央党校出版社1986年版，第35页。

和毛泽东同志直接地经常地领导和帮助女大，再加以各方面的爱护和帮助，我们深刻地相信：女大这个刚刚出生的小女孩，一定会长成一个庄严伟大美丽的中华民族的优秀女儿！"[1]

中国女子大学是在中共中央直接领导下的学校，副校长有柯庆施、林莎，政治部主任由王明妻子孟庆树担任，教务处主任张琴秋，总务处长吴朝祥。中国女子大学开办时有学生近500人，分为8个班学习，其中有普通班6个，高级研究班和特别班各1个。高级研究班主要培养具有较高理论修养的干部，特别班主要培养有妇女运动经验的工农妇女干部。普通班中的一、二班是妇训班，专门培养妇运工作干部，三、四班是抗大女生队归并过来的，曾受过军事训练，五、六班是一般的普通班。

中国女子大学的学生来自全国21个省及海外来延安的华侨青年，年龄最大的41岁（1人），最小的14岁（2人），大多数在18—22岁。

中国女子大学制定了"以养成具有革命理论基础、革命工作方法、妇女运动专长和相当职业技能等抗战建国知识的妇女干部为目的"的教育方针。

中国女子大学还制定了校歌和校训。校歌是由王明作词，经冼星海修改和谱曲而成的。

校歌的歌词是：

我们是妇女先锋。
我们是妇女榜样。
来自不同的四面八方，
在女大亲爱地欢聚一堂。
女大是我们的母亲，
比母亲更慈祥。
女大是我们的太阳，
比太阳更光亮。

---

[1]《新中华报》1939年8月8日。

要努力学习革命方法,

学习理论武装,

学习职业技能,

学习道德修养。

我们要深入农村工厂,

我们要英勇地走上战场。

一个个锻炼得如铁似钢;

一个个锻炼得如铁似钢!

争取民族社会和妇女的解放!

中国女子大学的校训是:

紧张的学习,艰苦的生活;高尚的道德,互助的作风。

中国女子大学普通班课程有:政治经济学、中国革命问题、中共党史、社会发展史、三民主义、妇女运动、生理卫生等。高级研究班的课程有马列主义、党的建设等。特别班有识字课、妇女工作等。此外,还可以选修军事教育、外国语、新闻学速记技术、会计、医药等职业课程。

党中央对中国女子大学的工作非常关心,毛泽东、周恩来、王明、邓颖超、博古等亲自给学员讲授党课,对学员在生活上也尽可能给予照顾。中国女子大学的窑洞内都粉刷了白灰,主要为增加光线便于学习;学生睡木铺板,为的是减少皮肤病和其他潮湿病;吃井水,为的是避免和减少痢疾;有淋水浴的澡堂,为的是清洁并预防传染病。而且还规定放生理假的制度,即学生在月经期间可以停止生产或其他劳动,如必要时可以停止学习。这些在今天看来很常见的规定,在当时却是很人性化的制度。

中国女子大学从 1939 年 7 月开办到 1941 年 9 月与陕北公学、泽东青年干部学校合并成延安大学为止,两年多的时间先后培养了 1000 余名妇女干部,为党领导的妇女运动的发展做出了重要贡献。王明作为妇女运动委员会主任和中国女子大学校长,对于学校的发展也做了不少有益的工作。

王明在这期间还发表了不少有关妇女工作的文章和讲演,如《论妇女解放问题》[1]《中国妇女与宪政运动》[2]《在"三八"节纪念大会上的讲演》《在女大成立一周年纪念、第一届同学毕业大会上的讲话》[3]《陕甘宁边区妇联工作的任务和组织问题》[4]等文章,对当时妇女运动的发展起了推动作用。

延安中国女子大学学生合影。左起:沈玉玲、曲岩、赵军、杜国芳、侯波(1942年,侯波摄)

在整风运动中

延安整风运动如果从准备时期算起,是从1938年9月党的六届六中全会开始的。

毛泽东在六届六中全会的报告中就提出了马克思主义中国化的问题,并号召全党来一个学习竞赛,把马克思主义和中国革命的实际结合起来。

可以说,在中国党内,最早也是最深刻认识王明教条主义错误的是毛泽东,认识到只有通过一场全党的普遍的马克思主义教育、提高全党的马克思主义理论水平才能彻底肃清王明教条主义影响的也是毛泽东。

王明是一位言必称马列、行文如流水的"理论家",长期在苏联学习和工

---

[1]《中国妇女》第1卷第1期,1939年6月1日。
[2]《中国妇女》第1卷第7期,1939年12月20日。
[3]《新中华报》1940年9月8日。
[4]《中国妇女》第2卷第9期,1941年2月8日。

第七章
整风岁月（1938.9—1945.4）

作，使王明熟读马列经典著作和共产国际决议，这是王明的"资本"；但王明致命的弱点，是缺乏中国革命斗争的经验和对中国社会特点的把握。在全党马列主义理论水平尚不高的环境下，王明犹如"鹤立鸡群"，成了党内的理论"巨人"，他自己也俨然以"马克思主义理论家"自居，确实"折服"了不少人。

而毛泽东是一位在中国土生土长的真正的马克思主义者，他不仅读了许多马列经典著作，而且能够紧紧抓住马列主义一定要中国化、马列主义必须和中国革命实际相结合这个真理。

毛泽东的文章虽然很少引用马列主义词句，但他却运用自己对经、史、子、集

1942年2月1日，毛泽东在中共中央党校开学典礼上作《整顿党的作风》的讲演。图为当时出版的《整顿学风党风文风》文本

等的娴熟掌握，对成语典故、农家俚语信手拈来的本领，将马列主义那些高难深奥的理论化解成为人人都可接受的道理，让人听来、读来虽然不如王明那样"高深"，但却感到灵气十足、合情合理、实际可信。

不过，毛泽东深知，要想把人们从王明教条主义的束缚下解放出来，还得靠马列主义，也就是必须让人们懂得什么叫掌握马列主义，应该怎样学习和运用马列主义。因此，必须进行一场长期的全党范围的马列主义教育运动，这其中也包括毛泽东本人的大量的理论工作。

为了执行六届六中全会关于学习问题的决议，1939年2月17日，中共中央特设干部教育部，张闻天任部长，李维汉任副部长，领导和组织全党的马列主义理论学习，正式开始了整风运动的准备。

毛泽东是延安整风运动的总设计师。他号召全党学习马列主义，目的就是总结中国革命的经验，重新认识党的历史，掌握中国革命规律。1939年10月14日，毛泽东在《〈共产党人〉发刊词》中，分阶段地总结了中国共产党

18年来的历史经验。他指出,在党的幼年时期,革命失败的主要原因,就在于"还不善于将马克思列宁主义的理论和中国革命的实践相结合"。在土地革命战争时期,"一部分同志曾在这个伟大斗争中跌下了或跌下过机会主义的泥坑,这仍然是因为他们不去虚心领会过去的经验,对于中国的历史状况和社会状况、中国革命的特点、中国革命的规律不了解,对于马克思列宁主义的理论和中国革命的实践没有统一的理解而来的"。

1939年12月和1940年1月,毛泽东又写了《中国革命和中国共产党》与《新民主主义论》,对中国社会特点和中国革命规律作了深刻阐述,系统地提出了新民主主义革命理论,为全党的马列主义学习指明了方向。

随着全党马列主义理论学习运动的掀起,王明感到了危机。虽然王明并不承认自己是教条主义者,但在王明看来,"马列主义中国化"的矛头指向不言自明。不是要总结历史吗?好吧,看看谁是历史上的英雄。于是,1940年5月,王明在延安又一次再版了《为中共更加布尔塞维克化而斗争》,并在这一版的《序言》中说:

> 反李立三和反罗章龙路线斗争距今将近十年了。本书已经成为历史的文件,本无再出版的价值;不过因为我们党近几年来有很大的发展,成千累万的新干部新党员,对于我们党的历史发展中的许多事实,还不十分明了。本书所记载着的事实,是中国共产党发展史中的一个相当重要的阶段,因此,许多人要求了解这些历史事实,尤其在延安各学校学习党的建设和中共历史时,尤其需要这种材料的帮助。

王明在《序言》中还意味深长地说了这样一段话:

> 任何人的思想,历史的事实,都是向前发展的,都是整个发展过程中的一定片断,而当事过境迁之后,再去审察已经过去时期的事实和理论,当然比当时当地当事人容易明白得多。但是,每个忠诚的辩证唯物主义和历史唯物主义者,不能离开一定的时间和空间条件来看待和处理问题,不

第七章
整风岁月（1938.9—1945.4）

能把昨日之是，一概看作今日之非；或把今日之非，一概看作异地之非；或把异地之非，一概断定不能作为此地之是。

不过，此时的王明已经不是在苏联再版这本小册子时的那个执掌中共最高领导权力的中共驻共产国际代表了，这件"武器"也已经丧失了昔日的威力。1943年9月22日，刘少奇读了这本小册子之后，在上面批注道："这本罪恶的小册子记载着罪恶的党内斗争，材料不少。然而它使我们能从这些材料中窥见四中全会及其前后党内斗争的黑幕，使我们对于党内这段历史有完全新的了解。马克思主义者必须利用这本材料将党内这段历史重新写过，并作出结论说：王明这一派人在其所谓反立三路线斗争中，不独没有真正反对立三路线，不独没有任何功绩，而且有莫大的罪过。"

王明再版《为中共更加布尔塞维克化而斗争》，并没有收到预期的效果，反倒成了"左"倾错误路线的证明材料。王明见无法继续与毛泽东抗衡，1940年5月，他又一反傲慢、自大的习惯，举起了"学习毛泽东"的旗帜。5月3日，在延安泽东青年干部学校开学典礼上，王明作了《学习毛泽东》的报告。他颂扬说："毛泽东同志现在不仅是共产党中央和共产党全党团结的核心，不仅是八路军和新四军团结的中流砥柱，而且是全中国无产阶级和人民大众众望所归的团结中心……在农民工作中，他是一个有名的农民工作大王，在军事工作中，他是伟大的战略家，在政权工作中，他是天才的政治家，在党的工作中，他是公认的领袖。"在理论上，毛泽东"比我们党内任何同志都学得多，比我们党内任何同志都学得好，真正地学习了马列主义，真正地善于把马列主义灵活地应用到中国革命的实践中"，"是伟大的理论家"。《新民主主义论》"不仅是中国现阶段国家问题的指南，而且是一切殖民地半殖民地关于建立革命政权问题的指针，同时也就是对马列主义国家问题的新贡献"。

在《学习毛泽东》的讲话中，王明还说："对于青年学生学习问题，我只贡献五个字：'学习毛泽东'。青年干部学校既以毛泽东同志的光辉名字来命名，那就要名副其实，就是要学习毛泽东同志的生平事业和理论。"

他还从五个方面论述了如何学习毛泽东：第一，"学习毛泽东同志的始终一贯地忠于革命的精神";第二,"学习毛泽东同志勤于学习的精神";第三,"学习毛泽东同志勇于创造的精神";第四,"学习毛泽东同志长于工作的精神";第五,"学习毛泽东同志善于团结的精神"。

王明最后又总结说:"我们总的意思,还不过是一点,就是泽东青年干部学校学生以及全国的优秀青年,应该以毛泽东为模范,应该学习毛泽东。"[1]

在1940年5月就如此颂扬毛泽东,恐怕当时党内还没有人能超过王明。不过,在暗地里恶毒咒骂毛泽东,恐怕当时党内也没有人能超过王明。

当然,不管王明如何表演,党和毛泽东决不会听了王明的几句恭维话就轻易地放弃对其错误的纠正。1940年12月25日,毛泽东写了《论政策》的党内指示,指出:"土地革命的后期,由于不认识中国革命是半殖民地的资产阶级民主革命和革命的长期性这两个基本特点而产生的许多过左的政策,……不但在今天抗日时期一概不能采用,就是在过去也是错误的。"

毛泽东的论述是对王明、博古领导土地革命战争时期推行的"左"倾政策的否定,这在当时不但王明、博古难以接受,一些同志对此在认识上也有分歧。因此,毛泽东起草的这个文件虽然在中共中央通过了,但有些人认为土地革命战争时期王明的错误不是政治路线的错误,而是策略错误。这反映出深刻地认识王明"左"倾教条主义错误还需要深入地学习和研究。所以,中央决定首先组织党的高级干部进行学习。中央要求党的高级干部运用马克思主义的立场、观点、方法,全面地分析和研究党的历史经验,以得出正确的结论。毛泽东亲自主持编辑了党的历史文件作为干部学习材料,中央也规定了将一批马列主义经典著作与历史文件结合起来深入学习。

从此,在党的高级干部中的整风运动已经开始。这时在延安参加学习的有120多名高级干部,为了推动这一学习更好地进行,1941年5月19日,毛泽东又在延安高级干部会议上作了《改造我们的学习》的报告,阐明了理论联系实际这一马克思主义基本原理的重大意义,强调必须实行实事求是的态度。

毛泽东尖锐地指出:"许多同志的学习马克思列宁主义似乎并不是为了革

---

[1]《学习毛泽东》,《新中华报》1940年5月7日。

第七章
整风岁月（1938.9—1945.4）

命实践的需要，而是为了单纯的学习。所以，虽然读了，但是消化不了。只会片面地引用马克思、恩格斯、列宁、斯大林的个别词句，而不会运用他们的立场、观点和方法，来具体地研究中国的现状和中国的历史，具体地分析中国革命问题和解决中国革命问题。这种对待马克思列宁主义的态度是非常有害的，特别是对于中级以上的干部，害处更大。"

毛泽东以下的论述，王明就更可以对上号了："或作讲演，则甲乙丙丁、一二三四的一大串；或作文章，则夸夸其谈的一大篇。无实事求是之意，有哗众取宠之心。华而不实，脆而不坚。自以为是，老子天下第一，'钦差大臣'满天飞。这就是我们队伍中若干同志的作风。这种作风，拿了律己，则害了自己；拿了教人，则害了别人；拿了指导革命，则害了革命。"

1941年9月10日至10月22日，中共中央举行政治局扩大会议，讨论党在历史上特别是土地革命时期的政治路线问题，开始与王明的错误公开交火。

毛泽东在9月10日的发言中，分析了王明"左"倾教条主义错误及其产生的根源，认为"立三路线"和苏维埃运动后期的"左"倾机会主义都是主观主义，而苏维埃运动后期的主观主义表现得更严重——他们自称是"国际路线"，实际上是假马克思主义。

王明在9月12日的发言中，对毛泽东的批评进行反击。他不但不作自我批评，反而坚持说"四中全会的政治路线也是正确的"，并说他早在苏联的时候就反对博古的错误，博古是"苏维埃后期最主要的错误负责者"，把自己的责任完全推到博古身上。

王明还抓住别人在发言中说改正了错误思想上就感到"轻松愉快"这句话做文章，批评人家这种态度"是不能改正错误的"，是"还没有认识错误"。

王明的态度引起了与会者的批评。随着讨论的深入，逐渐澄清了以下事实：（1）土地革命后期的"左"倾错误，从六届四中全会就开始了；（2）以博古为首的临时中央的组成，王明负有重要责任；（3）王明到苏联的后期，虽然在一些具体政策问题上和六届五中全会以后的中央有不同的看法，但在形势分析和政治路线上是完全相同的，并且一直给予了很大支持；（4）抗日战争期间，王明在负责长江局的工作中，也有许多严重的错误。

9月26日，党中央又作出了《关于高级学习组的决定》，要求在延安和其他根据地都成立高级学习组，学习和研究马克思主义的思想方法、党的历史和中国革命的基本问题。这样，高级干部的整风运动又在更大范围展开了。

　　中共中央1941年9月至10月召开的政治局会议，等于在党的领导层中公开提出了王明"左"右倾错误，但王明本人仍不承认自己的错误。10月初，王明和毛泽东进行了几次谈话。王明谈了统一战线中的独立性、《论持久战》、对武汉时期形势的估计、长江局与中央的关系等问题，继续坚持自己的错误意见。毛泽东明确指出他在武汉工作时期在下列问题上有错误：（1）对形势估计问题——主要表现为乐观；（2）国共关系问题——忽视在统一战线下的独立性与斗争性；（3）军事战略问题——助长了反对洛川会议的独立自主的山地游击战的方针；（4）组织问题——长江局与中央关系是极不正常的，常用个人名义致电中央与前总，有些是带指示性的电报，不得中央同意，用中央名义发表了许多文件，这些都是极不对的。[1]

　　10月7日晚，王明又与毛泽东、王稼祥、任弼时进行了一次谈话。王明抓住季米特洛夫询问中国抗战情况的一封电报，向中央进行反扑，说中央"过去的方针是错误的"，"太左了"，并说当现在苏联与中国异常困难的时期，需要与大资产阶级把关系弄好，边区施政纲领与《新民主主义论》中所提的只要民族资产阶级的观点不好。

　　可以看得出，困境中的王明在做最后一击了。毛泽东在这次谈话中，指出王明的观点"太右了，对大资产阶级让步太多了，只是让步是弄不好的"。

　　第二天，中央书记处在杨家岭召开工作会议，王明又把7日晚的谈话作了一些修改，在会上作了发言。王明继续说："我们应与国民党把关系弄好"，我们有些地方"政策过左"，"是妨碍统一战线的"；《新民主主义论》把反帝反封建"含混并举是不妥的"，在目前统一战线时期，"要把反帝反封建加以区别"，"未说要联合大资产阶级"是不对的；"今天的政权要有大地主大资产阶级参加，新民主主义只是我们奋斗的目标，今天主要是共同打日本，我们今日

---

[1] 中央档案馆党史资料研究室：《延安整风中的王明——兼驳王明的〈中共五十年〉》，《党史通讯》1984年第7期。

还不希望国民党实行彻底的民主共和国"；为了与国民党把关系弄好，可否提出"我们承认是地方政府，承认国民党政府的领导"；等等。

王明的这些意见，受到与会同志的一致反对。因为他提出中央犯了"左"的错误这样重大的问题，所以会议结束时毛泽东提出："王提议检查中央政治路线，我们要提前讨论一次。关于苏维埃后期错误问题，停止讨论。希望王明对六中以前即武汉时期的错误及对目前政治问题的意见，在政治局会议上说明。"

10月22日，王明突然宣布有病，不能参加政治局会议。此后，王明在延安整风运动期间几乎再没有公开露过面。

所谓的"谋害事件"

王明对于延安整风运动十分反感，但他并没有公开明确表示出自己的不满。可是，自1974年王明的《中共五十年》一书在国外发行以后，人们却在这本书中看到了这样一个耸人听闻的"内幕新闻"：

1941年，毛泽东为了"消灭他的主要政敌"，于"10月14日，他强迫我住院治病。然后通过中共中央办公厅主任李富春，指示主治医生金茂岳用含汞的药物逐渐毒害我"。王明声称这是一场有组织、有计划、有步骤的"蓄意谋害"，目的是"置我于死地"。

这个"内幕新闻"公布以后，一时间成了一些别有用心者反对中国共产党和毛泽东的"尖锐材料"。因此，这一事件就成了评述王明时所必须澄清的问题。

王明在《中共五十年》中大肆渲染毛泽东"蓄意谋害"他，并认为这个有组织、有计划、有步骤谋害的第一步，就是"强迫我住院治病"。

而实际情况是，1941年10月12日，毛泽东根据王明提出的问题，建议召开政治局会议讨论，但王明此时却突然宣布自己有病，不能参加政治局会议，并于10月14日住进了延安中央医院。

王明自延安整风运动开始以后，身体确实不太好，心脏、肝、胆都有些毛病。但从上述历史事实中可以看到，并不是毛泽东"强迫"王明住院治病，而是王明为了拒绝承认错误自己主动要求住院治病。从这所谓"蓄意谋害"的第一个步骤的真实背景中，不仅可以看到王明编造谎言的本领，也可以了解自六届六中全会以来王明对自己所犯错误的态度。

王明在《中共五十年》中说，他从1941年10月14日被"强迫住院之后"，"从1942年3月到5月，金茂岳逐渐用大剂量的含汞药物来毒害我"。在1943年2月季米特洛夫来电答应接王明去莫斯科之后，金茂岳竟然"按照毛泽东的命令"，"要马上置我于死地"。

金茂岳当时是延安中央医院的妇产科主任，1935年于山东齐鲁医大毕业后，留在校医院妇产科工作。据他自己回忆："我那时很爱学习，准备以后自己回家开个医院，所以我也学习了一些外科知识。但内科我不愿学习，只是在学校实习时接触了一些内科知识，所以对内科不太熟悉。"[1]

1938年1月，金茂岳先是跟随红十字会组织的一个医疗队去了西安，然后经八路军驻西安办事处林伯渠等安排来到延安，在延安中央医院妇产科工作。王明住进延安中央医院以后，由金茂岳担任主治医生。王明当时是因为心脏不好和扁桃体发炎住院的，但住院不久，又出现了大便秘结和卡塔尔性黄疸。根据当时的医疗条件和技术水平，在静脉注射葡萄糖的同时，清泻药服用甘汞。这样治疗了几天，王明的病情有了好转。据金茂岳对笔者回忆说，当时他曾通知护士停止服用甘汞。但他只通知了白班护士，白班护士没通知夜班护士，而金茂岳又没有认真检查护病记录，所以夜班护士继续给王明服用甘汞，结果王明病情开始加重。在西医治疗无效的情况下，请来了延安著名中医李鼎铭先生，经服用中药后病情基本好转。

原延安白求恩国际和平医院医疗主任黄树则在回忆起这次事件时说："当时，中央医院的院长是傅连暲同志，他派金茂岳给王明看病。""金茂岳给王明看病本来也没什么，后来因他老便秘，金给他开了甘汞。过去医疗上的老办法是凡肝胆病都用甘汞。但是，金茂岳是妇科医生，擅长妇产科，一直在妇科工

---

[1]《访问金茂岳、黎平谈话记录》，访问者：曹仲彬、戴茂林，1986年3月29日。

第七章
整风岁月（1938.9—1945.4）

作，不熟悉内科。本来用甘汞应用粉末剂，可是金茂岳却用了水剂加重曹。用的时间较长，这种药是不宜长久使用的。后来检查，发现王明尿液中有汞，这就出来问题了。王明说金茂岳用药害他，告到中央。毛主席当时很注意此事，要求一定要弄清楚，于是傅连暲组织人会诊。"[1]

1942年6月，傅连暲、马海德等在延安的医务人员对王明的病情进行会诊，认为金茂岳在治疗中服用甘汞是可以的，但服用的时间过长，导致病情加重。

这是当时王明住院期间确实出现的一次医疗事故，主治医生金茂岳对此是负有责任的，金茂岳对自己的失职也作了检查。但医疗事故与"蓄意谋害"截然不同，王明把金茂岳个人的医疗失误说成是在毛泽东命令下的"蓄意谋害"，纯属不顾事实的编造。

实际上，王明入院时整风运动还没有在全党范围内普遍展开，金茂岳等医务工作者对王明犯了严重的"左"右倾错误并不清楚。多年后金茂岳听到王明在《中共五十年》中诬控毛泽东、李富春曾派他去毒害王明之后，气愤地说："那时候王明是教条主义者，我根本不知道！"

金茂岳的爱人，当年中央医院的护士黎平也说："王明认为老金害他，背景是毛主席。实际上当时我们并不知道王明犯了错误，只知道他是中央委员，要认真给他治病。"[2]

当时，毛泽东和党中央对王明的病情是很关心的。毛泽东等中央领导同志经常到医院或家中看望王明，及时解决医疗中遇到的问题。例如，1943年9月9日，毛泽东、周恩来给在重庆的董必武发的电报中说："如有此机会，你可顺带交涉王明、王稼祥等大小七人乘这次苏联来延飞机去苏治病。此间亦经过联络参谋向国民党交涉。如得许可，苏机当可照办。"[3]

对于毛泽东和党中央的关怀，王明当时也是表示满意和感激的。1943年11月15日，孟庆树亲笔向党中央写信说："我要声明：第一，我从来也未对中

---

[1]《访问黄树则谈话记录》，访问者：曹仲彬、戴茂林、刘喜发，1986年3月28日。
[2]《访问金茂岳、黎平谈话记录》，访问者：曹仲彬、戴茂林，1986年3月29日。
[3] 中央档案馆党史资料研究室：《延安整风中的王明——兼驳王明的〈中共五十年〉》，《党史通讯》1984年第7期。

央对党不满；第二，我从来也未样样不满和经常不满。相反的，有时感觉到为了王明同志的病，党花了很多钱，尤其是在生活方面，要什么给什么，只要是延安有的，而且富春同志还常常去电重庆、西安等地为王明买药，买东西。这些是王明同志和我都常感到不安的。假使说我有时还有些牢骚，王明同志确连牢骚也未有过——在治病方面。"最后，我再一次地以十万分的热忱感谢毛泽东和中央各位同志，为了给王明同志治病，想尽了许多办法，无论在医药生活方面和对金大夫问题处理方面，都已花了很多力量。只要是延安办得到的都办了。过去如果没有毛主席和中央各同志之关照，王明同志恐早已不在人间了，将来在毛主席和中央各同志的领导与帮助之下，在实际工作中改正他的错误。"[1]

可是，当时曾以"十万分的热忱"对毛主席和党中央"想尽办法"为其治病表示感谢的王明，在《中共五十年》中则以"十万分的仇恨"，编造出毛泽东和党中央"蓄意谋害""置我于死地"的谎言。恐怕王明也没想到，孟庆树1943年写的这封"感谢信"，今天会成为戳穿其谎言的有力佐证。

王明在《中共五十年》中编造的这场"蓄意谋害"事件中最"精彩"一幕，是金茂岳在会诊之后亲自向他坦白交代了事件的所谓"真情"："金茂岳在结论上签字以后，跑到我这里来，跪在我的床前，痛哭流涕地说：'王明同志，我在您面前是个有罪的人。我对您下了毒。每一次当我给您开毒药时，我的心情都非常沉重。''那你为什么要这样做？'我问。'是李富春吩咐的。他说，您是教条主义者，是反对毛主席的，因此决定要除掉您。我是主治医生，他们就把这事委托给我了……'这时，屋里闯进了两个军人，其中一个冲着金茂岳喊道：'我们到处找你，原来你在这里。你跪着干什么，哭什么，还嘟囔什么？走！到枣园去！你是个犯罪分子，没有权利同别人讲话！'他们揪住金茂岳的衣领把他带走了。"

事实果真如此吗？

巴方廷在1937年至1944年间一直担任王明的警卫员，他也是王明和金茂岳谈话时的唯一见证人。据巴方廷回忆说，金茂岳由于在给王明治病时用药

---

[1]《中央档案馆丛刊》资料室：《关于王明治病和出国的材料》，《中央档案馆丛刊》1986年第3期。

第七章
整风岁月（1938.9—1945.4）

不当，感到很痛心，确实曾经来向王明承认错误，赔礼道歉。"金抢着叫他哥哥，叫原谅"，但是，金茂岳当时"并没说别人要他来害王明，也没有来了两个军人把金茂岳带走这些情节，而是我把他拉开劝走的"。[1]

由于王明不断向党中央告金茂岳的状，金茂岳在1943年7月被拘留审查。但是，拘留金茂岳的原因并不是因为他"按照李富春的吩咐下毒害王明"，而是按照王明的说法，怀疑金茂岳是国民党派遣的特务。

1942年11月15日，孟庆树在《给弼时、富春同志转毛主席及中央各位同志的信》中，说金茂岳在政治上值得怀疑，"因为金是红十字会派来的，又与侯大夫关系很好，而侯是东北人，有些可疑"。

收到王明的控告信后，党中央和毛泽东非常重视，要求有关部门一定要调查清楚，并组织在延安各医院的著名医生进行会诊，不久又将金茂岳拘留审查。

金茂岳被关押之时，正赶上当时的"抢救运动"发生了反特扩大化的错误。在严刑逼供下，金茂岳被迫承认自己是国民党派来的特务。一直到1945年，才查清金茂岳根本没有任何政治问题，他又重新恢复了工作。

从上述历史事实可以看出，王明当时并非如《中共五十年》中所言，认为金茂岳是按照毛泽东的命令"蓄意谋害"，而是怀疑金茂岳与国民党有关。对于王明的病情，党中央和毛泽东不但十分关怀，而且对王明指控金茂岳一事也非常重视，先是组织专家进行会诊，后又将金茂岳拘留审查。最终查清了真相后，对这次医疗事故作出了明确结论，金茂岳也恢复了工作。事情如此清楚明白，可是事隔30年后，王明却编造离奇的谎言，把一次普通的医疗事故说成是政治谋杀。这一荒唐事件，倒有助于我们从侧面更好地了解这位传主。

对《关于若干历史问题的决议》的两面态度

从1942年2月开始，全党普遍整风运动进一步展开。毛泽东《整顿党的

---

[1]《访问巴方廷谈话记录》，访问者：曹仲彬，1983年5月20日；戴茂林、刘喜发，1986年4月15日。

作风》和《反对党八股》的报告，向全党发布了"反对主观主义以整顿学风，反对宗派主义以整顿党风，反对党八股以整顿文风"的号召。以主观主义为特征，以党八股为表现形式，在党内搞宗派主义的王明，"左"右倾错误已经大白于天下，全党的马列主义水平也有了进一步的提高。在此基础上，从1943年10月起，整风运动开始转入总结党的历史经验阶段，主要表现为在党的高级干部中重新学习和研究党的历史，特别是对1931年初到1934年底这一时期的中央政治路线，在高级干部中进行了反复讨论。

1943年5月15日，共产国际执行委员会主席团作出了《关于提议解散共产国际的决定》。中共中央5月26日收到《提议书》之后，召开了政治局会议讨论这一提议，并通过了《中国共产党中央委员会关于共产国际执行委员会主席团提议解散共产国际的决定》，对解散共产国际表示完全同意，并宣布："自即日起，中国共产党解除对于共产国际章程和历次大会决议所规定的各种义务。"[1]

共产国际对于中国共产党的创立和中国革命的发展起了重大作用，对于中国共产党的发展壮大给予了指导和帮助，中国共产党人对此是不会忘记的。但是，共产国际在指导中国革命过程中也犯有严重的错误，特别是共产国际扶植王明教条宗派夺取中国共产党的领导权力，导致土地革命战争的惨重失败，更是留下了深刻教训。

共产国际的解散在客观上为中国共产党彻底肃清王明"左"右倾错误的影响创造了有利条件，因为王明向来以共产国际政策代言人自居。王明政治上的一步步晋升，都离不开共产国际的扶植与支持，共产国际的一些领导人也确实对王明给予了特殊"关照"。

在共产国际解散以后，原共产国际负责人季米特洛夫在1943年12月22日以个人名义致毛泽东的信中说："不言而喻，共产国际解散以后，它过去的领导人谁也不能干预各国共产党的内部事务。但是出于个人友谊我不能不对您说，中国共产党内的情况令我担忧。您知道，从1935年起，我一直密切地而

---

[1] 中央档案馆编：《中共中央文件选集》第12册，中共中央党校出版社1986年版，第199页。

第七章
整风岁月（1938.9—1945.4）

且常常是直接地研究中国事务。根据我了解的一切，我认为，缩小同外国占领者斗争规模的方针，以及明显地偏离民族统一战线政策的倾向，在政治上是错误的。在中国人民民族战争期间，这样的方针有使党脱离人民群众的危险，会有害地造成内战的加剧，而从内战中获得好处的只是占领者和他们在国民党中的代理人。"季米特洛夫还认为，当时进行的对王明等人的批判在"政治上是错误的……应该保留他们，并为了党的事业充分地使用他们。"[1]

1943年5月，共产国际执行委员会主席团作出《关于提议解散共产国际的决定》，中共立即表示完全同意。图为《解放日报》刊登的有关报道

季米特洛夫致毛泽东的信，是根据王明拍给他的电报中的内容而写的。据王明自己在《中共五十年》中说明："1943年1月8日，有两位同志——他们是苏联的军事记者——来看望我。我问他们，可不可以通过他们的电台向季米特洛夫同志发一份电报，他们同意了。""我请求他们向共产国际领导报告，在我于1937年11月底回到延安以后，在最近这五年里，毛泽东犯了许多原则性的政治错误和罪行，特别是这一年多来他搞的所谓'整风运动'，实质上是反列宁主义、反共、反

---

[1] 中央档案馆编：《中共中央文件选集》第12册，中共中央党校出版社1986年版，第199页。

苏和反党的运动。"[1]

季米特洛夫在信中对中国共产党统一战线政策和延安整风运动的指责是听信了一面之词，但他在信中对康生作用的怀疑却是很有预见性的。他在信中说："我也觉得，康生起的作用令人怀疑。那些像清除党内敌对分子和团结党的各种正确措施，康生及其机构是通过那些不正常的形式来实现的，这些形式只能煽动相互间的怀疑，引起普通党员群众的强烈不满，帮助敌人瓦解党。"[2]

康生这位曾经和王明在中共驻共产国际代表团的长期共事者，1938年8月成立中央社会部时，担任了这个重要部门的部长。1941年中央成立"党与非党干部审查委员会"后，康生又被任命为该委员会的主任。1942年6月，中央成立了领导延安整风运动的总学习委员会，毛泽东担任总学委主任，康生又被任命为总学委副主任兼中直分学委主任，成了毛泽东领导延安整风运动的重要助手。

延安整风运动中出现的"抢救运动"造成了大批冤假错案。"抢救运动"是在康生的主持下，大搞逼、供、信的残酷斗争中制造出来的。季米特洛夫对康生所起作用的评价是正确的，康生的所作所为也引起了人们的极大反感。延安整风运动结束以后，在整风运动中八面威风的康生并没有得到提升。中共七大以后，康生的实际权力反倒大大缩小，除了政治局委员外，他的中央社会部和情报部部长的职务都被解除了。不过，善于政治投机的康生还会东山再起，中国共产党在社会主义建设时期出现的"左"倾灾难，注定了康生这类善于投机钻营之辈还会得志猖狂。

季米特洛夫的来信并没有影响延安整风运动的进程。1943年12月28日，中共中央书记处发出《关于研究王明、博古宗派机会主义路线错误的指示》。同一天，中共中央政治局也发出《关于〈反对统一战线中的机会主义〉一文的指示》，指出："我党七次大会时，即将总结我党二十二年的经验……批判王

---

[1] 据彼得·弗拉基米洛夫在《延安日记》中记载，这不是1943年1月，而是10月，是弗拉基米洛夫让苏联派驻延安医院的外科医生奥尔洛夫去看望生病的王明，王明向奥尔洛夫口述了电报稿，然后经他发给季米特洛夫的。详见《延安日记》第168页。
[2]《党史信息》1989年1月16日。

第七章
整风岁月（1938.9—1945.4）

明、博古宗派及其机会主义路线的形成，四中全会的篡党，五中全会达到顶点，以及遵义会议的开始克服，但在一九三七年十二月会议至一九三八年九月六中全会期间，这个宗派又利用长江局进行其反党活动，并且王明本人长期地坚持其错误，反而说中央路线是错误的，是违背前共产国际方针的。""各地在我党七次大会决议发表以前，可以在中央局至区党委的领导机关中及在这些领导机关周围已被历史证明无特务嫌疑的各级干部中初步传达、初步讨论内战时期王、博宗派的'左'倾机会主义路线错误及严重损失（白区损失十分之十、苏区及红军损失十分之九）、抗战时期（一九三八年）这个反党宗派的右倾机会主义（投降主义）路线错误及严重损失（项英的失败，华中、华北在受其影响时期的损失）。这后一个时期，王明的主要错误是：一、主张速胜论，反对持久战。二、迷信国民党，反对统一战线中的独立自主。三、主张运动战，反对游击战。四、在武汉形成事实上的第二中央，并提倡党内闹独立性，破坏党纪军纪。"[1]

在组织上，党中央也作了调整。1943年3月20日，中共中央政治局召开会议，决定中央书记处由毛泽东、刘少奇、任弼时组成，毛泽东任中央委员会、中央政治局、中央书记处的主席，并兼任中央党校校长。《关于中央机构调整及精简的决定》规定，书记处"会期不固定，得随时由主席召集之，会议中所讨论的问题，主席有最后决定之权"。

《关于中央机构调整及精简的决定》中，还提出"决定将现有的职工运动委员会、妇女运动委员会、青年运动委员会合并，成立中央民运工作委员会，设书记（邓发）和副书记（蔡畅）各一人"。

《关于中央机构调整及精简的决定》还对各个地区的党、政、军领导作了重新划分。这样，王明就继1941年9月延安中国女子大学撤销而自动解除了校长职务之后，又被解除了书记处书记、南方工作委员会主任、妇女运动委员会主任等职务，只留任中央政治局委员和统战部部长，而统战部又被划在这次会议新成立的组织委员会管理之下，"组织委员会由刘少奇、王稼祥、康生、

---

[1]《延安整风运动（资料选辑）》选编组：《延安整风运动（资料选辑）》，中共中央党校出版社1984年版，第124—125页。

陈云、洛甫、邓发、尚昆、弼时八同志组成之，由刘少奇同志任书记"，王明并不是组织委员会的成员。

1943年召开的"三月政治局会议"，是中国共产党历史上一次极其重要的会议。这次会议从组织上彻底完成了自遵义会议以来对王明"左"倾错误的纠正和毛泽东在全党领导地位的确立。毛泽东正式担任了中央委员会主席、中央政治局主席和中央书记处主席，重新组成了毛泽东、刘少奇、任弼时三人书记处，对六届六中全会以后的中央书记处组成人员（毛泽东、张闻天、王明、康生、陈云）进行了大调整。

毛泽东担任中国共产党的最高领袖，这是中国共产党发展的必然，也是中国革命胜利的保障。虽然自遵义会议以后毛泽东就实际上掌握了党的主要领导权力，但从组织形式上正式确立毛泽东在全党的领导地位，对于巩固党的团结是十分必要的。

1944年5月21日，中国共产党六届七中全会在延安杨家岭召开。出席会议的有中央委员、候补中央委员17人，列席11人。

六届七中全会的主要内容，是讨论并通过党的《关于若干历史问题的决议》（以下简称"决议"），同时也讨论了关于党的七大的准备工作和城市工作的问题。

六届七中全会是党的历史上最长的一次中央全会。在历时11个月的会议期间，先后召开了八次全体会议。在1944年5月21日的第一次会议上，选出了由毛泽东、朱德、刘少奇、任弼时、周恩来五人组成的主席团，毛泽东为主席。并决定在全会期间，由主席团处理日常工作，书记处及政治局停止行使职权。这次会议还成立了历史决议起草委员会，委员由任弼时、刘少奇、周恩来、博古、张闻天等七人组成，召集人为任弼时。

历史决议经起草委员会反复讨论和修改，最后又经毛泽东精心修订，在1945年4月20日会议上，通过了"决议"。

"决议"高度评价了毛泽东运用马克思列宁主义理论和方法来解决中国革命问题的杰出贡献，指出了在全党确立毛泽东领导地位的意义。

"决议"对党在历史上的若干问题，特别是对以王明为代表、以教条主义

第七章
整风岁月（1938.9—1945.4）

为特征的"左"倾错误作了详细结论。"决议"肯定了党的八七会议的历史功绩和党的第六次全国代表大会路线的基本正确，也肯定了党的六届三中全会及其以后的中央对于停止当时党内存在的"左"倾冒险主义错误所起的积极作用，指出了党的六届四中全会、六届五中全会的错误，肯定了遵义会议的历史意义。

"决议"对王明"反对立三路线"这段最得意的历史作了彻底否定，指出，六届三中全会以后，"党内一部分没有实际革命斗争经验的犯'左'倾教条主义错误的同志，在陈绍禹（王明）同志的领导之下，却又在'反对立三路线''反对调和路线'的旗帜之下，以一种比立三路线更强烈的宗派主义的立场，起来反抗六届三中全会后的中央了。他们的斗争，并不是在帮助当时的中央彻底清算立三路线的思想实质，以及党内从八七会议以来特别是一九二九年以来就存在着而没有受到清算的若干'左'倾思想和'左'倾政策；在当时发表的陈绍禹同志的《两条路线》即《为中共更加布尔塞维克化而斗争》的小册子中，实际上是提出了一个在新的形态下，继续、恢复或发展立三路线和其他'左'倾思想、'左'倾政策的新的政治纲领。这样，'左'倾思想在党内就获得了新的滋长，而形成为新的'左'倾路线"。

"决议"在详细分析了"左"倾错误在政治上、军事上、组织上、思想上的主要内容以后，又着重指出了"左"倾错误的产生有其深刻的社会根源，是中国小资产阶级民主派的反映。在中国这样一个小资产阶级极其庞大的国家，要克服这些思想，既不能草率从事，也不能操之过急，而应该耐心地进行深入细致的马克思列宁主义的教育，开展批评与自我批评，具体地分析错误的内容及其危害，说明错误的历史的和思想的根源及其改正的方法。对犯错误的同志要坚持"惩前毖后，治病救人""既要弄清思想又要团结同志"的方针。

"决议"最后指出："二十四年来中国革命的实践证明了，并且还在证明着，毛泽东同志所代表的我们党和全国广大人民的奋斗方向是完全正确的。……今天，全党已经空前一致地认识了毛泽东同志的路线的正确性，空前自觉地团结在毛泽东的旗帜下了。以毛泽东同志为代表的马克思列宁主义的思想更普遍地更深入地掌握干部、党员和人民群众的结果，必将给党和中国革命带来伟大的进步和不可战胜的力量。"

"决议"是中国共产党 20 多年来艰苦曲折奋斗所取得的正反两方面经验的结晶，是延安整风运动的成果，是中国共产党走向成熟的标志。"决议"不但对党在历史上的主要问题特别是王明"左"倾错误以党的决议的形式作出了结论，而且对于毛泽东的卓越功绩、毛泽东在全党的领导地位作了明确肯定。它为全党在马列主义、毛泽东思想基础上的团结一致，为中共七大的胜利召开，在思想上做了充分准备。

中央起草"决议"期间，王明正在家养病，但党并没有放弃对王明的挽救。在给王明精心治疗的同时，也经常派人做王明的工作，帮助他认识自己的错误。"决议"三次草案也都送给王明看了。王明自己在《中共五十年》中也说："在 4 月初，他就把《关于若干历史问题的决议》草案送给我看了，他两次派刘少奇、周恩来、任弼时和朱德来和我谈话，他自己来过一次，他们都建议我写一个声明书，承认七中全会的决议是正确的，承认要'交代自己的错误'。"

1945 年 4 月 20 日，在中共中央扩大的六届七中全会通过"决议"的这一天，王明给任弼时写了一封长信，并请任弼时转毛泽东及扩大的七中全会各位同志。王明在信中表示同意"决议"，并检查了自己在土地革命战争时期所犯的错误。

王明在信中说："首先，我对这个决议草案的第一个基本认识，就是这个决议草案在党的历史问题思想问题和党的建设方面，有重大的积极建设性的意义。

"其次，我对这个决议草案的第二个基本认识，就是它将党内在一定历史时期存在过的各种'左'倾思想和'左'倾路线，都作了明确的批评，而对于决议所指出的从四中全会至遵义会议这一时期的中央领导'左'倾机会主义路线的错误，尤其作了最彻底的清算。我对于七中全会根据毛泽东同志的正确思想和正确路线以及近年来全党同志在整风运动与党史学习中的认识，而作出的对各次尤其是第三次'左'倾路线在政治上、组织上、思想上所犯严重的错误的内容实质与其重大的危害以及产生的此种错误的社会的和历史的根源的分

第七章
整风岁月（1938.9—1945.4）

析和估计完全同意和拥护……我不仅以一个党员的资格，站在组织观点的立场上，完全服从这个决议；而且要如中央所指示者，以一个第三次'左'倾路线开始形成的主要代表的地位，站在思想政治观点的立场上，认真研究和接受这个决议，作为今天自己改正政治、组织、思想各方面严重错误的指南……我之所以犯教条主义的'左'倾路线的错误，也不是偶然的，这是由于丝毫不懂马克思主义理论及基础，完全不懂中国社会和中国革命的实际情况，完全不研究中国的政治、军事、文化的历史事实和历史经验，以及简直不懂国际经验和民族传统的结果。尤其是由于没有群众工作经验和没有群众观点，以及小资产阶级社会出身的劣根性作祟的结果。

"再次，我对这个决议草案的第三个基本认识，就是它把许多历史问题作了新的认识和估计……现在认识了三中全会已纠正了立三路线错误，认识了四中全会既过分打击了犯立三路线错误的同志（如停止了立三同志的政治局委员，罗迈、贺昌同志中央委员等），和完全错误地打击了以瞿秋白同志为首的所谓犯'调和路线错误'的同志（如停止秋白同志的政治局委员），又很错误地打击了当时所谓'右派'的大多数同志（如不久后英勇牺牲的何孟雄同志等），而中央苏区红军冲破敌人的四次'围剿'胜利，现在知道了不是执行四中全会错误路线的结果，而是在毛主席领导下实行其正确路线的结果……四中全会的确不仅是对党毫无功绩，而且是对党造成严重错误的会议，是使'左'倾路线在中央领导机关内取得胜利而成为'左'倾路线第三次统治全党的开始的会议！我对于七中全会对三中全会和四中全会的这些新的认识和估计，表示完全服从和同意。

"至于我在武汉时期工作中所犯的错误问题，因时间和精力的限制，此时来不及自我学习和自我反省，此后当遵循毛主席所指引的方向，尽可能地去学习和研究抗战时期的一切思想和策略问题，以便改造自己的思想和纠正自己的错误。

"最后，我郑重声明：中央根据七中全会这一决议的立场和精神与根据对我在各个历史时期中犯各种错误的性质和程度的认识，对我作出任何政治上和组织上的结论，我都服从接受……我决心在党所指定的任何下层工作岗位上，向毛主席和中央各同志学习，向全体干部和党员同志学习，向劳动人民群众学习，一切从头学起，一切从新做起，以便在长期群众工作中，使自己成为一个好的于党有用的党员，为党的事业，为中国人民的解放事业，尽一个小勤务员的能力和责任，以多少补偿由于自己错误缺点而造成的党的工作的重大损失于万一！"

这是王明第一次公开向党中央比较系统地检查自己的错误。虽然这种认识还不全面，但与"决议"还是基本符合的。而且王明能够向党中央承认错误和拥护"决议"，在当时对于维护党的团结和七大的胜利召开，还是具有积极意义的。

可是，王明后来在《中共五十年》中，却说他向六届七中全会声明服从中央的决定，是因为"反毛斗争还要长期进行下去"，是为了"保留党的真相和反毛斗争的主要领导人"，是"留得青山在，不怕没柴烧"。

而且，王明几乎是在向中央写这封长信承认自己错误的同时，还写下了这首名为《所谓六届七中决议》的诗来发泄内心的仇恨：

一手刀沾一手血，浑身金贴浑身泥。
刀将党史变毛史，金作神衣当外衣。
马列丰功成大敌，毛刘合计扮先知。
教条经验绝虚构，抬己打人尽出奇。

不管王明阳奉阴违作何打算，中国共产党历史的新一页已经揭开了。1945年4月23日至6月11日，中国共产党在延安召开了第七次全国代表大会。根据"惩前毖后，治病救人"的方针，在毛泽东的说服动员下，王明在七大上以321票再次当选为中共中央委员，在44名中央委员中排在倒数第二位，列博古之前。

七大召开时，王明仍在病中，他是被担架抬进大会会场的。参加完开幕式后，王明就离开了会场。这是王明一生中第一次也是最后一次以正式代表身份出席中国共产党的全国代表大会，出席时间大约15分钟。

第七章
整风岁月（1938.9—1945.4）

七大闭幕以后，鉴于王明对自己错误的认识和病情逐步好转，中央分配王明担任政策研究、起草法律和参加土地改革等工作。1947年年初，王明又担任了新成立的中共中央法制问题研究委员会主任。但七大以后，王明的身体时好时坏，工作也是断断续续，一直到1949年党的七届二中全会召开。

正如他自己在七届二中全会的发言中所说："七大以后，做工作的时间与害病的时间差不多，工作除土改外，都是关着门在家里搞教条。"

如果说，遵义会议结束了王明"左"倾教条主义对全党的统治，六届六中全会结束了王明右倾错误对全党的影响，那么也可以说，经过延安整风运动，以六届七中全会通过的"决议"为标志，王明"左"右倾错误在思想上的影响也基本上被肃清了。

就王明个人而言，过去的一页已经掀了过去，虽然这一页包含了巨大的痛苦，但王明能否真正战胜过去的自我，重新为党的事业全力工作，这对于王明来说又是一次新的选择。

第八章
法制工作（1947.3—1950）

　　王明从解放战争开始到 1950 年去苏养病，主要从事法制工作。他先后担任中共中央政治研究室主任、中共中央法律委员会主任、中央人民政府政治法律委员会副主任和法制委员会主任。他在解放战争时期参加了新宪法草案的起草等工作。新中国成立后，主持起草了《中华人民共和国婚姻法》等，对我国法制建设和扫除封建的旧婚姻制度，起了积极的作用。

　　这期间，王明对自己所犯的严重错误仍不认真检查，拒绝接受中央的帮助，在七届二中全会和七届三中全会上均遭到严厉批评。王明也因身体健康原因，开始了他长期养病的最后生涯。

出任中央法律问题研究委员会主任

党的七大以后,王明的身体状况有所恢复。当时,根据革命斗争发展的需要,党中央决定成立中共中央政治研究室,并分配王明担任该室主任,希望他能在实际工作中好好锻炼,改正自己以前的错误。中央政治研究室设在延安杨家岭,主要从事党的政策的制定、起草法律条文等项工作。

王明的警卫员巴方廷1944年去了前线,杨怀玉、王尚知也先后离去。党的七大以后,又调郭家奎为王明机要秘书,田书元为警卫员,后任警卫秘书。

据田书元回忆说:"中央政治研究室成立,王明担任主任六七个月,一直到

王明在办公室写作(1951年)

第八章
法制工作（1947.3—1950）

延安撤退前，上班在杨家岭。"[1]

自党的六届六中全会以后，王明主要从事妇女工作。七大以后党中央安排王明从事法制工作，这对于王明是一项比较陌生的任务。但王明还是接受了中央的工作安排。在担任中央政治研究室主任以后，由于身体时常生病，王明也只能是断断续续做些工作。

1946年6月，中共中央书记处决定成立中央法律问题研究委员会。委员有王明、谢觉哉、徐特立、陈伯达、张曙时、李木庵、刘景范、黄松龄、马锡五、廖鲁吉、黄觉民等。据该委员会的工作人员李光灿说："毛主席给他任务，成立中央法律委员会，让他当主任。"[2]

又据田书元说："成立了中央法制委员会，王明与谢老负责。"[3]

中央法律问题研究委员会成立后，首先协助中共中央西北局的有关同志，研究和起草陕甘宁边区宪法草案，到同年11月基本完成了这项任务。

随着解放战争的胜利发展，法律工作的重要性也越来越明显。1947年1月，中共中央要求法律问题研究委员会起草一个全国性的宪法草案，并限定于5月1日前完成。于是，起草宪法草案便成了这一时期王明和法律问题研究委员会的主要工作。

1947年3月，胡宗南率领23万大军从南、西、北三方面向陕北解放区发起进攻。党中央和毛主席为了拖住胡宗南的大军，为其他战场实施反攻创造有利条件，毅然决定放弃延安，转战陕北。

根据当时陕北战场形势，中共中央决定法律问题研究委员会东渡黄河，迁到山西省临县继续工作。

1947年4月，王明带着家属和法律问题研究委员会的同志们，通过吴堡县的军渡渡过黄河，经柳林村来到山西省临县后甘泉村。委员会设在后甘泉村的一座小楼里。楼下是办公室和陈瑾昆的住房，楼上是谢觉哉和王明的住房。当时，王明、孟庆树和两个儿子、岳父母以及孟雅、孟凡松全挤在一个小屋里。

---

[1]《访问田书元谈话记录》，访问者：曹仲彬，1983年8月11日。
[2]《访问李光灿谈话记录》，访问者：戴茂林、刘喜发、叶健君，1986年5月10日。
[3]《访问田书元谈话记录》，访问者：曹仲彬，1983年8月11日。

王明传

郭家奎、田书元跟着住在后甘泉村。王明一家在这里住了一年多。

王明和委员会搬到后甘泉村后,继续进行宪法草案的起草工作。由于战争环境的影响,宪法草案初稿直到1947年8月才完成。初稿完成后,王明和委员会的同志们又进一步修改,到同年10月份完成第二稿。

由于解放战争正在激烈进行着,党中央无暇讨论宪法草案,所以起草宪法的工作只得暂停。这样,王明就在村里参加了一段时间的土地改革工作,受到革命斗争的锻炼和实际教育。

1948年春节期间,王明有感于土地改革的胜利和农村翻天覆地的变化,激情洋溢地创作了《土改新年歌》。歌中唱道:

(一)

今年过年咱们(大家)真喜欢,

人人有吃又有穿!

哎咳哎咳土地改革呀,

人人有吃又有穿!

(二)

地主旧富这下(真是)变了天,

咱们农民把身翻!

哎咳哎咳土地改革呀,

咱们农民把身翻!

(三)

共产党来真正会打算,

分配土地闹生产!

哎咳哎咳土地改革呀,

分配土地闹生产!

(四)

雇贫中农(亲密)团结力量大,

啥个敌人也不怕!

哎咳哎咳土地改革呀,

啥个敌人也不怕!

(五)

参军参战(一齐)打倒美蒋阎,

大家永过太平年!

哎咳哎咳土地改革呀,

大家永过太平年!

中国共产党领导的人民解放战争进行到了 1947 年,已经看到了胜利的曙光。在陕北战场,不到两个月的时间,气势汹汹的胡宗南部队就被我西北野战兵团在青化砭、羊马河和蟠龙镇连续打击,损失 1.4 万余人,失去了战争的主动权。为了更好地指挥全国解放战争,1947 年 3 月 26 日,中共中央在陕北清涧县枣林沟村举行会议,研究中央分工问题。

会议最后决定:(1)成立前敌委员会,由毛泽东、周恩来、任弼时率领前委,代表中央,坚持在陕北指挥全国的解放战争;(2)成立工作委员会,由刘少奇、朱德率领工委,前往华北,进行中央委托的工作。

1947 年 12 月 8 日到 28 日,中共中央在陕北米脂县杨家沟村召开了会议。这次会议比较全面地研究了当时的形势和党的政策。毛泽东在《目前形势和我们的任务》的报告中指出:"中国人民的革命战争,现在已经达到了一个转折点。""这是一个历史的转折点。这是蒋介石的二十年反革命统治由发展到消灭的转折点。这是一百多年以来帝国主义在中国的统治由发展到消灭的转折点。"毛泽东在报告中还提出了新形势下党在军事、土地改革、整党、经济、统一战线方面的政策和夺取全国胜利的各项任务,为解放战争的胜利发展指明了方向。

王明以中共中央委员的身份出席了这次会议。在会议进行中,毛泽东还同他进行了一次谈话,希望他认识自己的错误,在夺取全国胜利的斗争中发挥自己应有的作用。

王明在 12 月 26 日讨论毛泽东的报告时作了发言,认为毛泽东的报告"恰

王明传

恰回答了现在需要解决的问题，国际国内形势分析完全正确"。王明的发言讲了统一战线、群众路线、学习毛泽东思想、起草宪法草案等几个问题。李维汉在《回忆与研究》中对王明的发言评论说："讨论报告时，王明和我在一个小组，他讲了不少的话，根本不接触报告中的批评。"[1]

1948年3月，随着人民解放战争的胜利发展，中央法律问题研究委员会的人员也开始撤离后甘泉村，向河北转移。王明因孩子有病，直到4月才离开后甘泉村。5月初，在移往建屏县后，王明因旧病复发，又来到中央医院所在地朱豪村治疗休养。为此，他曾给周恩来写信，对来朱豪中央医院治疗休养表示满意。不久，他恢复健康，继续工作。

可是，事隔26年后，王明在《中共五十年》中，硬说朱豪中央医院及主治医生黄树则曾对他进行"毒害"，并认为这是"毛泽东又采取措施企图加速我的死亡"。

据黄树则说，这次事故是由于司药对药物不熟悉把药拿错了，把石碳酸（苯酚）当成药物石碱了，根本不是什么毛泽东"毒害"他的问题。而且当时中央卫生处于1948年7月7日发了一个通报，通报确认："药剂师在配药时犯了错误。""他用来苏尔代替药用石碱，致使病情急剧恶化，这是严重的疏忽。"对于这次医疗事故，中央卫生处已做了"严重的疏忽"的结论，本来早已澄清，而王明在《中共五十年》一书中也曾加以引用。后来，王明为了政治目的又一次在医疗事件上大做文章，以便攻击和诬蔑毛泽东，结果却暴露了自己。

1948年10月上旬，中共中央书记处决定成立宪法草案纲领起草委员会，草拟临时宪法草案。法律问题研究委员会就将他们在后甘泉村写出的宪法草案修改后提供其参考。

12月，中共中央书记处将法律问题研究委员会改为中央法律委员会，使其成为协助中共中央具体负责法制与司法的工作机构。根据中央书记处和刘少奇的指示，王明在这期间曾代中央起草过几个有关司法方面的指示，并负责编写训练司法干部的教材。

---

[1] 李维汉：《回忆与研究》（下），中共党史资料出版社1986年版，第478页。

第八章
法制工作（1947.3—1950）

在解放战争胜利前夕，中央法律委员会和王明加紧工作，为中华人民共和国的成立做了有益的准备工作。

出席七届二中全会

随着陕北战场的胜利和人民解放军转入战略反攻的形势发展，1948年3月，毛泽东、周恩来、任弼时等率领中央前委东渡黄河。四五月间，他们相继到达河北省平山县西柏坡村，与中央工委合并。西柏坡这个不大的乡村顿时成了中共中央指挥全国解放战争的所在地。

在中国人民革命即将取得全国胜利之际，为了及时组织夺取全国胜利和从新民主主义革命转变为社会主义革命，中国共产党于1949年3月5日至13日，在西柏坡村召开了七届二中全会。全会根据毛泽东的报告，提出了彻底摧毁国民党统治，迅速夺取全国胜利的各项方针；提出了党的工作重心必须由乡村转到城市，而城市工作必须以生产建设为中心；分析了全国胜利后中国社会的基本矛盾，提出了党在政治、经济、外交等方面的基本政策；指出了中国由农业国转变为工业国、由新民主主义社会转变为社会主义社会的方向；特别提醒全党要防止骄傲自满，警惕资产阶级的糖衣炮弹，保持艰苦奋斗的作风。

出席七届二中全会的中央委员有34人，候补中央委员19人。王明作为中央委员出席了会议，并在会上作了两次发言。

在3月7日的发言中，王明表示：完全同意毛的报告，这是中国革命在新的关头的新任务。然后王明对毛泽东大加颂扬，说：为什么我们走的路最多，搞的时间最长，而得到了今天的胜利，这是因为毛将中国的特点和马列主义结合起来了……总之，毛的学说，不仅是政治的、军事的，而且是经济学说的科学，现在不仅一般的人说愿跟毛走，连国民党的人，来进行谈判的人也表示愿跟毛走，因毛领导的正确。

王明甚至把自己曾经最得意的"真正的布尔什维克"的桂冠也戴到了毛泽东的头上，说毛泽东有丰富的历史知识、科学知识，并且与群众有密切的联

中共七届二中全会会场

系，所以他才成为中国的真正的布尔什维克，我们应当向他学习。

王明大肆赞颂毛泽东的表演，"好像唱戏一样，有些演员演反派人物很像，演正派人物老是不大像，装腔作势，不大自然"。[1]

王明口口声声强调"在毛主席的旗帜下"的同时，对毛泽东提出的新民主主义革命理论又进行了一些歪曲。因此，刘少奇在他发言时当场就插话说："在毛泽东旗帜下"是有两种意义的……你提出毛主席的旗帜是掩护。其他中央委员也在会上的发言中批评了王明发言中的错误。

王明此时在口头上对自己的错误认识表现出一副诚恳的态度。听到同志们的批评之后，王明就在当天与毛泽东作了一次交谈，然后在3月10日的会议上，王明又作了第二次发言。他说：前天我同毛主席谈，要求再讲一次。同志们对我的批评有三点：一、对毛泽东思想作教条主义了解；二、自我批评不够；三、落后。这些批评是正确的。

为此，他进一步在发言中作了说明，承认了一些错误，但也对一些错误作

---

[1] 毛泽东：《文汇报的资产阶级方向应当批判》，《人民日报》1957年7月1日。

第八章
法制工作（1947.3—1950）

了辩解。他最后表示：我向同志们声明：今后一定抛开个人，不想责任，而好好想自己的缺点……我愿意做个驴子，慢慢走，跟毛走，看将来能赶上吗？

不过，王明后来并没有成为一头跟着党走的毛驴，而是成了一头不听使唤的犟骡。事隔25年之后，王明在《中共五十年》中，对自己在七届二中全会上的发言作了另外一番情景的描写：

> 我在1949年3月中共七届二中全会上的发言中，把毛泽东的著作《新民主主义论》同列宁和共产国际关于中国革命根本问题的基本观点作了对比。我证明，在诸如中国革命的性质、阶段、动力、领导权、前途等根本问题上，毛泽东的观点同列宁和共产国际的观点是不一样的。因此，这实际上揭露了"毛泽东思想"不是马克思列宁主义思想这一事实，从而也就批驳了"毛泽东思想"是"中国共产党唯一的指导思想"的说法。我特别提醒注意的是中国资产阶级民主革命转变为社会主义革命的两个主要条件（无产阶级的领导权和苏联的援助）。我指出了毛泽东的"四个原因"（"帝国主义的存在、土地革命尚未结束、资本主义不发达、民族资产阶级也参加革命"）是站不住脚的。由于这"四个原因"，好像中国的资产阶级民主革命不可能转变为社会主义。

王明还说："我在七届二中全会上的发言，当然都引起了他的仇恨。因此，他在二中全会的闭幕词中指责我，说我跟过去一样，反对'毛泽东思想'，说我的发言'有毒'。而在后来发到党内进行的，他在二中全会闭幕词的'提纲'中有这么一条：'如何帮助王明同志改正错误'。"

毛泽东提出的新民主主义学说，是依据马列主义的普遍原理，结合中国革命的实际情况而创造性地提出的。它既结合了列宁的《社会民主党在民主革命中的两种策略》和《民族和殖民地问题提纲（初稿）》等著作的精神，又结合了世界无产阶级革命新时代和中国具体国情；它既忠实于马列主义，又是对马克思列宁主义的新发展。王明在《中共五十年》中对毛泽东新民主主义理论的攻击是那么苍白无力，而且实际上，王明在七届二中全会上发言时还没有后来到苏联公开反党的这种"胆量",他发言的主要内容是对毛泽东进行大肆赞扬,对自己的错误进行检讨。

毛泽东在七届二中全会的闭幕词中是谈到了如何继续帮助王明改正错误的问题,但这并不是对他的"仇恨",而是希望他能够在中国革命进入新的历史阶段以后彻底改正错误,以新的姿态去迎接新中国的诞生。为此,七届二中全会还作出决定,王明应对内战时期和抗战时期犯的错误写一个声明书提交政治局审阅。王明当时在会上也口头表示接受这一决定。会议结束后,3月16日下午5时,毛泽东亲自到王明家里帮助他,劝他写好声明书,认真检查自己的错误,毛泽东并把张闻天等人的认识材料提供给他作为参考。3月23日,党中央又派刘少奇代表政治局再次找他谈话,希望他深刻认识自己的错误,从速写好声明书交与党中央。可是,王明后来对党中央要他写声明书的决定一直采取拖延态度,最后干脆否认会上曾有这一决定,对党中央的帮助加以拒绝。

七届二中全会是在北平解放以后召开的。七届二中全会结束后,党中央决定,中共中央及所属机构一律迁往北平。从3月23日开始,中共中央各机关陆续离开西柏坡及附近村庄,到25日全部迁到北平。

本来,王明应与中共中央法律委员会一起迁往北平。可是,这时家中孩子生病,一直拖到5月份,孩子病好后,王明一家才迁往北平。到北平后,王明一家先住在北平西郊香山一处独院中,在香山住了几个月后又迁到北平东黄城根骑河楼孟公府2号住宅中,后来再没有搬动过。

负责制定新中国第一部婚姻法

党的七届二中全会以后,随着国民党反动统治的覆灭和全国革命的胜利,建立新中国的条件已经成熟。1949年6月,中国共产党领导各民主党派和无党派民主人士,在北平召开了新政治协商会议筹备会,筹备召开新政协和建立新中国的事宜。

1949年6月,中国新政治学研究会筹备委员会成立,王明担任了副主席并

第八章
法制工作（1947.3—1950）

兼筹委会主任。同年7月14日至17日，王明参加中华全国社会科学工作者代表会议筹委会，并被选为出席新政协的代表。

1949年9月21日至30日，中国人民政治协商会议第一届全体会议在北平举行。出席这次会议的代表有662名，王明作为中华全国社会科学工作者代表会议筹委会的15名正式代表之一出席了大会。这次会议的召开，标志着新民主主义革命在全国的胜利。毛泽东在开幕词中向全世界庄严宣告："中国人民从此站立起来了！"

这次会议代行全国人民代表大会职权，通过了起临时宪法作用的《中国人民政治协商会议共同纲领》和《中华人民共和国中央人民政府组织法》，选举产生了中央人民政府委员会，毛泽东当选为中央人民政府主席，朱德、刘少奇、宋庆龄、李济深、张澜、高岗当选为副主席。会议还选举产生了政协第一届全国委员会，毛泽东当选为委员会主席，王明当选为委员会委员。

王明虽然历史上犯过严重错误，而且对自己的错误缺乏深刻认识，态度不端正。可是，党中央和毛泽东仍然本着治病救人的方针，把他分配到政法战线的重要岗位上，希望他能够在政法战线上发挥作用，改正错误，为党和人民做出新贡献。

1949年10月5日，中苏友好协会总会在北京成立，刘少奇当选为会长，王明当选为理事会理事。

10月19日，中央人民政府举行第三次会议，确定中央人民政府各部委的领导人选。其中，董必武被任命为政治法律委员会主任，彭真、张奚若、王明、彭泽民为副主任。王明还被任命为法制委员会主任、最高人民法院委员。

当时，政治法律委员会负责领导法制委员会、公安部、司法部等政法部门，是全国政法工作的核心机构。法制委员会除王明任主任外，副主任是张曙时、许德珩、陈瑾昆，委员有沈钧儒、张志让、李六如、谢觉哉、史良、李木庵、何世琨、李达、孟庆树、吴昱恒、王之相、戴修瓒、吴传颐、李祖荫、李光灿。办公室主任是陈甫子。王明的妻子孟庆树还以法制委员会委员的身份兼任法制委员会资料室主任。

中华人民共和国成立后，王明虽然有不少兼职，但他主要工作的部门是法制委员会。他天天到法制委员会上班，由于身体不好，一般只上半天班就回家休息。

王明配有两个秘书，一个是机要秘书郭家奎，一个是警卫秘书田书元，两人都是从延安时期就跟随王明的，特别是田书元，给王明当了九年秘书。

法制委员会的主要工作，就是为中央人民政府起草各种法律与法规。刚刚成立的中华人民共和国百废待兴，不仅经济建设面临很多困难，建立新中国法律体系的任务也很繁重，需要制定的法律很多。婚姻制度是家庭制度的基础，是整个社会制度的重要组成部分。中华人民共和国的成立，理应马上彻底摧毁中国长期封建制度在婚姻关系上强加于人民的枷锁，因此迫切需要制定一部新中国的婚姻法，废除旧中国的婚姻制度，确立新的婚姻制度，坚持婚姻自由，禁止封建包办买卖婚姻。所以，中华人民共和国成立后，在党中央的领导下，王明和法制委员会首先开展了婚姻法的立法工作，全力以赴地制定中华人民共和国成立以来的第一部婚姻法。

实际上，在中华人民共和国成立前，王明在中共中央法律问题研究委员会工作期间，就在山西临县开始着手准备婚姻法草案的制定。

王明搞法律工作，可以说是半路出家，搞婚姻法更是陌生。好在王明马列的书读得不少，在延安时还做过妇女工作，他又富有钻研精神，因此在集体合作下，制定婚姻法的工作进展很快。

在土地革命时期和抗日战争时期，党在根据地内曾制定过一些婚姻条例。如：1931年11月26日，中华苏维埃共和国中央执行委员会第一次会议通过了《中华苏维埃共和国婚姻条例》，由中央执行委员会主席毛泽东签发，于同年12月1日起实行；1934年4月8日，中华苏维埃共和国中央执行委员会又公布了《中华苏维埃共和国婚姻法》；1942年1月5日，公布《晋冀鲁豫边区婚姻暂行条例》，1943年2月4日，公布了《晋察冀边区婚姻条例》。解放战争时期，1946年4月23日通过了《陕甘宁边区婚姻条例》。这些条例虽然带有各个历史时期的特点，但也为新中国婚姻法的制定奠定了重要的基础。王明和法制委员会认真研究了党在战争年代制定的这些婚姻条例，还研究了几十份人民法院的工作报告、专题总结、判决书、调解书、案例、统计材料等，又翻阅了

第八章
法制工作（1947.3—1950）

有关婚姻问题的报刊资料，并进行婚姻问题的实地调查等项工作。

为了制定好婚姻法，王明和法制委员会的同志们还学习了马、恩、列、斯关于妇女问题和婚姻、家庭和社会发展问题的学说，以及毛泽东《湖南农民运动考察报告》等著作中的论述。在研究和草拟婚姻法草案过程中，王明和法制委员会的同志们还学习和参考苏联、朝鲜、东欧等国家的经验。如果资料没有中文本的，就从俄文、德文、英文中翻译过来。他们夜以继日，翻译了一些有关的外文材料作为参考。王明亲自带头翻译了俄文新版的《苏联婚姻、家庭和监护法典》。另外，他们还对苏联、东欧、朝鲜等国出版的关于婚姻法的法令及实施细则等加以研究。为了了解旧中国婚姻制度及其法律反映，王明与法制委员的同志们曾将中国历史上有关婚姻制度的某些史料和国民党政府民法亲属编婚姻章等加以批判地参考。

经过认真努力，终于草拟出了《中华人民共和国婚姻法草案》。据参加起草这个婚姻法的法制委员会委员李光灿回忆说："先后搞了41个稿。""关于离婚等问题，搞得还是很不错的。搞出来后，有些共产党国家也来取经。"[1]

王明在负责起草婚姻法的过程中，多次向毛泽东、刘少奇、周恩来、董必武等领导同志请示汇报，是在中央领导同志的直接领导下进行这项工作的。如：1950年1月21日，致信董必武并请转报刘少奇，报告了婚姻条例草案等法律条文的准备情况；2月1日，致信毛泽东，送上了政法委员会第四次委员会议通过的婚姻条例草案及婚姻条例草案参考资料选编，把各方对婚姻条例草案意见进行汇集；3月4日，向董必武报告了当日法制委员会党组会议关于将婚姻条例草案作部分增加和修改的提议；3月16日，向毛泽东、周恩来送上了婚姻条例草案的修改稿；4月9日，向毛泽东、周恩来又送上了《关于中华人民共和国婚姻条例（或婚姻法）草案的简单说明（初稿）》；4月18日，致信毛泽东、朱德、周恩来，分别送上了《关于中华人民共和国婚姻法问题的报告（初稿）》；5月12日，致信刘少奇，请示关于现役革命军人婚姻条例的几个问题如何解决，以及机关内供给制干部的结婚是否仍需受限制等问题。

---

[1]《访问李光灿谈话记录》，访问者：戴茂林、刘喜发、叶健君，1986年5月10日。

这部《中华人民共和国婚姻法草案》，还先后向各民主党派、司法机关、民政机关、少数民族、妇联等团体征求意见。经修改后，首先在法制委员会与全国民主妇女联合会及其他有关机关代表出席的联席会议上通过，又经政治法律委员会第四次委员会修正通过，还经政务院第22次会议讨论，再经由毛泽东亲自主持，有中央人民政府委员会副主席、委员、政务院总理、副总理以及政协全国委员会常务委员会等参加的联席会讨论两次。根据大家的意见修改后，最后才提交中央人民政府通过。

1950年4月13日，中央人民政府举行第七次会议。王明代表法制委员会向会议递交了《中华人民共和国婚姻法草案》，并作了《关于中华人民共和国婚姻法起草经过和起草理由的报告》。

王明的报告共分六个部分：（1）中华人民共和国婚姻法的起草经过；（2）婚姻法的意义；（3）婚姻法的原则规定；（4）结婚和家庭问题的具体规定；（5）离婚及其有关问题的具体规定；（6）婚姻法的施行问题。

据李光灿回忆说："婚姻法报告由他口述，我笔记。17个钟头他一口气下来。他的口述能力很强，17个钟头的口述形成了两万三千字。"[1]

《中华人民共和国婚姻法草案》在中央人民政府第七次会议上获得通过。1950年4月30日，中央人民政府主席毛泽东发布中央人民政府命令：《中华人民共和国婚姻法》"自1950年5月1日起公布施行"。接着，中共中央发出了《关于保证执行婚姻法给全党通知》，全总、团中央、青联、学联、妇联也发出了关于拥护中华人民共和国婚姻法给各地人民团体的联合通知，《人民日报》也发表社论，阐述婚姻法的意义。

王明和法制委员会负责起草的婚姻法，党中央和中央人民政府是满意的，全国人民群众是拥护的，实施中王明也起了积极作用。这个婚姻法足足经过30个年头才重新修订，也说明了这部婚姻法制定的成功。1980年9月2日，第五届全国人民代表大会第三次会议通过了《中华人民共和国婚姻法》。这部婚姻法是在1950年颁布的《中华人民共和国婚姻法》的基础上，根据30年的实践

---

[1]《访问李光灿谈话记录》，访问者：戴茂林、刘喜发、叶健君，1986年5月10日。

第八章
法制工作（1947.3—1950）

经验和新的情况、新的问题修订的。原婚姻法的基本准则和主要条款都保留下来了。

《中华人民共和国婚姻法》，正如王明在《关于中华人民共和国婚姻法起草经过和起草理由的报告》中所说：这"正是群策群力的结果"，"中央人民政府法制委员会在研究和草拟中华人民共和国婚姻法草案工作的过程中，经常受到中央人民政府委员会毛主席的指示和帮助，经常得到政务院领导和政务院政治法律委员会的指导。在研究和草拟这一婚姻法草案的过程中，法制委员会经常是与全国民主妇联通力合作的，经常是与有关司法机关（最高人民法院、最高人民检察署、司法部等）合力工作的"。总之，这部婚姻法是在党的领导下集体智慧的结晶。

当然，作为法制委员会主任的王明负责主持起草工作，也为中华人民共和国第一部婚姻法的制定做出了贡献。

曾参加起草婚姻法的法制委员会委员李光灿对王明的这段工作作过如下评论："六届六中全会后，实际上王明工作不多了。毛主席给他个任务，成立中央法制委员会，让他当主任。从那时起，一直到建国。他虽然是半路出家的，但搞得很通。""在法制思想上，王明和董老很接近。董老是科班出身的，日本法科大学毕业，这方面比较专，王明也较专。""周总理、董老的法制思想是正确的，王明的法制思想是对头的。"[1]

如果王明能够在中华人民共和国成立后进一步检查自己所犯的严重错误，踏踏实实地在新的岗位上做好工作，党和人民是不会忘记他的。然而，中华人民共和国成立后，王明虽然在政治法律战线上做了一些有益的工作，但是对于过去的错误他却一直拒绝作出进一步的检查，对于党的七届二中全会要他向中央政治局写一声明的规定一直拒不执行，终于导致党的七届三中全会作出了关于对他处理的决定。

---

[1]《访问李光灿谈话记录》，访问者：戴茂林、刘喜发、叶健君，1986年5月10日。

《关于王明同志的决定》

1950年6月6日至9日,中国共产党七届三中全会在北京举行。毛泽东在会上作了《为争取国家财政经济状况的基本好转而斗争》的书面报告和《不要四面出击》的讲话。

会议确定要做好土改、稳定物价、调整工商业、肃清反革命、整党等八项工作,以争取在三年的时间内,实现国家财政经济状况的根本好转,为有计划的经济建设创造条件。

七届三中全会的主要议题是讨论财政经济工作,制定党在这个时期的战略与策略。但七届三中全会在完成了这一主要议题的同时,还专门就王明的问题作了讨论,并在会议的最后一天,通过了《关于王明同志的决定》。

七届三中全会专门就王明的问题作出决定,是与七届二中全会以后王明对待自己错误的态度直接相关的。

1949年3月,党的七届二中全会决定,王明应对历史错误写一声明书,提

毛泽东(左二)在中共七届三中全会上讲话

第八章
法制工作（1947.3—1950）

交政治局审阅。当时他口头答应，过后却拖延不写。

1949年10月23日，刘少奇代表政治局同王明谈话，批评他不尊重二中全会的决定、拖延不写声明书是不对的，催促他从速写好声明书交政治局审阅。

1949年10月26日，中央政治局召开会议，在决议事项第九项中作出了如下决议："由于王明同志尚未按照今年3月二中全会决定对所犯错误写声明书，刘少奇同志已在10月23日代表政治局和王明同志谈话，指出王明同志不尊重二中全会决议，拖延不写声明书，是不对的，并催他从速写好声明书。中央政治局听了刘少奇同志的报告后，认为刘少奇同志对王明同志谈话时所采取的立场是正确的，王明同志必须遵守二中全会决定，并按着二中全会上同志们对王明同志所作批评的方向及王明同志在会议上所作愿意写声明书的口头表示，从速写好声明书，交政治局审阅。"

11月1日，中共中央办公厅发出通知，将10月26日中央政治局会议通过的这个决议通知了王明。

接到中共中央办公厅发出的通知后，11月6日，王明给毛泽东写了一封信，信中说：

您在去年3月二中全会作结论时，要求我对于您所指出的我在内战时期和抗战时期所犯的错误再写一次声明书，现遵示声明如下：

1. 关于内战时期错误问题，我于1945年4月20日已经写了一封信给六届七中全会，表示完全接受七中全会1945年4月20日通过的《关于若干历史问题的决议》。去年9月至12月期间主席四五次反复问我对《关于若干历史问题的决议》还有什么意见，并说，如果我认为还有哪些不合实事的话，中央可以修改决议。前几次，我均答复已经没有什么意见了，最后一次（12月哪一天晚上，记不清了）当时我觉得既然主席这样反复地询问，不妨遵照主席的'知无不言，言无不尽'的指示，将我想到的有些意见向党的领袖陈述一次，现在我再向中央正式声明一次：我完全接受六届七中全会通过的《关于若干历史问题的决议》，对于决议中提到的一些历史问题，再不向任何人发表任何问题的不同意见。

2. 关于抗战初期错误问题，中央作出结论，我是一个党员，一定接受和服从。

王明的这封信是导致七届三中全会作出《关于王明同志的决定》的一个重要因素。因为王明是把这封信作为七届二中全会让他所写的声明书提交给主席的。但他在这份声明中，虽然表示对《关于若干历史问题的决议》"有些意见"，但又"再不向任何人发表对任何问题的不同意见"，只是"接受和服从"中央作出的结论。这种"即使不满"也"绝对服从"的态度带有抗拒情绪，因此，党的七届三中全会作出了《关于王明同志的决定》。"决定"全文如下：

中共七届三中全会《关于王明同志的决定》
（1950年6月9日通过）

关于王明同志在内战时期和抗日时期所犯的政治路线的错误，1949年3月党中央在第七届第二次全体会议曾决定王明同志应写一个声明书，提交政治局审阅。当时王明亦曾在全会上口头表示接受这一决定。但是事实上，王明同志对于这一决定的执行，一直采取拖延的态度，中间虽经政治局的催促，并于1949年10月23日派刘少奇同志代表政治局与王明同志谈话，指出王明同志不尊重二中全会决议，拖延不写声明书，是不对的，并催他从速写好声明书。同年12月20日，政治局听了刘少奇同志同王明同志谈话情形的报告之后，又曾将政治局的决定通知王明同志，指出：'王明同志必须遵守二中全会决定，并按照二中全会上同志们对王明同志所作批评的方向及王明同志在会议上所作愿意写声明书的口头表示，从速写好声明书交政治局审阅。'1949年11月6日王明同志写信给主席说，他对于内战时期所犯错误问题，已在1945年4月20日写了一封信给六届七中全会，表示完全接受七中全会1945年4月20日通过的《关于若干历史问题的决议》。虽然他在后来又向主席表示不同意这个决议，但他除表示接受这个决议外，拒绝再有所声明。他对于抗日时期的错误问题，除准备接受

第八章
法制工作（1947.3—1950）

中央的结论外，亦拒绝声明他自己的任何意见。

三中全会认为，王明同志至此时为止，对于他过去所犯的错误是拒绝反省的，对党中央所采取的态度是不诚恳的，对不遵守二中全会决定向政治局写声明书的行为是无纪律的行为。

因此，三中全会决定，王明同志仍应执行二中全会的决定，对于他在内战时期及抗日时期所写的各种文章、小册子和其他文件中所犯的原则错误，作一次深刻的反省，借以证明他自己是深刻地认识了并承认了自己所犯的错误，而在思想上行动上真正有所改正。此次声明写好后，应即提交中央政治局审阅，并在必要时，由政治局提交以后的中央全会讨论。

王明虽然在二中全会上口头表示接受中央要他写声明书的决定，会后却拖延不写，对于中央政治局的催促也置之不理。到1949年11月6日给毛泽东主席写信时，他又说1945年4月20日在写给六届七中全会的信中，已经表示了接受《关于若干历史问题的决议》，没有必要再写声明书。

事隔24年之后，他在《中共五十年》中又说："事实上二中全会并没有通过要求我写这种声明书的决定。这个要求只是1949年10月23日刘少奇奉毛泽东之命来同我谈话时，才向我提出来的。"

王明这种歪曲历史的手法是令人遗憾的。七届二中全会的决定虽然不是书面决定，但却是在中央全会上提出的，当时王明也表示接受，到会的中央委员们也听到了这个决定。这个客观事实是谁也抹杀和否认不了的。曾经担任过党的重要领导人的王明，应该清楚知道党的组织纪律。作为一名中国共产党党员，对于党的中央全会作出的规定，只有服从的义务，而没有拒不执行的理由。王明从党的七届二中全会决定要他写声明书，竟然在一年多的时间内拒不执行，确实如《关于王明同志的决定》所言，是"不遵守二中全会决定向政治局写声明书的行为，是无纪律的行为"。

尽管如此，党中央对他既没有进行批判，又没有给予任何处分，而是仍然对他进行帮助。

在七届三中全会召开之前，王明去天津了解地方工作的情况，回北京后

王明传

不久就病倒了,因此没有出席七届三中全会,也不知道七届三中全会对他的决定。直到7月30日中共中央办公厅把全会文件转交给他后,他才看到全会对他的决定。为此,王明于8月17日又给毛泽东和中央书记处写了一封信,并提出:

> 三中全会《关于王明同志的决定》,于7月底收到。由于从天津视察回来,又病了一月左右,刚起床,又适逢司法会议开会在即,催着要我赶写报告和突击几个司法法规草案初稿,因而从8月初又病到现在。昨今两日腹泻较轻,特将有关写声明书问题请示:
>
> 1.三中全会决定要我把内战时期及抗日时期所写的各种文章、小册子及其他文件,均作出检讨来写声明书,这需要相当久的时间。因为我身体带病(由于心脏和肠胃交互影响),加之还有法委会一批司法法规及公司法草案等,照政务院决定,应于秋季完稿;同时,要研究这么多的文章、小册子和其他文件,也不是一件容易的事。因此,请示究竟要我在多少时间以内写成声明书?以便我好来计划支配时间。(但害病时间,请除外,如目前,照医生意见,至少还需要半个月时间左右,才可能开始工作,因肠肿未消)
>
> 2.1937年12月会议散会时,主席叫王首道同志把各同志笔记本都收下,不准带出去。我的笔记本也被收下去了,要请人查出来还我,以便研究。其他如武汉时期的《新华日报》、延安的《新中华报》,由于疏散时送到瓦窑堡都遗失了,如中央存有,均请允准借我一用。

从王明的这封信来看,他当时还没有公开对抗中共七届三中全会《关于王明同志的决定》,他准备按照该决定中的某些规定,把自己所写的文章、小册子及有关文件看一遍,然后写一份材料,但强调"这需要相当久的时间"。

鉴于王明的这种态度,8月18日,毛泽东在王明的信上批示:"王明的声明书应在11月上旬七届四中全会开会以前写好,并送交政治局。王明的笔记本及武汉时期的报纸,请尚昆查清是否尚有保存。以上两点,由尚昆口头通知王明。"

接到毛泽东的批示后，杨尚昆立即让孟庆树代转了毛泽东的批示，通知了王明。

王明在信中强调"这需要相当久的时间"，毛泽东在批示中明确指出应在"11月上旬七届四中全会开会以前写好"。在这期间，王明的病情又有发展，于是他于9月上旬提出"请求到苏联医治"，并于10月25日动身去了苏联。这样王明一直到最后，也没有再向党中央提交任何声明书。

孟公府2号轶事

北京的四合院中外闻名。似乎高大的红墙圈起来的神秘皇宫也感染了这些坐落在胡同小巷深处的四合院落，一处处四合院建筑虽然并不高大，但就像北京方城的一个缩影，使人感到神秘、庄重。

从北京沙滩沿着东黄城根往南走，穿过骑河楼就进入了孟公府胡同。在胡同进口不远处有一座标准的四合院，叫作孟公府2号，也就是当时王明在北京的住宅。

这套四合院，庭院宽敞，房间较多，环境幽静。王明曾在《小院春光》的七绝诗中形容说："当窗桃杏万花红，鹊噪柳西燕枣东。"

王明和孟庆树夫妇、两个孩子、岳父母和孟雅一起从延安撤退，又一起到了临县和西柏坡，后又一起住进北京的孟公府2号。

王明、孟庆树夫妇一共有两男一女三个孩子。大女儿王芳妮，乳名叫玉华，是1932年1月18日王明任中共驻共产国际代表时在莫斯科出生的。王芳妮生在苏联，长在苏联。她不会中文，从未回过祖国，她的俄文名字叫季米特洛娃·法尼娜·格奥尔基根夫娜。据王明的弟弟甘宁说："有一次我问王明他大女儿叫什么名字，他没有告诉我中文名字，却说俄文名字翻译成中文，叫脚盆。"[1]

---

[1]《访问甘宁谈话记录》，访问者：曹仲彬，1981年2月21日。

王明传

1937年11月，王明、孟庆树夫妇从苏联回国参加抗战时，没有带大女儿王芳妮，而是把她交与了当时任共产国际总书记的季米特洛夫做了养女。因为季米特洛夫和他的捷克妻子所生的唯一儿子已经在战争中牺牲，膝下无子，这位著名的国际共产主义运动领袖就把王明的女儿当作自己的亲生女儿一般抚养。

王明、孟庆树十分想念自己唯一的女儿，王明曾于1947年11月写了《忆芳儿》的诗：

一别十年久，时艰音问稀。
双亲常梦女，多半诉离思。

王芳妮于1985年1月27日逝世，与生母孟庆树合葬在一起，时年53岁。

王明、孟庆树夫妇的两个儿子，都是在延安时所生。大儿子王丹芝，乳名叫明明，1939年生。二儿子王丹丁，乳名亮亮，1945年10月2日生。孟庆树对这两个孩子非常溺爱，一直把他们留在家里，没让他们去读小学。王丹芝长大以后，直接进入初中学习，但没上几天学，就跟着父母去了苏联。据他表姐汪向荣回忆说："他们曾以明明、亮亮的名义给姑父（汪惠生）写过一封信，其中写道：'现在我们已经打倒蒋介石，我父亲没有功劳，也有苦劳'，等等。"[1]

孟庆树的父母从延安到北京一直跟着女婿王明共同生活。王明岳父孟募州当过中医，王明到延安后，就把岳父母接到延安。中央法律问题研究委员会由陕北迁到山西的临县时，王明的岳父母也随王明一起来到临县，后来又共同到了北京，住在孟公府2号。

孟庆树的弟弟孟侃、堂妹孟荣在解放战争期间去了东北，后来也调到北京。但他们的父母并没有跟着儿子过，而是一直与女儿孟庆树共同生活。孟侃的女儿孟雅与继母不和，也一直跟着爷爷奶奶，住在王明家里。她去了北师大

---

[1]《访问汪向荣谈话记录》，访问者：曹仲彬，1980年12月26日。

第八章
法制工作（1947.3—1950）

女附中读书，后来考上了清华大学。

王明不是只孝敬岳父母，对于自己的父母也竭尽孝子之情。抗战胜利后，王明父亲陈聘之、继母黄莲舫、妹妹陈觉民、妹夫汪惠生、外甥女汪向荣一行五人，由新疆经西安回家乡金家寨。他们途经西安时，在一个小旅社住了一个多月，设法与在延安的王明取得了联系。王明给父亲回信说，希望他们留在西安，不要回金家寨。而陈聘之思乡心切，觉得自己老了，不愿客死异乡，因此没有接受王明的建议，毅然与黄莲舫等人于1946年冬回到了金家寨。

陈聘之等回到金家寨后，首先落脚到南畈的亲戚家，即汪惠生父亲家。在汪家住了一个多月，又搬到金家寨镇上，住在远亲陈绍华家。

1946年春节过后不久，国民党李品仙部四十八师借口他们在外边搞"共党活动"，逮捕了陈聘之、汪惠生、陈觉民三人，押在霍山县监狱，并施以重刑。

陈聘之、汪惠生在新疆时积攒了一些钱，但回乡的路费花了相当一部分，回金家寨后又无事可做，为维持生活，把剩余钱全部花光了，因此被捕后也无钱赎出。汪惠生的父亲是个小地主，为了赎亲家、儿子和儿媳出狱，他变卖了几亩地，又通过在南京做事的金家寨老乡给四十八师说情。陈绍华的弟弟陈绍构也找有关人员疏通，最后总算把蹲了一年多监狱的陈聘之等人保了出来。

陈聘之出狱后，无法继续待在金家寨，只好带着老伴黄莲舫去了袁家湾，以教书为生。他共招收了19个七八岁的学生，不收学费，只要求由学生家送交点粮食以维持生活。

1947年6月30日，刘邓大军突破蒋军内线包围，强渡黄河，揭开了人民解放军战争进攻的序幕。刘邓部8月底挺进大别山区，解放了金寨、六安等县，废除了"立煌县"县名，正式建立了"金寨县"，建立起人民民主政权。

金寨县首任县长是刘伟，他得知王明的父亲是金家寨人，在当地有一定的影响，于是亲自到袁家湾找到陈聘之，动员他出来工作，为人民民主政权服务，并把陈聘之夫妇领回金寨镇住。

1948年叶新华来到金家寨。据他回忆说："我家住在公家分给我的地主宫本杰的四间大屋，宽敞得很。不久，金寨县长刘伟和我商量，要陈绍禹的父亲陈聘之和黄莲舫也搬进这几间屋来住。这样，陈家老两口就成了我们的邻居。""陈家老两口在我家住了三年。"[1]

王明到北京后，惦念着父母。1950年，他给在延安时任过他秘书的远房弟弟陈一新写信，请他帮助把自己的父亲陈聘之、继母黄莲舫接到北京。当时陈一新任湖北省政府公安厅厅长，接到王明的信后，就派了两个人去金寨县，把陈聘之和黄莲舫接到武汉，在武汉过完年后，又把他们送到北京王明处。王明的大妹妹陈觉民、妹夫汪惠生、外甥女汪向荣未一同赴京，仍留在金寨老家。

王明父母到了北京后，孟公府2号成了热闹的大家庭。王明夫妇和两个儿子，再加上王明父母和孟庆树父母以及孟雅，有9口人之多。王明让父母和岳父母各住两间阳面房屋，在生活上也问寒问暖，很为关心。夏天，王明在院子乘凉时，如果见到老人来了，必定马上站起来，把椅子让给老人坐，很有孝子之情。

由于父母和岳父母都住在王明家里，所以亲戚们常来孟公府2号看望。孟侃夫妇、孟荣夫妇常来看父母、姐姐和孟雅。先在北京工作后调到天津的甘宁也常来看望父亲和继母。只有在金寨的妹妹陈觉民、在重庆的妹妹陈映民，因路远而没有到北京孟公府2号来过。

孟庆树多年的国外生活使她养成了吃西餐的习惯。据甘宁回忆说："解放后，我去王明家，都是去看父亲，不是去找他。我特别怕与他们一起吃饭。我嫂子吃饭有一套外国规矩，每人两双筷子，两把刀子，两个勺子。先用一双筷子把菜夹在自己盘子里，然后用另一双筷子夹在嘴里。我很不习惯，也不爱这一套。我真不愿吃他们的饭。我常常不和他们一起吃饭，而和警卫员一起吃饭。"[2]

脾气不太好的孟庆树使自己身边的工作人员都感到很难与之接近。据王明的秘书、警卫员等人反映，在延安时，孟庆树就常发脾气，爱吵架，与人合不来。到北京后，她在任法制委员会资料室主任期间，常和办公室主任陈甫子吵架。陈甫子回忆起与孟庆树相处的日子就生气地说："孟庆树跟我矛盾到什么程度？她对我说：'你也不打听打听，谁当办公室主任像你这个样子！'"[3]

---

[1]《访问叶新华谈话记录》，访问者：费显清，1986年4月30日。
[2]《访问甘宁谈话记录》，访问者：曹仲彬，1981年2月1日。
[3]《访问陈甫子谈话记录》，访问者：刘喜发、藏具林，1986年3月29日。

第八章
法制工作（1947.3—1950）

秘书田书元也说："孟庆树在延安时，家属们议论最多的就是她。谁和她也处不了。"[1]

汪向荣也证实说："姥姥对我说，她在北京时与媳妇搞不到一块。孟庆树对她很厉害，跟她说话就像训小孩似的。姥姥说大舅对她还行。"[2]

孟庆树不仅和别人吵架，与王明也是经常斗嘴。为了不使秘书和警卫员知道他们吵架的具体内容，有时就用俄语相互争吵。据和他们生活了九年的田书元说："王明和孟庆树常吵架，一吵就讲俄语。孟这个人太厉害，有时一吵就半宿，搅得我们不能睡觉。他们半宿都不算完，一连好几天都不说话。可能都是因为些生活琐事。"[3]

王明与孟庆树在莫斯科中山大学相识，一直到俩人客死他乡，也称得上是患难夫妻。可是患难的生活也是不平静的。政治生活的波折和王明的长期生病，更加深了家庭生活中的矛盾。愉快时王明亲切地称孟庆树为"罗莎"，这象征玫瑰花的俄文名字能唤起俩人对在苏联时那段春风得意的美好时光的回忆。不高兴时俩人又大吵大闹，似乎可以在吵闹中发泄种种不满和失意。

陈聘之兄弟五人，他为老大，有个四弟叫陈云溪。陈云溪和大哥陈聘之走了不同的道路。抗日战争爆发后国共两党实现了第二次合作，王明到武汉任中共中央长江局书记，还当了国民参政员。陈云溪同大哥一起赴武汉投奔王明，希望王明给找个好差事。但王明对这个一心想升官发财的叔叔并无好感，批评他一顿后也没有给他安排什么差事。陈云溪只好败兴回到了金家寨。解放战争时期，陈云溪当了国民党保安团团长，与人民为敌。刘邓大军挺进大别山、解放金寨县后，陈云溪又率部跑到山上打游击，负隅顽抗，成为政治土匪。

据中共金寨县委党史办公室1985年出版的《金寨县革命历史大事记》（修订本）记载："1949年2月，匪首袁成英以伪皖二区保安副司令身份自兼伪立煌县县长……袁成英便把金寨县境恶霸、惯匪、叛徒、特务、反动军官等首恶分子如黄英、潘树师、柯建华、周湘波、饶国栋、张天和、陈云溪之流组织起

---

[1]《访问田书元谈话记录》，访问者：刘喜发、藏具林，1986年3月29日。
[2]《访问汪向荣谈话记录》，访问者：曹仲彬，1980年12月26日。
[3]《访问田书元谈话记录》，访问者：刘喜发、藏具林，1986年3月29日。

来，拼凑成11个伪保安团……1949年9月30日，东线七十一师二一三团一营教导员陈先达率一、三两连在金寨县白水河附近之帽顶山狮子洞，摧毁了大别山区残匪最高机关——'鄂豫皖人民自卫军总司令部，活捉其总司令汪宪，第一副司令兼立煌县县长袁成英，第二副司令兼参谋长樊迅、副参谋长马君兹等。缴获电台一部和部分枪支。接着活捉著匪潘树师、汪德芝。匪团长陈云溪投降。"

陈云溪是在其大哥陈聘之的劝说下投降的。陈云溪的保安团跟着匪首汪宪、袁成英逃到金寨县白水河的帽顶山后，时任金寨县县长的刘伟得知陈云溪是王明的父亲陈聘之的四弟，就亲自找到陈聘之，请他招降陈云溪。陈聘之受人民政府的委托，写信给陈云溪，向他讲了党的政策，劝其马上投降。走投无路的陈云溪慑于人民政权的威力，听从了陈聘之的劝告，终于率部投降，使得人民军队未费一枪一弹就接收了陈云溪的保安团，陈云溪也受到宽大处理，回到金寨县城。

陈云溪回到金寨镇后，开始了平民生活。但不久，他当保安团长时的警卫员因犯事被捕，在狱中揭发出陈云溪缴械时私藏了两支手枪未交与政府，陈云溪由此被捕。

由于陈云溪是王明的亲叔叔，又是由陈聘之动员而投降的，所以，金寨县没有马上处理此案，而是把此案呈报给了皖北行署。皖北行署也没有立即批复此案，而是将其呈报给了华东军政委员会。华东军政委员会又将此案呈报材料送京交与王明一阅。王明看后写了四个字：依法处理。

1950年9月10日，中共中央发出《关于镇压反革命活动的指示》，在全国掀起了大规模的镇压反革命运动。1951年，金寨县人民法院根据陈云溪的犯罪事实和王明的态度，判处陈云溪死刑，执行枪决。陈云溪一案的处理，震动了金寨县，百姓们议论纷纷，大都赞扬王明大义灭亲。

在陈云溪一案的处理上，当时身为中央人民政府法制委员会主任的王明，做到了秉公执法、大义灭亲，维护了法律的尊严。

第九章

去苏未归（1950.10—1974）

从1950年10月王明赴苏治病，到1974年病逝在莫斯科，整整24年，王明几乎没有进行工作，大部分时间是休息养病。在这24年中他回国养病三年，其余21年均在苏联。加上以前在苏联学习与工作的时间，王明在苏联生活了共32年。也就是说，王明近半生的时间是在苏联度过的。

王明赴苏养病是他本人要求、经党中央批准而成行的。党中央对他的病情十分关怀，不仅负担他的医疗费用，派医生和护士随行护理，而且还派工作人员照顾他的生活，中央负责同志也常抽空前去看望。

王明在苏养病期间，发生了震惊世界的中苏论战和"文化大革命"，王明也乘机抛出了大量反对党中央和毛泽东的文章，特别是20万字的《中共五十年》一书，歪曲历史事实，发泄多年积怨，攻击中国共产党和毛泽东，为自己的错误翻案。

第一次赴苏就医

1950年6月，七届三中全会召开前夕，王明到天津了解地方工作情况，回京后就病倒了。他没有出席七届三中全会。会后，他又准备召开第一次全国司法工作会议，一直忙于起草报告和准备几个刑法草案。

1950年7月26日至8月11日，第一届全国司法会议在北京召开。会议由政治法律委员会主任董必武主持，参加会议的政法干部计233人。这次会议讨论了人民法院暂行组织条例、刑法大纲、诉讼程序通则、犯人改造暂行条例和公司法草案。王明出席了会议，并在会上作了长达七个小时的报告。会后不久，他再次病倒，住进了北京医院。

7月底，王明收到七届三中全会《关于王明同志的决定》。8月17日，他致信毛泽东，以各种借口拖延写声明书。8月18日，毛泽东在他的信上批示："王明的声明书应在11月上旬七届四中全会以前写好。"9月上旬，王明突然向党中央提出了去苏联治病的请求。

按理只有当他写完声明书后，才应准许他去苏联治病。但是，党中央考虑到他确实有病，而且，当时苏联医疗设备条件和技术水平都比我国强，所以还是同意了他赴苏治病的要求。

1950年10月25日，王明、孟庆树和两个孩子以及北京医院保健医生陈锋禹、保姆陈启珍，在秘书田书元的护送下，乘火车赴苏。

据护送的田书元回忆说："1950年王明出国时，正赶上抗美援朝。到哈尔滨时听到任弼时逝世的消息。我把他们送到满洲里，然后回京报告经过情况。

第九章
去苏未归（1950.10—1974）

王明带着孟庆树和两个孩子，大的叫明明，小的叫亮亮，走时两个孩子都没有进学校……还派了一个做饭的（陈启珍）一起去。"[1]

王明是1950年10月25日从北京坐火车出发的。任弼时10月27日逝世时，他们还在哈尔滨，以后到了满洲里，11月初到达莫斯科。

王明走时匆忙，连他这时尚在北京工作的弟弟甘宁都未告知。甘宁回忆说："走时没有通知我，后来我去看父亲时，才知道他们走了。"[2]

王明在莫斯科养病期间，中央领导同志很关心他的健康。1952年11月10日晚，刘少奇趁参加苏共十九大之机，专程到王明养病的寓所看望他，与他进行了谈话。

事隔20多年之后，王明在《中共五十年》中却说："1950年8月17日我给毛泽东写信，但毛泽东没有回信。10月25日他突然安排让我马上到苏联去。"就是说，他之所以赴苏治病是毛泽东有意安排的。

不过，王明在国外的编造是经不起当事人对证的。据当时任中央保健局局长、后任中央卫生部副部长的黄树则证实说："王明1950年出国，说肝脏不好，在北京治了好久，他自己打报告给中央，要求去苏联治病，后来中央同意了。"[3] 黄树则当时负责中央领导人的保健工作，对王明的病情最为了解，也是王明去苏治病的经办人之一。

王明在《中共五十年》中之所以把自己申请去苏治病说成是毛泽东的"突然安排"，是为了把党中央、毛泽东安排他的赴苏之行，说成是企图假借美国的飞机把他炸死在赴苏的铁路线上。他说："1950年10月25日上午11点钟，中共中央办公厅主任杨尚昆来到我家通知说：'早上九点钟刘少奇把我叫去并对我说，今天凌晨毛主席同他谈了王明要在今天下午乘开往满洲里车站的火车去苏联，他吩咐我尽快去办理一切手续。''现在我把护照交给你……我已通知铁道部，在今晚六时照例发往满洲里的列车上为你挂一节公车。'

"王明问杨尚昆：'据说，我们的志愿军为了抗美援朝今天午夜通过鸭绿江

---
[1]《访问田书元谈话记录》，访问者：曹仲彬，1983年8月11日。
[2]《访问甘宁谈话记录》，访问者：曹仲彬，1981年2月2日。
[3]《访问黄树则谈话记录》，访问者：曹仲彬、戴茂林、刘喜发，1986年3月28日。

大桥入朝参战，麦克阿瑟已经下令美国空军在中国志愿军赴朝时，集中轰炸从山海关到满洲里的整条铁路线，以破坏从北京到满洲里和从苏联到满洲里的供给，这消息是真的吗？'

"杨尚昆回答说：'是真的。'

"王明再问杨尚昆：'如果我们明天早上到达满洲里，正赶上集中轰炸，难道不是这样吗？'

"杨尚昆明确回答：'今天走不走，你自己决定，如果你决定不去，就请告诉我，我好通知铁道部。'"

最后，王明悟出了"道理"："我和孟庆树，当然马上就明白为什么毛泽东突然决定让我们今天起程的原因了。刘少奇早就同意我们到苏联去，而我们等待起程日期已有半年多了。我们商量应该怎么办。尽管有危险，我们还是决定走，否则，走不走得成就难说了。""在五个政法机关为我们饯行的招待会上，一些同志劝我不要拿生命去冒险，但是我们于六点半坐火车启程了。"

据《王明诗歌选集》记载，他于1950年10月25日还写了一首《值得冒险行》的五绝：

申请赴苏久，今天突命行。

明知轰炸险，为党决登程。

实际上，早在王明赴苏之前的10月8日，毛泽东已向志愿军发布进入朝鲜的命令，19日，志愿军就已经跨过了鸭绿江。所以，并不存在"正好赶上集中轰炸"问题。

而且王明去苏治病也不是毛泽东的"突然决定"，而是党中央为他赴苏治病进行的安排。王明于9月上旬提出"请求到苏联医治"后，党中央同意了他的请求，并立即与苏联进行交涉，并给斯大林发了电报。接到斯大林同意的回电后，中共中央办公厅即将中共中央的意见和同苏联交涉的结果通知了王明，王明也开始了赴苏治疗的准备。

1950年10月23日，王明向刘少奇和毛泽东写了一封信，信中说："得中央办公厅通知,一切准备好了,我可于日内起行。如主席和少奇同志对我有须当面吩咐之事,请于今明两日内通知我,以便前往聆示,否则我即不去辞行了,因你们忙得夜以继日,我不愿去耽搁你们宝贵的时间。谨此敬礼,并祝健康。"[1]

从王明这封信可以看出,10月23日王明即准备两日后起行,就是说,10月25日之行是早已作出的决定,并不是什么"毛泽东突然决定让我们今天起程"。

事实也证明,王明一行在党中央的妥善安排下,乘火车平安到达了莫斯科,路途上并未遇到任何危险。至于在事实过后仍然把一趟正常的旅行说成是"有意谋害",只能证明王明为了与党中央对抗,已经不惜歪曲历史事实,造谣欺人。

再次赴苏治病

从1950年10月25日至1953年12月9日,王明赴莫斯科治病养病三年多。病情好转后,1953年12月9日,他与孟庆树、两个孩子以及保姆陈启珍又回到国内,住进孟公府2号家中。

王明回国后,参加了法制委员会的一些工作,但自1954年4月8日旧病复发住进北京医院后,没有再重新工作。

1954年9月15日至28日,中华人民共和国第一届全国人民代表大会第一次会议在北京召开。这次大会通过了宪法,选举毛泽东为中华人民共和国主席,朱德为副主席,刘少奇为全国人大常委会委员长,任命周恩来为国务院总理。从此,政务院更名为国务院,撤销了一些部委,法制委员会也被撤销,改为法制局。从此,王明在政府中再没有担任任何职务。

这一时期,王明主要任务就是静心养病,没有参加党内外任何活动。

---

[1]《中央档案馆丛刊》资料室:《关于王明治病和出国的材料》,《中央档案馆丛刊》1986年第3期。

王明传

1954年2月6日至10日，中国共产党七届四中全会在北京举行。这次会议通过了《关于增强党的团结的决议》。会前，中共中央曾将这个决议送给王明征求意见。他于1月28日给中央写信说："关于增加党的团结的决议（草案）我完全同意。"并说明自己因病不能出席七届四中全会。

1955年3月21日至31日，中国共产党全国代表会议在北京召开。王明因病没有参加这次会议。会议代表富振声[1]因王明没有参加会议，又一直不检讨自己的错误，故写信给毛泽东及大会主席团，认为王明"这是一笔既重且多的债，至今尚未还"。

大会主席团将此信转给了王明。

王明见到富振声的信后，于4月1日写信给毛泽东及大会主席团说："富振声同志的信收到了。我因病不能出席这次全国党代表会议，只能在床上听读一部分文件，未能听到许多同志的发言，因而未能得到很多的教益，对我确实是莫大的损失。虽然这次中央又允许我请病假，但我经常因自己不能为党更多地工作和参加会议而痛苦万分！同时也为五年计划取得的每一个成绩而欢欣——在去年接到五年计划初稿时，我虽有病仍在秘书同志帮助下读了两遍并提了一些修改意见，为我党完全战胜高饶联盟而喜悦——去年当讨论高饶问题时，我曾带病参加党组小组会议，表明过自己的态度，因此，我自觉并未因病而和党疏远，更未因病而不重视党的代表会议。但是所以使富同志有此感觉，可能如富同志所说由于他不了解我的情况，而我现在的体力不可能给富同志写详细的说明。因此，我请求主席和主席团同志指示：我有无必要把我的有关病历和现在身体情况的材料给富同志看看？或者请主席和少奇同志为我向富同志解释一下，因为我这十年来的工作和身体情况，都曾经常向你们二位作过报告，想你们都是了解的。

"关于我在七大前根据六届七中全会决议所作的很长的检讨错误的声明书（中央曾印发七大代表）、二中全会上我也曾作过检讨性的发言，请考虑是否可

---

[1] 富振声：辽宁西丰人。1933年入党，曾任抗联独立师代政委、延安中央党校党建研究室主任。中华人民共和国成立后，任黑龙江省委宣传部长、东北局宣传部宣传处处长，此时任中共吉林省委副书记。

第九章
去苏未归（1950.10—1974）

向富同志说明，以免他误会我从来未向党交代。至于七届三中全会要我把我在第二次国内革命战争时期和抗日战争时期十几年来我所写的每一篇文章和每一个文件都重新检讨和作出自我批评来，因为这非我的身体所能，曾经中央允许暂且不作并送我去苏联治病。可惜我的身体越来越坏，正如富同志所说的这是一笔既重且多的债，至今尚未还！我自己比任何同志都更不满意这一点，而这也是经常使我痛苦不安的。"

1955年年初，王明又因急性胆囊炎发作等病，再次住进北京医院。医生建议他做切除手术，但王明和孟庆树不愿做手术，致使病根难除，时好时坏，没有彻底治愈。

王明养病期间，刘少奇、周恩来、董必武、彭真、罗瑞卿、沈钧儒、史良、杨尚昆等都先后前往医院或家中看望，对于医疗上的问题也全力给予解决。

1955年10月4日至11日，中国共产党扩大的七届六中全会在北京举行。会议召开之前，王明让孟庆树代笔给刘少奇写了一封信，请他转中央并毛主席。信中表示自己因病不能出席，"向中央请假"，而且在信中并提出："我继续担任中央委员的职务是不适宜的，因此，我请求中央解除我的中央委员的职务，等我的病好到可以工作时，再由组织另行分配工作。"

王明这次是肝炎、胆囊炎和心脏病连续发作，治疗一段时间后也未见根本好转。于是，王明向党中央再次提出赴苏治病的要求。经党中央同意后，他们办理了出国手续，决定乘飞机去莫斯科。因王明病重，只好用担架把他送到机场。孟庆树、明明、亮亮和上次随同去过苏联的陈启珍仍然与王明同行。另外，还有北京医院保健护士朱琛燕、警卫员李景才同往。

王明一行于1956年1月30日从北京出发，2月1日到达莫斯科。

王明去苏联以后，秘书田书元还按照有关规定，定期给他寄钱、物、药、报刊等，并经常派人去看望。

王明是作为中共中央委员去苏治病的，而且长期在苏联学习、工作，所以他与苏联有关方面有很熟的交往。苏联政府对王明的病给予了精心治疗和周到照顾。随同王明去苏联的警卫员李景才在苏联住了半个月左右回国，保健护士朱琛燕住了三个月也回到国内。

后来根据王明的要求,国家又派中医院的岳美中、李大夫两名针灸医生赴苏,协助苏联方面给王明治疗。二人于半年后回国。

1957年6月,保姆陈启珍也回了国,接替她照顾王明的是原在孟庆树父母处当保姆的蒲秀贞和王景环。王景环是蒲秀贞推荐的一名中学生,她在苏联只待了20多天,由于与孟庆树不和,被孟庆树打发回国了。后来国家又派王英赴苏,又因和孟庆树不和,很快被打发回国。由于王明胃肠不好,陈启珍、蒲秀贞做的饭、烧的菜又烂又软,很合王明口味,所以很得王明青睐。蒲秀贞一去就在苏联王明家待了30年,直到王明、孟庆树双双病逝后,她才于1986年回到了祖国,得与家人团聚。

由于我国政府的大力支持和苏联方面的精心治疗,王明的病情很快好转,身体逐渐康复。

1956年9月15日至27日,中国共产党在北京举行了第八次全国代表大会。八大指出:社会主义制度在我国已经基本建立起来,国内主要矛盾已经不再是无产阶级与资产阶级的矛盾,而是人民对于经济文化迅速发展的需要同当前经济文化不能满足人民需要的状况之间的矛盾。因此,全国人民的主要任务是集中力量发展生产力,实现国家工业化,满足人民的经济文化需要。

八大选举了新的中央领导机构,毛泽东再次当选为中央委员会主席,刘少奇、周恩来、朱德、陈云当选为副主席,邓小平当选为总书记。

党的八大是中华人民共和国成立以来具有重大意义的会议。八大召开之前,党中央曾于8月上旬致电王明,希望他在身体状况许可的条件下回国参加会议。9月8日,王明从莫斯科致电刘少奇并转中央和毛泽东主席,表示身体状况还不允许回国参加八大,向中央和八大主席团请假。

虽然王明在莫斯科养病没有能够出席会议,而且他在身体好转后也没有对自己的历史错误向党中央写出声明书,但党中央和毛泽东从党的利益出发,本着团结犯错误的同志特别是反对过自己而且被实践证明错了的人共同工作的原则,仍提名王明为中央委员候选人。

选举结果,王明虽然当选为中央委员,但在97名中央委员中得票最少,因此,在按得票多少公布的中央委员名单中,王明列在最后一名。

第九章
去苏未归（1950.10—1974）

自党的六届七中全会通过了《关于若干历史问题的决议》之后，王明犯的"左"右倾错误已经被全党所认清。由于党历来坚持"惩前毖后，治病救人"的方针，希望王明能够深刻认识自己所犯的严重错误，并在工作中为党和人民做出新的贡献，所以党的第七次全国代表大会时仍然选举王明担任中央委员，并且给王明安排了重要的工作岗位。就是在党的七届二中全会、七届三中全会连续要王明就自己的错误写出声明书而王明又拒绝不写的情况下，党的八大仍选举王明为中央委员，给他留下彻底认识自己的错误和为党工作的机会。

1957年11月6日至21日，毛泽东率领中国代表团访问苏联，参加十月革命40周年庆祝大会，还出席了社会主义国家共产党和工人党代表会以及64个共产党和工人党代表会议，并分别在两个会议的《社会主义国家共产党和工人党代表会议宣言》和《和平宣言》上签了字。

毛泽东率领中国代表团在苏期间，仍很关心王明的养病情况，特意派中共代表团成员、中共中央办公厅副主任赖祖烈和黄树则前去看望王明。

据黄树则回忆说："1957年，毛主席、杨尚昆一起去苏联。杨尚昆让我和中央办公厅副主任赖祖烈去看望王明。我们去看他时，他住在莫斯科郊外的一座别墅里。我去时，他只有点神经官能症，别的已没有什么病。他谈笑风生，还留我们吃了一顿饭，吃的是包子。王明去苏联，好多年党中央都给他送东西，他自己也要东西。后来接到苏联专家给中央写的病情报告，说他只剩下神经官能症，可以回国了。但他自己不愿回来。"[1]

虽然王明的病情已经好转，可以回国工作了，但王明却不想回国工作。党中央为照顾他，也没有催他回国。谁会想到几年之后，王明却把党对他的关怀与帮助置于脑后，竟公开攻击中国共产党以及毛泽东。

王明赴苏治病后，孟公府2号留下了四位老人，即王明的父亲陈聘之和继母黄莲舫，王明的岳父母孟募州夫妇。王明当时的工资是行政五级，北京是六类地区，应领372.5元，党员高干实领342.7元；孟庆树是行政八级，应领270元，党员高干实领264.6元。他们每月有600多元工资收入，供养全家，包括

---

[1]《访问黄树则谈话记录》，访问者：曹仲彬、戴茂林、刘喜发，1986年3月28日。

四位老人，生活还是充裕的。王明夫妇和两个孩子去苏联后，他们的工资换成卢布寄往苏联，所以，国家给留在国内的四位老人一定的生活补助费，每位每月50元。当时物价很低，四位老人分两灶起火，生活还是可以的。

这期间，董老夫人、谢老夫人等专程来看望过四位老人，表达了党和政府对王明家属的关怀。

1957年5月11日凌晨2时，王明的父亲陈聘之不幸病逝，享年80岁。

王明此时正在苏联，没有回国料理丧事，丧事由国家机关事务局一手操办。王明的弟弟甘宁从天津赶了回来。据他回忆说："办丧事时，我拿出几十元钱交田书元，他不要。最后由国家给安葬于八宝山。我与王明写的碑文，托人刻在石碑上，立于坟前。坟墓修得我们很满意，对国家我们很感谢。"[1]

王明后来也从苏联来信，对党和国家妥善安排他父亲的丧事表示感谢。

陈聘之逝世后，国家给王明的继母黄莲舫700元安置费，另将三位老人每人的生活补助费提高到150元。这样，即使王明不在身边，几位老人生活得也很幸福。

"文化大革命"的冲击

1966年至1976年的"文化大革命"，是一场由领导者错误发动，被反革命集团利用，给党、国家和各族人民带来严重灾难的内乱。

在"无产阶级专政下继续革命的理论"指导下，在"揪党内一小撮走资本主义道路当权派"和"造反有理"口号的煽动下，红卫兵和"革命造反派"冲击各级党政领导机关，揪斗各级领导干部，甚至像刘少奇、邓小平、彭德怀、贺龙、彭真等党和国家的领导人也没有幸免。王明的家属自然也在这场"史无前例"的灾难中受到了一些冲击。

王明是早已定性的"左"右倾机会主义路线的主要代表人物，这时又在苏

---

[1]《访问甘宁谈话记录》，访问者：曹仲彬，1981年2月1日。

第九章
去苏未归（1950.10—1974）

联竭力反对"文化大革命"，必然会受到批判。特别是在批孔评儒和所谓十次路线斗争教育中，出现了一些批判王明的文章，几十万字的《王明反革命言论集》编印成册，"打倒机会主义头子、苏修代理人、大叛徒王明"的口号也开始出现。

王明当时被认为是已定性的"死老虎"，而且他又不在国内，所以仅仅是在一些报刊上受到一些文字批评而已，受冲击程度远不及那些"活老虎"，即那些"正在走的走资派"。不过，王明在国内的亲属却难以避免会受到牵连。

王明后来在莫斯科通过各种途径了解了某些其亲属在"文化大革命"中遭受株连的情况。他在《中共五十年》中说："'文化革命'刚开始，北京和其他大城市就出现了大标语：'打倒苏修代理人、反革命黑帮、大叛徒王明！'从此以后，《人民日报》《解放军报》，还有《红旗》报杂志，经常选择王明作为头号攻击和诬蔑对象。王明的妻子孟庆树在苏联学习，多年来一直积极参加反对毛主义的斗争，因此在'文化革命'初期，北京也出现了类似的标语，对她进行攻击。此外，红卫兵还按照毛泽东的命令，对埋葬在北京八宝山革命公墓的王明的父亲陈聘之进行鞭尸。根据毛泽东的指示，红卫兵抄了王明的家，把他八十多岁、年迈的继母黄莲舫打得半死，还把她扔在大街上；把王明几十份手稿和藏书不是烧了，就是扔了。"

1966年6月，王明还写了一首七律：

> 北京城内孟公府，二号门牌我家有。
> 红卫兵临全部毁，白头母死众邻嗟。
> 积书千卷成灰烬，存稿百篇付浪沙。
> 父骨抛山伤警卫，罪行无尽痛无涯。

王明讲的这些情况，许多并不符合事实。据我们了解和调查的情况，本着实事求是的精神，对几个问题给予说明与澄清。

（一）关于砸陈聘之坟墓事

陈聘之1957年5月病故后，安葬于北京八宝山革命公墓。坟前有："子，陈绍禹、陈绍炜，女，陈映民，立"的碑文。1966年"文化大革命"爆发后，有的批判文章说："王明是地主家庭。"因此，红卫兵在"破四旧"时，就冲到八宝山革命公墓，见到这里有王明父亲的坟墓，很为气愤，在一片"砸掉王明狗父亲的坟墓"的怒吼声中，这些"革命小将"们便砸碎了墓碑，掘了坟墓。所以，王明父亲之墓被砸确有其事。

可是，这其中也有几个问题需要澄清：

第一，这是红卫兵的自发行动，是在当时的特殊历史环境中，红卫兵们采取的过火行动，并不存在如王明所说的"红卫兵按照毛泽东的命令"行事。毛泽东没有也没有必要给红卫兵下达这样的命令。"文化大革命"的主要矛头并非是针对王明，也不存在中央报刊"经常选择王明作为头号攻击和诬蔑对象"的事实。

第二，红卫兵并不是只掘了陈聘之一人的墓，而是在八宝山掘了许多人的墓。凡他们认为是牛鬼蛇神、走资派、"三反分子"等的墓，几乎全部被掘。

第三，陈聘之的墓碑被红卫兵砸成三截，碑座和碑身被砸开，碑身又被砸成一大一小两块。坟包也被掘了一下，但并没有对陈聘之进行鞭尸。

1981年2月1日，笔者访问王明的弟弟甘宁时，他说："我父亲陈聘之几次被国民党抓去，解放战争时期他又动员国民党政治土匪向政府投诚，他为革命做了许多工作，死后有资格安葬在八宝山。我父死后安葬八宝山是政府安排的，不是王明指使的，他当时在莫斯科未回来。红卫兵把我父亲的墓砸了是不对，我请求政府修复，并请你回北京后把我的要求给反映一下。"[1]

受甘宁之托，笔者曹仲彬曾于1981年3月4日亲自去了八宝山革命公墓。陈聘之的墓在进大门后的左侧墓群中，从南往北数是第六排最西的一个。当笔者找到陈聘之的墓时，见到墓已修好，焕然一新，只是墓碑尚无。笔者找到这里的负责人张库同志，并把甘宁的请求反映给他。他说："'文化大革命'时，红卫兵造反来到八宝山，说这是'王明的狗父亲'，就把墓掘了，损害是比较严重的。打倒'四人帮'后，政府拨了些款，从1979年开始到1980年，大部

---

[1]《访问甘宁谈话记录》，访问者：曹仲彬，1981年2月2日。

第九章
去苏未归（1950.10—1974）

分被砸的墓陆续修好。每修一个需要花几千元，现在还有几个没修复。王明父亲的墓，既没有单位，又没有亲属来联系，原来就不想修了。后来我们研究后，还是给修好了。我正想找他的家属，你来得正好。请告诉他的家属快和我们联系，墓碑尚未立呢，请家属写好碑文。"

从八宝山革命公墓回来后，笔者曹仲彬给甘宁去信，报告了八宝山之行的经过，告诉了其父墓已修好的消息，请他尽快与八宝山革命公墓联系。

（二）关于黄莲舫被打得半死而后扔在街上一事

不知是王明听信了谣言还是编造，从来也没有发生过王明继母"白头母死"，或者是被"打得半死，还把她扔在大街上"的事情。相反，正是政府把黄莲舫安全地送回了老家，并作了妥善安置。

"文化大革命"刚开始，中共中央领导人就关照过王明的三位老人，请他们尽快搬出孟公府2号。三位老人中，第一个搬出孟公府2号的正是王明的继母黄莲舫。据在"文化大革命"时期和黄莲舫相处三年的叶新华说："（消息）听说是周恩来派人送下来的。"[1]

黄莲舫是在王明家被抄之前就离开北京的，她根本没有见到抄家，更没有被红卫兵打死或打得半死、扔到大街上不管之事。

王明继母黄莲舫是由国务院机关事务管理局的两位同志亲自护送回安徽的。据田书元说："机关把王明继母送回原籍，给了八九百元钱。"[2] 他们先把黄莲舫送到安徽省人民委员会，并在合肥住了几天，后来又送回原籍金寨县梅山镇。金寨县人民委员会接收了黄莲舫后，研究决定，每月给她13元生活费，并拨给她一间房子居住，医药费也全部可以报销，具体事宜由县民政科负责落实。对于金寨县人民委员会的安排，黄莲舫表示同意，护送来的两位同志也放心地回到北京。当时，"反动家属"有的被撵到乡下无人过问，有的被打被抓送进监狱，像黄莲舫这样受到妥善安置的实属幸运。

黄莲舫当时已是80多岁的老人，独自一人过日子确实也困难。县里发的每月13元生活费很难维持生活，北京带来的一些钱款也逐渐花光，只好卖掉

---

[1]《访问叶新华谈话记录》，访问者：费显清，1986年4月30日。
[2]《访问田书元谈话记录》，访问者：曹仲彬，1983年8月11日。

王明传

一些衣物。

王明大妹妹陈觉民1957年去世，妹夫汪惠生被划成右派在农村劳动。外甥女汪向荣当时正住在梅山镇，她爱人当时也被当成走资派批斗，因此，她也只能偷偷去看望这位姥姥，尽可能地给些帮助。陈聘之、黄莲舫从新疆回来后，曾与他们住在一起的远房侄女陈绍华"文革"中曾经请黄莲舫在家吃了一顿饭，结果在单位便挨了一次批判。

黄莲舫在困境中巧遇叶新华，使她平安地度过了晚年。

陈聘之、黄莲舫去北京前，曾和叶新华、简淑贞夫妇一起住了三年，两家结下了很深的友谊。1963年叶新华从金寨县下放到铁冲公社花园大队。1967年的某日，叶新华到县里买东西时偶然遇见了黄莲舫。黄莲舫像遇到了亲人一样紧紧抓住这位老邻居的手，泪流满面地非要到叶新华家去不可，叶新华安慰老人不要着急。他回家与爱人简淑贞商定之后，又去找了县民政科，要求收养这位无依无靠的老人。

据叶新华回忆说："我找县民政科，科员江习才同意把老太太委托我家照顾，他说民政科的同志为照顾老太太都有点烦了。当时我说好，让我家按月代老太太领13元的生活费，她的药费凭票证报销，户口落到我家，她吃粮用粮食本。这样，我叫人把老太太从县里用担架抬到我家。"[1]

当时叶新华家有12口人，住三间草房，住房较紧张。县里给了130元钱，叶新华又拿出一部分钱，给黄莲舫盖了一间新草房。叶新华12口之家，仅有他一人挣钱，生活也很困难。他们尽全力照顾黄莲舫，使她能够吃饱穿暖。自黄莲舫来后，叶新华家三年没有卖过鸡蛋，都给这位老人滋补身体了。

叶新华是贫农成分，但在那极左泛滥的日子里，自接收了黄莲舫后，全家在政治上受到牵连，几个儿子申请参军都未被批准，其中一个儿子都已经穿上军装，仅仅因有"反动的干亲"而被迫脱下了军装。

由于叶新华全家三年间的热心照顾，年迈多病的黄莲舫才能安然度过晚年。她于1970年农历正月二十一上午11时病逝，享年83岁。黄莲舫去世后，

---

[1]《访问叶新华谈话记录》，访问者：费显清，1986年4月30日。

县民政科给了110元丧葬费，叶新华又拿出100多元，最后在花园大队安葬了这位老人。

作为王明的继母黄莲舫，在"文化大革命"中能有这样的境况，已经算是"幸运"的。王明的岳父母、弟弟、妹妹们却没有这样幸运。

王明的岳父母孟募州夫妇，在黄莲舫离开北京不久，也离开了孟公府2号，搬到儿子孟侃家。1968年王明岳母病逝。1969年，"林副主席第一个号令"发布后，党政军机关进行了大规模疏散转移，以适应紧急战备的要求。在"文化大革命"中遭到冲击的孟侃被下放到干校，剩下孟募州孤身一人，生活艰辛，含冤而死。[1]

王明的弟弟甘宁，在"文化大革命"中惨遭酷刑，险些丧命。王明的妹妹王营每当谈起"文化大革命"中的遭遇，总是泪流满面。他们都遭受了严重不公正待遇。

（三）关于焚烧王明书稿之事

王明去苏联后，他的手稿和藏书都在孟公府2号家中保存着。"文化大革命"开始后，据负责保存他物品的秘书田书元说："1966年7月，国务院机关事务管理局党委负责人带着一些人到我住的地方，宣布撤我的职，并把王明的屋子、文件、书稿、钱、账目等东西看守起来……后派人把这些东西都搬走了。"[2]

因此，王明的手稿和藏书并不是被烧了或扔了，并不是像王明所说："积书千卷成灰烬，存稿百篇付浪沙。"而是在"文化大革命"中被国务院机关事务管理局收缴了。

（四）关于中断与王明往来的问题

党和政府虽然在政治上对王明要求严格，但在生活上却是细心照顾。王明去苏联养病期间，照常每月领全部工资。要药品、要物、要人，政府都给予满足。先后往苏联派去了为王明服务的西医、中医、护士、警卫员、保姆等人，不满意的人选随时可以撤换。

王明工资是行政五级，孟庆树是八级，秘书田书元代领俩人工资，换成卢

---

[1]《访问孟雅谈话记录》，访问者：曹仲彬、费显清、刘喜发，1986年3月30日。
[2]《访问田书元谈话记录》，访问者：曹仲彬，1986年3月29日。

布半年一次寄往苏联，一次共3300个卢布。据田书元回忆说："给王明的汇款一直持续到1965年上半年，下半年发表'九评'，我就没汇。1966年2月，管理局副局长、处长给我打电话，叫我去。去后，训我一顿，问我为何停汇。我说根据我的认识，王明他们应该回来了。他们说我错了。最后，我把1965年下半年与1966年上半年的一次全汇去了。"[1]

"文化大革命"中，一直负责给他寄钱物的田书元已被撤职，甚至有人批判他"里通外国"。这样，从1966年下半年起，国内再没有给王明夫妇寄过工资和物品。

《中共五十年》的出笼

1974年3月23日，王明在莫斯科郊区的寓所里，抱病写完了《中共五十年》，只过了四天，王明就一病不起，《中共五十年》竟成了他的遗著。

王明一生中发表数百篇文章，几本小册子。这部近20万字的《中共五十年》，可以说是他一生中部头最大的一部著作，同时在国内外产生了极坏的影响。

王明写作《中共五十年》时，正是国内发生"文化大革命"时期。

王明在"文化大革命"之前，还没有公开向中国共产党和毛泽东发起攻击。直到这时，他利用中苏两党关系发生变化之机，开始发泄他多年来的积怨和不满，公开地在报刊上向毛泽东和中共中央发起进攻。

中国共产党由于指导思想上的错误而爆发的"文化大革命"，客观上为王明的攻击创造了条件。王明在"文化大革命"发生以后，除了用诗歌攻击党和毛泽东外，从1969年开始，已经进入晚年的王明又掀起了一次创作"高峰"，他连续发表了一系列攻击中国共产党和反对毛泽东、反对毛泽东思想的文章。

1969年3月，王明写出《毛泽东进行的不是"文化革命"而是反革命政变》一文。同年3月19日，他在加拿大共产党党报《加拿大论坛报》上发表

---

[1]《访问田书元谈话记录》，访问者：曹仲彬，1983年8月11日。

了《论中国事件》。同月31日，苏联政治书籍出版社又将这篇近4万字的长文作为小册子出版。

1970年4月，为纪念列宁诞辰100周年，王明出版了《列宁、列宁主义和中国革命》一书。

1971年，在纪念中国共产党成立50周年之际，王明写出了《中国共产党五十年》和《"整风运动"是"文化革命"的演习》两篇文章。是年秋天，他又写出《"文化革命"和毛同帝国主义合作的方针》一文。

1974年年初，王明写了《"孤僧"的命运和毛的十大》一文。

1974年3月，王明把《中国共产党五十年》《"整风运动"是"文化革命"的演习》《"文化革命"和毛同帝国主义合作的方针》《"孤僧"的命运和毛的十大》四篇文章，汇集成书，取名为《中国共产党五十年和毛泽东的叛徒行径》。1975年，苏联国家政治书籍出版社用俄文出版了王明的《中国共产党五十年和毛泽东的叛徒行径》一书。1979年至1980年，《蒙古消息报》中文版全文连载此书。1980年，我国现代史料编刊社把此书翻译成中文内部出版，改名为《中共五十年》。

《中共五十年》分四编12章29节，约20万字，主要围绕我国"文化大革命"而展开。但纵观《中共五十年》一书，王明并没有抓住"文化大革命"的错误实质，他批判"文化大革命"的目的也并不是为了纠正党的错误，而是为了反对毛泽东，反对毛泽东思想，反对党中央，为自己的历史错误翻案。

对于《中共五十年》这样一本涉及面较广、内容十分复杂的书，应有专文评述。本书仅就此书中的几个主要问题进行评析。

（一）错误地断定"文化大革命"是一场"反革命政变"

王明虽然远在莫斯科，但是他通过各种渠道了解了一些"文化大革命"的情况，也看到了"文化大革命"的一些错误。他认为，"'文化大革命'混淆敌我关系，一大批党政军的领导人遭到批斗和迫害""省市县区乡等各级党组织被破坏了""创作和学术团体都受到破坏""红卫兵扛着大旗，敲锣打鼓上街上迫使共产党员和劳动人民当众坐'喷气式'或让他们头戴高帽，脖上挂牌去游行"。"文化大革命"使"中国共产党和中国人民遭受巨大损失"，使"中国共产党和中国人民陷入了灾难空前的深渊"。

他说的这些话符合"文化大革命"的某些事实。不过，他的问题在于紧紧抓住党和毛泽东在"文化大革命"中的某些错误，进而歪曲它的性质，硬说它是一场"反革命政变"。

王明早在"文化大革命"爆发后不久的1966年8月30日，就写了一首《所谓文化大革命》的诗，提出"名为文化大革命，实为武装反革命"。从此以后，王明凡论及"文化大革命"的文章，都必称其为"反革命政变"。他在《中共五十年》中又明确提出："从1966年夏季起，毛泽东在'文化革命'的旗帜下，开始实行旨在反对中国共产党和中国人民，反对苏联和国际共产主义运动的反革命政变。"

王明还认为，"这一反革命政变的首要任务是，以'毛泽东思想'取代革命的马克思列宁主义，使这个'思想'成为制定国内外政治路线和方针的唯一基础"。"政变的基本内容就是反共、反苏、反人民的罪恶行径"。政变的对内政策，是"用武力毁灭伟大光荣的中国共产党，镇压勤劳而富有天才和革命性的中国人民"；政变的对外政策，是"一方面继续绝望地努力地去破坏和分裂世界社会主义体系，世界共产主义运动和反帝运动；另一方面，竭尽全力向美国和其他国家的帝国主义集团靠拢"。如果按照王明这种关于"文化大革命"是"反革命政变"的说法，领导和发动这场"文化大革命"的毛泽东自然是"反革命"了。这正是王明歪曲"文化大革命"性质的目的所在。

从1966年5月至1976年10月发生的"文化大革命"，确实使党、国家和人民遭到中华人民共和国成立以来最严重的挫折和损失。对此，中国共产党从十一届三中全会以来，曾进行了认真总结和研究，特别是1981年6月27日党的十一届六中全会通过的《中国共产党中央委员会关于建国以来党的若干历史问题的决议》，对"文化大革命"作了全面总结和实事求是的分析，指出："文化大革命"是一场由领导者错误发动，被反革命集团利用，给党、国家和各族人民带来严重灾难的内乱。虽然毛泽东同志对"文化大革命"的发生负有不可推卸的责任，但是，毛泽东发动"文化大革命"的目的，仍然是出于一种"反修防修"的主观意愿。虽然林彪、"四人帮"两个反革命集团曾在"文化大革命"中利用毛泽东的错误兴风作浪、篡党夺权，进行反革命活动，但是，他们的反革命活动和毛泽东同志所犯的错误是两种性质，他们的罪恶活动也没有改变"文化大革命""内乱"的性质。对于给党、国家和人民带来严重灾难的"文化大革命"应当彻底否定，对于毛泽东在"文化大革命"中的严重错误也应当坚决纠正。但是，毛泽东的错误终究还是思想认识上的失误。纵观毛泽东的一生，他仍不愧为一个伟大的马克思主义者，全党和全国人民不会因为毛泽东的失误而忘记这位对中国革命和建设事业有卓越功勋的领袖。

王明向来是只把反革命的尺子对准别人。他在撰写《中共五十年》时可能忘记了，如果把指导思想上的失误看成是"反革命活动"，王明的政治生涯恐怕早在20世纪30年代就终结了。当时王明"左"倾教条主义导致中国革命陷入绝境时，以毛泽东为代表的中国共产党人在遵义会议上纠正了王明"左"倾错误对全党的统治，但党中央一直把王明的严重错误作为党内矛盾来处理，也一直给他改正错误和重新工作的机会，从未把他定性为"反革命"。

（二）大批"文化大革命"的右倾错误

党在"文化大革命"期间所犯的严重错误，是全面性的，它是党在社会主义建设时期"左"倾错误的发展和产物。

奇怪的是，王明不是去反对"文化大革命"的"左"倾错误，而是攻击"文化大革命"的"右倾"错误。王明似乎一生也没有摆脱"左"比右好的形而上学思维方式，他仍像1930年反"立三路线"时那样，大反毛泽东和"文化大革命"的"右倾"。虽然他这次没有像反"立三路线"时那样明确点出这是"一贯的右倾机会主义理论与实际"，但实际上仍然把批判的矛头指向毛泽东的"右倾"。

王明批毛泽东和"文化大革命"的"右倾"，可概括为两个方面：第一，他认为，毛泽东发动"文化大革命"是进行"反革命政变"，是以资产阶级代替无产阶级，以资本主义代替社会主义；第二，在国际上，毛泽东发动"文化大革命"是实行反苏联、反社会主义国家、反国际共产主义运动和投靠美国等帝国主义，实行与帝国主义合作的方针。王明认为这些都是"右倾"的表现。

王明认为，毛泽东是一贯反映资产阶级利益的右倾机会主义者。他专门在小册子中用一章的篇幅，论述所谓"毛泽东堕落的根本原因"。他说："在历次反帝、反封建和社会主义革命中，毛泽东所持的立场都基本上是反映民族资产阶级利益的。"他列数了毛泽东在这方面的表现：20年代"发表的《北京的政变与商人》一文中，就公开地把资产阶级视为革命的'领袖'"；30年代"宣传中国的苏维埃运动是纯粹的农民运动"，主张发展"农业资本主义"；40年代"发表的《新民主主义论》中，他否认中国革命发展的非资本主义前途"，"《新民主主义论》集中地反映民族资产阶级利益"，"是中国民族资产阶级的理论和行动纲领"；毛泽东还在《论联合政府》中宣称："我们的资本主义太少了"，说什么"没有私人资本主义经济和其他经济的发展，就不可能建设成社会主义"；在新中国成立前夕的七届二中全会报告中，"坚持在资产阶级民主革命胜利后只能采取建设非社会主义社会"；在《论人民民主专政》一文中，断言"中国不能建立无产阶级专政"，只能建立"人民民主专政"，而且"扩大了'人民'这一概念的内容，把民族资产阶级也包括进来了"；50年代在"大跃进"失败后，宣称："像中国这样落后国家，在几十年甚至几百年时间里都不能建设社会主义"；60年代毛泽东积极准备"文化革命"的时候，斯诺和李宗仁等一个接一个地来北京，他们"实际上是白宫代表"。

毛泽东在"文化大革命"中确实犯了严重的错误，但毛泽东一生中的伟大功绩之一是，他在领导中国革命进程中，正确地处理了同资产阶级的关系，纠正了党内"左"右倾错误，包括共产国际的领袖指导和处理与资产阶级关系时的错误。毛泽东曾经深刻地指出："当我们党的政治路线是正确地处理同资产阶级建立统一战线或被迫着分裂统一战线的问题时，我们党的发展、巩固和布尔什维化就前进一步；而如果是不正确地处理同资产阶级的关系时，我们党的发展、巩固和布尔什维化就会要后退一步。"这是对中国革命性质的正确认识和对中国革命规律深刻把握的基础上得出的正确结论，也是党内"左"右倾错误所造成的严重损失所换回来的深刻教训。正是在这种科学认识的基础上，毛泽东才集中全党智慧，写出了《新民主主义论》《论联合政府》《论人民民主专政》等不朽篇章。

当然，像王明这个在民主革命时期就把民族资产阶级当作最危险的敌人来反对的"左"倾教条主义者,不懂也无法接受以毛泽东为代表的中国共产党人关于处理与资产阶级关系的正确意见,这也正好证明王明一直到最后,也没有真正认识自己所犯的严重历史错误,而且也是一直以这种"左"倾错误的思想来评判党所领导的革命事业。至于王明那种断章取义甚至无中生有的引文方法,实在让人感到,我们这位传主在把自己置于与党对立的立场上之后,文风也完全服从于那种错误的思想态度了。

王明还有一个奇妙的论断:毛泽东发动"文化大革命",其目的在于与帝国主义合作。他在《中共五十年》中说:"从1966年夏季起,毛泽东借口'文化大革命'实行反革命政变。同时他渴望得到帝国主义反动派的信任并开始在反苏反共基础上同他们合作。""同帝国主义合作是毛泽东反革命政变的组成部分",这个"方针使得帝国主义和反动派,首先是帝国主义拍手称快"。王明还举出基辛格秘密访问北京和尼克松访华为例进行证明。

历史的辩证法就是如此,当一个人站在错误立场上评论他人的活动时,只能把他人的错误说成正确,把他人的正确说成是错误。毛泽东在"文化大革命"期间犯有严重的错误,但毛泽东在"文化大革命"期间正确处理了与美国的关系,实现了中美关系正常化,则又是毛泽东在这时期的一大功绩。道理很简单,中国进行社会主义革命和建设,不应该也不可能孤立于世界之外。帝国主义国家封锁我们二十多年,影响我国现代化建设事业的发展。为了打破帝国主义封锁,重新进入世界的政治生活和经济领域,毛泽东和党中央果断地促成了中美关系正常化,重新加入联合国,为中国共产党十一届三中全会以后实现对外开放创造了条件。对于中国共产党和毛泽东的这一英明之举,王明则视为大逆不道,再一次证明了"左"的思想已经牢牢扎根于王明的头脑之中。

(三)攻击毛泽东,全盘否定毛泽东思想

毛泽东是中国共产党的创始人之一和中国人民军队的缔造者之一。当王明于1921年在安徽省立第三甲种农业学校刚刚受到新思想的影响时,毛泽东已经参加了中国共产党的创建。不过,特殊的历史条件却使王明先于毛泽东执掌了中国共产党的领导大权,而且王明"左"倾教条主义在统治全党期间,对坚持把马克思主义与中国革命实际相结合的毛泽东进行了一系列打击和排斥,在中国共产党内已经出现了以王明为代表的教条主义路线和以毛泽东为代表的实事求是的马克思主义路线的对立。

历史是公正的。中国共产党人终于在历经磨难之后，选择了毛泽东为自己的领袖。以 1935 年 1 月召开的遵义会议为标志，毛泽东终于取代王明掌握了中国共产党的领导权，并且开始纠正给革命事业带来深重灾难的王明"左"倾教条主义。虽然此时王明尚在莫斯科担任中共驻共产国际代表，而且 1937 年 11 月回国后又重新向毛泽东挑战，但是，历史已经注定王明代表的错误路线必然要为党的正确路线克服、纠正。从党的六届六中全会到六届七中全会，全党经过延安整风这场马克思主义教育运动，以《关于党的若干历史问题的决议》通过为标志，王明所代表的错误路线已经被宣判了死刑，中国共产党已经团结一致地在毛泽东领导下，在反对党内"左"右倾错误的斗争中逐渐形成的毛泽东思想指引下，开始向新民主主义革命的彻底胜利迈进。

这一切是中国革命发展的必然，是中国共产党走向成熟的标志，也是中国人民取得新民主主义革命胜利的保证。每一个中国共产党人和真正的马克思主义者，都为此感到骄傲和自豪。而王明则把这一切看作是他与毛泽东的个人恩怨，还认为这是毛泽东对他的打击和排斥。所以，王明虽然也曾举起过"学习毛泽东"的旗帜，也曾表示"愿意做个驴子，慢慢走，跟毛走"，但是在《中共五十年》中，王明却说毛泽东是"极端个人主义者""野心家""阴谋家""叛徒""敌人""当代的秦始皇""新暴君，新军阀"，等等。王明还编造出毛泽东在延安整风时就指使人下药毒害他，全国解放以后又要利用美国飞机把他炸死等谎言，进行肆意的谩骂和攻击。

王明在《中共五十年》中写道："1944 年 4 月 1 日下午 4 时，毛泽东来到我家，向我说明了他开展整风运动的原因与目的。毛泽东说：'整风运动的最重要目的就是创造条件把中国共产党的历史写成我个人的历史。究竟用什么办法才能达到这个目的呢？必须创立毛泽东主义。如果没有毛泽东主义，那么，又怎能做到把中国共产党的历史写成毛泽东个人的历史呢？'毛泽东甚至说：'怎样能够把我们党的历史写成毛泽东个人的历史呢？''我想出了一个办法，就是请你把你的功劳让给我，你同意？'"

第九章
去苏未归（1950.10—1974）

对于王明这种天方夜谭式的描写，谁又会相信呢？

王明在《中共五十年》中，不仅攻击毛泽东，而且全盘否定毛泽东思想。他说，毛泽东思想是毛泽东自己首先提出来的，"在整风运动中公开宣布了'毛泽东主义'，是强制写进七大党章总纲中的"。"毛泽东一手持'剑'……迫使中共七大在大会通过的党章总纲中写上，中国共产党'以毛泽东思想作为自己一切工作的指针'"。

王明还绘声绘色地描述了毛泽东和他的一次谈话，肆意编造毛泽东创立"毛泽东主义"的故事。

他写到，1941年9月，毛泽东找他进行了一次谈话：

"王明同志，我想创立毛泽东主义，你看怎么样？"

"这是为什么？"

"一个领导人如果没有自己的'主义'，他在生前就可以被别人推翻，而死后他甚至会受到攻击……如果我不建立自己的'主义'，即使七大选举我当了党中央主席，人们也可以把我推翻。""在建立毛泽东主义时，我保留马克思主义，我抛弃的只是列宁主义。"

"毛泽东思想"这个概念的首次公开提出，是1943年7月8日《解放日报》发表的王稼祥为纪念建党22周年写的《中国共产党与中国民族解放的道路》一文。文中说："毛泽东思想就是中国的马克思列宁主义，中国的布尔什维主义，中国的共产主义。"至于王明说在全党整风开始之前毛泽东就与王明作如此谈话，不可信。毛泽东一贯不同意"毛泽东主义"的提法，甚至"文化大革命"中当那些革命造反派纷纷上书要求把"毛泽东思想"改换成"毛泽东主义"时候，他都加以拒绝。他怎么会在20世纪40年代就要求王明支持建立"毛泽东主义"呢？

毛泽东思想之所以成为全党的指导思想，并不是毛泽东自封的，而是在中国革命斗争实践中逐步形成的。中国共产党经历了陈独秀右倾指导的失败，又经历了瞿秋白、李立三、王明"左"倾指导的失败之后，才选择了毛泽东为自己的领袖，才逐渐把在革命斗争实践中形成的毛泽东思想作为党的指导思想。毛泽东思想也并不是毛泽东个人的理论，它是全党集体智慧的结晶，是马克思主义与中国革命实践相结合的必然结果。毛泽东思想的提出不决定于毛泽东个人的意愿，而是中国革命发展的必然。毛泽东思想成为中国共产党人的旗帜，也不会因为王明的诽谤而逊色。

（四）根本目的在于为自己的错误路线翻案

王明在土地革命时期犯了"左"倾教条主义错误，在抗日战争时期又犯了严重的右倾错误。经过全党整风运动对他错误的认识，党的六届七中全会通过的《关于若干历史问题的决议》对他的错误作出了结论。当时，王明对党中央的决议表示同意。但王明搞了两面派伎俩，他并不是真心承认自己所犯的严重错误，当党的七届二中全会和七届三中全会让他写声明书时，他拖延不写，准备有朝一日翻案。当中苏两党关系发生变化、中国发生了"文化大革命"后，王明认为翻案时机已到，抱病写出了一系列文章，又汇编成《中共五十年》，为自己的错误翻案。

他全盘否定整风运动，推翻党中央的结论，力图恢复自己"百分之百的布尔什维克""国际路线的正确代表""列宁主义的国际主义者"的形象。

王明在《中共五十年》中，根本不承认自己犯有错误，认为所谓的这些错误，都是毛泽东强加于他头上的，认为"毛泽东不仅把自己错误和罪行推到别人头上，而且还不断伪造'罪行'，好像这些'罪行'是党内他的那些政敌犯的"。

王明还运用写作"技巧"，力图借毛泽东之口来颂扬他的功劳。他写道：

> 毛泽东说："王明同志，你是一个理论联系实际的人。你既有政治头脑，又敏感……你写了一本反立三路线的书，共产国际、中国共产党都通过了反对立三路线的决议。这一切人们都记得。关于抗日民族统一战线的政策问题，你写了很多文章、报告及其他文件。你在制定抗日民族统一战线政策方面的功劳，不仅在共产国际和兄弟党中，甚至国民党及其他党派中，都有人知道。"

我们不否认王明也曾为党做过有益的工作，在一定历史时期的某些方面有过贡献。但是，作为一个理论脱离实际的教条主义代表，作为"左"右倾错误路线的代表人物，不管王明怎样歪曲历史，也无法抹掉他的过失。

实际上，任何个人的历史都是由自己的足迹谱写的，任何人在历史上的功过都不是某个人所能下结论的。历史的无情也正是历史的公正，人民的评说才是历史的评说。

《王明诗歌选集》的出版

进入20世纪70年代，王明已是病魔缠身。长期患有的肝胆肠胃病和心脏病时常发作，"浑身全被病纠缠，饮食起居样样难"。但王明即使躺在床上也没有停笔。他坚决表示"一定要尽一切力量，挤出我的一点一滴血汗，吐出我一丝一毫的肝心，直到我一息尚存"。果然，王明在编写完《中共五十年》后的第四天，病逝于莫斯科，享年70岁。

孟庆树在为《中共五十年》写的《跋》中说："王明同志写完这本书后，准备写一本批判'毛泽东思想'的、特别是哲学方面的理论错误的书'。"看来，王明确实是怀着没有能够"批倒"毛泽东思想的深深遗憾而离开人世的。

王明逝世后，苏联政府把他安葬在莫斯科郊外著名的"新圣女公墓"。《真理报》《远东问题》等报刊发表了悼念文章，给予他高度评价。

1974年7月7日，孟庆树在为《中共五十年》写的《跋》中表示："在这里特别要向苏联共产党和苏联人民致谢，感谢他们的友谊和支持。"

1979年，苏联莫斯科进步出版社用中文和俄文同时出版了《王明诗歌选集》（1913—1974）。这本496页的诗歌选集共收录了王明1913年到1974年写作的诗歌399首。孟庆树在为该书写的《前言》中说，王明"从9岁开始写诗，到15岁时，诗的内容已颇丰富优美"。

平心而论，王明的政论文章写得尚属流畅，而王明的诗歌却缺少韵味。虽然偶尔也出佳作，但大多是干巴巴的说教或是一些打油诗，使人感到这位有近400首诗作的作者颇缺少些诗人的气质。至于那些恶毒攻击党和毛泽东的"诗歌",实际上是赤裸裸的谩骂。

王明的诗歌中,很大一部分是他到苏联以后,为发泄他对党和毛泽东的不满而写的。因此,人们看后总觉得里面有弄虚作假之嫌,不少是进行后期加工的,有的是蓄意提前诗歌写作的时间,有的是重新修改了旧作的某些诗句,有的是在苏联写的却又标明是在国内写的。王明这样做的目的是为了证明自己早就"识透"了毛泽东,而且从历史上就与毛泽东进行着斗争,自己确实是"正确路线的代表"。

因此,在研究王明一生时就出现了这种情况:评价王明的言行时可以参考他的诗歌,但又不能不加分析地盲目运用。

按照《王明诗歌选集》中收录的诗歌,好像王明早在共产国际工作期间,就开始反对毛泽东的主张。如《惊人之计》,据称是王明1936年初写于莫斯科的一首五言律诗,诗中写道:

喜能通电讯,阅报令人惊。
唯有悲观气,竟无抗日心。
红军争北上,指导要东征。
急电说原委,南旋计不成。

这首诗的注中说:"毛泽东等从瓦窑堡电国际称:吃不惯小米,决定红军向山西东征,以便回南方去。季米特洛夫和我均甚惊奇,急发电指明须坚持北上抗日政策,东征南旋,师出无名,政治不利,毛泽东等不听忠告,仍突然东征,直到黄河边为晋军所阻,不能渡河,刘志丹同志又被炮击牺牲,始放弃南旋计划。"

了解中共党史的人们都知道,红军东征并不是"吃不惯小米"和为了"回南方去",而是为了发展革命根据地和推动全国抗日救亡运动的发展,促进抗日民族统一战线的建立,是为了逼蒋抗日;东征军也并不是"为晋军所阻,不能渡河",而是于1936年2月20日从沟口、河口等地突破黄河天险,摧毁阎锡山晋军的三道封锁线,转战晋西、晋南、晋东南和晋西北的广大地区,推动

第九章
去苏未归（1950.10—1974）

了全国抗日救亡运动的发展；东征的结束也并不是军事上的失败而被迫撤回，而是国共两党建立抗日民族统一战线的协商有了进展，阎锡山经与中共密谈，也发出了"守土抗战""迎共抗日"的表示。因此，中国共产党于1936年5月5日发出《停战议和一致抗日通电》，结束东征，并将"反蒋抗日"的口号改为"逼蒋抗日"。

中国共产党在这一时期的路线、方针与王明在共产国际期间的思想转变并不矛盾，1949年3月王明在党的七届二中全会上的检查中也表示："我在（莫斯科）确未反对毛。"联系到王明在《中共五十年》中对毛泽东在东征问题上的"错误"的"批判"（第32、33页），人们就可以发现，所谓"写于1936年初"的《惊人之计》，实际上是为了配合《中共五十年》中对毛泽东的攻击，写于20世纪70年代。

人们可以不因为王明自己标明"写于1936年初"的这首诗，就否定他在共产国际期间对于制定抗日民族统一战线政策所做出的贡献，但人们倒可以从王明"后造诗歌"的行为，看出王明在晚年为了反对党和毛泽东所采取的心机和手段。

《王明诗歌选集》中有标明写于1940年10月的《亲法西斯的汉奸路线》一首诗，诗中说：

> 德意日苏盟何自？联汪联日费疑猜。
> 座谈登报横行者，国际中央安在哉？！
> 愿作汉奸缘底事，策同托派胡乱来。
> 野心斗禹超斯季，马列离开路线歪。

王明还在诗下注明说："毛泽东主张在国际上实行德、意、日同盟路线，在中国实行联日联汪反蒋的统一战线，并宣布他'不怕别人骂他实行亲法西斯的汉奸路线，也不怕做汉奸'。"

当看到王明在这首诗中把毛泽东比作"汉奸"，称党中央的路线为"汉奸路线"时，人们或可重温一遍王明1940年5月3日作的《学习毛泽东》的讲演。人们无法相信一个人在同一时期对同一个人的评价会如此相反。如果王明的这首诗果真写于1940年10月，那就表明王明很早就对党采取了两面派手段。

在这首诗之前，《王明诗歌选集》中还有一首标明写于1939年底的五律：《新民主主义论》（评毛泽东这篇论文的根本错误）。诗中说：

> 新民主主义，理论自托陈。
> 资革成功后，资行社不行。
> 苦心劝其改，怒意流于形。
> 列义被修正，前途迷雾存。

在《学习毛泽东》这篇讲演中，王明则称："《新民主主义论》不仅是中国现阶段国家问题的指南，而且是一切殖民地半殖民地关于建立革命政权问题的指针，同时也就是对马列主义关于国家问题的新贡献。"

从《中共五十年》中大段对毛泽东《新民主主义论》的攻击和对毛泽东主张实行一条"亲法西斯的汉奸路线"的谩骂来看，王明的这两首诗实际写作时间也极有可能是20世纪70年代。

《王明诗歌选集》中，也有一些是歌颂社会主义建设成就的诗作，如1956年7月，宝成铁路全线通车后，铁路将祖国的西南地区和其他地区连成了一体，"蜀道之难，难于上青天"的局面得到了根本改变。王明得知这一喜讯后，写了一首《蜀道不再难》：

> 犹忆当年过陕川，剑门秦岭半青天。
> 宝成铁路通车日，蜀道从此不再难。
> 西北西南近咫尺，成渝成宝接苏联。
> 青山李白闻消息，斗酒定将诗万篇。

1957年10月15日，武汉长江大桥建成通车，使京广线畅通无阻。王明闻讯，写了一首《三镇两山跨一桥》：

第九章
去苏未归（1950.10—1974）

1957年10月15日，武汉长江大桥建成通车

> 长江早已非天堑，空有机航水有船。
> 陆运艰难三镇隔，龟蛇武汉一桥连。

1959年10月1日，在中华人民共和国成立10周年之际，王明写了一首七律《建国十年》：

> 创建新华已十年，人民干劲直冲天。
> 誓将弱土变强国，决把穷乡变乐园。
> 大计指挥凭共党。无私援助首苏联。
> 帅旗四面迷途引，荡产倾家亿众难。

中苏两党关系发生变化以后，王明的一些诗歌开始赤裸裸地攻击和诽谤毛泽东，那些谩骂性的语言已经毫无诗意了。

有趣的是，王明在《中共五十年》中曾专列一节来批判毛泽东的诗词。他说："毛泽东在四十年内（从1920年到1960年）写了三十七首诗词，其中没有一首是歌颂马克思列宁主义、共产党、工人阶级的；没有一首是反映工农兵生活的；也没有一首是颂扬社会主义大家庭、国际共产主义运动、反帝民族解放运动和争取和平运动的；没有一首是用来纪念英勇牺牲的党内外无数革命者和民族英雄的。甚至在关于红军《长征》的诗中，他完全没有表达出长征的政治、军事和历史意义，完全没有反映出以下基本事实，即在长征期间英勇善战和克服重重困难的红军，是工农的红军，是以马克思列宁主义武装起来的共产党领导下的军队。他只不过是把《长征》描绘成了令人开心的游山玩水。""他的很多诗词的内容是不堪入目的：有一些诗词渗透着封建君主主义思想，如《沁园春·雪》一词、《人民解放军占领南京》一诗和《浪淘沙·北戴河》一词。其他一些诗词，鼓吹神秘论和迷信，如《送瘟神》《为李进同志题所摄庐山仙人洞照》，讲述死者灵魂升天的《蝶恋花·答李淑一》，等等。……至于艺术形式，应当指出，拙劣、生硬、空洞、牵强附会、脱离实际和缺乏美好感受，等等，是毛泽东这些诗的特色。"

恐怕任何一个读过毛泽东诗词的人，都不会同意王明对毛泽东诗词的这种"评论"；也恐怕除了王明，不会有另外一个人，像他这样完全不顾事实地用四个"没有一首"，来全盘否定毛泽东四十年间的所有诗词。只有像毛泽东这样亲自率领红军克服艰难险阻，胜利完成长征的人，才能写出《七律·长征》这种史诗般的作品；也只有像王明那样远在异国的洋楼里吃面包的人，才能把《七律·长征》说成是在描绘"令人开心的游山玩水"。

至于王明对毛泽东诗词艺术形式的指责，这里也无须多加评论。我们不必列出王明那些"拙劣、生硬、空洞、牵强附会"的谩骂之作，我们仅列出毛泽东和王明共同看到1958年6月30日《人民日报》报道江西省余江县消灭了血吸虫的消息之后，两人以这同一题材分别作的七律，来看看两者在诗词上的造诣，就会自有公论。

应当说明，王明的这首《消灭血吸虫的第一面红旗》，无论从内容上还是形式上，在王明的近400首诗词中，都属上乘之作；而毛泽东的这首《送瘟神》，则被王明称为"鼓吹神秘论和迷信"。

第九章
去苏未归（1950.10—1974）

消灭血吸虫的第一面红旗

（王明，1958年7月7日写于苏联）

人体寄生畜体窝，中间宿主靠钉螺。
百年为患从无已，万众蒙殃莫奈何。
即是江山归共党，岂容水草染沉疴。
政民医护齐斗争，三载余江奏凯歌。

送瘟神

（毛泽东1958年读6月30日《人民日报》，"夜不能寐"而作）

其 一

绿水青山枉自多，华伦无奈小虫何！
千村薜荔人遗矢，万户萧疏鬼唱歌。
坐地日行八万里，巡天遥看一千河。
牛郎欲问瘟神事，一样悲欢逐逝波。

其 二

春风杨柳万千条，六亿神州尽舜尧。
红雨随心翻作浪，青山着意化为桥。
天连五岭银锄落，地动三河铁臂摇。
借问瘟君欲何往？纸船明烛照天烧。

这三首同题材的诗，谁好谁劣，读者的眼睛是雪亮的，这里无须多加评论。

《王明诗歌选集》的出版了结了孟庆树一桩心事。1983年9月5日，她病逝于莫斯科，也安葬于新圣女公墓。

王明和孟庆树的两个儿子仍留在莫斯科。他们没有像父母那样一直保留中国国籍，都加入了苏联国籍。大儿子王丹芝是位军人，同一位俄罗斯姑娘结

王明传

婚。二儿子王丹丁在莫斯科国际关系学院毕业后，到苏联科学院远东研究所工作。他精通俄语，又会中文。苏联解体后，他辞职离开了工作十几年的远东研究所，弃文从武，开办了"天光中国文化中心"，教练俄国人学习中国武术。他一直未婚，在我国改革开放之后曾回国探亲。也算是一种缘分，他在哈尔滨游玩时，曾在书店买了一本我们1991年撰写的《王明传》。

当笔者结束这本《王明传》的时候，愿意引用1935年10月毛泽东在《念奴娇·昆仑》诗词中的两句话作为结语：

千秋功罪，谁人曾与评说？

莫斯科新圣女公墓中的王明墓

附录 1
王明年谱简编
（1904—1974）

1904 年（出生）

5 月 23 日出生于安徽省金寨县的一个贫民家庭。原名陈绍禹。

其父陈聘之，是一位没有固定职业、生活贫苦的城镇贫民，曾参加过苏区革命工作，数次被敌人逮捕。其母喻幼华是位乡村妇女，生育二男三女。王明为长子。

大姐陈先民早逝。大妹陈觉民、二妹陈映民、弟陈绍炜参加苏区革命工作，加入了中国共产党，有的还参加了红军，有的去了延安。

1909 年（5 岁）

由当过私塾先生的父亲陈聘之为其启蒙。

1911 年（7 岁）

春　跟外叔祖父喻南森读私塾。

1914 年（10 岁）

春　跟绰号"杨扒皮"的私塾先生读书。

1915 年（11 岁）春

在毛树棠的私塾馆读书。

王明传

1918 年（14 岁）

　　冬　在漆陶庵的私塾馆读书。

1919 年（15 岁）

　　夏　进入当时河南省固始县的志诚小学上学，受到詹谷堂等老师教育。

1920 年（16 岁）

　　夏　考入设在六安县的安徽省立第三甲种农业学校。受到沈子修、桂月峰、朱蕴山、钱杏邨等师长的教育。王明专心读书，学习成绩优异。

　　冬　跟随"三农"同学参加六安学生开展的抵制日货运动。

1921 年（17 岁）

　　6 月 3 日　跟随"三农"同学参加声援"六二学潮"。

　　秋　跟随"三农"同学参加反对省议会三届贿选。

1922 年（18 岁）

　　夏　跟随"三农"同学参加驱逐县知事骆通的运动。

1924 年（20 岁）

　　年初　安徽军阀政府下令撤换沈子修"三农"校长职务，任命刘先黎为校长。刘一上任就用武力镇压学生，遭到多数同学反对。王明站在刘先黎一边。

　　夏　从安徽省立第三甲种农业学校毕业，考入国立武昌商科大学，受到李汉俊等进步教师的教育与影响。

　　9 月　同詹禹生等人发起并成立"豫皖青年学会"，任事务部主任。

　　冬　参加"商大"安徽同学会，并任该会会刊《皖光》编辑。

　　寒假　回到家乡金家寨组织成立了"豫皖青年学会"，宣传马列主义，组织革命运动。

1925 年（21 岁）

2 月底　积极参加驱逐"商大"校长屈培兰的革新运动。

5 月 1 日　在《皖光》杂志上发表《安徽的学生》《反对和免除贵族专利的现代学校教育》和《恋爱真谛》三文。

5 月 10 日　在《商大周刊》第 3 卷第 5 期上发表《革新运动中所得之经验》《三种不同的面目》《革新运动后之最近简单希望》三文。

5 月 27 日　撰写《社会、社会学、社会科学、社会问题、社会主义底浅释》，12 月发表于武昌"商大"《社会科学研究》第 1 集。

6 月 1 日　在武汉三镇青年学生掀起的支援五卅运动的反帝浪潮中，被"商大"学生选为出席武昌各校学生代表大会的代表。

6 月　被选为武昌学生联合会委员和湖北青年团体联合会执行委员。

夏　加入共青团，又经许鸿介绍参加中国共产党。后参加中国国民党，担任国民党湖北省党部宣传干事。

10 月 28 日　同俞秀松、伍修权等 60 余人，作为第一期国内第二批赴莫斯科中山大学的学生，由上海起程，于 11 月 23 日到达莫斯科。

11 月末　莫斯科中山大学举行开学典礼。同俞秀松、董亦湘、刘少文、西门宗华、庄东晓、李培之、傅胜芝等十几人，一齐进入培养速成翻译的俄文班学习，由此开始结识米夫。

1926 年（22 岁）

春　在"旅莫支部"的辩论会上，与支部负责人任卓宣展开辩论，显露出能言善辩的才华。

9 月初　莫斯科中山大学的学生组织"学生公社"改选，当选为学生公社主席。

1927 年（23 岁）

1 月　作为米夫的翻译，随同联共（布）宣传家代表团回中国，并陪同米夫到了广州、上海、武汉等地。

3月　协助米夫利用学校"教务派"与"党务派"的纷争控制了中山大学的权力，米夫正式升任中山大学校长，王明也进一步得到米夫的赏识，并在米夫的扶植下开始形成以王明为首的教条宗派。

4月27日至5月9日　以米夫翻译的身份参加了中国共产党第五次全国代表大会。

5月至6月　任中共中央宣传部秘书长。

6月8日　以"绍禹"为笔名在《向导》第5集第197期发表《英俄断绝国交问题》一文。

6月15日　以"绍禹"为笔名在《向导》第5集第198期发表《中国革命前途与革命领导权问题》一文。

6月16日　在武汉中共中央驻地参加米夫和陈独秀的谈话。

7月15日前夕　随同米夫从武汉返回苏联，8月份到达莫斯科。

9月　中山大学第一期学生毕业，留校做翻译工作。

年末　诬陷俞秀松、董亦湘、周达文等组织了反动的"江浙同乡会"。

1928年（24岁）

5月16日　为《武装暴动》一书写序言。

6月中旬　在斯大林与瞿秋白、李立三等中国共产党负责人谈话时担任翻译。

6月18日至7月11日　作为工作人员（秘书处翻译科主任）参加了中国共产党第六次全国代表大会。会后，还为未离开莫斯科的六大代表专门作了《关于江浙同乡会问题》的报告。

11月17日　撰写《广州暴动纪实》

1929年（25岁）

3月上旬　由莫斯科回到上海。

4月　由中央组织部分配到中共上海沪西区委做宣传工作。

7月底　调到中共沪东区委任宣传干事，在区委书记何孟雄领导下工作。

9月1日　中东路事件发生后，陈独秀连续给中共中央写了三封信，不同意中央提出的"武装拥护苏联"的口号。王明以"韶玉"为笔名在《布尔塞维克》第2卷第10期上发表了《论撒翁同志对中东路问题的意见》一文，完全否定陈独秀在中东路问题上的某些合理主张，成为批陈的先锋。

10月12日　以"韶玉"为笔名在《红旗》报第48期发表《英美联合和平宣言与第二次世界大战》一文，宣扬反苏战争已开始、第二次世界大战将爆发的"左"倾观点。

10月17日　以"慕石"为笔名在《红旗》报第49期发表《最近政局与拥护苏联》一文，以国际、国内和中东路事件来分析反苏战争严重性。

10月　调中央宣传部任《红旗》报编辑。

11月7日　以"慕石"为笔名在《红旗》报上发表《准备着应战》和《太平洋会议的内幕——赛狗会》两文，把10月25日国民党政府外交部发表的《中俄交涉破裂声明书》，评为"无异于是帝国主义国民党，正式大举进攻苏联的宣言书"，把第三届太平洋会议骂为"赛狗会"。

11月10日　以"慕石"为笔名在《红旗》报第52期发表《六万劳苦群众的武装斗争》一文，支持北京人力车夫等劳动群众的英勇斗争。

11月13日至16日　以"慕石"为笔名在《红旗》报第53期发表三篇文章，在《进攻苏联与瓜分中国》与《太平洋会议的总结》两文中，围绕中东路事件，论述进攻苏联与瓜分中国的道理；在《与一个工人同志的谈话》一文中，宣扬中国民主革命必须反资产阶级的"左"倾观点。

11月20日　以"慕石"为笔名在《红旗》报第55期发表《第二次太平洋劳动会议的总结》，支持在苏联海参崴召开的这次会议。10月15日，中央政治局作出《关于反对党内机会主义与托洛茨基主义反对派的决议》，11月15日又作出了《关于开除陈独秀党籍并批准江苏省委开除彭述之、汪泽楷、马玉夫、蔡振德四人决议案》，在全党开展了反取消派的斗争。王明以"慕石"为笔名发表《反对派还是反动派？》一文，表示支持。

11月23日　以"慕石"为笔名在《红旗》报第56期发表《两个策略与两个政纲》，指出党的六大提出的十大要求与取消派近日提出的四大要求是两种原则不同的政纲。在《党的主要实际政治危险，究竟是什么？》一文中，错误强调党的主要实际政治危险是右倾。

11月27日　以"慕石"为笔名在《红旗》报第57期发表《论陈独秀》一文，既批判陈独秀的取消主义，又全面否定了陈独秀。

11月30日　以"慕石"为笔名在《红旗》报第58期发表《以革命联合回答反革命联合》《第三次暴动与"第四次暴动"》《调和倾向与调和派》三文，强调中东路事件需要以革命联合对付反革命联合，鼓吹上海工人需要进行"第四次暴动"，错误地把在反对取消派斗争中某些同志的不同意见打成调和倾向和调和派。

12月4日　以"慕石"为笔名在《红旗》报第59期发表《"西北问题解决"后》一文，驳斥戴季陶的看法，指出只有消灭军阀制度才能最后解决军阀混战问题。同期还以"慕石"与"石"的笔名发表《哈尔滨群众反日拥俄大示威的意义》和《检阅我们的工作》两文。

12月5日　以"慕石"为笔名在《布尔塞维克》第2卷第11期上发表《广州暴动二周年纪念》一文，按照城市中心论观点评述广州起义，鼓吹广州起义的成功就是社会主义转变开始等"左"倾观点。

12月7日　以"慕石"为笔名在《红旗》报60期和67期（1930年1月4日）发表《极可注意的两个农民意识问题》。

12月11日和18日　以"慕石"为笔名在《红旗》报第61期、第62期发表《"中俄和平交涉"与进攻苏联的战争》和《"中俄和平交涉"的现状与前途》两文，宣传中俄关于中东路的谈判绝不会解决问题，反而会使进攻苏联瓜分中国的战争更趋紧张。

12月11日至28日　以"慕石"为笔名在《红旗》报第61期至65期上发表了《广州暴动与中国革命性质问题》《军阀战争与取消派》《没有一个好东西！》《为哪一种"民主政治"而战？》《阎张等通电后的政局》等五文，批判取消派否认广州起义的资产阶级民主革命性质，宣扬军阀战争是实行统一中国的战争，空喊为"民主政治"而战。同时文章中也暴露出否认不同敌人的差别、拒绝利用敌人矛盾等"左"倾观点。

12月20日　以"慕石"为笔名在《红旗》报第63期发表《唐山五矿工友的斗争》。

12月22日　以"慕石"为笔名在《布尔塞维克》发表《社会主义建设的伟大工作——苏联的五年经济计划的研究》。

1930年（26岁）

1月1日　以"慕石"为笔名在《红旗》报第66期发表《1929年的中国》，认为本年是中国革命的一年。

1月4日　以"慕石"为笔名在《红旗》报第67期发表《狐狸的尾巴都露出来了！》一文，揭露国民党政府撤销"领事裁判权"的骗人把戏。

1月8日　以"慕石"为笔名在《红旗》报第68期发表《反对两个严重错误的倾向》，评述党内存在着否认或忽视中国资本主义发展的倾向和现阶段中国革命中存在着社会主义革命成分的倾向。

1月11日　以"慕石"为笔名在《红旗》报第69期上，以河南的灾情与战祸来论证《军阀战争的"成绩"》和《为什么反对派要自称"列宁主义布尔塞维克"？》两文。

1月12日　出席上海工联在英租界垃圾桥附近召开的一个布置年关斗争的会议时被捕，被押在英租界老闸捕房，后转到提篮桥监狱。为获释竟让看守到中央秘密机关送信，暴露了党的秘密机关，造成一些机关大搬家。

2月18日　由于没有暴露身份而获释。出狱后向党中央写了报告，承认让巡捕房看守送信是错误的，但又竭力为自己开脱。

3月16日　党中央查明事实真相后，给他写了信，指出他的重大错误，宣布给以党内警告处分，并撤换他在中央宣传部和《红旗》报的工作职务，调到全总党团任秘书和《劳动》三日刊编辑。

3月26日　以"韶玉"为笔名在《红旗》报第87期发表《再论富农问题》一文，用"左"倾观点观察苏区问题，夸大富农问题的严重性，错误批评苏区同志的所谓"富农意识"。

4月10日　以"兆雨""玉""石""慕"为笔名在《劳动》第28期上发表

《南京四三惨案的意义与教训》《加紧准备"红色的五一"!》《"四一二"与蒋介石》《汉口蛋厂的同盟罢工》等四篇文章,反对蒋介石,支持工人斗争,也宣扬了一些"左"倾观点。

5月1日　以"石"为笔名在《劳动》第30期上发表《要饭吃!要工作!要土地!》和《援助英日同盟罢工的兄弟们》两文。

5月14日　以"兆雨"和"石"为笔名在《劳动》第31期上,发表《上海水电工人的同盟罢工》和《"赤俄"与"白俄"》的文章。

5月15日　在蒋冯阎中原大战爆发一个月后,在《布尔塞维克》第3卷第4、5期合刊上,同时发表了李立三的《新的革命高潮前面的诸问题》和以"兆雨"为笔名的《目前军阀战争与党的任务》两篇重要文章。这两篇文章都是这个时期"左"倾冒险主义的代表著作。

5月17日至24日　以"韶玉"为笔名在《红旗》报第102至104期发表《为什么不组织雇农工会?》一文。该文按照资本主义国家模式,要求中国的苏区组织雇农工会,谁如不同意就给谁扣上"富农意识"的帽子。

5月23日至27日　以"兆雨""玉""石"为笔名在《劳动》第32期发表《上海水电工人同盟罢工胜利的意义与教训》《一个笑里藏刀的危险口号》《怎样准备五卅工作?》《国际劳工局与国民党》《上海水电工人同盟罢工的胜利》等五篇文章,称上海水电工人同盟罢工取得了胜利。

6月7日　以"石"为笔名在《劳动》第3期发表《与印度安南兄弟们共同行动起来!》一文。

6月21日　以"韶玉"为笔名在《红旗》报上发表了驳斥敌人诬蔑的《什么是"流氓"与"匪"》的文章。

7月2日　以"韶玉"为笔名在《红旗》报第115期上发表《"没收地主阶级的一切土地"——还是"没收一切土地"》一文,坚持"没收地主阶级的一切土地"的口号,驳斥"没收一切土地"的错误主张。

7月9日　中共中央政治局会议在李立三主持下通过《新的革命高潮与一省或几省的首先胜利》的决议,标志着李立三为代表"左"倾路线在党中央占了统治地位。中共中央为贯彻6月11日决议召开了中央工作人员政治讨论会,王明、博古、王稼祥、何子述等四人，就中国革命与世界革命、高潮与直接革命形势、一省与几省的政权问题和反右倾问题发表某些不支持李立三的意见，当即遭到李立三的压制，向忠发当场宣布撤销王明中宣部秘书职务。

7月10日　写信给党中央，继续坚持己见，就关于中国革命与世界革命高潮与直接革命形势、一省与数省首先胜利、反右倾等四个问题作了说明。李立三以中央名义给王明留党察看六个月的处分，给博古等三人严重警告处分。他马上给党中央写信，表示"我虽对中央这一决议有不同意见，但坚决拥护它"。

7月底　被分配到江苏省委宣传部秘书李初黎手下当干事。李初黎让易坚假扮他的妻子，在闸北横滨路住机关。

9月24日　党中央召开六届三中全会，纠正了李立三的"左"倾冒险错误。王明写信表示拥护六届三中全会的决议，还表示接受中央派他到江西中央苏区工作的意见。

10月底　在刚从莫斯科回国的留学生沈泽民等人处，得知共产国际十月来信的某些精神与内容，从此改变对六届三中全会的态度，并拒绝去中央苏区。

11月13日　王明、博古联名给党中央写信，批评六届三中全会的"最大缺点是对立三路线没有充分揭露其机会主义实质"，等等。

11月16日　中共中央正式接到《共产国际执委给中共中央关于立三路线问题的信》，立即召开中央政治局扩大会议进行传达，并作出《中央政治局关于最近国际来信的决议》，表示"完全同意国际执委的这一封信"。

11月17日　王明、博古再次联名给党中央写信，标榜自己一贯反对"立三路线"，要求中央肯定自己的"政治意见是绝对正确的"，提出撤销对他们的处分等三项要求。

11月下旬　经过半个月突击赶写，抛出6万言的《两条路线》意见书。其中没有批判李立三的"左"倾错误，反而批判了立三路线"一贯右倾机会主义理论与实际"，大批了瞿秋白和六届三中全会的调和错误，提出新的"左"倾路线的理论与纲领。这实际上是一本王明阐发自己"左"倾思路和纲领的宣言书。

在王明带动下，全党出现了反"调和路线"的浪潮，提出了召开紧急会议的主张。

12月9日　中央政治局作出关于召集中央紧急会议的决议。

12月14日　以"韶玉"为笔名在《实话》第3期上发表了《立三路线与战后资本主义第三时期》一文，抢先把反"立三路线"和反"调和派"公开捅到全党。

12月中旬　共产国际代表米夫来华，首先会见王明。他得知米夫计划召开六届四中全会和保举他上台以后，转而打击何孟雄、罗章龙等人。

12月16日　在共产国际代表米夫敦促下，中央政治局作出《关于取消陈韶玉、秦邦宪、王稼祥、何子述四同志的处分问题的决议》。

12月22日　在米夫、王明等人的压力下，中央政治局发出第九十六号通告，承认六届三中全会及其后的中央都"站在调和主义立场上"，表示"必须引进积极反立三路线反调和主义的干部尤其是工人干部到指导机关"。王明仍抓住不放，列举它的"三个错误"，使中央无法工作。

12月25日　在米夫督促下，中央委派王明为改组后的临时江南省委书记。王明上任后就压制与打击何孟雄等人。

1931年（27岁）

1月7日　在共产国际代表米夫一手包办下，以突然袭击的方式，召开了党的六届四中全会，不择手段地扶持王明上台，压制不同意见，使王明当选为中央委员、政治局委员。随后，又当选为政治局常委，掌握党的实际大权，从而使王明"左"倾教条主义路线统治党四年之久。

六届四中全会及其以后的中央在王明把持下，一方面提拔了那些支持他们的"左"倾教条主义者和宗派主义者到中央领导岗位，另一方面过分地打击了犯"立三路线"和所谓犯"调和路线"的错误的同志，并在"反右倾"的口号下，错误打击了何孟雄等同志。

2月10日　王明掌权后，立即正式出版《两条路线》一书，这是一本完全错误的反"右倾"的"左"倾机会主义的总纲领，它的出版标志着这个"左"倾总纲领在党内开始贯彻。

5月9日　新的中央发表了《目前的政治形势及党的紧急任务》决议案，标志着王明"左"倾路线已经在实际工作中得到具体运用和发展。

9月下旬　由于赴莫斯科任职而决定成立"临时中央"，指定不是中央委员的博古为负责人，然后报共产国际批准。以后，临时中央与博古积极推行王明"左"倾教条主义路线。

10月18日　离沪赴苏。

11月7日　到达莫斯科，担任中国共产党驻共产国际代表。他到苏联不久，就发起对在列宁学院工作和学习的周达文、董亦湘、俞秀松、陈郁等的批判。他还经常在中共代表团、共产国际东方部等处，召开批判李立三和"立三路线"的会议。

1932年（28岁）

3月　在莫斯科再版了《两条路线》，改名为《为中共更加布尔塞维克化而斗争》，加写了"再版书后"，补充了反"立三路线"和反罗章龙的斗争内容。

3月31日　在联共《布尔塞维克》第5、6期合刊上发表《中国革命危机的加深和中国共产党的任务》一文。

8月　同来苏联学习的两位同志谈话，要求他们要利用李立三，孤立"右派"陈郁，打倒托派周达文、俞秀松等人。

8月27日至9月15日　出席共产国际执委第十二次全会，曾作了两次长篇发言（后整理为《中国革命运动的苏维埃阶段》）。在9月3日晚还担任大会主席，主持讨论库西宁和台尔曼的报告。在这次全会上，当选为共产国际执行委员会委员。

10月　向到莫斯科学习的中国同志作了《第一次全苏大会的总结和民族革命战争问题》的报告。

11月7日　在莫斯科再次翻印《为中共更加布尔塞维克化而斗争》。

是年　还在《革命的东方》（俄文）、《共产国际》（俄文）等刊物上发表了《反对中共党内的李立三主义的斗争》《苏维埃中国是开展土地革命和民族革命战争的根据地》《国民党组织中国反革命势力的新策略》《广州公社五周年和中国现状》等四篇文章。

1933年（29岁）

1月17日　以王明为首的中共驻共产国际代表团，以中华苏维埃临时中央政府主席毛泽东、中国工农红军革命军事委员会主席朱德的名义，发布了《中华苏维埃临时中央政府工农红军革命军事委员会为反对日本帝国主义侵入华北愿在三条件下与全国各军队共同抗日宣言》（即《一·一七宣言》）。

1月26日　以王明为首的中共驻共产国际代表团，以中共中央的名义发出了《中央给满洲各级党部及全体党员的信》（即《一·二六指示信》）。

1月　在《共产国际》（中文）第2期发表《东北情形与反日统一战线策略》。

5月　在《共产国际》（中文）第6期发表《五卅事变八周年及中国现状》。

8月　在《共产国际》（俄文）第18期、中文第8期发表《中国红军底大胜利》。

9月27日　为《苏维埃中国》一书写引言。

10月27日　与康生联名给中共中央政治局写信，并同时寄出了《红军须知》《王明致巴比塞信》等六个文件。信中提出了中国人民对日作战的基本纲领。1934年4月，中共上海中央局只对此信作了个别文字修改，即作为《中央致各省委、市委、县委的一封秘密指示信》向各地发出。

11月30日　在《共产国际》等杂志上发表《中国苏维埃区域底经济政策》。同日晚，在共产国际执委第十三次全会的第六次会议和第二天上午的第七次会议讨论库西宁的报告时，发表了《革命、战争和武装干涉与中国共产党底任务》的长篇讲演。在这次会议上，被补选为共产国际执行委员会主席团委员，会后被指定为共产国际出席职工国际党团委员、共产国际执委的拉丁美洲书记处主任。

是年　还在《共产国际》（俄文）第8期发表了《给亨利·巴比塞、罗曼·罗兰和巴黎反战青年代表大会全体代表的信》。

1934年（30岁）

1月　在联共（布）第十七次代表大会上发表了《中国革命不可战胜》的演说。

2月21日　在《斗争》第64期上发表《中国共产党是中国反帝与土地革命中的唯一的领袖》。

4月20日　与康生联名给中央政治局写信，论述了过去在党内两条路线斗争等问题上存在的"严重的弱点"。同日，王明、康生起草的《中国人民对日作战的具体纲领》，由宋庆龄、何香凝等1779人签名公开发表。

5月28日　参加共产国际七大筹备委员会。

7月　撰写《十三年来的中国共产党》。

七八月间　中共驻共产国际代表团写信给上海中央局，认为中央局组织应该缩小。于是，上海中央局对组织作了压缩。

8月3日和9月16日　与康生联名两次给中央政治局写信。

11月14日　中共驻共产国际代表团致信中共中央政治局。

11月23日　在《国际报刊通讯》（英文）第26期发表《苏维埃中国的新形势与新战术》（又名《新条件与新策略》）。

11月30日　在《布尔塞维克》（俄文）第22期发表《中国红军反对蒋介石第六次"围剿"的斗争》。

是年　还在《共产国际》（俄文）第31期发表《中国苏维埃是特殊形式的工农民主专政》等文章。

1935年（31岁）

5月3日　与康生联名给上海临时中央局老秦（刘仲华）写信，提出"上海目前不需要任何中央的组织"，上海临时中央局根据这一指示，于8月宣告结束工作。

6月3日　经中共代表团和前来出席共产国际七大的中共代表的协商讨论，以王明、康生的名义发出了《给吉东负责同志的秘密信》（即"王康指示信"）。

6月　被吴玉章等从基斯罗沃德斯克疗养地急电请回。回莫斯科后，王明主持中共代表团召开了会议，然后由他根据共产国际的精神和中共代表团讨论的意见，执笔起草了《为抗日救国告全体同胞书》（即《八一宣言》）。

7月14日　中共代表团召开会议，讨论王明起草的《为抗日救国告全体同胞书》。另外，还讨论了关于参加共产国际七大代表名单、组织及分工等问题，决定王明、康生为正式代表，王明为主任代表和第一议程发言人，决定将中共代表团主办的设在巴黎的《救国报》变为日报。

7月25日至8月20日　出席共产国际第七次代表大会。在8月7日讨论季米特洛夫的报告时，作了《论反帝统一战线问题》的长篇发言。在这次会议上，当选为共产国际执行委员会委员、主席团委员和书记处候补书记。

8月1日　以中国苏维埃中央政府和中国共产党中央委员会的名义发表了《为抗日救国告全体同胞书》。

10月1日　《为抗日救国告全体同胞书》首先刊登在巴黎出版的《救国报》上。

8月25日至27日　在中共代表团会议上作了《为争取建立反帝统一战线和中国共产党的目前任务》的报告。

11月上旬　为苏联《布尔塞维克》和《共产国际》杂志分别写文章，后来将两篇文章合编为《新形势与新政策》小册子。

12月初　在莫斯科与蒋介石的私人代表和国民党中央执委会的代表、国民政府驻苏使馆武官邓文仪进行谈判，双方交换了意见。

是年　还为在苏联出版的《第二届苏维埃代表大会》一书写了序言。

1936年（32岁）

1月19日　《致罗曼·罗兰信》发表于《救国时报》第23期。

1月29日　在《救国时报》第9、10期合刊上，发表《论上海反日战争底教训》和《方志敏同志等被俘一周年纪念》。

4月30日　在《救国时报》第27期发表《怎样准备抗日？》。

春　在《共产国际》（俄文）第8期、《共产国际》（中文）第5期发表《为中国的抗日统一战线而斗争》。

7月　为中共成立十五周年纪念和中央新政策实行一周年而写了《为独立自由幸福的中国而奋斗》。

7月12日　在《救国时报》第42期发表《目前中国政局的出路——停止内战，一致抗日》。

10月25日　在《救国时报》第63期发表《中国人民之重大损失》。

11月12日　在《救国时报》第68期发表《纪念我们的回族烈士马骏同志》。

1937年（33岁）

3月　在《共产国际》（俄文）第3期等刊物上发表《救中国人民的关键》。

7月　中国抗日战争爆发后，在莫斯科经常与国民党驻苏代表张冲会谈，了解国内政治形势的变化。

8月5日　在《救国时报》第115期发表《悼冯洪国同志》。

8月　向共产国际执委书记处作《关于中国形势的报告》。

9月1日　撰写《日寇侵略的新阶段与中国人民斗争的新时期》，后在《共产国际》《布尔塞维克》《救国时报》等刊物上发表。

11月7日　在《救国时报》第132、133期发表纪念十月革命二十周年的文章:《伟大的社会主义革命二十周年纪念时之中国》。

11月11日　与王稼祥等人在克里姆林宫受到了斯大林的接见，并进行了会谈。

11月14日　与妻子孟庆树以及康生、陈云、曾山等一行离开莫斯科回国。在新疆、兰州作停留后，于11月29日乘飞机抵达延安。

12月9日至14日　在延安参加中央政治局会议，并在会上作了《如何继续全国抗战和争取抗战胜利呢？》的报告。在这次会议上，他和康生、陈云一起被增选为书记处书记，并担任七大筹委会书记。这次会议还决定成立由王明、周恩来、博古、叶剑英组成的中共中央代表团，负责与国民党进行谈判，王明任中共代表团负责人；决定由周恩来、博古、项英、董必武等组成中共中央长江局，领导南部党的工作。

12月18日 应蒋介石电邀，与周恩来、博古、邓颖超、孟庆树等从延安来到武汉。

12月21日晚 与周恩来、博古等就国共两党关系、扩大国民参政会等问题，同蒋介石进行了会谈。会谈中，蒋介石表示希望王明"在汉相助"。

12月23日 中共中央代表团与中共中央长江局召开了联席会议，决定将中共中央代表团和中共中央长江局合并，由王明担任中共中央长江局书记。

12月 在汉口与美国合众社记者白德恩会谈，在汉口抱冰堂对广西学生军发表了题为《抗战中的几个问题》的讲演。

12月25日 在汉口擅自以中共中央名义发表了《中共中央对时局的宣言》。

12月27日 撰写《挽救时局的关键》一文，后在《群众》周刊、《解放周刊》《救国时报》上发表。

12月28日 中央书记处向共产国际报告政治局会议情况和决定事项，说明会议在组织上决定王明等人留书记处工作，并告知会后王明等到武汉已同蒋介石进行了一次谈话，决定组织两党关系委员会，我方有王明等人参加。

1938年（34岁）

1月2日 王明等发出《长江局关于我党对国民政府与军委各部改组及国防参议会扩大问题向中央的请示电》。

1月11日 由王明等组成《新华日报》董事会，王明任董事长。

1月21日 与周恩来、博古等向中央书记处报告对四川工作的意见，23日中央回电表示同意。

1月27日至29日 连续在《新华日报》上刊登启事，声明《抗战》三日刊第32号刊载的《与周陈秦三位先生谈话记录》，与他历来谈话内容及词句很不相符。

1月28日 从武汉致电中央书记处并转宋、彭、任、刘，对于晋察冀边区致全国通电提出意见，害怕影响与国民党的关系。

1月下旬 在《战时青年》第2期杂志发表《抗日的民族统一战线之理论

与实践——在武汉大学讲演词》。

2月9日　致电中央书记处并朱、彭、任、林，说对于国民党一党一政一军的谬论，已到不能不公开答复之机会，我们决定"用毛泽东名义发表一篇二月二日与延安《新中华报》记者其光的谈话，此稿由绍禹起草"，"因时间仓促及文长约万字，不得先征求泽东及书记处审阅"。

2月11日　在《新华日报》发表《中国抗战与世界和平》一文。

2月27日至3月1日　出席在延安召开的中共中央政治局会议（"三月政治局会议"）。在会上先后作了两次发言，系统发展了他的右倾主张。

3月11日　写出《三月政治局会议的总结——目前抗战形势与如何继续抗战和争取抗战胜利》一文，在《群众》月刊第19期上公开发表。

3月12日　在《新华日报》上发表《中山先生逝世十三周年》一文。

3月21日　起草一份《中共中央对国民党临时全国代表大会的提议》，在中共中央尚未审阅前就交与了国民党。而中共中央另外起草了《中共中央致国民党临时全国代表大会电》，针对国民党的片面抗战路线提出了八条意见。王明收到后于当天即复电中央，说："你们所写的东西既不能也来不及送国民党，望你们在任何地方不能发表……否则对党内外都会发生重大的不良政治影响。"

4月22日　致电中央书记处，对"中央关于国民党临全大会宣言与纲领立场的指示"提出两点意见：甲、认为此纲领宣言的基本精神同我党主张是一致的说法稍嫌笼统；乙、现在我们即表示赞助青年团（三青团）的成立，似嫌太早，且政治上不利。

4月28日　与周恩来、博古联名写出《答复子健同志的一封公开信》。

5月1日　在《新中华报》发表《今年的五一节与中国工人》。

5月6日、23日　与周恩来等两次致电中央书记处，请示关于三青团的性质及组织原则之意见，中央随后答复了。

5月25日　参加中共中央及八路军驻武汉代表欢迎世界学联代表团的茶会，并发表欢迎词。

5月27日　参加《新华日报》社对战地记者的招待会，并作讲话。

6月15日　与周恩来、博古联名在《新华日报》上发表《我们对于保卫武汉与第三期抗战底意见》。

6月21日　《国民政府公报》渝字第59号公布了第一届国民参政会参政员名单，其中有中共的毛泽东、陈绍禹、秦邦宪、林祖涵、吴玉章、董必武、邓颖超等七名。此后，王明又一直担任二、三、四届国民参政会的参政员。

6月30日　写出《为争取抗战最后胜利和建立独立自由幸福的新中国》一文。

7月5日　中国共产党七位参政员在《新华日报》联名发表了《我们对于国民参政会的意见》。

7月6日至15日　在武汉出席国民参政会一届一次大会。12日，王明等68人提出了《拥护国民政府实施抗战建国纲领案》，第二天在《新华日报》上发表了关于这个提案的说明，随后大会通过了这一提案。15日，王明与董必武、博古等被选为一届一次大会休会期间驻会委员。

7月7日　在《新华日报》上发表《过去与将来》。

7月　发表《十七年来的中国共产党——纪念中共十七周年》《用笔来发动民众捍卫祖国》等文章。

7月初　中共中央为《新华日报》未转载毛泽东《论持久战》一事致电，要他们尽快刊登，但王明借口文章太长而拒绝发表。

8月6日　毛泽东等向王明等发出《关于保卫武汉的方针问题的指示》。

9月15日　与周恩来、博古、孟庆树、徐特立等从武汉回延安，延安各机关、群众团体、学校及毛泽东、朱德等前往迎接。

9月29日至10月　在延安出席党的六届六中全会，并任大会主席团成员。在10月20日作了《目前抗战形势与如何坚持持久战争取最后胜利》的发言，坚持右倾立场，受到毛泽东等人的批评。全会决定撤销中共中央长江局，王明留在延安工作，担任中共中央统战部部长、中央妇女运动委员会主任等职务。

10月15日　在《新中华报》上发表《在抗战建国的目标下来团结全国青年——在西北青年救国联合会第二次代表大会上的演讲》。

11月1日　国民参政会一届二次大会通过有王明参加的胡景伊等44人提

出的《拥护蒋委员长持久抗战宣言案》，王明等 73 人提出的《拥护蒋委员长和国民政府，加紧全民族团结，坚持持久抗战，争取最后胜利案》，王明参加的王造时等 66 人提出的《参政会应发表宣言，拥护蒋委员长告全国国民书，并号召全国同胞，一致奋起继续抗战，以争取最后胜利案》。《新华日报》于第二天刊载。

11 月 5 日　国民参政会一届二次大会通过有王明参加的林祖铭等 20 人提出的《严惩汉奸傀儡民族叛徒以打击日寇以华制华之诡计而促进抗战胜利案》，王明等 22 人提出的《关于克服困难渡过难关持久抗战争取胜利问题案》，王明参加的吴玉章等 32 人提出的《加强国民外交推动欧美友邦人士敦促各国政府对日寇侵略者实施经济制裁案》。7 日，《新华日报》全部刊载。

11 月 6 日　给《新华日报》编辑部写信，说明《国民公报》所载关于 5 日参政会会议的特写与事实不符。

12 月 12 日　参加与蒋介石的谈判。

12 月 13 日　王明等向中央致电，汇报国共两党关系问题及与蒋介石谈判情况。

年底　从重庆回到延安。

1939 年（35 岁）

1 月 15 日　在延安各界民众抗日讨汪大会上发表长篇演讲：《旧阴谋的新花样》。

2 月 12 日　王明等中共参政员致电国民参政会秘书处，说因事不能出席国民参政会第三次会议，特电请假。

2 月 10 日　在《新中华报》上发表《全国人民对于国民参政会第三次会议的希望》。

3 月 3 日　在《解放》周刊第 66 期发表《共产党员和妇女解放运动》。

5 月 1 日　在《中国青年》第 1 卷第 2 期发表《五四运动的二十年》。

5 月 7 日　《新中华报》发表了他在延安各界精神总动员宣誓，纪念"五一"劳动节大会上的讲话。

5月10日至8月13日　出席鲁迅艺术学院周年纪念大会、中央干部教育部召开的学习动员大会、抗大成立三周年纪念大会、延安青年记者协会第二次动员大会、抗战两周年纪念会、延安中国女子大学开学典礼大会、陕甘宁边区学联第一次代表大会等，并作讲演或讲话。

5月　写出《抗日民族统一战线诸问题》，后摘录收入《王明论统一战线》，作为《为中共更加布尔塞维克化而斗争》一书的补充材料。

6月1日　在《中国妇女》第1卷第1期发表《论妇女解放问题》。

6月6日　在《新中华报》发表《反共是日寇汉奸和投降派的阴谋》。

7月7日　在《新中华报》发表《坚持抗战国策克服投降危险》。

8月20日　在《解放》周刊第81期发表《为死者求冤》。

9月5日　在《新华日报》发表《在欢迎尼赫鲁大会上的欢迎词》。

9月8日　与毛泽东等参政员联名写了《我们对于过去参政会工作和目前对时局的意见》。

9月12日　包括他在内的中共七位参政员每人捐款50元，电慰香港反汪罢工工人。

9月20日　出席中共中央南方局在八路军驻重庆办事处召开的会议并发言，对苏德缔约后的国际形势作了分析。

同日　在《新华日报》发表《目前国内外形势与参政会第四次大会的成绩》。

10月19日　在重庆各界代表大会上代表中共中央作了《在鲁迅先生纪念会上的演词》。

11月24日　与毛泽东等共同发起延安各界宪政促进会，于这天召开了发起人会议。

12月9日至28日　在延安"一二·九"纪念大会、斯大林六十诞辰庆祝会、自然科学讨论会、抗大三分校等作讲演或报告。

12月9日　在《新中华报》发表《促进宪政运动努力的方向》。

12月20日　在《中国妇女》第1卷第7期发表《中国妇女与宪政运动》。

是年　还担任了中央南方工作委员会主任。

1940年（36岁）

1月4日至12日 陕甘宁边区文化协会举行第一次代表大会，写了贺词并在会上报告了文化统一战线问题，还当选为协会执行委员。

1月7日至2月19日 在延安妇女界宪政促进会发起人大会及成立大会，陕甘宁边区第二届农工展览会开幕式，八路军总政治部对自新疆归来的三百余名指战员欢迎会，"三八"节纪念大会，抗大三分校第五期一、二大队同学毕业典礼等会议上作讲演。

1月29日 在《解放》周刊第100期发表《力争时局好转克服时局逆转》。

2月3日、9日 与毛泽东等为国民参政会华北视察团事，两次致电国民参政会秘书处。

2月20日 在延安各界宪政促进会成立大会上被选为名誉主席团成员及理事。

同日 为《为中共更加布尔塞维克化而斗争》加写三版序言。

3月31日 参加蒙古文化促进会成立大会，当选为理事。

3月在延安再版了《为中共更加布尔塞维克化而斗争》。

5月1日 在延安纪念"五一"节大会上讲话。

5月3日 在延安泽东青年干部学校开学典礼上，作了《学习毛泽东》的讲话。

7月5日 在《中国青年》第2卷第9期上发表《学习毛泽东》。

7月5日 在《新中华报》发表《抗战胜利的唯一保证》。

7月24日 在延安各界举行的成吉思汗夏季公祭大会上讲话，后在8月3日《新中华报》发表。

9月初至年底 在中国女子大学成立一周年纪念和第一届同学毕业大会、陕北公学成立三周年纪念大会和中国回教救国协会陕甘宁边区分会、边区回民文化促进会成立大会、回民第一次代表大会同时召开的开幕式上讲话或演说。

11月20日 在《共产党人》第12期上发表《论马列主义决定策略的几个基本问题》。

12月19日 在《新中华报》发表了《在延安一九四一年生产动员大会上

的讲话》。

1941年（37岁）

1月12日　主持召开中央妇委召集的保育工作会议。

2月初　中央酝酿停办《中国妇女》杂志，王明立即找人写文章，准备在《新中华报》上发表，加以反对。

2月13日　写信给中央组织部部长陈云，反对中组部把中国女子大学学生调去做其他工作。

2月15日　包括王明在内的中共七位参政员致函国民参政会和秘书处，提出皖南事变善后办法十二条。

3月1日　第二届国民参政会在重庆开幕。因国民党拒绝接受中共提出的十二条善后办法，中共七位参政员拒绝出席会议。

3月6日　国民参政会秘书处致电中共七位参政员，希望出席本届大会。

3月8日　中共七位参政员复函国民参政会，重申不能出席之理由，提出以皖南事变善后办法与临时办法之解决，为"是否出席此次参政会之标准"。

5月　在毛泽东作了《改造我们的学习》报告之后，王明向中国女子大学全体同志作了传达。

9月1日　延安中国女子大学撤销，与陕北公学、青年干校合并成立延安大学，王明的校长职务也自动解除。

9月10日至10月22日　中央政治局召开会议讨论关于反对主观主义与宗派主义问题，延安高级干部开始整风。王明在9月12日的发言中，坚持说"四中全会的政治路线是正确的"，把错误推到别人身上。

10月初　与毛泽东进行了几次谈话。王明谈了统一战线中的独立性、《论持久战》、对武汉时期形势的估计、长江局与中央的关系等问题，继续坚持自己的错误意见。毛泽东对他进行了批评帮助。

10月7日晚　与毛泽东、王稼祥、任弼时等谈话。王明抓住季米特洛夫询问中国抗战情况的一份电报，对中央的工作进行指责。毛泽东指出了他的右倾错误。

10月8日　出席中央书记处在杨家岭召开的工作会议。王明将7日晚的谈话作了一些修改，在会上的发言中继续坚持自己的错误，并且认为中央犯了"左"的错误。他的错误意见受到与会者的反对。毛泽东在会议结束时提出要讨论中央路线，并希望王明对武汉时期的错误及对目前政治问题的意见，在政治局会议上说明。

10月12日　突然宣布有病，不能参加政治局会议。

10月14日　住进延安中央医院治病。

1942年（38岁）

6月　傅连暲、马海德等在延安的著名医务人员对王明的病情进行会诊。王明入延安中央医院后，主治医生金茂岳用药不当，致使其病情加重。专家会诊后，又进行了对症治疗，还请来了延安名中医李鼎铭先生诊治，病情逐步好转。

8月13日　出院回到杨家岭家中。

11月15日　孟庆树在"给弼时、富春同志转毛主席及中央各位同志的信"中，说给王明治病的金茂岳医生在政治上值得怀疑。金茂岳因此在1943年"抢救运动"中被关押，后经组织上查清，金茂岳在政治上并没有任何问题。但王明后来在《中共五十年》中，竟诬称金茂岳"按照毛泽东的命令，用大剂量的含汞药物来毒害我"。

1943年（39岁）

3月20日　中共中央政治局召开会议，决定中央书记处由毛泽东、刘少奇、任弼时组成。会议通过了《关于中央机构调整及精简的决定》，决定将现有的职工运动委员会、妇女运动委员会、青年运动委员会合并，成立中央民运工作委员会，由邓发和蔡畅任书记和副书记。该决定还对各个地区的党政军领导作了重新划分。这样，王明就被解除了书记处书记、妇女运动委员会主任、南方工作委员会主任等职务，继续留任中央政治局委员和统战部部长。

9月9日　毛泽东、周恩来给在重庆的董必武发去的电报中说："如有此机会，你可顺带交涉王明、王稼祥等大小七人乘这次苏联来延飞机去苏治病。"

11月15日　孟庆树向党中央写信，对党中央和毛泽东同志对王明病情的关怀和照顾，表示"十万分的热忱感谢"。

12月22日　原共产国际负责人季米特洛夫在收到王明给他拍来的电报之后，以个人名义给毛泽东写信，错误地提出："我认为，现在进行的反对王明的运动在政治上是错误的。"

12月28日　中共中央书记处发出《关于研究王明、博古宗派机会主义路线错误的指示》。同一天，中共中央政治局也发出了《关于〈反对统一战线中的机会主义〉一文的指示》。

1944年（40岁）

1月6日　毛泽东同王明进行了一次谈话，希望王明认识自己的错误。

5月21日　中共六届七中全会在延安杨家岭召开。这次全会先后召开了八次全体会议。在5月21日召开的第一次会议上，选出了由毛泽东、朱德、刘少奇、任弼时、周恩来五人组成的主席团，并决定在全会期间，由主席团处理日常工作，书记处及政治局停止行使职权。这样，王明的政治局委员职务也实际上被停止了。

5月28日　中共中央在关于华中党的任务给华中局的指示中，明确指出在党的历史上曾经存在过带有全党性的教条主义宗派（以王明、博古为首）。

1945年（41岁）

4月20日　中共中央六届七中全会通过了《关于若干历史问题的决议》，对党在历史上的若干问题，特别是对以王明为代表以教条主义为特征的"左"倾错误路线作了详细结论。

同日　王明给六届七中全会写了一封长信，表示同意和"完全服从"《关于若干历史问题的决议》。

4月23日至6月11日　中共第七次全国代表大会在延安举行，王明因病只参加了开幕式后就离开了会场。在七大上，王明以321票当选为中央委员，在 44 名中央委员中排在倒数第二位，列博古之前。

会后，中共中央政治研究室成立，王明任主任，主要从事研究党的政策、起草法律条文等工作。

1946 年（42 岁）

6 月　中共中央法律问题研究委员会成立，谢觉哉、王明任主任，协助中共西北局研究与起草陕甘宁边区宪法草案。

1947 年（43 岁）

1 月　根据党中央要求，他和法律问题研究委员会开始起草全国性的宪法草案。

3 月　同法律问题研究委员会一起撤离延安，搬到山西临县后甘泉村办公，继续起草宪法草案。

10 月　完成宪法草案工作。在后甘泉村参加土改工作。

12 月 8 日至 28 日　在陕北米脂县杨家沟参加中央会议。

1948 年（44 岁）

4 月　离开山西临县后甘泉村，转移到河北省平山县。

10 月　根据中央要求，把宪法草案改写成为中华人民共和国临时宪法草案提交中央宪草纲领起草委员会。

12 月　中央决定将中央法律问题研究委员会改为中央法律委员会，王明任主任。

1949 年（45 岁）

3 月 5 日至 13 日　出席在河北平山县西柏坡村召开的七届二中全会。会议决定要他写一个关于历史错误的声明书提交政治局审阅，他在会上口头表示同意。

3 月 16 日　毛泽东与王明谈话，劝他写好声明书，认真检查错误。

3月23日 党中央派刘少奇与王明谈话，希望他认识自己的错误，从速写好声明书交与党中央。

5月 由平山县搬到北平，先住在香山，后搬至孟公府2号居住。

7月14日至17日 参加中华全国社会科学工作代表会议筹备会，并被选为出席新政协的代表。

9月21日至30日 在北平出席中国人民政治协商会议第一届全体会议，当选为第一届政协全国委员会委员。

10月5日 中苏友好协会总会成立，王明当选为理事。

10月19日 中央人民政府任命王明为政治法律委员会副主任、法制委员会主任、最高人民法院委员。

10月23日 刘少奇代表中央找王明谈话，批评他不尊重二中全会决定，拖延不写声明书是不对的，催促他速写好声明书交政治局。

10月26日 中央政治局听取刘少奇关于和王明谈话情况报告后，在决议事项第九项中，要求他"从速写好声明书，交政治局审阅"。

11月6日 写信给毛泽东，借口1945年曾给六届七中全会写过信，表示过接受《关于若干历史问题的决议》，拖延不写声明书。

1950年（46岁）

4月13日 在中央人民政府第七次会议上提交《中华人民共和国婚姻法草案》，并作《关于中华人民共和国婚姻法起草经过和起草理由的报告》，获得通过。

6月9日 七届三中全会作出《关于王明同志的决定》，指出，"王明同志至此时为止，对于他过去所犯的错误是拒绝反省的，对党中央所采取的态度是不诚恳的，对不遵守二中全会决定向政治局写声明书的行为，是无纪律的行为"。因此，三中全会要求王明对自己在历史上"所犯的原则错误作一次深刻的反省"，"此声明书写好后，应提交中央政治局审阅"。王明因病没有参加会议。

8月17日 给毛泽东写信，借口有病、笔记本被拿走、手头没有材料，拖延写声明书的时间。

10月25日　去苏联治病。

1953年（49岁）

12月9日　在苏联病情好转后回到北京。

1954年（50岁）

1月28日　写信给党中央，说明因病不能参加七届四中全会，但完全同意看过的决议。

9月15日至28日　第一届全国人民代表大会第一次会议在北京召开。大会决定把政务院改为国务院，王明为主任的法制委员会撤销，从此他在政府中没有再担任任何职务。

1955年（51岁）

2月　因病再度住进北京医院。刘少奇、周恩来等先后到医院和他家中看望。

4月1日　因富振声在全国代表会议上对其提意见一事，致信毛泽东进行解释。

10月4日　让孟庆树代笔给刘少奇写信，说明因病不能参加党的七届七中全会，"请求中央解除我的中央委员的职务"。

1956年（52岁）

1月30日　再次赴苏治病，从此再没回国。

9月15日至27日　党的第八次全国代表大会在北京召开，王明从莫斯科来信说，自己身体不好不能回国参加，但仍被选为中央委员。

1969年（65岁）

3月　写出《毛泽东进行的不是"文化革命"而是反革命政变》一文，歪曲"文化大革命"性质，攻击毛泽东。

3月19日　在加拿大共产党党报《加拿大论坛报》上发表《论中国事件》。31日由苏联政治书籍出版社出版。

1970年（66岁）

4月　借纪念列宁诞辰100周年之机，出版攻击毛泽东的《列宁、列宁主义和中国革命》一书。

1974年（70岁）

3月20日　写完《中国共产党五十年和毛泽东的叛徒行径》一书。该书1975年由苏联政治书籍出版社出版。在这本书中他大批"文化大革命"的右倾错误，把它歪曲成"反革命政变"，恶毒攻击毛泽东，全面否定毛泽东思想，为自己"左"倾错误竭力翻案。

3月23日　病逝于莫斯科。

附录2
王明著述目录索引
（1925—1980）

篇　名	发表时间及刊物	署　名
安徽的学生	1925年5月1日，武昌"商大"皖籍学会会刊《皖光》第1卷第1期	陈绍禹
反对和免除贵族专利的现代学校教育	1925年5月1日，武昌"商大"皖籍学会会刊《皖光》第1卷第1期	陈绍禹
恋爱真谛	1925年5月1日，武昌"商大"皖籍学会会刊《皖光》第1卷第1期	陈绍禹
革新运动中所得之经验	1925年5月10日，武昌"商大"《商大周刊》第3卷第5期	陈绍禹
三种不同的面目	1925年5月10日，武昌"商大"《商大周刊》第3卷第5期	绍禹
革新运动后之最近简单希望	1925年5月10日，武昌"商大"《商大周刊》第3卷第5期	陈绍禹
社会、社会学、社会科学、社会问题、社会主义底浅释	写于1925年5月27日，发表于1925年12月，武昌"商大"《社会科学研究》第1集	陈绍禹
英俄断绝国交问题	1927年6月8日，《向导》周刊第197期	绍禹
中国革命前途与革命领导权问题	6月15日，《向导》周刊第198期	绍禹
《武装暴动》序言	写于1928年写于5月16日，发表于1929年4月1日，《布尔塞维克》第2卷第6期	韶玉
广州暴动纪实	写于1928年11月17日，收入1930年12月25日出版的《广州公社》	韶玉

续表

篇　名	发表时间及刊物	署名
论撒翁同志对中东路问题的意见	1929年9月1日，《布尔塞维克》第2卷第10期	韶玉
英美联合和平宣言与第二次世界大战	1929年10月12日，《红旗》报第48期	韶玉
最近政局与拥护苏联	1929年10月17日，《红旗》报第49期	慕石
准备着应战	1929年11月7日，《红旗》报第51期	慕石
太平洋会议的内幕——赛狗会	1929年11月7日，《红旗》报第51期	慕石
六万劳苦群众的武装斗争	1929年11月10日，《红旗》报第52期	慕石
进攻苏联与瓜分中国	1929年11月13日，《红旗》报第53期	慕石
与一个工人同志的谈话	1929年11月13—16日，《红旗》报第53—54期	慕石
太平洋会议的总结	1929年11月16日，《红旗》报第54期	慕石
第二次太平洋劳动会议的总结	1929年11月20日，《红旗》报第55期	慕石
反对派还是反动派？	1929年11月20日《红旗》报第55期	慕石
两个策略与两个政纲	1929年11月23日，《红旗》报第56期	慕石
党的主要实际政治危险，究竟是什么？	1929年11月23日《红旗》报第56期	慕石
论陈独秀	1929年11月27日，《红旗》报第57期	慕石
以革命联合回答反革命联合	1929年11月30日，《红旗》报第58期	慕石
第三次暴动与"第四次暴动"	1929年11月30日，《红旗》报第58期	慕石
调和倾向与调和派	1929年11月30日，《红旗》报第58期	慕石
"西北问题解决"后	1929年12月4日，《红旗》报第59期	慕石
哈尔滨群众反日拥俄大示威的意义	1929年12月4日，《红旗》报第59期	慕石
检阅我们的工作	1929年12月4日，《红旗》报第59期	慕石
广州暴动二周年纪念	1929年12月5日，《布尔塞维克》第2卷第11期	慕石
极可注意的两个农民意识问题	1929年12月7日至1930年1月4日，《红旗》报第60、67期	慕石

附录2
王明著述目录索引（1925—1980）

续表

篇　名	发表时间及刊物	署名
"中俄和平交涉"与进攻苏联的战争	1929年12月11日，《红旗》报第61期	慕石
广州暴动与中国革命性质问题	1929年12月11日，《红旗》报第61期	慕石
"中俄和平交涉"的现状与前途	1929年12月18日，《红旗》报第62期	慕石
军阀战争与取消派	1929年12月18日，《红旗》报第62期	慕石
没有一个好东西！	1929年12月20日，《红旗》报第63期	慕石
唐山五矿工友的斗争	1929年12月20日，《红旗》报第63期	慕石
社会主义建设的伟大工作——苏联的五年经济计划的研究	1929年12月22日，《布尔塞维克》第2卷第12期	慕石
为哪一种"民主政治"而战？	1929年12月25日，《红旗》报第64期	慕石
欢迎朝鲜的五卅	1929年12月25日，《红旗》报第64期	慕石
阎张等通电后的政局	1929年12月28日，《红旗》报第65期	慕石
1929年的中国	1930年1月1日，《红旗》报第66期	慕石
狐狸的尾巴都露出来了！	1930年1月4日，《红旗》报第67期	慕石
反对两个严重错误的倾向	1930年1月8日，《红旗》报第68期	慕石
军阀战争的"成绩"	1930年1月11日，《红旗》报第69期	慕石
为什么反对派要自称"列宁主义布尔塞维克"？	1930年1月11日，《红旗》报第69期	慕石
给中共中央的信（汇报被捕和在狱中的情况）	1930年2月21日	陈绍禹
再论富农问题	1930年3月26日，《红旗》报第87期	韶玉
南京四三惨案的意义与教训	1930年4月10日，《劳动》第28期	兆雨
加紧准备"红色的五一"！	1930年4月10日，《劳动》第28期	玉
"四一二"与蒋介石	1930年4月10日，《劳动》第28期	石
汉口蛋厂的同盟罢工	1930年4月10日，《劳动》第28期	慕
要饭吃！要工作！要土地！	1930年5月1日，《劳动》第30期	石
援助英日同盟罢工的兄弟们	1930年5月1日，《劳动》第30期	石

续表

篇　名	发表时间及刊物	署名
上海水电工人的同盟罢工	1930年5月14日,《劳动》第31期	兆雨
"赤俄"与"白俄"	1930年5月14日,《劳动》第31期	石
目前军阀战争与党的任务	1930年5月15日,《布尔塞维克》第3卷第4、5期合刊	韶玉
为什么不组织雇农工会？	1930年5月17至24日,《红旗》报第102—104期	韶玉
上海水电工人同盟罢工胜利的意义与教训	1930年5月23日,《劳动》第32期	兆雨
一个笑里藏刀的危险口号	1930年5月23日,《劳动》第32期	兆雨
怎样准备五卅工作？	1930年5月23日,《劳动》第32期	玉
国际劳工局与国民党	1930年5月23日,《劳动》第32期	石
上海水电工人同盟罢工的胜利	1930年5月27日,《红旗》报第105期	韶玉
与印度安南兄弟们共同行动起来！	1930年6月7日,《劳动》第43期	石
什么是"流氓"与"匪"？	1930年6月21日,《红旗》报第112期	韶玉
"没收地主阶级的一切土地"——还是"没收一切土地"	1930年7月2日,《红旗》报第115期	韶玉
致中共中央的信（就中国革命和形势问题谈自己的不同看法）	1930年7月10日	陈绍禹
致六届三中全会的信（表示拥护三中全会）	1930年9月24日	陈绍禹
致中共中央的信（批评六届三中全会）	1930年11月13日	陈绍禹 秦邦宪
致中共中央的信	1930年11月17日	陈绍禹 秦邦宪
两条路线	写于1930年11月间,1931年2月出版	绍禹
立三路线与战后资本主义第三时期	1930年12月14日,《实话》第3期	韶玉

附录 2
王明著述目录索引（1925—1980）

续表

篇　名	发表时间及刊物	署　名
中国反帝运动的新高潮	1931年11月,《共产国际》（俄文）第32期，收入1935年苏联出版的《中国民族革命战争问题》	王明
关于中国的革命工会运动——在赤色职工国际中央委员会第八次会议上的发言（又名：中国的革命危机和革命工会运动的任务）	《国际工人运动》（俄文）第36期，1932年《赤色工会国际》（俄文）第1、2期	王明
中国革命危机的加深和中国共产党的任务（又名：中国目前的政治形势与中共当前的主要任务）	1932年3月31日,《布尔塞维克》（俄文）第5、6期合刊，6月于苏联出版中文单行本	王明
反对中共党内的李立三主义的斗争	《革命的东方》（俄文）第3、4期	王明
苏维埃中国是开展土地革命和民族革命战争的根据地	《共产国际》（俄文）第23期	王明
国民党组织中国反革命势力的新策略	《共产国际》（俄文）第25、26期	王明
广州公社五周年和中国现状	《共产国际》（俄文）第35、36期	王明
中华苏维埃临时中央政府工农红军革命军事委员会为反对日本帝国主义侵入华北愿在三条件下与全国各军队共同抗日宣言（一·一七宣言）	1933年1月17日	毛泽东、朱德（中共驻共产国际代表团代起草）
中央给满洲各级党部及全体党员的信（一·二六指示信）	1933年1月26日	中共驻共产国际代表团
东北情形与反日统一战线策略（又名：东三省情形与日本对中国的新进攻）	《共产国际》（中文）第2期，《共产国际》（俄文）第4、5期，收入1935年苏联出版的《中国民族革命战争问题》	王明
五卅事变八周年及中国现代	《共产国际》（中文）第6期	王明
给亨利·巴比塞、罗曼·罗兰和巴黎反战青年代表大会全体代表的信	《共产国际》（中文）第8期	王明

续表

篇　名	发表时间及刊物	署　名
中国红军底大胜利	《共产国际》（俄文）第18期，《共产国际》（中文）第8期	王明
致中共中央政治局的信	1933年10月	王明　康生
东方劳动者底重大损失	《共产国际》第4卷，第11期	王明　康生
中国苏维埃区域底经济政策	《共产国际》（俄文）第24期，《共产国际》（中文）第9期，《中国问题》（俄文）第12期	王明
《苏维埃中国》引言	写于9月27日，载于1933年苏联出版的《苏维埃中国》	王明
中国革命运动的苏维埃阶段	《中国问题》（俄文）第11期	王明
革命、战争和武装干涉与中国共产党底任务（又名：中国现状与中共任务）	《共产国际》（俄文）第36期，1934年《共产国际》（中文）第1期，《中国问题》第3期	王明
中国革命不可战胜	1934年《周围世界》（俄文）第3期	王明
中国共产党是中国反帝与土地革命中的唯一的领袖	1934年2月21日，《斗争》（油印，上海版）第64期；6月30日，《斗争》（铅印，苏区中央局版）第66期	王明
第二次苏维埃大会的改造运动和苏维埃的民主	1934年2月，（日）波多野乾一编，《中国共产党史资料集成》第3卷（1933年）	陈绍禹
东方的第二个苏维埃共和国	《青年共产国际》（俄文）第3期	王明
苏维埃中国的新形势与新战术（又名：新条件与新策略）	1934年11月23日，《国际报刊通讯》（英文）第26期，收入1935年苏联出版的《新条件与新策略》	王明
中共布尔塞维克化的道路和列宁主义在中国的胜利（又名：十三年来的中国共产党）	1934年11月30日，《共产国际》（中文）第11期	王明
中国红军反对蒋介石第六次"围剿"的斗争。（又名：六次战争与红军策略）	1934年11月30日，《布尔什维克》（俄文）第22期，收入1935年苏联出版的《新条件与新策略》	王明
中国苏维埃是特殊形式的工农民主专政（订正速记报告）	《共产国际》（俄文）第31期，《马列主义函授教程》第11期	王明

续表

篇　名	发表时间及刊物	署　名
论殖民地和半殖民地的革命运动与共产党的策略（又名：论反帝统一战线问题、论反帝统一战线）	1935年8月发表于苏联《真理报》，《革命的东方》（俄文）第四期，《共产国际》（俄文）第25期，10月在巴黎出版中文单行本	王明
《第二届苏维埃代表大会》序言	载于1935年苏联出版的《第二届苏维埃代表大会》	王明
给吉东负责同志的秘密信（即"王康指示信"）	1935年6月3日	王明　康生
为抗日救国告全体同胞书（即《八一宣言》）	1935年8月1日	中国苏维埃中央政府和中国共产党中央委员会（中共驻共产国际代表团起草）
答反帝统一战线底反对者	1935年11月7日，巴黎《救国报》，收入《救国文选》（巴黎救国出版社1936年）	王明
新形势与新政策（又名：抗日救国政策）	1936年1月9日—3月10日，《救国时报》第6—17期，《共产国际》（中文）第一二期合刊，《共产国际》（俄文）第2期	王明
论上海反日战争底教训	1936年1月29日，《救国时报》第九、第十期合刊	王明
方志敏同志等被俘一周年纪念	1936年1月29日，《救国时报》第九、第十期合刊	王明
致罗曼·罗兰信	1936年4月10日，《救国时报》第23期	王明
怎样准备抗日？	1936年4月30日，《救国时报》第27期，《全民》月刊第4期	陈绍禹
致纽约商报主笔信	1936年6月5日，《救国时报》第33期	王明
追悼瞿秋白同志	1936年6月20日，《救国时报》第37期	王明　康生
王明等之纪念词	1936年6月20日，《救国时报》第37期	王明等
为独立自由幸福的中国而奋斗（又名：为中国人民独立自由而斗争的十五年、新中国论）	《共产国际》（中文第4、5期，《共产国际》（俄文）第14期，《共产国际》（英文）第44期，《救国时报》第55、56期（"九一八"五周年纪念专刊，《全民》月刊第七八期合刊，《陈绍禹（王明）救国言论选集》	陈绍禹

续表

篇　名	发表时间及刊物	署名
为中国的抗日统一战线而斗争	《共产国际》（俄文）第 8 期，《共产国际》（中文）第 5 期	陈绍禹
目前中国政局的出路——停止内战，一致抗日	1936 年 7 月 12 日，《救国时报》第 42 期	陈绍禹
中国人民之重大损失	1936 年 10 月 25 日，《救国时报》第 63 期	陈绍禹
纪念我们的回族烈士马骏同志	1936 年 11 月 12 日，《救国时报》第 68 期	陈绍禹
拯救中华民族的唯一出路（又名：中华民族之出路、救中国人民的关键、团结救国论）	1937 年《共产国际》（俄文）第 3 期，《布尔什维克》（俄文）第 8 期，《救国时报》第 94 期	陈绍禹
悼冯洪国同志	1937 年 8 月 5 日，《救国时报》第 115 期	陈绍禹
日寇侵略的新阶段与中国人民斗争的新时期	《共产国际》（俄文）第 8 期，《布尔什维克》（俄文）第 17 期，《共产国际》（英文）第 10 期，《救国时报》第 123、124 期，《解放》周刊第 26 期，《陈绍禹（王明）抗战言论集》	陈绍禹
伟大的社会主义革命二十周年纪念时之中国（又名：苏联社会主义革命二十周年与中国人民的对日抗战）	1937 年 11 月 7 日，《救国时报》第 132、133 期，《共产国际》（俄文）第 10、11 期，《共产国际》（英文）第 12 期	王明
如何继续全国抗战和争取抗战胜利呢？	收入 1941 年编的《六大以来》（上）——在政治局会议上的报告大纲	王明
与合众社记者白德恩的谈话（又名：中国共产党现阶段的政策及对抗战的各种主张、谈国共两党合作的任务）	1938 年 1 月 18 日，《新华日报》，收入《陈绍禹（王明）救国言论选集》《国共合作与抗战》《抗日民族统一战线指南》第 3 集等文集	陈绍禹
挽救时局的关键	写于 1937 年 12 月 27 日，发表于《群众》周刊第 1 卷第 4 期，《解放》周刊第 30 期，《救国时报》第 152 期	陈绍禹
谈抗战中的几个问题——在抱冰堂的演讲	1938 年 1 月 20 日《新华日报》，《群众》周刊第 1 卷第 8 期	陈绍禹

续表

篇　名	发表时间及刊物	署名
抗日的民族统一战线——在武汉大学的演讲（又名：论抗日民族统一战线、抗日的民族统一战线之理论与实践）	1938年1月下旬，《战时青年》第2期，收入《陈绍禹（王明）抗战言论集》	陈绍禹
关于晋察冀边区通电——陈博致书记处并转朱彭任刘电	1938年1月28日，收入《抗日战争时期党内两条路线的斗争资料》（北京大学中国革命史教研室编印）	陈绍禹　秦邦宪
中国抗战与世界和平	1938年2月11日，《新华日报》	陈绍禹
三月政治局会议的总结——目前抗战形势与如何继续抗战和争取抗战胜利	写于1938年3月11日，发表于《群众》周刊第1卷第19期，《解放》周刊第36期	陈绍禹
陈绍禹（王明）抗战言论集	1938年2月，民族解放社	陈绍禹
中山先生逝世十三年	1938年3月12日，《新华日报》	陈绍禹
答复子健同志的一封公开信	1938年4月28日，《群众》周刊第1卷第21期	陈绍禹、周恩来、秦邦宪
今年的五一节与中国工人	1938年5月1日《新华日报》，《解放》周刊第36期	陈绍禹
中国青年和网际青年联合起来——在招待世界学联代表团会上的欢迎词	1938年5月26日，《新华日报》，《群众》周刊第1卷第25期	陈绍禹
在《新华日报》招待战地记者会上的发言	1938年5月28日，《新华日报》	陈绍禹
我们对于保卫武汉与第三期抗战问题底意见	《群众》周刊第2卷第2期，1938年6月15日	陈绍禹、周恩来、秦邦宪
十七年来的中国共产党——纪念中共十七周年	收入1940年出版的《英勇奋斗的十七年》	王明
用笔来发动民众捍卫祖国	收入1938年1月出版的《陈绍禹（王明）救国言论选集》	陈绍禹
过去与将来	1938年7月7日，《新华日报》	陈绍禹
关于《拥护国民政府实施抗战建国纲领案》底说明（又名：国共合作在发展和加强）	1938年7月13日，《新华日报》，《群众》周刊第2卷，第六、第七期合刊，《解放》周刊第48期，《共产国际》（俄文）第10期	陈绍禹

续表

篇　　名	发表时间及刊物	署名
陈绍禹（王明）救国言论选集	1938年7月，汉口中国出版社出版	陈绍禹
在抗战建国的目标下来团结全国青年——在西北青年救国联合会第二次代表大会上的演讲	1938年10月15日，《新华日报》	王明
目前抗战形势与如何坚持持久战争取最后胜利——在中共六中全会上的发言提纲	收入1941年编的《六大以来》（上）	王明
给《新华日报》编辑部的信	1938年11月7日，《新华日报》	陈绍禹
旧阴谋的新花样——在延安各界民众抗日讨汪大会上的演讲（又名：反对汉奸）	1939年2月7日，《新华日报》，《解放》周刊第62期，《共产国际》（俄文）第6期	陈绍禹
全国人民对于国民参政会第三次会议的希望	1939年2月10日，《新中华报》	陈绍禹
共产党员和妇女解放运动	1939年3月8日，《解放》周刊第66期，1939年4月14日《新华日报》	陈绍禹
在延安纪念马克思、孙中山晚会上的讲话	1939年3月16日，《新中华报》	王明
五四运动的二十年	1939年5月1日，《中国青年》第1卷第2期	陈绍禹
在延安各界精神总动员宣誓、纪念"五一"劳动节大会上的讲话	1939年5月7日《新中华报》	王明
论妇女解放问题	1939年6月1日，《中国妇女》（延安）第1卷第1期	王明
反共是日寇汉奸和投降派的阴谋	1939年6月6日，《新中华报》	王明
我们对于过去参政会工作和目前时局的意见	1939年7月5日，《新华日报》	陈绍禹、毛泽东等七位参政员
坚持抗战国策克服投降危险	1939年7月7日，《新中华报》，《解放》周刊第75、76期合刊	王明

续表

篇　名	发表时间及刊物	署　名
在抗战两周年纪念会上的讲话——投降是目前的主要危险，"反共"是投降	1939年7月11日《新中华报》	王明
在女大开学典礼大会上的报告	1939年7月20日作报告，发表于8月8日《新中华报》	王明
在陕甘宁边区学生救国联合会第一次代表大会上的讲话	1939年8月18日《新中华报》	王明
为死者求冤	1939年8月20日《解放》周刊第81期	王明
在欢迎尼赫鲁大会上的欢迎词	1939年9月5日《新华日报》	王明
目前国内外形势与参政会第四次大会的成绩——在《新华日报》工作人员会上的报告	1939年9月20日《新华日报》，《解放》周刊第89期	陈绍禹
在鲁迅先生纪念会上的演词	1939年10月20日《新华日报》	陈绍禹
促进宪政运动努力的方向	1939年12月9日《新中华报》，《解放》周刊第93期，《群众》周刊第4卷第5期	陈绍禹
"一二·九"四周年	1939年12月16日《新中华报》，《中国青年》第2卷第3期	王明
中国妇女与宪政运动	1939年12月20日《中国妇女》（延安）第1卷第7期	王明
在延安各界庆祝斯大林同志六十寿辰会上的演词	1939年12月30日《新中华报》	王明
在追悼古从军会上的演词	1939年12月25日致悼词，发表于1940年1月6日《新中华报》	王明
谈文化统一战线问题——在陕甘宁边区文化协办会第一次代表大会上的讲话	1940年1月20日《新中华报》	王明
在自然科学讨论会上的讲话	1940年1月6日《新中华报》	王明
在陕甘宁边区第二届工农展览会上的讲话	1940年2月3日《新中华报》	王明
力争时局好转克服时局逆转	1940年1月29日《解放》周刊第100期，2月7日《新中华报》，《八路军军政杂志》第2卷第2期	王明

续表

篇　名	发表时间及刊物	署名
在"三八"节纪念大会上的讲演	1940年3月29日《新中华报》	王明
全中国是工人的,全世界是工人的——在延安纪念"五一"劳动节会上的讲话	1940年5月7日《新中华报》	王明
妇女宪政辩论会结束后吴玉章王明两同志总评判词	1940年6月4日《新中华报》135号	吴玉章、王明
学习毛泽东——在泽东青年干部学校开学典礼上的讲演	1940年7月5日《中国青年》第2卷第9期	王明
抗战胜利的唯一保证	1940年7月5日《新中华报》,《解放》周刊第111期,《八路军军政杂志》第2卷第7期,《中国工人》第7期	王明
在延安各界夏季公祭成吉思汗大会上的讲话	1940年8月3日《新中华报》	王明
在中国女子大学成立一周年纪念和第一届同学毕业大会上的讲话	1940年9月8日《新中华报》	王明
论马列主义决定策略的几个基本问题	1940年11月20日《共产党人》第12期	王明
在延安一九四一年生产动员大会上的讲话	1940年12月19日《新中华报》	王明
陕甘宁边区妇联工作的任务和组织问题(1940年12月在陕甘宁边区妇联扩大执委会议上演讲记录摘要)	1941年2月8日,《中国妇女》第2卷第9期	王明
致六届七中全会的信	1945年4月20日	陈绍禹
给党中央、毛泽东的信	1950年8月17日	陈绍禹
毛泽东进行的不是"文化革命"而是反革命政变	1969年3月	陈绍禹
论中国事件	1969年3月19日《加拿大论坛报》(英文),3月31日苏联政治书籍出版社出版(俄文)	马马维奇
列宁,列宁主义和中国革命	1970年4月,苏联政治书籍出版社出版(俄文)	马马维奇

续表

篇　名	发表时间及刊物	署　名
中国共产党五十年和毛泽东的叛徒行径	《蒙古消息报》（中文）1974年3月，苏联国家政治书籍出版社（俄文）	王明
王明诗歌选集（1913—1974）	1979年苏联莫斯科进步出版社（中文与俄文两种文字同时出版）	王明
中共五十年	1980年12月，现代史料编刊社翻译出版	王明

附录 3
王明诗歌目录索引
（1913—1974）

昼寝	1913 年
杨扒皮	1914 年
双河山东岳庙	1915 年
柳林晚兴	1917 年
金家寨	1918 年
对月独坐弹月琴	1918 年秋
菊花	1919 年秋
夜闻吹笛萧	1919 年夏
霜寒初重雁横空	1919 年
年关	1919 年旧历年关
进三农	1920 年 10 月
前覆后戒	1921 年
高琦不死	1922 年
芍药（一）	1924 年
高山独行遇风雨	1924 年夏
七块大洋	1924 年 7 月初
风雨登黄鹤楼	1924 年 9 月
喜闻道	1924 年 10 月
豫皖青年学会会歌	1924 年 10 月

偕友访大智门车站述同感	1924 年 11 月
访农家	1924 年
悼孙中山先生	1925 年春
江边送客	1925 年暮春
武汉青年反帝怒潮	1925 年 7 月
我们是革命青年	1925 年 10 月
赴莫前夕留别禹生	1925 年 10 月 25 日
赴莫自汉去沪船中	1925 年 11 月 2 日
过上海黄浦滩有感	1925 年冬
赴苏海上赠诸友	1925 年 11 月下旬
谒列宁陵	1925 年底
参观列宁格勒	1926 年 7 月
海洋绕道行	1927 年 3 月中旬
上海工人第三次起义胜利	1927 年 3 月 21 日
永垂不朽	1927 年 4 月 30 日
英雄本色	1927 年秋
悼慰死难的革命烈士们	1927 年 10 月
广州公社	1927 年 12 月
初春	1928 年
七夕观星	1928 年
因劳成疾	1928 年冬
沧海水	1929 年 3 月初
抵上海	1929 年 3 月上旬
从头学起有得	1929 年 7 月 27 日
韬朋路上	1929 年 7 月 31 日
悼金伯棠同志	1929 年秋
工农同悲	1929 年秋
狱中除夕	1930 年 1 月

附录 3
王明诗歌目录索引（1913—1974）

狱情	1930 年 1 月
念故乡	1930 年春
视死如归之人	1930 年夏
英电工人罢工总结	1930 年 6 月
闻母死	1930 年夏
从幻想到盲动	1930 年 8 月
三度七夕	1930 年 8 月
秋夜观星	1930 年 10 月
结永伴	1930 年 11 月 23 日
雪晨过大马路	1931 年 1 月
而今"二七"	1931 年
海南	1931 年 5 月
青年痛	1931 年夏
尼庵小住	1931 年夏
大水灾	1931 年秋
"九一八"夜	1931 年 9 月 19 日
抗日何计	1932 年 5 月
秋风思沪	1932 年秋
云天南北	1932 年
苏联的历史性胜利	1932 年底
卡尔·马克思	1933 年 3 月 14 日
念念不忘	1933 年
妇女英雄	1933 年
悼片山潜同志	1933 年 11 月
光辉的凯旋	1934 年 2 月 27 日
红军北上抗日	1934 年 10 月
得东北抗日联军组成报告	1935 年
归思	1935 年春

长汀噩耗	1935年10月
喜闻李罗两同志安抵瓦窑堡	1935年12月
"一二·九"运动	1935年12月
不死之人	1935年冬
蒙古草原牧群	1936年初
惊人之计	1936年夏
哀思重重	1936年10月
西班牙之战	1936年
阴谋危害西路军	1936年秋
光辉的苏联新宪法	1936年12月5日
在格克尔特床前	1936年
西安事变	1936年12月14日
平型关告捷	1937年10月
全中国抗日战争爆发了	1937年8月
飞过大西北	1937年11月
不胜今昔之感	1937年12月初
见柳思乡	1938年春
记长江	1938年春
久别重逢	1938年春
武汉春怀旧	1938年春
战斗中的新四军	1938年夏
《论持久战》	1938年夏
太行山抗日根据地	1938年秋
访武侯词	1938年12月
《论相持阶段》和《六中结论》	1938年底
延安中国女子大学校歌	1939年春
让他"死不瞑目"	1939年秋
列宁风范	1939年春

附录3
王明诗歌目录索引（1913—1974）

小官僚	1939年秋
火烧阳明堡	1939年
寻见丹桂	1939年
过留侯庙	1939年秋
谒黄帝陵	1939年11月
《新民主主义论》	1939年底
亲法西斯的汉奸路线	1940年10月
题曾国藩纂李鸿章审订的《十八家诗钞》	1940年冬
工人柱石	1941年1月
据理力争	1941年10月7日
阴谋毕露	1941年10月21日
病中即事与谢老原韵	1941年10月21日
病中月夜感怀	1941年10月27日
莫斯科颂	1941年10月
杨家岭	1941年10月
一万三	1941年11月2日
遥望莫斯科	1941年11月7日
夜半狼声	1941年12月7日
海上故人	1941年冬
所谓整风运动	1942年2月
忆牡丹	1942年2月16日
思往增悲	1942年
百团大战	1942年
病中惜春	1942年3月30日
谢中医李老鼎铭	1942年春
题志丹陵	1942年春
陕甘宁边区地图漫题	1942年5月19日

旧游	1942 年
斯大林格勒的伟大胜利	1943 年春
大会诊结果	1943 年 6 月
神圣的列宁城	1943 年 11 月 7 日
政苛虎猛	1944 年
巴黎解放	1944 年 8 月
题鲁迅全集	1944 年
祝沫若同志五十寿辰	1944 年
延安春兴	1945 年春
毛泽东伪造党史	1945 年
所谓六届七中决议	1945 年
《论联合政府》	1945 年 4 月
苏军攻占柏林	1945 年
生死光辉	1945 年秋
苏中红军会师东北	1945 年 8 月 20 日
光辉胜利念英雄	1945 年 8 月
日寇投降	1945 年 8 月
寤寐难忘	1945 年秋
患难见朋友	1945 年 9 月 9 日
弥天风雪	1945 年冬
云天在望	1946 年 4 月
生离死别	1946 年 4 月
平民	1946 年夏
绥德王家山农友谈话记	1946 年 12 月
祝朱德同志六十寿辰	1946 年冬
中国诗小赞	1946 年底
悼中医李老鼎铭	1947 年春
病苦	1947 年 8 月 14 日

附录 3
王明诗歌目录索引（1913—1974）

真人	1947 年 9 月 12 日
土改工作纪实	1947 年
秋渡黄河	1947 年
忆芳儿	1947 年 11 月
土改新年歌	1948 年春
别后甘泉	1948 年 4 月
过五台山	1948 年 4 月
今古奇闻	1948 年 11 月 12 日
"到北京做皇帝"	1948 年
西柏坡大事记	1949 年
宁死不屈党人节	1949 年 3 月 16 日
岳飞之死	1949 年春
我军解放南京	1949 年 4 月
我军占领南京	1949 年
泪洒香山	1949 年夏
悼季米特洛夫同志	1949 年 7 月
《论人民民主专政》	1949 年
中华人民共和国成立	1949 年 10 月 1 日
过文公祠	1949 年秋
寄柳亚子先生	1950 年
值得冒险行	1950 年 10 月 25 日
我国志愿军抗美援朝	1950 年 10 月 25 日
悼任弼时同志	1950 年 10 月 28 日
雪夜散步	1950 年底
王昭君	1951 年 12 月
白公堤	1951 年冬
成渝铁路通车	1952 年
黄河探源胜利	1952 年

捉放鹏	1952年春
玉门油矿	1952年
白宫与华尔街	1952年11月
寄明儿	1953年秋
大星顿陨	1953年3月5日
白宫心胆寒	1953年夏
莫郊即事	1953年秋
寄新中国科学工作者	1953年秋
战斗英雄	1953年
武汉长江大桥	1953年11月
莫郊夕照	1953年11月
东归晚别红场	1953年11月28日
小院春光	1954年
成都似北京	1954年春
登北海白塔	1954年春
颐和园石舫	1954年春
所谓高饶反党联盟	1954年
病中忆金寨元宵	1955年阴历正月十五日
春梦还乡仍少年	1955年3月
伤脑筋的愉快	1955年秋
学气功	1956年1月
中苏航空线上	1956年3月
观赏白石老人画作漫题	1956年春
咏日	1956年春
寄明亮两儿	1956年春
奠边府大捷两周年	1956年4月
蜀道不再难	1956年夏
割麦	1956年夏

附录3
王明诗歌目录索引（1913—1974）

无尽宝藏	1956年秋
望云	1956年秋
记苏伊士运河事变	1956年
铲雪	1956年冬
太史公	1957年
秦汉兴亡	1957年
闻父死	1957年5月
第一颗人造卫星	1957年10月4日
雪林	1957年冬
三镇两山跨一桥	1957年
所谓反右运动的真相	1957年
久雪	1957年冬
戒行反言者	1958年春
麻雀问	1958年春
广州城南凤凰村	1958年春
《梦吟》诗选	1958年6月12日
（一）移居（二）探监	
（三）出狱（四）生活	
（五）入院（六）危安	
（七）起疑（八）天灵	
（九）暗情（十）正义	
（十一）真理（十二）未曾	
（十三）代劳（十四）独见	
（十五）急救（十六）长存	
消灭血吸虫的第一面红旗	1958年7月7日
抽象的真理是没有的	1958年秋
如此"主脑"	1958年秋
寓秋月之夜	1958年秋

学诗	1958年秋
病重梦中忆母	1958年
病危梦母忆父	1958年秋
艾烟芝影	1958年冬
第四面毛旗	1958年
不知之谈	1958年冬
保资跨社	1958年冬
病榻对雪	1958年冬
欢度春节	1959年春节
扁鹊——秦越人先生墓	1959年春
史水流光	1959年3月1日
第一颗人造行星	1959年春
读《革命烈士诗抄》书后	1959年夏
飞进月宫	1959年秋
怀谢老觉哉同志	1959年秋
秋夜怀友	1959年秋
飞绕月球绕地球	1959年10月
建国十年	1959年10月1日
梦游青山李白墓	1960年4月25日
传情画意	1960年10月
寄一松老人	1960年10月21日
友谊	1960年
神清气爽	1960年
得心应手	160年
古巴人民的话	1960年冬
无题	1960年
勾践幸成	1960年
如此"统帅"	1960年底

附录 3
王明诗歌目录索引 （1913—1974）

此仇必报恨必雪	1961 年 2 月
《主席走遍全国》	1961 年
苏联代表探金星	1961 年 2 月 12 日
今岁春来早	1961 年 3 月
知友	1961 年 3 月 21 日
人到宇宙	1961 年 4 月 12 日
宇宙英豪	1961 年 4 月 14 日
梦游海洋	1961 年 8 月
飞行宇宙	1961 年
行将到来的新社会	1961 年 10 月 31 日
十月共勉	1961 年 11 月 7 日
梦返金寨思亲怀友	1962 年 1 月 24 日
悲欢泪	1962 年 1 月 31 日
此生	1962 年 3 月 13 日
气候	1962 年 6 月
银汉	1962 年 8 月 3 日
秋兴	1962 年 9 月
反苏迷——核战狂	1962 年 11 月
其父其子	1962 年 12 月
难兄难弟	1962 年 12 月
《昆仑雨后》	1962 年
"大家改造作新人"	1963 年 1 月 6 日
独路	1963 年 1 月 22 日
居之安	1963 年春初
起来！中国人民！	1963 年 3 月 20 日
林下夕阳	1963 年 5 月 13 日
第一个女宇宙英雄	1963 年夏
盛夏即景随笔	1963 年 7 月 25 日

读报笑谈	1964 年 1 月 7 日
堪笑止	1964 年 1 月 11 日
词三首	1964 年 4 月
花甲自勖	1964 年 5 月 20 日
自勉	1964 年阴历四月
志树种大丽花	1964 年 9 月 10 日
乡念	1964 年 12 月 17 日
太空人迹	1965 年 3 月
旅雁	1965 年 4 月 7 日
悼柯庆施同志	1965 年 4 月 10 日
哀沫若	1965 年 8 月 25 日
换护照及其他	1965 年 8 月 25 日
忆尤利乌斯·伏契克同志	1965 年吕月 26 日
勉亮儿	1965 年 10 月 2 日
法宝"老三篇"	1965 年 12 月 26 日
莫京三月	1966 年 3 月
异常	1966 年 4 月 4 日
毛帮罪行之一例	1966 年
题七月一日《人民日报》社论	1966 年 7 月 1 日
所谓文化大革命	1966 年 8 月 30 日
怀沫若	1966 年 9 月 11 日
独夫必败	1966 年
如此毛帮	1966 年
向英雄的越南人民致敬	1967 年 2 月 11 日
狂叫"反修"之谜	1967 年春
狂叫反苏之谜	1967 年
想念同志们	1967 年 7 月 1 日
党人模范	1967 年
侵越美军必败	1968 年 2 月 2 日

附录 3
王明诗歌目录索引（1913—1974）

念"语录"	1968 年 3 月 21 日
与友人谈《西游记》随笔	1968 年 4 月 11 日
自嘲	1968 年 5 月 28 日
春意	1968 年 5 月
夏怀（一）	1968 年 7 月
秋思	1968 年 10 月
冬望	1968 年阴历十二月
生死斗争	1968 年 12 月 8 日
死有遗憾	1968 年 12 月 14 日
即事随感	1969 年 3 月 30 日
心多力少	1969 年 4 月 18 日
有志竟成	1969 年 5 月 16 日
自遣	1969 年 5 月 24 日
春寒心暖	1969 年 6 月 8 日
忆金寨	1969 年 6 月 19 日
梦耶？真耶？	1969 年 6 月 29 日
南天噩耗	1969 年 9 月 4 日
读李白《沐浴子》书后	1969 年 9 月 24 日
毛家报刊合照	1969 年
燕妮之美	1969 年 10 月 24 日
"此之谓大丈夫"	1969 年 12 月 30 日
梦见双亲	1970 年 1 月 20 日
贞鹤冤	1970 年 1 月 28 日
病中初闻春雨有感	1970 年 4 月 2 日
纪念列宁百年生辰	1970 年
芍药（二）	1970 年 10 月 11 日
"月球十六号"自动站月宫取土送归苏联记事	1970 年 10 月
重九佳节	1970 年

"月球车一号"	1970年11月18日
孟庆树同志论中医随记	1971年3月16日
春风	1971年春
四大奇书小赞	1971年3月22日
心力虽衰，真理必胜	1971年3月22日
经验之谈	1971年3月28日
为何毛泽东狂叫要进行思想和政治路线的教育并抵制王明？	1971年
祝宋老庆龄八十大寿	1971年
题何老香凝画虎	1971年
梨苹冬话	1971年11月19日
冬至	1971年
电母见闻录	1972年4月3日
天叫苦	1972年4月8日
大公无私之人	1972年5月4日
夏怀（二）	1972年夏
病豪	1972年8月9日
生活与生存	1972年8月24日
患情	1972年10月9日
志仲尼暮年	1972年10月16日
卧龙	1972年10月24日
美帝败退越南	1972年秋
破伞孤僧	1972年
越南抗美救国战胜	1972年
非不为也，是不能！	1973年7月29日
读曹操《宣示孔融罪状令》	1973年8月1日
读曹操《短歌行》	1973年8月1日
顾此失彼	1973年8月29日
指桑骂槐	1973年8月29日

附录 4
关于王明研究中几个问题的考证 [1]

戴茂林

王明研究是个老课题,其中的主要史实以往学界分歧不大。笔者依据近年来披露的相关档案材料,认为有关王明研究中的一系列重要史实,诸如王明1929年由莫斯科回国的时间、1931年离沪赴苏和1937年11月回国的原因,以及事关王明上台的米夫的来华时间等一系列问题,以往的论述并不准确,需要更进一步的考证分析。本文按时间顺序,对以下六个问题提出浅见,就教同人。

一、王明1929年何时回国?

目前的出版物中,都标明王明1929年3月回国。主要依据是王明回国后写过一首《抵上海》的诗歌:"方酣春意独还乡,别意离怀万里长。西问天鹰歌织女,东听河鼓笑牛郎。域中乡市争红白,沪上风云搏暗光。到此一心为战斗,冲霄壮心正昂扬;正昂扬。"诗下标注:"1929年3月上旬抵上海时做。"[2] 但档案资料证明,王明抵沪时间至少在5月6日以后。

1929年3月26日,米夫致信中共中央,答复中共中央关于派遣一些在莫斯科的中国同志回国工作的要求,说:"我们在近日将派遣戈卢别夫(王明)同志和10到15人的一批有专业知识的学生和翻译,以及具有丰富的党的工作经验的同志。"[3]

---

[1] 原载于《中共党史研究》2010年第12期。
[2]《王明诗歌选集》,第64页。
[3] 中共中央党史研究室第一研究部编:《共产国际、联共(布)与中国革命档案资料丛书》第8卷,中央文献出版社2002年版,第93页。

王明传

1929年5月6日，中共中央致信共产国际执行委员会东方书记处，说："陈绍禹（戈卢别夫）还没有来到上海，请电询海参崴。"[1]

由上述两信可知，米夫决定派王明回国的时间已经是3月26日了，就算王明在米夫发出此信后立即动身回国，也要一个月左右的时间才能抵达。然而，到了5月6日，王明"还没有来到上海"。但是，为什么王明在诗歌中注明的抵达上海的时间是"3月上旬"呢？最可能的答案，是记忆有误。

《抵上海》这首诗是《王明诗歌选集》中的一首。《王明诗歌选集》是王明逝世后，由苏联莫斯科进步出版社于1979年出版的，共收录了王明1913年到1974年写作的诗歌399首。这些诗歌是王明和妻子孟庆树到苏联后整理的，多数注释都是在整理时加写的。在整理《抵上海》这首诗时误认为是写于1929年3月，极有可能。

二、王明的《两条路线》小册子写于何时？

关于《两条路线》的写作时间，王明写在这本小册子前面的《几点必要的声明》中说："这本小册子是在三中全会决议发出后，利用那时立三同志等停止了我的一切工作的空闲时间来写成的。小册子的第一部分是根据我对于六月十一日决议在中央工作人员会上的发言原则（这一发言我有书面东西交中央）写的，第二部分是根据三中全会决议及当时发表的国际几种决议材料写的。在接到国际十一月关于立三路线来信时，我检查我所写的这一小册子的内容，与国际路线没有原则上的任何不同（当然有许多问题，我没有国际来信所说的那样深刻），不过只在小册子后面又加写一段关于'维它同志等对于国际最近来信的态度'的那一段。"[2]

中央是在1930年11月16日接到共产国际"十月来信"的，按照王明的说法，这本小册子的主要内容应当是在11月16日接到共产国际"十月来信"之前写完的。由于用时"差不多费了半个月时间"，开始正式写作的时间应当

---

[1] 中共中央党史研究室第一研究部编：《共产国际、联共（布）与中国革命档案资料丛书》第8卷，中央文献出版社2002年版，第112页。
[2] 人民出版社编辑部：《王明言论选辑》（内部发行），人民出版社1982年版，第117页。

附录 4
关于王明研究中几个问题的考证

在 10 月底或 11 月初。

但是，有学者认为："他这本小册子是从 10 月中旬开始写的，到 11 月底写完。写作时间不是半个月，而是一个多月。"理由是："王明在未得知国际对三中全会的否定态度以前，是不可能写出这样的文字的。何况，他注明是收到"十月来信"以前写的那一部分中就有'三中全会闭会已经两月了'的字样。三中全会是 9 月 24 日到 28 日开的，闭会两月当为 11 月底。"[1]

笔者认为，王明本人提供的写作时间还是可信的。理由有三：

第一，王明虽然对待六届三中全会的态度有过反复，但他确实是中共党内最早对"立三路线"进行激烈批判的人。王明早在 1930 年 6 月 26 日致米夫的信中，就提出"立三路线"是"反国际路线"，而且向米夫提出要从政治上和组织上改组中共中央。

第二，王明"得知国际对三中全会的否定态度"的时间，并不是中央 11 月 16 日收到"十月来信"的时间，而是 10 月底或 11 月初"从莫斯科回来的同志"到达上海的时间。因此，他在中央没有收到"十月来信"之前，也是可能写出这样的文字的。

第三，王明用半个月的时间完成这本小册子主要内容的写作是可能的。因为这一本小册子，原来只是集合作者在反"立三路线"时所写的几篇意见书而成的。也就是说，虽然写作这本小册子的时间只有半个月，但小册子中的很多内容是在此之前就已写完了的。这些"意见书"，既包括王明 1930 年 7 月 10 日给中共中央的长信，也包括从 1930 年 7 月 22 日后王明给米夫的一系列信，还包括王明 1930 年 11 月 13 日和 17 日给中共中央的信。因为这些信中所阐述的观点与小册子的观点基本上是一致的。

至于小册子中有"三中全会闭会已经两月了"的字样，也并不奇怪。因为我们目前看到的小册子是王明在看到"十月来信"后又加写了一段之后的正式版本，并不是当时的手写稿。虽然"三中全会闭会已经两月了"这句话是在加写部分之外说的，但出版时为了保持时间的一致而做些改动，是完全可能的。

---

[1] 周国全，郭德宏：《王明评传》，安徽人民出版社 1989 年版，第 126 页。

三、王明何时知道"十月来信"精神？

1930年10月13日，共产国际执行委员会政治书记处召开会议，听取"东方地区书记处就与李立三同志的分歧给中共中央的信的草稿"。会议最后决定："批准该信以政治委员会名义发出。"此信即是对中共产生了重大影响的"十月来信"。

目前尚不知"十月来信"最后版本定稿的确切日期和发往中国的时间，只知道中共收到的时间是1930年11月16日。但从10月13日决定"该信以政治委员会名义发出"到中共11月16日才收到此信，时间长达一个多月，似可推论其间有多人参与研究讨论或得知信的内容。

收到"十月来信"后的第三天，即11月18日，中共中央政治局召开会议，讨论"十月来信"。

周恩来在发言中说："应该召集那些已经知道共产国际来信的同志们（例如，从莫斯科回来的同志）开一个会，并号召他们站在巩固党和帮助中央领导的立场上开展自己的工作。不允许他们不经组织同意采取分裂党的方式。"[1]

"已经知道共产国际来信的从莫斯科回来的同志"，是哪些人？

1931年1月3日，徐锡根在与远东局代表埃斯勒谈话时说：王明等人并不是一直批判李立三错误的，"只是在八个大学生回来后，向他们通报了共产国际非常坚定地反对李立三的消息，他们才开始同他作斗争。"[2]

由此可知，"已经知道共产国际来信的从莫斯科回来的同志"，是八个大学生。

虽然目前不能准确地说出这八个大学生的全部名字，只知道其中有夏曦、何克全、陈昌浩等。但这些人与王明立场一致，有陈原道1930年11月21日致米夫的信为证。

陈原道在这封信中说：中央"根本不接受下层职员和工作人员的正确批评和意见，其中包括我、库特科夫（沈泽民）和戈卢别夫（王明）以及那些不久

---

[1] 中共中央党史研究室第一研究部编：《共产国际、联共（布）与中国革命档案资料丛书》第9卷，中央文献出版社2002年版，第458页。
[2] 同上，第587页。

前到达这里的同志"。[1]

"不久前"是何时？从王明1930年10月23日致米夫信中对六届三中全会的肯定评价中可以判断，"不久前"至少在10月23日之后。因为王明在这封信中说："第三次全会的决议贴近巴黎（共产国际）的决议，并承认和考虑到自己过去的错误、缺点和愚蠢做法。当然，还有部分不很清楚、不很准确、不很肯定和不很令人信服的地方。但是问题的提法和道路的确定已经比今年6月11日的决议好得多和正确得多了。如果自上而下能够根据该决议认真地做好实际工作，那么公司（党）在近期内可能就会恢复到相应的程度。它将获得很大的利益：它会比以前发展得更快和更有成效。现在最主要的恰恰在于，尽可能更好和更切实地使这些决议得到实际执行。"[2]

从王明和博古1930年11月13日致中央信中全面否定六届三中全会的态度转变分析，"不久前"至少在11月13日之前。这封信中认为："三中全会的最大缺点就是对于与国际路线完全相反的立三同志的路线没有充分地揭露其机会主义实质；没有使全党同志了解过去领导的差错而实行迅速的转变。三中全会后，中央政治局没有采取必要的方法迅速传达国际路线到下级干部中去。"

从上述两信中可知，在10月23日之前，王明尚不知"十月来信"精神，故对六届三中全会持肯定态度；到11月13日前，王明等人已经知道了"十月来信"精神，所以开始全盘否定六届三中全会。

由此可以判断，王明等人知道"十月来信"精神的时间约在1930年10月末或11月初。

四、米夫1930年何时来华？王明何时知道米夫已经来华？

国内出版的著述中关于米夫的来华时间，都认为是"12月10日左右"或者是"12月中旬"。

国外出版的《共产国际、联共（布）与中国革命档案资料丛书》中提出：

---

[1] 中共中央党史研究室第一研究部编：《共产国际、联共（布）与中国革命档案资料丛书》第9卷，中央文献出版社2002年版，第464页。
[2] 同上，第438—439页。

"米夫早在 1930 年 7 月底就被任命为远东局新的领导人，于 10 月抵达上海。"[1]根据是远东局负责财务的工作人员阿尔布列赫特，在 1930 年 10 月 21 日给莫斯科的一封讲述远东局财务状况的信中，在为自己辩解时提到这样一句话："我认为，不仅对我进行这种指责，而且，据奥斯藤和乔告诉我，还要正式公布此事，这样做是不公正。"该丛书的编者认为："其中的'乔'，可能就是米夫。"[2]

综合分析现有的档案资料可以证明，国内外目前关于米夫来华时间的认定都是错误的，米夫来华的时间是 11 月中旬。

第一，共产国际执委会虽然在 1930 年 7 月 29 日即任命米夫为远东局书记，但米夫至少在 10 月 20 日前并没有来到上海。

从档案资料中可知，以远东局名义寄给共产国际执委会的信件，习惯的落款是远东局负责人前面加上"受远东局委托"的字样。1930 年 10 月 20 日，在上海的远东局寄给共产国际执委会一封信，落款仍然是"受远东局委托罗伯特"[3]。目前所见到的第一份落款为"受远东局委托米夫"的信，是远东局 1930 年 12 月 10 日给中共中央政治局的信。[4] 也就是说，在 10 月 20 日之前，负责远东局工作的仍然是罗伯特。如果阿尔布列赫特 10 月 21 日的信中提到的"乔"是米夫的话，已经被任命为远东局书记的米夫自然会在以远东局名义发出的文件上签字，10 月 20 日信的落款就不会是罗伯特了。

是否会有这样的巧合：米夫是在远东局 10 月 20 日寄给共产国际执委会的信发出后到了上海，就马上跟阿尔布列赫特说了上述话呢？从阿尔布列赫特信的内容来看，其可能性是没有的。

第二，1930 年 11 月 21 日，米夫与中共中央政治局成员进行了首次会谈。这是目前能够确切证明的米夫在华的第一次行踪。

中共中央于 11 月 16 日接到共产国际来信后，于 11 月 18 日召开政治局会议讨论共产国际来信。主持会议的向忠发在最后总结时宣布了九项决定，其中

---

[1] 中共中央党史研究室第一研究部编：《共产国际、联共（布）与中国革命档案资料丛书》第 9 卷，中央文献出版社 2002 年版，第 16 页。
[2] 同上，第 430 页。
[3] 同上，第 409 页。
[4] 同上，第 529 页。

附录 4
关于王明研究中几个问题的考证

的第三项，是"星期五同远东局讨论"[1]。1930年11月18日是星期二，接下来的星期五当是11月21日。

双方的这次讨论在米夫的信中得到了证实。米夫在1930年12月2日于上海给共产国际执委会的信中说：中共中央在收到国际来信后，"党的领导人焦急不安起来，他们来找我们商量。这是我与他们第一次会见的议题。""我们商定了政治局对三中全会的补充决议。在谈话之后我们起草了这个决议，他们通过政治局对其做了一些不大的修改。"[2]

米夫信中提到的"政治局对三中全会的补充决议"，即双方会谈四天后，中共中央政治局于1930年11月25日通过的《中央政治局关于最近国际来信的决议》。

第三，米夫自己表述的来华时间，是1930年11月20日左右。

1931年2月22日和23日，米夫在上海以远东局的名义，给共产国际执委会写了一封2万余字的长信，汇报他来中国后的情况。信中几次提到"三个月来"，说："这三个月来，我们既没有收到一份我们的杂志，也没有收到一份《真理报》。我们生活在几乎完全隔绝的状态中。""这封涉及我们在这疾风暴雨的三个月期间的活动的信，绝对不可能是全面的和十分详细的。"[3]

考虑到米夫到达上海后总要有几天时间了解一下远东局的工作情况和中共党内的复杂状况，不至于刚到上海立刻就与中共负责人会谈。因此，按照米夫自己表述的来华时间推算，"三个月前"当是1930年11月20日前。

综合以上分析可以得出如下结论：

米夫在1930年11月21日已经与中共中央政治局成员进行了会谈，国内的"12月来华"之说是完全错误的；到1931年2月22日时米夫来华的时间仅是三个月，国外的"10月来华"之说与米夫本人的原始记述也是不符的。米夫最可能的来华时间应当在11月20日前几天。

---

[1] 中共中央党史研究室第一研究部编：《共产国际、联共（布）与中国革命档案资料丛书》第9卷，中央文献出版社2002年版，第462页。
[2] 同上，第503页。
[3] 中共中央党史研究室第一研究部编：《共产国际、联共（布）与中国革命档案资料丛书》第10卷，中央文献出版社2002年版，第139页。

因此，认定米夫是1930年11月中旬来华是可信的。

至于王明何时知道米夫已经来华，虽然以往的论述都说米夫来华后就首先私自向王明面授机宜，但档案材料证实，王明确实在米夫来华后的一个月内并不知道米夫已经来到上海。

1930年11月21日，陈原道于上海用普通邮件往莫斯科给米夫写信，汇报党内斗争情况。[1]从此信中可知，虽然此时米夫已经与中共领导人会面了，但王明等人全然不知。

1930年12月17日，王明在上海给米夫、马季亚尔、马耶尔写了一封信。[2]从这封信中可知，虽然此时米夫已经来华一个月左右，但王明不但不知道米夫在上海，仍然通过邮局往莫斯科给米夫寄信，而且他也不知道中央11月25日发出的补充决议是在与米夫为书记的远东局商定后作出的。

五、王明为什么在1931年离沪赴苏？

王明是1931年10月18日离开上海，11月7日到达莫斯科的。

以往关于王明去莫斯科原因的叙述，多有王明是为了个人安全主动要求去的非议。但结合史料客观分析，王明这次离沪赴苏，至少是以下三个因素综合作用的结果。

第一，共产国际明确要求中共派一名领导同志任驻共产国际执委会代表，这是王明离沪赴苏的前提。

1931年5月17日，共产国际执行委员会政治书记处政治委员会会议决定："根据中共中央的要求，让中共驻红色工会国际的代表（刘少奇）返回中国。不反对派沃罗洛夫斯基（黄平）同志去上海中央组织部和海员工会工作。不过应立即通知中共中央，政治委员会认为必须有中国党的领导同志留在莫斯科，因此，要求把斯特拉霍夫（瞿秋白）同志作为中共中央驻共产国际执委会的代

---

[1] 中共中央党史研究室第一研究部编：《共产国际、联共（布）与中国革命档案资料丛书》第9卷，中央文献出版社2002年版，第464页。
[2] 同上，第466—467页。

表派往莫斯科。"[1]

当时中共在莫斯科的代表有刘少奇和黄平,其中刘少奇是中共驻红色工会国际的代表,黄平是中共驻共产国际的代表。共产国际同意他们二人回国工作,也就意味着中共在莫斯科已经没有自己的代表了,而共产国际又"认为必须有中国党的领导同志留在莫斯科",所以,共产国际才要求把瞿秋白派来作为中共中央驻共产国际执委会的代表。至于共产国际为什么点名要瞿秋白去和瞿秋白为什么没有去,目前不得而知。但此时共产国际明确要求中共派一名领导同志任驻共产国际执委会的代表到莫斯科就任,则是确定无疑的。

第二,党的活动重心转向苏区,上海白色恐怖不断加剧,迫使远东局和中共主要领导人相继撤离上海,这是王明离沪赴苏的直接原因。

六届四中全会前后,由于苏区红军的快速发展和白区党组织连续遭到破坏,中国革命的重心已经客观地转向了农村,共产国际也把在农村建立苏维埃和扩大红军作为了主要任务。

共产国际执委主席团1931年8月通过的《关于中国共产党任务的决议案》中明确提出:"在中国,革命危机底表现,就是在数千万居民的领土内,已经组成了苏维埃和红军,这就使中国在殖民地世界底民族革命运动中站着第一个位置。""共产党所领导的工农红军,自然成为收集、团结和组织工农革命力量底中心,成为整个革命运动高涨底最重要的动力,成为中国革命危机底最高表现,成为为推动国民党而斗争底基本形式,成为一定可以保证革命继续发展的力量。"[2]

共产国际的这种认识,决定了远东局和中共中央工作重心的变化。在远东局的要求下,不但王稼祥、任弼时、顾作霖、夏曦、张国焘、曾弘毅、徐锡根、陈原道等一批党的领导干部被派往各根据地,在1931年春,党在上海的各级机构60%以上的工作人员都被派往苏区。

一方面是党的活动重心转向了苏区,需要大批党的领导干部向苏区转移;

---

[1] 中共中央党史研究室第一研究部编:《共产国际、联共(布)与中国革命档案资料丛书》第10卷,中央文献出版社2002年版,第312页。
[2] 中央档案馆编:《中共中央文件选集》第7册,中共中央党校出版社1983年版,第386页。

另一方面是顾顺章、向忠发等被捕叛变后，周恩来、王明等中央领导人继续留在上海工作确实有极大的风险。因此，当共产国际需要中共派一名领导同志任驻共产国际执委会代表时，不懂军事但熟读俄文且一直被共产国际欣赏的王明不是被派往苏区而是来到莫斯科，就顺理成章了。

第三，米夫负责共产国际东方书记处的工作，希望王明来苏帮助，也是王明离沪赴苏的重要原因。

米夫与王明多年来的密切交往并非仅仅是缘于二人的师生情谊。米夫之所以费尽心机在六届四中全会上把王明"推上领导岗位"，是因为在他看来，王明是"坚定地为国际路线而斗争的""无条件地忠实于共产国际"的"共产国际派"。米夫是一个善于把中共党内分成不同派别并对各个"派别"采取不同策略的领导者，这样一种教条主义的思维方法和派别性的干部政策，虽然给中共党内团结造成了不好的影响，但却使同样具有教条主义思维方式和也善于搞派别活动的王明特殊受益。虽然目前没有发现米夫直接要王明来莫斯科任职的原始材料，但由于米夫已经于1931年10月7日被任命为共产国际东方书记处负责人，而且亲自负责远东工作，因此，王明来莫斯科就任中共驻共产国际代表，不可能不征得米夫的同意。

后来的事实也证明，王明11月7日到莫斯科后，米夫11月10日即致函共产国际执委会政治书记处政治委员会："请批准王明同志为中共中央驻共产国际执委会的代表。"[1]

六、王明为什么于1937年11月回国？

1937年11月14日，王明、孟庆村夫妇与康生、陈云、曾山等一行乘坐苏联飞机回国。

王明为什么于此时回国？据他自己讲，是"蒋介石派人请回来的"。1937年12月初，王明在延安写了一首《不胜今昔之感》的诗："国际连番命启程，日船悄悄四人行。六年中外风云变，蒋请苏机万众迎。"他在这首诗的注释中

---

[1] 中共中央党史研究室第一研究部编：《共产国际、联共（布）与中国革命档案资料丛书》第13卷，中央文献出版社2007年版，第67页。

写道："1931 年冬应共产国际之命由沪赴苏，同行者除庆树外有吴克坚、卢竟如二同志。当时秘密乘日本船启程。1937 年冬，由于抗日民族统一战线政策成功，蒋介石派人请我们乘苏联飞机回国。"[1]

实际上，蒋介石的邀请只是一个外在的缘由，作为中共驻共产国际代表和共产国际负责人之一，王明被派回国有着更深层次的原因。

1937 年 8 月 10 日，共产国际执行委员会开会讨论中国问题，季米特洛夫在会上有个长篇发言。从季米特洛夫的论述中可知，他一方面担心国内的毛泽东等中共领导人能否应付得了由于国共合作而导致的"险象环生的局面"，另一方面又认为"中国党的文件有不妥当的观点，它们包含着使党和党的干部堕落，解除思想武装的危险，会使党在一定程度上迷失方向"；"有些东西应予纠正，但我们在这里是鞭长莫及"。因此，"必须派一些新生力量，一些熟悉国际形势的人去帮助中国共产党中央委员会"。[2] 而长期在共产国际工作的王明、康生等人，就是这样的"熟悉国际形势的人"。

季米特洛夫所说的"有不妥当的观点"的文件，指的是 1935 年 12 月 25 日召开的中央政治局会议（瓦窑堡会议）所通过的《关于目前政治形势与党的任务决议》。

1936 年 8 月 15 日，共产国际执行委员会书记处致电中国共产党中央委员会书记处，说："得悉你们 1935 年 12 月 25 日决议与电报内容后，我们基本同意你们通过的建立抗日民族统一战线的方针。不过我们认为，贵党和红军的领导应当清楚地认识抗日民族统一战线的实质和特点，因为在这个问题上犯错误会给中国劳动人民带来致命的后果。"

电报中提出了一系列的不同观点："你们决议中的一些话使我们殊感不安。决议中说，一切愿意入党的人，不管他们的社会出身如何，都可以入党，'党不惧怕某些投机分子的侵入'。你们的报告中甚至说要接纳张学良加入共产党。现在比以往任何时候都更加需要维护党的队伍的纯洁性与党的团结。要有

---

[1]《王明诗歌选集》，第 116 页。
[2] 中共中央党史研究室第一研究部编：《共产国际、联共（布）与中国革命档案资料丛书》第 15 卷，中央文献出版社 2007 年版，第 501—504 页。

步骤地吸收党员，特别要在国民党统治区加强这一工作，同时，必须避免大批接纳党员的做法，应只把工农和学生中优秀的信得过的分子吸收入党。我们认为，不加选择地把大学生和其他军队的（旧）军官吸收到红军中来，也是错误的，因为这会破坏红军的统一与团结。""我们认为，允许有产阶级的代表参加苏区的政治管理是不对的，因为他们会从内部破坏机关。""我们认为，把蒋介石与日本侵略者相提并论是不对的。这个观点在政治上是错误的，因为日本帝国主义是中国人民主要的敌人，在现阶段，一切都应服从于对日本帝国主义的斗争。"[1]

从此电文中可知，共产国际认为毛泽东等中共领导对抗日民族统一战线的实质和特点认识的"不够清楚"，他们既担心中共中央"左"也担心中共中央右。正是这种"殊感不安"，才是派王明回国加强中共领导的主要原因。

除此之外，共产国际与中共中央已经恢复了直接的电报联系，双方已经不必通过中共驻共产国际代表团来周转电报和信件，王明等代表团成员继续驻扎在莫斯科已经没有了以往的意义，这也是促成王明回国的另一个原因。

---

[1] 中共中央党史研究室第一研究部编:《共产国际、联共（布）与中国革命档案资料丛书》第17卷，中央文献出版社2007年版，第465—467页。

附录5

六届四中全会前后
有关王明研究的几则史实辨析[1]

戴茂林

中共六届四中全会的召开与王明的上台，使以王明为主要代表的"左"倾教条主义错误开始在中共中央占据了统治地位，这是党在土地革命战争时期出现重大挫折的重要原因，也是民主革命时期党史研究的重要问题之一。对于这一事件的评述，以往学界分歧不大。但是，通过分析近年来披露的相关档案材料，笔者认为，目前关于六届四中全会与王明上台的一些研究，有的论述不够准确，有的存在认定错误，还有一些重要史实至今无人提及。因此，本文主要依据《共产国际、联共（布）与中国革命档案资料丛书》提供的文献资料，就六届四中全会的召开与王明上台研究中的一些史实进行辨析。

一、共产国际在十月来信之前已经认为李立三中央的错误是路线错误，这是共产国际彻底否定六届三中全会进而召开六届四中全会的主要原因

共产国际为什么要彻底否定六届三中全会进而召开六届四中全会，这是研究六届四中全会与王明上台这一课题时需要首先回答的问题。对此，权威的党史著作认为："党的六届三中全会前后，在瞿秋白、周恩来等领导下，李立三'左'倾冒险错误在实际工作中逐步得到纠正，各项工作逐步恢复正常。但是不久，共产国际对李立三等所犯错误性质的估计有了变化，对瞿秋白等新的中共中央领导人不满，于是又指示中国共产党召开六届四中全会。""共产国际对

---

[1] 原载《中共党史研究》2011年第11期。

李立三等所犯错误性质的估计有了变化"的证据是：在共产国际1930年十月来信之前，"瞿秋白、周恩来在莫斯科讨论同一问题时，共产国际并没有指出李立三的错误是'路线错误'。共产国际在同年8月通过的《关于远东局与政治局新的争论的决议》也没有作这种评价。但共产国际的十月来信，不承认有过这种改变，反而文过饰非，强调自己前后看法的一致性"。[1]

这段事关六届四中全会召开原因的论述，侧重于强调共产国际对李立三等所犯错误性质估计的前后不一致，进而对瞿秋白等新的中共中央领导人不满，于是指示中共召开六届四中全会。但从档案资料反映的情况来看，共产国际虽然在十月来信前后对"立三路线"的认识和表述有些变化，但在十月来信之前，共产国际派驻中国的远东局，已经明确提出李立三中央的错误是"路线不正确"，斯大林也已经愤怒地斥责其为"荒诞""胡闹""愚蠢"，共产国际在1930年8月28日发出的《致中共中央》电报中，更明确认定李立三的错误是"最有害的冒险主义"。

从1930年6月11日中共中央政治局会议通过《新的革命高潮与一省或数省的首先胜利》，到8月初中共中央政治局连续召开会议，不顾共产国际的反对继续布置全国武装暴动工作，共产国际对李立三错误的了解和批评确实有一个变化过程。

在7月底前，一方面，共产国际对于李立三中央的盲动计划，是明确反对的。7月23日，共产国际执行委员会致电中共中央："我们坚决反对在目前条件下在南京、武昌举行暴动以及在上海举行总罢工。"[2] 另一方面，共产国际对于中共中央和远东局围绕着李立三中央方针政策的争论又采取了调和态度，对李立三中央的盲动计划批评得比较婉转。在7月29日通过的《共产国际执行委员会政治书记处政治委员会关于中共中央政治局与共产国际执行委员会远东局之间分歧问题的决议》中，就既强调"远东局的政治方针总的来说是正确

---

[1] 中共中央党史研究室：《中国共产党历史》第一卷（上册），中共党史出版社2011年版，第307页。

[2] 中共中央党史研究室第一研究部编：《共产国际、联共（布）与中国革命档案资料丛书》第9卷，中央文献出版社2002年版，第225页。

的",同时又"承认中国共产党中央政治路线正确"。[1]

但是,到了8月6日,在中共中央政治局和共产国际执行委员会远东局召开的联席会议上双方分歧不可调和时,远东局乃至共产国际对于李立三错误性质的认识已经发生了改变。

在这次会议上,向忠发抓住共产国际决议中"承认中国共产党中央政治路线正确"这句话,质问远东局的立场是"多么惊人的矛盾!",他说:"你们承认党两年来的路线是正确的,而现在突然变成错误的了。"但远东局的罗伯特也针锋相对地回答说:"我们的谴责没有矛盾。最近两年来路线可能是正确的,而现在不正确了。""李立三很清楚他实行的是与共产国际路线相对立的政策。他在耍外交手腕,但在政治局会议上他明确而公开地反对共产国际。"[2]

联席会议的第二天,即8月7日,远东局给共产国际执行委员会东方书记处发去一封信,在信中不但比较详细地汇报了李立三中央的盲动计划和已经开始的蛮干,而且警告有一种危险,"这就是共产国际有可能丧失领导权"[3]。

在远东局给共产国际执行委员会东方书记处去信的第二天,即8月8日,中共中央政治局也以向忠发的名义,直接给斯大林写了一封信,在信中不但继续坚持暴动和罢工计划,而且还告了共产国际执委会主席团一状,并且请求斯大林对于中共中央的路线给予支持。

8月13日,斯大林于索契给莫洛托夫发了一份电报,明确说:"中国人的倾向是荒诞的和危险的。在当前形势下,在中国举行总暴动,简直是胡闹。建立苏维埃政府就是实行暴动的方针。但不是在全中国,而是在有可能成功的地方。中国人急于攻占长沙,已经干了蠢事。现在他们想在全中国干蠢事。决不能容许这样做。"[4]

斯大林表明态度后,1930年8月15日,联共(布)中央政治局召开会议,专门研究中国问题。会议原则上通过了共产国际执委给中共中央的电报草

---

[1] 中共中央党史研究室第一研究部编:《共产国际、联共(布)与中国革命档案资料丛书》第9卷,中央文献出版社2002年版,第234页。
[2] 同上,第265—266页。
[3] 同上,第275页。
[4] 同上,第300页。

稿。1930年8月28日,《致中共中央》电发出。

这份电报中明确提出：李立三中央所搞的武装暴动计划"是最有害的冒险主义"，而且要求"李立三同志务必尽快到这里来"。[1]

由上述可见，虽然共产国际此时没有在文字上说李立三的错误是"路线错误"，但也仅仅是文字上没用"路线错误"这个词而已，相同意思的表述已经不止一次。对于李立三的错误，从远东局到斯大林再到共产国际，在十月来信之前，已经使用了"路线不正确""与共产国际路线相对立""反对共产国际""荒诞和危险""简直是胡闹""是最有害的冒险主义"等词汇表述，这无异于已经认定"立三路线"不是一般错误，而是"路线错误"。

更为重要的是，如果不清楚说明在十月来信之前共产国际已经认定李立三中央的错误是"路线错误"，那就无法理解共产国际为什么要彻底否定六届三中全会，从而也就无法搞清召开六届四中全会的根本原因。正因为共产国际在周恩来和瞿秋白于1930年8月19日和26日回到上海前后，已经认定李立三中央的错误是"路线错误"，所以全盘否定了坚持认为"立三路线"只是"个别的策略上的错误"的六届三中全会，并决定派人亲自主持召开新的中央全会作出符合他们意愿的决定来代替六届三中全会的决定。

二、王明上台与米夫来华扶植有直接关系，但米夫来华的一个月内王明并不知情

共产国际执委会远东局负责人米夫于1930年来华，直接指挥了六届四中全会的召开，从而导致王明上台，这是事实。但米夫是1930年何时来华的，王明是何时知道他已经来华的，目前的相关论述并不准确。

关于米夫的来华时间，学界多数认为：米夫"1930年7月被任命为共产国际执委会远东局负责人，并于10月抵达上海。1931年8月回到苏联"，"米夫

---

[1] 中共中央党史研究室第一研究部编：《共产国际、联共（布）与中国革命档案资料丛书》第9卷，中央文献出版社2002年版，第331—332页。

在中国驻留半年左右的时间"。[1]

如果米夫是1930年10月到上海，1931年8月回苏联，有10个月的时间，至少也要称为"大半年"。而且，米夫来华的时间并不是1930年10月，而是1930年11月中旬。[2]米夫回到苏联的时间更不是1931年8月，因为1931年5月7日，米夫已经站在位于莫斯科的共产国际东方书记处的讲台上，作《中国的形势和中国共产党的发展》的报告了。[3]

至于王明何时知道米夫已经来华，虽然以往的论述都说米夫来华后就首先私自向王明面授机宜，但档案材料证实，在米夫来华后的一个月内，王明确实不知米夫已经来到上海。

1930年11月21日，陈原道于上海用普通邮件往莫斯科给米夫写信，汇报党内斗争情况。[4]从此信中可知，虽然此时米夫已经与部分中共领导人会面了，但王明等人全然不知。

1930年12月17日，王明在上海给米夫、马季亚尔、马耶尔写了一封信。从这封信中可知，虽然此时米夫已经来华一个月左右，但王明不但不知道米夫在上海，仍然通过邮局往莫斯科给米夫寄信，而且他也不知道中共中央11月25日发出的补充决议是在与米夫为书记的远东局商定后作出的。

三、米夫来华后与中共中央政治局成员的首次会谈，至今学界尚未提及

代表共产国际的远东局负责人米夫于1930年11月中旬来到上海后，是在什么时间与中共中央的领导班子见的面？二者商谈了哪些问题？

对于这一重要问题，学界至今无人论及。

通过分析考证相关的档案资料，可以证实米夫来华后与中共中央政治局成

---

[1] 中共中央党史研究室：《中国共产党历史》第一卷（上册），中共党史出版社2011年版，第280、282页。参见戴茂林：《关于王明研究中几个问题的考证》，《中共党史研究》2010年第12期。
[2] 中共中央党史研究室第一研究部编：《共产国际、联共（布）与中国革命档案资料丛书》第10卷，中央文献出版社2002年版，第258页。
[3] 中共中央党史研究室第一研究部编：《共产国际、联共（布）与中国革命档案资料丛书》第9卷，中央文献出版社2002年版，第464页。
[4] 同上，第466—467页。

员首次会谈的时间,是 1930 年 11 月 21 日。这次会谈所议定的内容,正是中共中央政治局于 1930 年 11 月 25 日通过《中央政治局关于最近国际来信的决议》的前提。

中共中央于 1930 年 11 月 16 日接到共产国际来信后,于 11 月 18 日召开政治局会议讨论共产国际来信。主持会议的向忠发在最后总结时宣布了九项决定,其中的第三项是"星期五同远东局讨论"[1]。

1930 年 11 月 18 日是星期二,接下来的星期五当是 21 日。

双方的这次讨论在米夫的信中得到了证实。1930 年 12 月 2 日,米夫在上海给共产国际执委会的信中说:中共中央在收到共产国际来信后,"党的领导人焦急不安起来。他们来找我们商量。这是我与他们第一次会见的议题","我们商定了政治局对三中全会的补充决议。在谈话之后我们起草了这个决议,他们通过政治局对其做了一些不大的修改"。[2]

米夫信中提到的"政治局对三中全会的补充决议",即双方会谈四天后,中共中央政治局于 1930 年 11 月 25 日通过的《中央政治局关于最近国际来信的决议》。

四、六届四中全会就是在米夫的直接领导下召开的,说"米夫多次使用不正常的组织手段控制会议的进行"[3],没有准确地反映出当时中共中央与共产国际及远东局的特殊关系

1930 年 12 月 10 日,米夫代表远东局致信中共中央政治局。这封信首先历数"李立三同志的反国际路线"给党带来的重大损失,然后全盘否定六届三中全会,认为三中全会没有能够实现从李立三的半托洛茨基主义路线转到国际路线的任务,并提出:"远东局得出结论:紧急召开为期一天的党代表会议(应遵守一切必要的保密规划)是适宜的,参加人员为在上海的中央委员、各省委代

---

[1] 中共中央党史研究室第一研究部编:《共产国际、联共(布)与中国革命档案资料丛书》第 9 卷,中央文献出版社 2002 年版,第 462 页。
[2] 同上,第 503 页。
[3] 中共中央党史研究室:《中国共产党历史》第一卷(上册),中共党史出版社 2011 年版,第 310 页。

表和共青团中央局成员。远东局认为，这次代表会议应该通过一个包含下列内容的简短决议……""请告你们对这封信的看法。如果没有原则性的反对意见，你们现在就可以着手为代表会议的召开做准备工作，还请你们及时将决议草案交给我们，以便我们有可能及早讨论，如果需要的话，并对它作些修改。"[1]

从这封信可知，虽然中共中央政治局在12月9日也作出了《关于召集中央紧急会议的决议》，但决定召开六届四中全会、四中全会的参加人员以及决议的内容，都是远东局作出的。至于中共中央政治局的任务，只是"现在就可以着手为代表会议的召开做准备工作"。

当然，远东局关于六届四中全会的安排，是在共产国际的领导下进行的。12月18日，共产国际执行委员会政治书记处政治委员会致电远东局，对即将召开的六届四中全会进行了具体安排："我们认为，即将召开的全会的任务是：（1）无条件地执行共产国际执委会在电报和信函中提出的路线；（2）修改和批判三中全会的决议，制止斯特拉霍夫（瞿秋白）的两面派行为和消除宗派主义；（3）团结全党去执行共产国际执委会的路线。"[2]

共产国际不但对六届四中全会作了具体安排，而且为了保证会议的进行，竟然非同一般地授权远东局直接领导中共了。

1931年1月3日，共产国际执行委员会政治书记处政治委员会会议作出了一个重大决定："建议远东局承担对中国共产党活动的实际领导工作。"[3]

在此之前，远东局虽然是共产国际派驻中国的代表团，它可以在共产国际的指令下以共产国际的名义行使对中共的领导，但它主要还是传达共产国际的指示，并不能直接领导中国党的工作。换句话说，虽然在当时的领导体制下，共产国际是"老子党"，但作为"老子党"的派出机构，还不能直接对中共中央发号施令。而共产国际执委会的这个决定作出之后，情况发生了重大变化，

---

[1] 中共中央党史研究室第一研究部编：《共产国际、联共（布）与中国革命档案资料丛书》第9卷，中央文献出版社2002年版，第528—529页。
[2] 同上，第543页。
[3] 同上，第583页。

远东局可以直接领导中共的实际工作了。

从六届四中全会召开的经过看,无论会议的筹备还是会议的召开,完全是在米夫的直接领导下进行的,而米夫的这种直接领导是共产国际授权的。虽然今天看来这是不正常的党际关系的表现,但说"米夫多次使用不正常的组织手段控制会议的进行",并没有揭示出当时复杂的历史条件下中共与共产国际以及与远东局的特殊关系,也不符合当时的实际情况。

五、六届四中全会后虽然开始了王明"左"倾教条主义错误在中央的统治,但王明本人对中央领导权的操纵有个从外到内的过程

从史料中可知,虽然六届四中全会后开始了王明"左"倾教条主义错误在中央的统治,但王明本人对中央领导权的操纵,有一个从权力核心外到权力核心内的演变过程。

中共六届四中全会后,向忠发、周恩来、张国焘被选为中共中央政治局常委会委员,常委会主席仍由向忠发担任,王明以候补常委的身份"仍应做江南省委书记"[1]。就中共中央自身而言,无论从名义上还是实际上,负责中央领导工作的是政治局常务委员向忠发、周恩来、张国焘,这在远东局成员与中共主要负责人的几次谈话中可以得到证明。

1931年2月19日,远东局成员雷利斯基在上海与向忠发和周恩来谈话。从谈话记录中可见,双方谈话内容广泛,既涉及苏区的军事斗争、党的建设、政权建设、土地路线,也谈到了白区的工人运动、机关建设,还有具体的人事安排。可谓方方面面,事关全党。[2]

3月27日,雷利斯基又在上海与周恩来、张国焘、向忠发会谈。从谈话记录中可以看到,周恩来等三人是完全代表中共中央政治局与代表远东局的雷利斯基进行工作会谈的。当雷利斯基问到彭德怀和黄公略的关系时,三人明确回

---

[1] 中共中央党史研究室:《中国共产党历史》第一卷(上册),中共党史出版社2011年版,第310页。
[2] 中共中央党史研究室第一研究部编:《共产国际、联共(布)与中国革命档案资料丛书》第10卷,中央文献出版社2002年版,第90页。

答:"关于彭德怀和黄公略的问题已在政治局研究过,我们认为这是明显的挑拨离间。"在回答雷利斯基提出的一些具体问题时,周恩来等也用这样的语气回答说:"这个问题还没有在政治局进行谈论,这是我们三个人的意见。"[1]

3月31日和4月2日,远东局的另一位成员盖利斯在上海与周恩来、张国焘、向忠发进行了两次会谈。这两次会谈决定了中共党内的一系列人事安排,比较典型地反映了当时远东局与中共的关系以及周恩来、张国焘、向忠发在中共的领导地位。

王明在六届四中全会后,也几次与远东局成员进行了会谈。从会谈记录中可见,在1931年6月之前,也就是王明辞去江苏省委书记到中央工作之前,他主要是以江南省委书记的身份谈江南省委的工作。但是,不在中共中央政治局常委之内的王明,却在与远东局成员会谈时,也可以恣意评价周恩来、张国焘、向忠发的表现。

1931年2月4日,远东局成员在上海与王明谈话。王明在汇报完江南省委的工作后,对中央和政治局的工作作了如下评价:"关于中央和政治局的工作,戈卢别夫认为,周(恩来)近来有点玩弄手腕。在召开有王克全和徐锡根参加的政治局会议时,对于谁第一个向远东局通报了他们同右派结盟的这个直截了当的问题,周(恩来)回答说,他和向(忠发)都没有这样做,也许是另外一个政治局委员,但他不知道。就在这次会议上,向(忠发)却作出不同的回答,他说,他们的工会党团的文件证明了这一点。此外,在同反对派斗争的危急关头,周(恩来)对戈卢别夫说:'嘿,现在怎么办,我们丧失了所有的党组织。'稍许沉思后他笼统地说,'应当同他们作斗争。'周(恩来)也向他说出了自己的疑惑:'如果不这么尖锐地提出莫斯科人的问题,或许可以避免出现这个反对派。'但是现在,紧张时刻已经过去,他的疑惑也消失了。张国焘表现不错,向(忠发)也不错。"[2]

由此可见,王明与米夫为首的远东局确实有着非同一般的关系。虽然此时

---

[1] 中共中央党史研究室第一研究部编:《共产国际、联共(布)与中国革命档案资料丛书》第10卷,中央文献出版社2002年版,第186页。
[2] 同上,第43页。

王明传

王明在名义上还没有进入政治局核心之内,但远东局直接领导中共中央的特殊背景,决定了与远东局有着特殊关系的王明在当时的中央决策中有着举足轻重的作用。

而且,当张国焘于1931年4月去鄂豫皖后,王明更是直接进入了中共最高领导层,成为新的一员。

1931年4月7日,远东局成员雷利斯基在上海与向忠发和王明会谈。从前文引述的远东局代表与中共领导核心的几次谈话记录中可知,雷利斯基是六届四中全会后代表远东局与中共主要负责人联系的主要人物,与他联系的中共负责人主要是领导核心成员。由于这一天周恩来正与冯玉祥派来的代表谈判,所以雷利斯基只能和向忠发和王明会谈。这种形式的会见和谈话的内容都表明,王明在张国焘离开上海后,已经成为新的中共领导核心中的一员。

不久,共产国际决定同意派周恩来去苏区工作,王明也被批准辞去江南省委书记的职务,正式调入中央,实际上承担起中央的主要领导工作。

1931年5月7日,共产国际执行委员会政治书记处政治委员会召开会议研究中国问题。会议决定:"允许中共中央派莫斯克文(周恩来——笔者注)同志去苏区,期限为6—12月(但先应就这一点征求皮亚特尼茨基同志的意见)。"[1]

皮亚特尼茨基时任共产国际执委会书记。1931年5月17日,他签署的共产国际执行委员会政治书记处政治委员会会议第141号记录中写道:"中共中央政治局决定派莫斯克文同志去中央苏区一事通知中共中央,如中央认为派莫斯克文同志去是十分必要的,中央又确定他在苏区逗留的期限在6至12个月之内,那么政治委员会对此没有任何异议。"[2]

虽然周恩来后来由于种种原因在1931年12月才离开上海到中央苏区,但中央的决定和共产国际的批准是在5月即已明确的。此时,张国焘已经去了苏区,当时在中央领导层中起着重要作用的周恩来又要到苏区工作,只剩一个工

---

[1] 中共中央党史研究室第一研究部编:《共产国际、联共(布)与中国革命档案资料丛书》第10卷,中央文献出版社2002年版,第257页。
[2] 同上,第312页。

人出身的向忠发坐镇中央显然太过薄弱。因此,调已经在实际中发挥着领导作用的王明到中央来工作,就顺理成章了。

1931年6月10日,雷利斯基在给共产国际执行委员会东方书记处的信中汇报说:"戈卢别夫1931年6月1日在同我们谈话时讲述了江苏,更确切地说是上海的工作情况。梅尔库洛夫(王云程)现在被任命去接替戈卢别夫。由三人组成的省委会在戈卢别夫的领导下工作。"[1]

此时,王明的身份已经从江南省委书记变为领导江南省委以及其他党内重要事务的中央主要领导人了。至此,不但六届四中全会后开始了王明"左"倾教条主义错误在中央的统治,王明本人对中央领导权的操纵,也已经完成了从权力核心外到权力核心内的演变过程。

---

[1] 中共中央党史研究室第一研究部编:《共产国际、联共(布)与中国革命档案资料丛书》第10卷,中央文献出版社2002年版,第317页。

再版后记

关于王明的研究著作，自我与曹仲彬教授于 1988 年 6 月由黑龙江人民出版社出版了《莫斯科中山大学与王明》之后，至今已不下十几种。仅我们撰写的《王明传》就于 1991 年 5 月和 2008 年 11 月分别由吉林文史出版社和中共党史出版社出版，郭德宏教授等人撰写的《王明评传》《王明传》也是几次出版。此外，王明夫人孟庆树编著的《陈绍禹——王明》一书也于 2011 年在莫斯科出版。

已经有了这么多的王明传记，这次再版《王明传》，该如何修改？

认真翻阅了上述王明传记后，我决定这次再版王明传，原有的体例、结构、观点、内容以及图片均不做改动，只是对错字、漏字进行改正。因为我认为研究王明的根本原则是以史为据，实事求是。至于史料的取舍和观点评述，作者们自有自己的依据，妥当与否应该由读者们评判。

当然，从《王明传》2008 年再版至今，也逾十年了，这期间关于王明问题研究又有了很多新的成果，包括我本人公开发表的几篇研究文章。为了让读者们参考这些新的研究成果，将我 2008 年后撰写的两篇文章作为附录放在后面。

戴茂林

2019 年 2 月于老茂斋